U0527228

{房龙作品典藏}

人类的家园
The Story of The World We Live In

房龙 著
Hendrik van Loon

杜彦强 译

江苏文艺出版社
JIANGSU LITERATURE AND ART PUBLISHING HOUSE

图书在版编目（ＣＩＰ）数据

人类的家园 /(美) 房龙 (Van Loon,H.W.) 著；杜彦强，范秀丽译. — 南京：江苏文艺出版社, 2012.2
　ISBN 978-7-5399-4855-3

　Ⅰ. ①人… Ⅱ. ①房…②杜…③范… Ⅲ. ①社会地理学 Ⅳ. ①C912.8

中国版本图书馆 CIP 数据核字(2011)第 209883 号

书　　名	人类的家园	
著　　者	（美）房龙（Van Loon,H.W.）	
译　　者	杜彦强　范秀丽	
责任编辑	黄孝阳	
出版发行	凤凰出版传媒集团	
	凤凰出版传媒股份有限公司	
	江苏文艺出版社	
集团地址	南京市湖南路 1 号 A 楼，邮编：210009	
集团网址	http://www.ppm.cn	
出版社地址	南京市中央路 165 号，邮编：210009	
出版社网址	http://www.jswenyi.com	
经　　销	凤凰出版传媒股份有限公司	
照　　排	江苏凤凰制版有限公司	
印　　刷	江苏凤凰新华印务有限公司	
开　　本	890×1240 毫米　1/32	
印　　张	13.125	
字　　数	360 千字	
版　　次	2012 年 2 月第 1 版　2012 年 2 月第 1 次印刷	
标准书号	ISBN 978–7–5399–4855–3	
定　　价	32.00 元	

（江苏文艺版图书凡印刷、装订错误可随时向承印厂调换）

目 录

序 ………………………………………………………………… 1
第一章　生活在地球上的人 ………………………………………… 1
第二章　地理学的定义以及其在本书各章中的应用 …………… 6
第三章　地球的特性、规律和习性 ………………………………… 9
第四章　地图——章节虽短，却涉及了一个大而有趣的问题，并对
　　　　　人们如何逐渐学会在地球上生存做了一些观察 …
　　　　　41
第五章　四季及其形成 …………………………………………… 60
第六章　地球上的小块陆地以及洲的由来 ……………………… 64
第七章　欧洲的发现以及生活在这片土地上的人 ……………… 73
第八章　希腊——东地中海的岬角：联结古老亚洲和
　　　　　新兴欧洲的桥梁 ………………………………………… 78
第九章　意大利——地理位置造就的海上霸主和陆地强国 …… 88
第十章　西班牙——非洲与欧洲的交锋之地 …………………… 106
第十一章　法国——应有尽有的国家 …………………………… 118
第十二章　比利时——一纸条约建立的国家，丰衣足食，
　　　　　　但缺乏内部和谐 ……………………………………… 131
第十三章　卢森堡——历史奇迹的缔造者 ……………………… 137
第十四章　瑞士——高山中的国家，拥有出色的教育，
　　　　　　说四种不同语言的民族和睦相处 …………………… 138
第十五章　德国——诞生太晚的国家 …………………………… 146
第十六章　奥地利——无人赏识的国家 ………………………… 154

第十七章　丹麦——在某些方面优于大国的小国典范 …………… 158
第十八章　冰岛——北冰洋上有趣的政治实验室 ………………… 162
第十九章　斯堪的纳维亚半岛——瑞典和挪威的属地 …………… 166
第二十章　荷兰——北海堤岸的沼泽地上崛起的帝国 …………… 176
第二十一章　英国——荷兰对面的岛国,肩负着人类
　　　　　　四分之一人口幸福的责任 ………………………… 183
第二十二章　俄罗斯——受地理位置的影响,人们需要在地图上
　　　　　　确定它是欧洲还是亚洲之国 ……………………… 203
第二十三章　波兰——昔日他国的走廊,今日成为自己的走廊 … 220
第二十四章　捷克斯洛伐克——《凡尔赛和约》的产物 ………… 224
第二十五章　南斯拉夫——《凡尔赛和约》的另一产物 ………… 227
第二十六章　保加利亚——巴尔干最正统的国家,但在一战中
　　　　　　押错了宝,饱受苦头 ……………………………… 231
第二十七章　罗马尼亚——拥有石油和王室的国家 ……………… 234
第二十八章　匈牙利,或者说匈牙利的残留物 …………………… 236
第二十九章　芬兰——以其勤劳和智慧战胜恶劣环境的
　　　　　　又一实例 …………………………………………… 239
第三十章　发现亚洲 ………………………………………………… 241
第三十一章　亚洲对整个世界的意义 ……………………………… 246
第三十二章　亚洲中部高原 ………………………………………… 248
第三十三章　亚洲西部高原 ………………………………………… 254
第三十四章　阿拉伯——何时是亚洲的一部分?
　　　　　　何时又不是? ……………………………………… 268
第三十五章　印度——自然资源充足,
　　　　　　人口数量迅速增长 ………………………………… 271
第三十六章　缅甸、泰国、越南以及马六甲
　　　　　　——南亚半岛上的国家 …………………………… 281
第三十七章　中国——大东亚半岛上的国家 ……………………… 286
第三十八章　朝鲜和蒙古 …………………………………………… 300
第三十九章　日本 …………………………………………………… 303

第四十章　菲律宾——原墨西哥的属地	315
第四十一章　荷属东印度——小人物掌大权	318
第四十二章　澳大利亚——大自然的非亲生儿	324
第四十三章　新西兰	333
第四十四章　太平洋群岛——不需耕织，照样生活	337
第四十五章　非洲——矛盾和对比丛生的大陆	339
第四十六章　美洲——最受上帝眷顾的大陆	374
第四十七章　一个新世界	408

序

十年前，你们给我写了一封信，现在，我要回复你们的信。信中你们写道（我引用信的原文）：

……但是，什么是地理学？我需要的不仅仅是一种全新的地理学，而且是只属于我自己的地理学。我想让它告诉我想知道的内容，省略我不想知道的内容，我希望你能写出符合我上述要求的地理学。我所就读的学校对待地理学的态度非常严谨。我学习过所有国家的概况以及其疆界的形成，学习过不同城市和它们的人口，也学习过所有高山的名称、海拔以及每年的煤炭出口量，但是，我一学完就忘得一干二净了。它们之间没有任何联系，杂乱无章，就像一个塞满图片的博物馆，或一个没完没了的音乐会。它们对我毫无用处，因为每次当我需要一些准确的地理知识时，就不得不查看地图或地图册，翻阅大百科全书或蓝皮书。我想有类似感受的人非常多，所以，我代表所有可怜的受害者，请求您写一本对我们有所帮助的新地理书。在书中，把所有高山、城市、大海全放进地图里，只告诉我们那里居民的情况，他们为什么居住在那里，从哪里来，在做些什么——将人类感兴趣的事情都写进去。同时，突出那些真正有趣的国家，对那些仅有名称的国家不需大费纸墨，只有这样，我们才能牢牢地记住它们……"

和从前一样，我一接到你们的命令就迫不及待地去完成，然后转过身来说："亲爱的，这就是你们想要的！

亨德里克·威廉·房龙

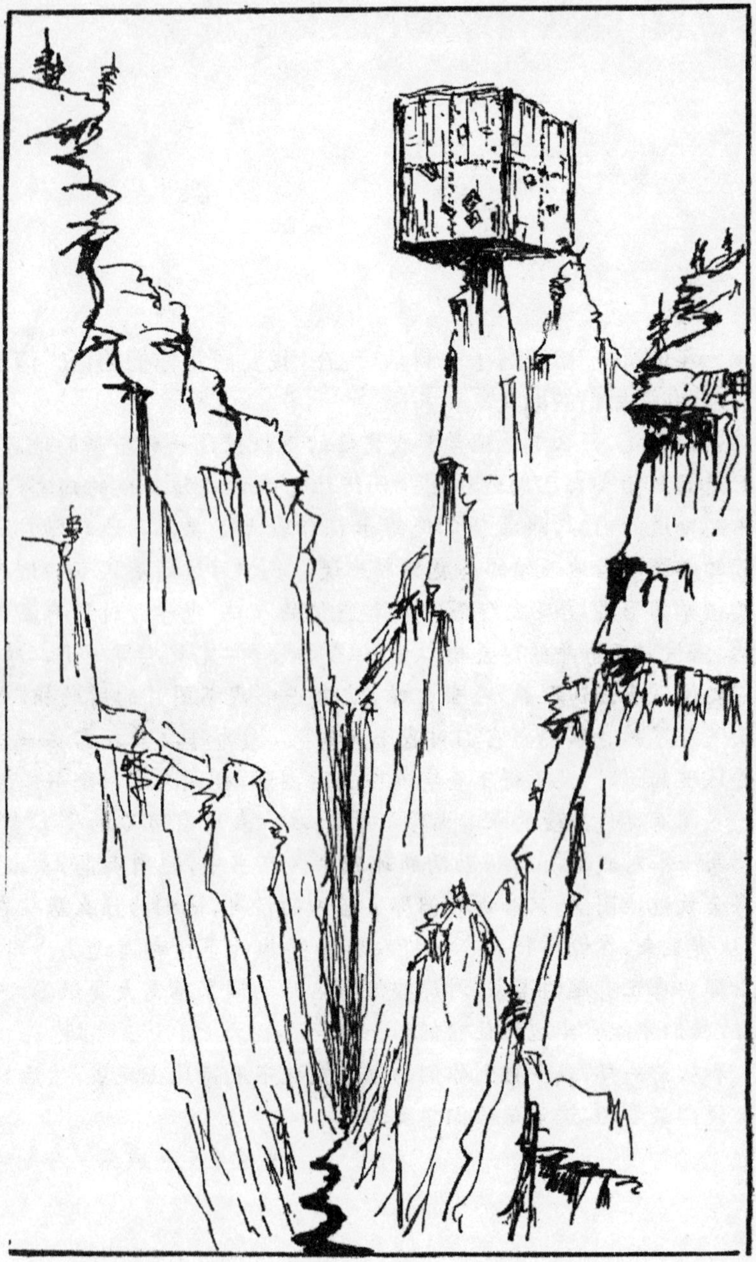

第一章　生活在地球上的人

听起来难以置信,但却千真万确:假设我们地球上的每一个人都是 6 英尺高、1.5 英尺宽、1 英尺厚(这比实际的人要高大一些),那么,整个人类(根据最新的统计资料,现在将近有 20 亿人)就可以被塞进一个长、宽、高各为半英里的箱子里。如我所言,这听起来难以置信。但若你不相信我,你不妨自己计算一下,你会发现这个答案是准确无误的。

如果我们把这个巨型箱运送到亚利桑那州的科罗拉多大峡谷,小心翼翼地将它放置在低矮的石崖边上,这样不至于人们在默默地见证到永恒的力量所造就的世间罕见的美丽被惊得目瞪口呆时而折断脖颈。然后叫来一只名为小 Noodle 的达克斯狗(这种小猎狗非常聪明,喜欢听从主人的吩咐),告诉它用自己棕色的柔软的鼻子轻轻地拱一下那庞大的箱子。当大木箱往下掉的时候,会不停地沿路撞击一块块松动的石头、低矮的灌木和高耸的乔木,发出一阵阵轰隆隆、咔嚓嚓的声音,最后随着一声轰然巨响,大木箱砸在了科罗拉多河的河岸上,溅起一片巨大的浪花。

随后一切又归于沉寂,一切都亦是过眼云烟!

装在死亡之箱的人类很快就被遗忘。

大峡谷还如往常一样,继续沐浴着风霜雨雪。

地球在神秘的宇宙中,继续沿着它既定的轨道运行。

那些天文学家,不管是住在离地球很远的星球上,抑或很近,也不曾注意到任何异常现象。

一个世纪以后,那个表层覆盖着郁郁葱葱的植被的小小的土墩,也许能够证明,人类就是被埋葬在这里。

讲到这里,这个故事就结束了。

我完全能想象得到,把引以为豪的人类贬抑到如此微若尘芥的地步,有些读者读完之后,不会特别喜欢这个故事。

然而,我们可以从另外一个角度看待问题——人类数量是微小的,躯体也是弱小和无助的,正因为如此,人类才会有一种深刻而毫无掩饰的自豪。

人类只不过是一群卑微渺小、无依无靠的哺乳动物。自从有人类以来,我们就被周围不计其数的其他物种所包围。在这个物竞天择的生存环境里,它们比我们人类做的准备要更为充分。有些身长达100英尺,体重有一个小火车头那么重;有些牙齿锋利得就像圆锯;许多动物披着像中世纪骑士那样的盔甲整日来回转悠。还有一些我们的肉眼是看不到的,但它们繁殖的速度却是惊人的。若不是有那些能以同样惊人的速度去消灭它们的天敌,用不了一年,它们就能横行于整个地球。然而,人类只能在最适宜的环境下才能生存,所以只能在高山与深海之间寻找小块陆地择地而栖,而我们的旅伴们则心怀大志,不畏高山,不惧深海。显然,不管自然环境多么恶劣,他们都能生存下来。

权威研究表明,有些昆虫能够在石油中欢快地嬉戏(我们难以想象可以把它当做我们日常饮食的主要成分),有些则能在极大的温差条件下生存,而同样的温差则会在几分钟之内夺去人类的生命。更让人觉得不可以思议的是,那些令人讨厌的棕色小甲虫,似乎对文学很感兴趣,总是不停地光顾我们的书橱。即使少了两条、三条甚至四条腿,仍然能顽强地活下来。而我们人类呢?即使一根刺扎了一只脚趾,我们也会行动艰难。于是,我们有时开始意识到,人类从诞生的第一天起,为了同对手竞争,不得不做不懈地斗争,这样不至于有一天我们消失在这黑暗而冷漠的宇宙中。

对于我们这些冷漠的现代人来说,静静地旁观人类的祖先抛开树枝、手杖而笨拙地努力尝试用后肢走路的姿势,会觉得可笑至极。

然而,那些昔日地球的主宰者,骄傲自满、不可一世,曾凭借野蛮暴力和阴险狡诈对每一寸土地进行至高无上的统治,那它们现在又落得了什么样的下场呢?

它们中的大多数已经从地球上彻底地消失了,如果幸运的话,我们还会在自然历史博物馆里给它们留一席之地。还有一些,为了能够存活到今天,不得不屈尊于人类,用自己的皮毛、蛋和身上的肉讨好人类这个主子,或者拖拉我们认为力不从心的重物。更多的不得不迁徙到荒郊野地,我们允许它们在那里吃草,繁衍后代,因为人类,至少到现在,觉得没有必要把它们驱逐出去,将它们的土地占为己有。

总而言之,在短短的数千世纪里(在时间的长河中这只是短暂的一瞬),人类使自己成为每一块土地不容置疑的统治者,现在又将大气和海洋纳入自己的版图。所有的这一切竟然是由数亿人实现的。除了理智,人类还拥有比其他竞争对手更多的优势。

在此我有点言过其实,因为最高形式的理智和独立思考的能力只为一小撮人类成员所拥有。因此,这些人便顺理成章地成了领袖。其他人不管多么愤愤不平,也只能服从。这个结果是奇怪而曲折的,因为不管人们如何努力,真正的领袖都只能有一个。

人类前进的道路会把我们引向何处?这谁也无法预料到。但是从过去4000年人类取得的成果来看,我们今后能取得的成就是不可估量的——除非我们与生俱来的残忍将我们引离正常的发展道路。这种本性使我们残酷地对待我们的同类,而我们不曾用类似方式对待过一头牛、一只狗甚至一棵树。

人类已将地球和地球上的一切掌握到了自己的手中。纵使有未被控制的地方,人类也能凭借自己非凡的智慧、深远的见地和手中的武器将其占为己有。

人类的家园是美好的。它为我们提供了充足的食物;丰富的岩石、泥土和森林为我们保证了不竭的建筑材料;牧场上的羊群、一望无垠的开满兰花的亚麻田、还有中国的桑蚕为人类提供了抵挡酷暑严寒的各种原料。地球是我们美好的家园。大自然如此慷慨,人类只需要稍作投入,就能坐享其成。

但大自然有其自身的法则。它们既是公正的,又是无情的,没有半点讨价还价的余地。

大自然给予我们恩惠,而且从不吝啬。作为回报,她只需要我们遵守她的法则,服从她的旨意。

如果一块只能容纳50头牛的草场上放养了100头,就会导致一场灾难——这是每个农场主都非常熟悉的小常识。那么,在只能承受10万人的地方居住了100万人,就会造成拥挤、贫穷和不必要的痛苦,而这一事实却显然被那些主宰人类命运的领袖们忽视了。

然而,这还不是我们所犯的错误里最为严重的。我们还在用另外一种方式伤害着我们慷慨的大自然母亲。人类是所有生物中唯一同类相残的生灵。狗不吃狗,虎不食虎——是呀,甚至连最令人憎恨的鬣狗也能和同类和平相处,但人类却互相仇恨,互相残杀。在当今世界上,做好充分准备,防止来自邻国的杀戮,成为每个国家的头等大事。

同类之间,和平共处,这是大自然的首要法则。而这种公然违背这一法则的行为会将我们引向灭亡的绝境,因为我们的竞争对手仍然在时刻觊觎着。如果人类不能或不愿表明自己是所获得的一切的主人,会有数以千计的候选人觊觎这一职位。同拥有大量军舰和加农炮的星球相比,一个由猫、狗、大象或其他有严密组织的昆虫(它们是多么看重这种机会)控制的世界似乎要更具优势。

答案在哪里?人类该如何摆脱这种可悲可耻的困境?

这本书试图拨开迷雾,寻找走出这个充满灾难和悲哀的迷宫的光明大道,由于自身的愚昧无知,人类的祖先在这个迷宫中迷失了方向。

我们需要时间,需要花数百年的时间接受缓慢而痛苦的教育,只有这样,我们才能找到一条真正的自我解救的道路。这条出路将会让人类意识到:所有人都是这个星球上的伙伴。一旦我们明白这一真理,一旦我们了解并认清了这一事实:无论怎样,地球是人类共同的家园,是我们后代繁衍生息的地方,除此之外,再无其他栖身之地。因此我们之间必须彬彬有礼,就像火车或者轮船上的游客一样,学会互相尊重和彼此关怀。这样,我们就会迈出解决这个可怕问题的第一步,而且是最关键的一步。这个问题是人类面临的所有困难的根源。

我们是同一个星球上的伙伴,我们应该同甘共苦、祸福与共!

叫我梦想家吧,叫我傻瓜吧,或者干脆就称我为空想家吧。让警察或救护车把我丢进监狱或送进疯人院,这样我就再不能散布这些不受欢迎的异端邪说。但是，请记住我的话，在人类不得不收起那些小玩意，把幸福之匙交给更称职的地球新主人时，请回想起我的话。

人类能够生存下去的唯一希望就在下面这句话里：

我们大家共同生活在这个星球上，我们都应对人类世界的幸福和美满共同承担起责任来。

第二章　地理学的定义以及其在本书各章中的应用

每次旅行之前,我们通常会弄清楚自己出游的目的地和交通工具。同样,读者在翻开一本书时也应了解类似的一些信息。因此,对"地理学"这个词做一番解释就不显得那么突兀了。

我桌子上刚好有一本1912年版《简明牛津词典》,我要找的词在第344页的下面。

"地理学:研究地球的地貌、形态、自然特征、自然与政治区域、气候、物产及人口等的学科。"

我并未奢求能解释得面面俱到,但我会强调和突出其中的某些内容,简化另外一些方面的内容,我打算将人作为这本书得重点。因此,我不但要讨论地貌、自然特征以及自然与政治区域等,而且要研究人,研究人为了自己和家人的生存,如何觅食造屋、休憩娱乐?如何尝试寻找与自身有限的能力相称的舒适、健康和幸福的生活?如何改造自我去适应环境,或者改善自然环境?

上帝有一些非常古怪的虔诚教徒,这话甚为有理。确实,我们会发现我们的星球上也住着一些古怪的伙伴,可谓形形色色,形态万千。他们中的大部分人表现出令人反感的个人习惯,我们可不愿在我们的孩子身上看到这样的性格。20亿人啊!即使这个数字不再增加,也是很庞大的。这么多的人,当然会有形形色色的经济、社会和文化特征方面的试验。我认为,应该得到优先重视的就是这些试验。一座大山,在被人类看见、涉足之前,其山坡和山谷在被一代又一代饥饿的人类占有、争夺和开垦之前,只不过就是一座大山而已。

人类的出现

十三世纪初的大西洋,同今天一样辽阔,一样深邃,一样潮湿,一样苦咸。但是,人类今天使它变成了一座沟通新旧世界的桥梁,一条连接东西贸易的通道。

数千年来,一望无际的俄罗斯大平原准备着把丰富的物产奉献给第一个不畏艰辛来此耕耘播种的人。但是,如果不是斯拉夫人,而是德意志人或法兰克人在这片土地上开垦出第一片农田,那么,俄罗斯绝不会是今天的面貌。

日本诸岛生活的不论是土著日本人,还是已经绝种的塔斯马尼亚

人类的家园 7

人,地震还是会频繁地发生,这种局面谁也改变不了。当然,如果让塔斯马尼亚人居住在这些岛上,他们几乎不可能养活6000万人口。如果英伦诸岛的统治者不是好战成性的北欧人,而是那不勒斯人或者柏柏尔人,那么,这个国家永远无法成为一个帝国的中心,这个帝国管辖的领土比其本土大150倍,人口占世界的六分之一。

总而言之,我更关注的是地理学中纯粹的"人类"方面,而不是它的贸易问题,尽管人们认为,在当今时代,它们对大生产具有极其重要的意义。

但经验告诉我,无论你如何强调此类问题,诸如进出口额、煤的产量、石油储存量以及银行存款额,读者仍然无法逐页地记住这些数字。一旦他的确需要这些数据,他会再次查阅有关工具书,并借助许多互相矛盾的商业统计数据(许多统计手册提供的数据互相矛盾)来证实这些数字。

这本书中最先体现的是人。

其次是人的自然环境和背景。

如果篇幅允许,再谈一些其他内容。

第三章　地球的特性、规律和习性

我们先从一个古老而可信的定义说起："地球是宇宙空间中一个黑色的小物体。"

地球实际上并不是一个"圆球"，而是一个"椭圆体"。也就是说，它与圆球相似，只是两极稍扁了一点。何谓"两极"？你用一根毛衣针笔直地穿透橘子或苹果的正中，针穿入和穿出来的地方就是"两极"。地球上的两极，南极处在高原之巅，而北极则处在深海之渊。

极地是扁平的，这与椭圆体的定义不谋而合，所以你一点都不会感到困惑。因为地球两极之间的中轴线长度只比其赤道直径短三百分之一。换言之，如果你幸好有一个直径为3英尺的地球仪（在普通商店里是买不到这么大的地球仪的，只有在博物馆才能找到），它的南北中轴线只比它的赤道直径短八分之一英寸。除非它的做工极其精细，否则这么小的差距很难反映出来。

尽管如此，这个事实对那些极地探险者和地理学家来说是极有意义的。但是对这本书而言，我前面所讲的就已经足够了。也许在物理老师的实验室里就有这样一个装置，它可以向你展示，即使是一粒微尘围绕它的轴心旋转时，它的两极也会自然扁平。让你的老师展示给你看吧，不然去两极做实地考察会有多麻烦啊。众所周知，地球是一颗行星。行星这个词来源于希腊人。他们很早就观察到（或以为观察到），有些星体在宇宙中不停地运转，而有些则是静止不动的。因而他们把前者称之为"行星"或"流动星"，而把后者称之为"恒星"（因为当时希腊人没有望远镜，无法观察到"恒星"的运行）。至于"星星"这个词，我们无法考证它的出处，但可能与梵语中转变为动词的"撒"这个词根有关。

如果真是这样,那么星星就是"撒"在宇宙中的小火花,这个比喻非常美好和贴切。

地球围绕太阳公转,吸收太阳的光和热。太阳相当于700个地球那么大,表面温度接近6000摄氏度,因此,地球从中获取的光和热实在是微不足道,对这点微乎其微的恩惠,地球也不必惴惴不安。

在古代,人们相信,地球是宇宙的中心,是一小块小而平的圆形陆地,四周完全被海水包围,如同穆罕默德的棺木或从孩子手中挣脱的风筝,悬浮于空气中。只有少数几个有智慧的希腊天文学家和数学家(首批未经牧师准许就自行思考问题的人)敢于质疑这种理论。经过几个世纪艰难而执著地探索,他们得出结论:地球不是平的,而是圆形的;既不是静止不动地悬浮于天空中,也不是宇宙的中心,而是在天空中以较快的速度围绕着一个叫太阳的物体不停地运转。

他们还指出,那些被称之为恒星的闪闪发光的小天体,实际上也是行星,与地球一样共同围绕着太阳公转。它们与地球一样,都是太阳的孩子,遵循着和我们一样的日常行为法则,比如什么时候起床、什么时候睡觉,被迫沿着各自既定的轨道运行,如出现偏差,势必走向毁灭。

在罗马帝国的最后200年中,那些理性的人已经接受了这一假说,并把它作为真理。但是,刚进入四世纪,教会主宰了这一切,谁再敢相信这种思想,尤其宣称地球是圆的,那会非常危险了。但是,我们不必去苛求他们。首先,那些最早皈依基督教的人基本上都属于那些几乎不接触新知识的社会阶层。而且他们坚信:地球的末日即将来临,耶稣将要重返他的受难地,对人间的善恶做出审判。他一定会在万众瞩目的荣光中凯旋而归。他们坚定不移地相信他们的推断是正确的:如果事实果真如此,地球必然是平坦的,否则耶稣就必须出现两次——一次去西半球,一次去东半球。当然,这简直是太荒谬了,而且还会亵渎神灵,所以绝对是不可能的。

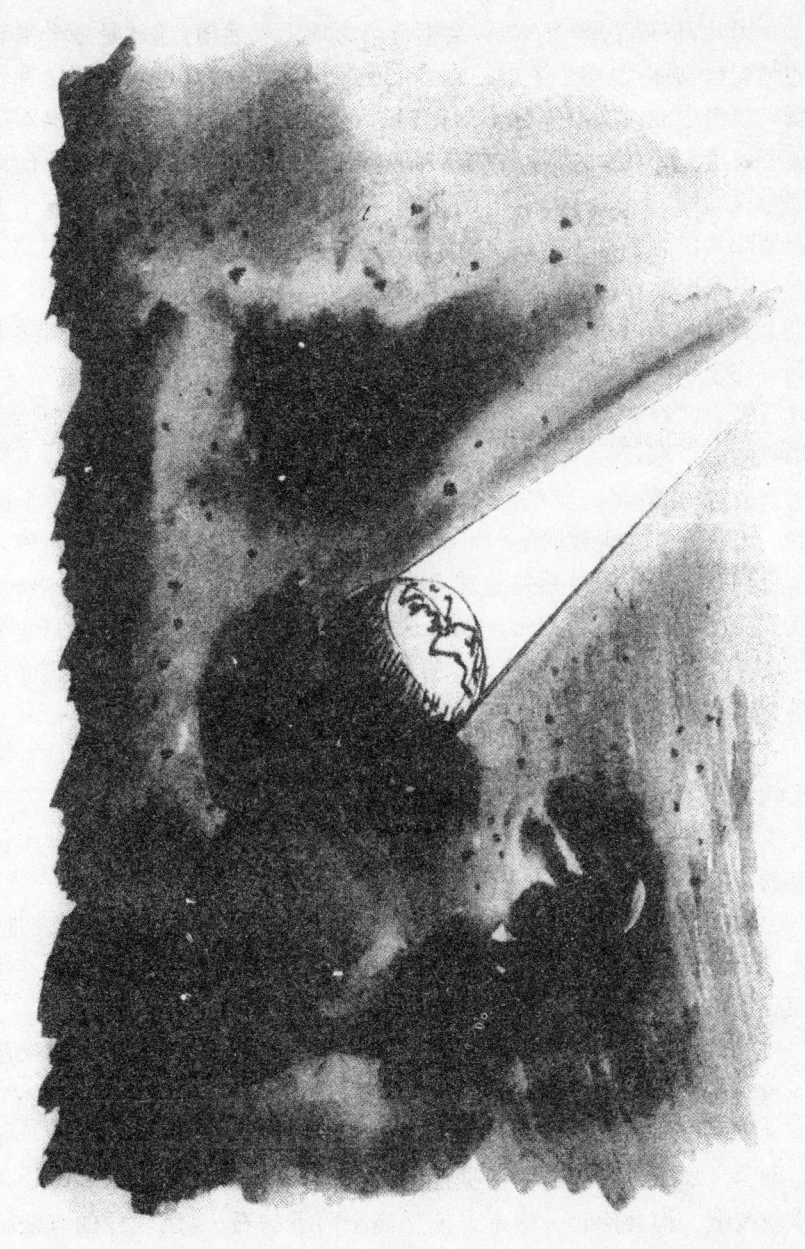

太空

因此，将近1000年来，教会不遗余力地反复灌输：地球是一个平坦的圆盘状物体，是整个宇宙的中心。在知识界，一些修道院里的学者和新兴城市中的天文学家从不曾抛弃古希腊的地圆学说，但他们也不敢公开议论它，只能将其埋藏在内心深处。他们很明白，如果公开谈论地圆学说的话，不但不会对早日解决问题有任何帮助，而且会打破成千上万蒙昧人民的平静生活。

自此以后，几乎所有教会的人被迫接受地球是圆的这一学说。到了十五世纪末，这种古希腊的思想得到了大多数人的认同。地圆学说是古往今来一系列观察的结果：

第一，当我们接近一座大山或一艘船时，我们最先看到的是山顶或船帆的最顶端，然后才逐渐看到它们的全貌。

第二，不管我们身处何方，我们四周的景物似乎都形成了一个圆圈。因此我们在观察时必须平行地从陆地或大海的一个景物移向另一个景物。但当我们搭乘热气球升到天空之中或者置身在高塔之上时，我们的视野就会开阔很多。如果地球是圆的，我们就会发现我们处于一个椭圆的中心；但如果地球是方的或是三角形的，看到的地平线也会是方形或三角形的。

第三，当月偏食出现时，映在月球上的地球阴影是圆形的，只有圆形的物体才会产生圆形的阴影。

第四，其他行星和恒星都是圆的，地球怎么会是成千上万星球中仅有的而一个例外呢？

第五，当年麦哲伦率船队一直向西航行，最终还是回到了出发地，而库克船长也有同样的经历，他的探险队自西向东航行，幸存者最终也回到了出发时的港口。

最后，如果我们一直向北极点行走，一些熟悉的星座就会越来越低，直至没入地平线以下；当我们朝赤道走近时，这些星座会越来越高。

我希望我提出的无可辩驳的证据足以证明我们所居住的星球肯定是圆的。如果你认为这些证据还足以让你信服，就去请教可靠的物理学教授吧。他会捡起一块永远能从高空落下的石头，用同样的方法检验万有引力定律，这一定律足以证明这一点。如果他使用很简单的话，而且语速不是太快,你有可能会理解他所讲的东西,但前提是你比我懂更多有关数学和物理方面的知识。

只有圆的物体影子才是圆的

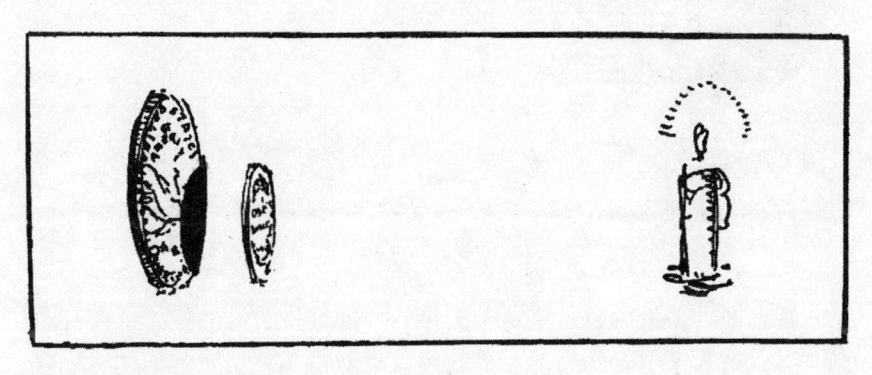

日食

我这里能罗列出大量的科学数据,但是,它们对普通人而言是没有多大的意义的。以光为例吧。光的运行速度是每秒18.6万英里,弹指之间,光就能绕地球7圈。光从最近的恒星上(比邻星)照过来,需要4年零4个月。太阳光到达地球需要8分钟,木星需要3分钟,而在航海中发挥着重要作用北极星光需要40年的时间。

如果有人要求我们去"想象"这个距离或一光年这一概念,去"想象"一束光在一年里运行的距离(一光年相当于 $365 \times 24 \times 60 \times 60 \times 186000$ 英里),我想,这个天文数字会把大多数人搞得头昏眼花,干脆就不去管它了。

还是用大家都熟悉的火车为例吧:一列普通旅客列车昼夜不停地开,需260天才能抵达月亮。如果这列火车从现在出发,要在2232年才能到达太阳,到海王星需要8300年。这还是微不足道的,因为火车开到最近的恒星需要7500万年,而到北极星,则要行驶7亿年呢!7亿年可真是一次漫长的旅行啊。即使人类的平均寿命高达70岁,也需要人类繁衍生息1000万代之后,这列火车才能最终到北极星。

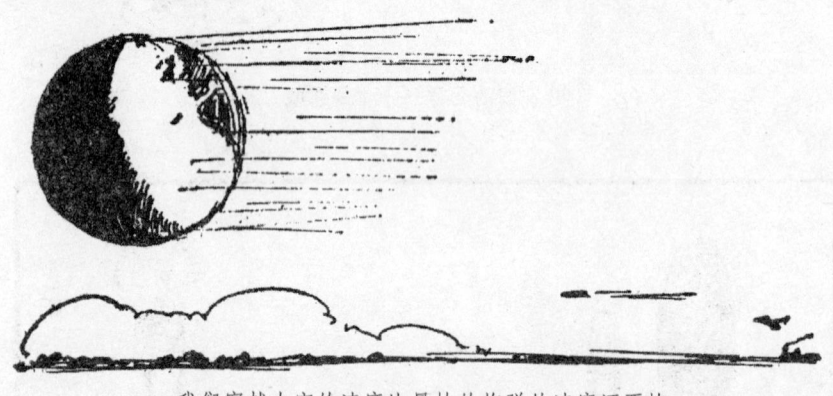

我们穿越太空的速度比最快的炮弹的速度还要快

现在我们谈论的只是宇宙中极小的一部分。我们的望远镜要比伽利略时代的天文学家使用的可笑的小装置好得多。当时他们用这一装置观测天空,很偶然地得出了一系列的重大发现。即使如此,这些小装置仍然很不完美。只有我们在镜片方面做很大的改良,我们才能在天文观察中取得长足的进展。因此,我们所谈论的宇宙只是"人类用肉眼或者借助感光胶片观察到的那浩瀚宇宙中的一小部分"而已。至于宇宙中尚未观察到的其他部分,我们对此还一无所知,甚至连想都不敢去想呢!

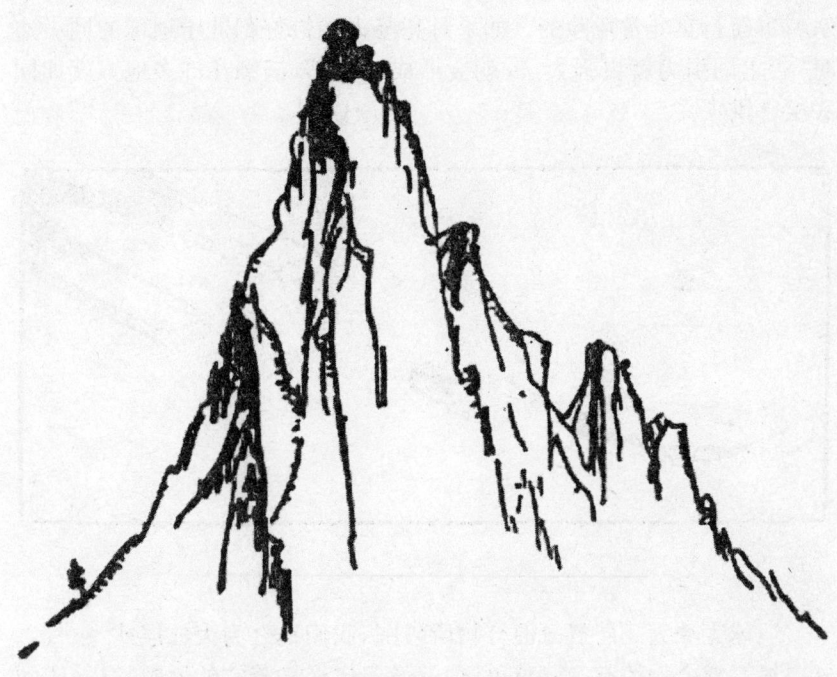

那些小点就是我们对宇宙的全部了解

在浩瀚的星海之中,包括恒星和其他星体,只有两颗星——太阳和月亮,直接和明显地影响着人类的生存。太阳向地球上提供光与热,距离人类最近的月亮对海洋产生了很大影响,导致一种奇异的、被称之为"潮汐"的现象。

月亮确实离我们很近,虽然它比太阳小得多(如果把太阳比做一个直径为 3 英尺的球,那么,地球就像一粒青豆,月亮就只有针尖那么大了),但对地球表面的"引力"比太阳大得多。

如果地球是由固体物质组成的,那么月亮的引力就不易觉察出来了。然而,地球表面的四分之三是水,这些水被月亮吸引,随着绕地球运行的月亮而潮起潮落,如同纸上的铁屑会随着一块磁铁左右移动而移动一样。

一条几百英里宽的水带,日夜随月光流动。当它进入海湾、港口或河口时就会增强,形成高达20、30乃至于40英尺高的潮汐。在这样的水域里航行是非常危险的。如果月亮与太阳恰好都处于地球的同一边时,产生的引力就更强大了,就会形成"满潮",满潮在许多地方就如同一次小洪灾。

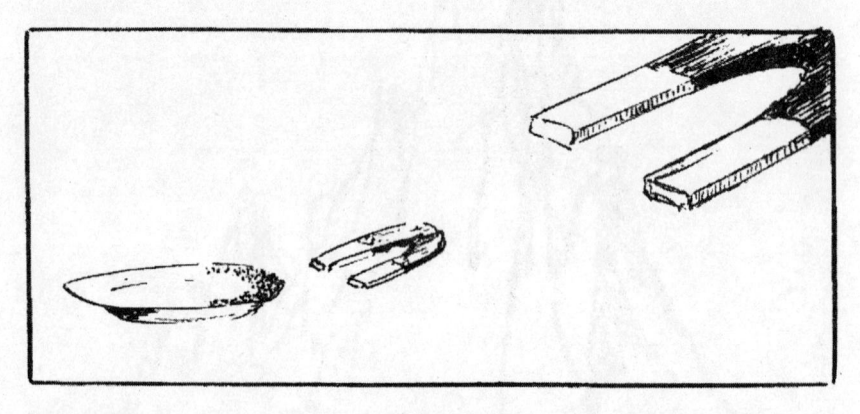

潮汐

地球完全为一层氧氮混合物所包围,我们称之为大气层或"空气"。这层氧氮混合物约有300英里厚,就像橙皮保护着它的橙肉一样,团团保护着地球。

大约在一年前,一位瑞士教授乘着一只特制的热气球升到了10英里高的高空,这是人类第一次进入未去过的那部分大气层。尽管这是人类的一次伟大创举,但是,还有290英里厚的地球大气层有待人类探索。

大气层、地表以及海洋共同组成了一个实验室,形成了各种各样的天气:风、暴雨、暴风雪、干旱等。既然这些天气时时刻刻地影响人类的生活,我们就应该气候详细地讨论一下。

大气层

影响气候变化的三大要素是土壤的温度、盛行风和空气的湿度。"气候"的本意是"地表的倾斜度"。古希腊人很早就注意到，越接近极点，地球表面"倾斜"得就越厉害，其温度和湿度的变化也越大。于是，"气候"就用来指任一特定地区的气候状况，而不再表示它原有的含意。

现在，我们说一个国家或地区的"气候"，指的是在一年中盛行的占主导地位的平均天气状况。

我首先说一说奇特的风。风在人类文明的进程中起着非常重要的作用。假如没有热带海洋上盛行的"信风"，那么美洲大陆的发现就得等到蒸汽船的发明了；假如没有湿润的微风，加利福尼亚和地中海沿岸各国就不会出现今天的繁荣，使它们与东部和北部的邻国差距拉大。更不用说随风飞舞的石子和沙粒了，它们如同一张巨大的无形的砂纸，可以用几百万年的时间把地球上最雄伟的山峰磨平。

"风"的原意是指"迂回前进"的东西，因此，风就是一股从一地"迂回"前行到另一地的气流。那么，为什么气流会从一地迂回前行到另一地呢？因为一些地方的空气温度较高，就会导致它轻于其他地方的空气，所以它就尽可能地向上运动。这种状况一旦形成，就会形成一个真空带,较重的冷空气就会涌入,填补这个真空带,正如 2000 年前古希腊人所发现的一样:"大自然讨厌真空。"空气就同水和人类一样,也不喜欢真空。

生存的意志

地震

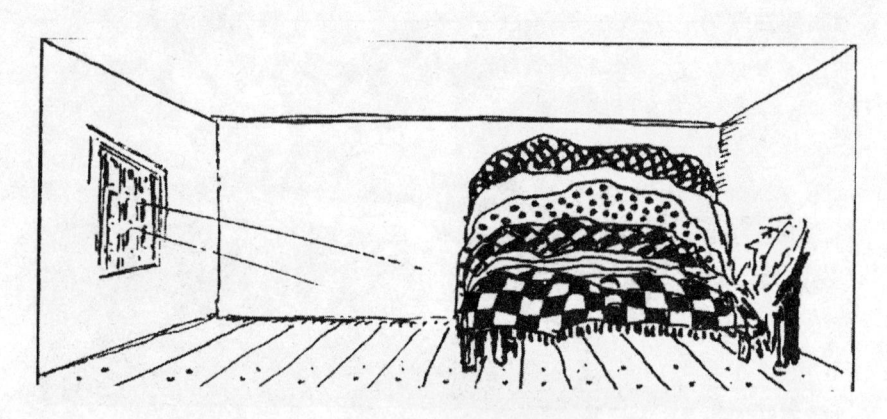

它们像许多毯子为我们保暖

我们当然知道怎样在房间里制造热空气——只需生一只火炉就可以了。而太阳就是众多星球中的一只火炉,其他则是要加热的房间。最热之地当然是靠火炉最近的地方(沿赤道地区),而最冷之地就是离火炉最远的地方了(南北极的周围地区)。

火炉使空气剧烈振荡,形成一种环形运动。热空气会上升到天花板,但同时会离热源越远,温度也会不断地降低。这一冷却过程会使气流变重而又重新回流至地面上。冷空气一靠近地面,就会再次靠近火炉。于是,它再一次变热变轻,重新向上升去。就这样如此反复,直至火炉熄灭为止。但是,房间的墙壁在火炉燃烧时吸取了大量的热量,可以保持房间的温度,而保温时间的长短则取决于墙体的材料。

在地球上,这些墙壁可以比做人类赖以生存的大地。沙石与积满雨水的沼泽地相比,吸热快,散热也快。因此,太阳落山之后,沙漠很快就会寒气逼人,而在夜幕降临后几小时之内,森林却仍然是暖和舒适的。

水是名副其实的蓄热池。因此,近海与沿海的国家与内陆国家的气候相比,要更温和、更均衡。

太阳作为地球的火炉,在夏季向地球供热的时间比冬季长得多,而且阳光也更炙热,因此,夏天比冬天热。但是还有一些其他因素影响太阳的作用。如果在冬季用小型电热器加热浴室,你就会发现在很大程度上取决于电热器摆放的角度。太阳也是一样的。热带地区的太阳光要比极地周围太阳光更为直接地照射到地面上。因此，100英里宽的太阳光能均衡地照射在100英里宽的非洲的森林或南美的荒原上，并且把热量毫不浪费地全部释放在这块土地上。而在两极地区，100英里宽的太阳光覆盖的地面或冰面（图示将比长篇大论更能说明这个问题）将有200英里之宽，两极地区获得的太阳能因此也正好下降一半。这就如同一个只够给6个房间供暖的燃油炉为12个房间供热，肯定会力不从心，无法达到预期的效果。

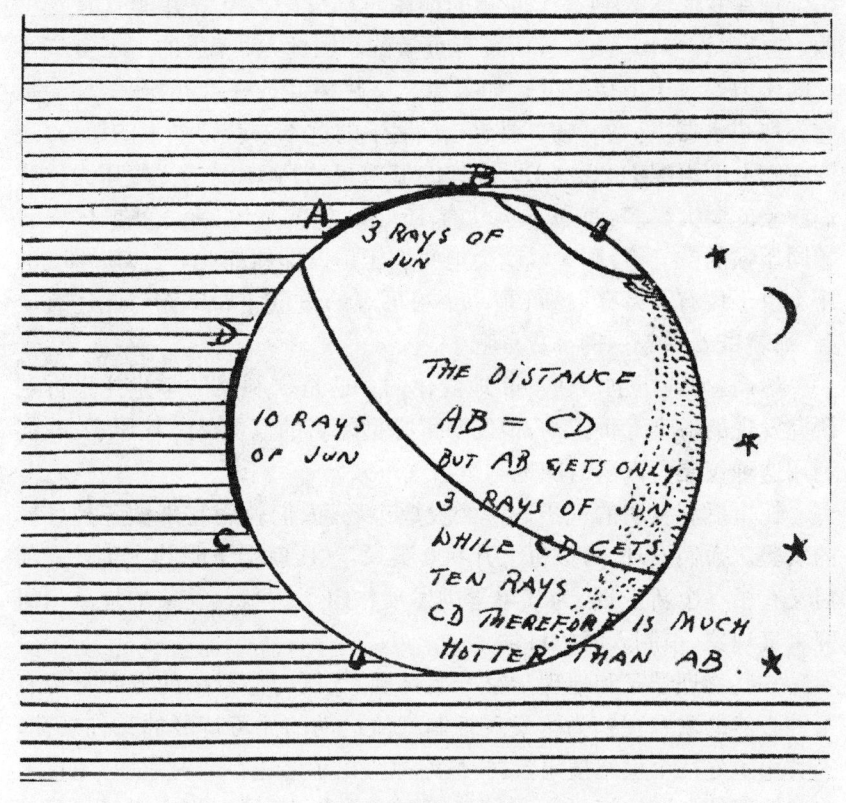

为地球供热的太阳

太阳这个天体火炉的工作程序要更为复杂，因为它还要使我们周围的大气层保持恒温。但这并非由太阳直接来完成,而是靠地球本身间接地完成。

太阳光照射到地球上时要穿透大气层,但这一过程非常简单,因此对地球这层保护衣的温度几乎不会产生影响。太阳光照到地面,地面先将热量储存起来,然后再逐渐输送给大气层。这一事实正好解释了山峰的顶部为什么会那样寒冷。因为山峰越高,所获得的地表热量就越少。如果太阳光直接加热大气层,大气层再加热地表,那么情况会大不一样,山顶也就不会被白雪覆盖了。

现在我们深入到这个问题的最困难部分吧。空气并非真是"空"的,它是由许多物质组成,而且有重量的。因此,大气层的下层空气承受的压力要大于上层空气。如果想把一片树叶或一朵花压平,你会把它夹在一本书里。你知道,要想让最底下的这本书获得最大的压力,还需在它上面再摆上20本书。同样的道理,我们所承受的空气压力比我们想象的要大得多:每平方英寸有15磅。也就是说,幸亏我们体内有相同压强的空气,否则大气就会把我们压扁。即便如此,人体所承受的压力也平均有3万磅,这可是一个很可观的重量。如果你对此还有质疑,那就试着举起一辆小货车吧。

然而,大气压也是在不断地变化的。这是伽利略的学生托里拆利研究发现的。十七世纪初,他发明了举世闻名的仪器——气压表,我们利用这种仪器可以随时随地测量出气压来。

托里拆利发明的气压表一经投放市场,人们就用它来做各种各样的实验。人们发现,海拔每上升900英尺,气压就会下降约1英寸。随后又有了一个新发现,为气象学的发展作出了贡献。气象学是一门研究大气现象、预测天气的科学。

一些物理学家和地理学家开始怀疑,气压与盛行风的方向是否有某种必然的联系呢?为了发现控制气流运动的无可辩驳的某种规律,人类用了好几个世纪搜集数据,最终才得出了结论。研究表明,地球上一些地区的气压比海平面平均气压要高很多,而另一些地区的气压比海平面平均气压低得多。因此前面的一些地区就被称做高气压区,而后者则被称为低气压区。于是就确切地说明了,风总是从高气压区吹向低气压区,而风的速度和强度则取决于这两个气压区的气压对比度。如果高气压区的气压很高,而低气压区的气压很低,我们就会看到非常强劲风——暴风、飓风或者龙卷风。

风不仅使人类生存家园的保持了良好的通风,而且对雨量的分布起着非常重要作用。如果没有雨,动植物就根本不可能正常地成长。

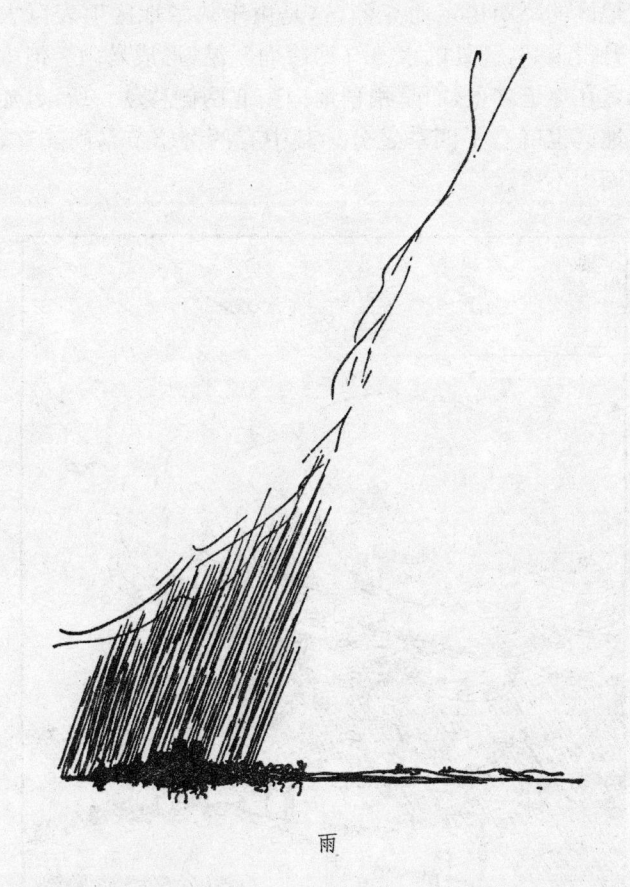

雨

雨只不过是一种来自海洋、内陆湖泊和内地雪原水的水蒸气,因受热而蒸发。热空气要比冷空气携带更多的水蒸气,因此在空气温度下降前很容易携带水蒸气。随后,部分水蒸气会凝聚起来,以雨、雪或雹的形式降落到地球表面。

一个地区的降水量差不多取决于该地区的风。假如山脉把沿海地区与内陆隔开了(这是常见的地貌),沿海地区就会很湿润。因为风到高山地区就被迫升高(高山地区气压较低),离海平面越高,它的温度就越低,并使水蒸气以雨雪的形式降落到地面上。当风越过高山吹到另一边后,它已是没有一点水分的干风了。

热带地区的降雨稳定而充沛,这是由于热带地区地表巨大的热量使空气上升得很高,高处的水蒸气遇冷而凝结,形成暴雨。但太阳不是永远地固定在赤道之上,而是稍稍地向南北两侧移动。所以,赤道附近的大部分地区也就有了四季之分。其中有两个季节暴雨连连,而另两个季节则滴雨不落。

暴风雨只不过是局部地区发生的事

而有些地方最糟糕了,它们常年处在从寒冷地区刮向温暖地区的气流控制之下。因为当风从寒冷地带吹向温暖地带时,它们吸收水分的能力逐步加强，但不能释放自身携带的水蒸气，使这些地区 10 年都出现不了一两次降雨，因而就变成了沙漠。

风以及降雨就谈这么多吧。在讲述各国情况时我们还会做更详细的讨论。

接下来简单介绍一下地球本身以及人类脚下这层坚硬的岩石地壳。

关于地球的内部结构有许多种说法，但我们还远远没有形成确切的认识。

坦率点说吧！我们曾上过多高的天？我们曾入过多深的地呢？

在一个直径为 3 英尺的地球仪上，世界上的最高峰珠穆朗玛峰就跟一张纸一样厚，而菲律宾群岛东侧大洋的最深处就如同邮票上的凹痕。我们从未下过大洋之渊，也从来没有攀登过珠穆朗玛峰。我们曾乘坐热气球和飞行器飞上高空，但那高度也只比珠穆朗玛峰高一点，但仍然还有 97% 大气层有待探索。至于海洋，人类到达过的太平洋深度还不及 3%。顺便提一下，海的最深处要远远超过最高的山峰。即使把各大洲的最高峰都沉到大洋的最深处，珠穆朗玛峰的峰顶还会在海平面几千英尺之下。

我们目前的知识还无法对这些令人困惑的事实作出解释。人类对地壳的过去和将来还是一无所知。我们没有必要求助于火山来获得地球内部的真实情况（人类的祖先曾有过这样的幻想），因为我们已经认识到，火山不是地球内部岩浆等高温物质喷出地面而形成的。尽管我的比喻不太确切，我还是把火山比做地表的脓肿，尽管疼痛难忍，但只是一个局部问题，而非身体内部的毛病。

世界上原来有 720 座活火山，但随着岁月的流逝，一部分活火山逐渐丧失了活力，变成了普通山峰，所以目前大概还有 320 座活火山。

大部分火山位于海岸附近。事实上，全球地壳最不稳定的地方，例如日本（据地震监测显示，这个国家每天发生 4 次轻微火山震动，每年发生 1447 次地震）就是一个岛屿之国，马提尼克岛和喀拉喀托岛也是如此，都是近代火山爆发最惨重的受害者。

由于大多数火山离海洋很近，人们会理所当然地认为，火山喷发是由于海水渗入地球内部，引发了强烈的爆炸，使熔岩、蒸汽之类的物质喷发出来，导致了骇人听闻的灾难。可是，后来我们发现，一些非常活跃的火山却与海洋相隔万里，因此，上述理论就不攻自破了。如果有人问到今后会发生什么，我们就只能摇摇头，并重复说："我们不知道。"

同时，地表本身到底是由什么构成的呢？我们常常会幼稚地认为它们是坚硬的石头，亘古不变。现代科学并不这么认为，它告诉人们，岩石一直处在持续变化之中，雨水冲刷，大风吹刮，可以使高山以每千年3英寸的速度变矮。假如不存在反作用力来抵消这种侵蚀，所有的山峦早就消失了。即使是喜马拉雅山脉也早在1.16亿年前变成了一块大平原。然而，不但存在这种反作用力，而且威力极大。

为了对地表运动有个大概的认识，请拿出半打干净的手帕，一块一块地把它们平整地摆放在桌子上，然后用手从两边向中间慢慢推。你会看到，这堆手帕形成了一大堆奇形怪状的褶皱，有些鼓起来，有些凹下去，有些重叠，有些平展。这些褶皱与地球的地表极为相似。地壳是地球这个庞然大物的一部分，在宇宙中高速运转时，它的热量也在不断地散失，在冷却中缓慢收缩，进而褶曲变形，如同被挤压在一起的一堆手帕。

地壳就像一块布满了孔的海绵

根据目前最准确可取的猜测（仅仅是猜测而已），自地球诞生之日以来，它的直径已缩短了大约 30 英里。把 30 英里看做一条直线，显得并不是太长。但请不要忘记，我们所面对的是一个巨大的曲面。地表面积是 1.9695 亿平方英里，如果它的直径突然发生变化，缩短了几码，一场巨大的灾难就会出现，无人能够幸存。

值得庆幸的是，大自然总是非常缓慢地创造其惊世之作，无论做什么，她都会保持适当的平衡。假如她要一片海洋干涸（盐湖正在迅速枯干，而瑞士康斯坦丁湖也会在 10 万年后消失），她会在另一个地方创造一片新的海洋；假如她要某座山脉消失（欧洲中心的阿尔卑斯山在 6000 万年后就会变得像美国大平原一样平坦），她也会在地球的另一个角落再造出一座高山来。尽管我们无法观察到地壳运动中发生的细微变化，因为她进行得极其缓慢的，但至少我们相信这一切都是事实。

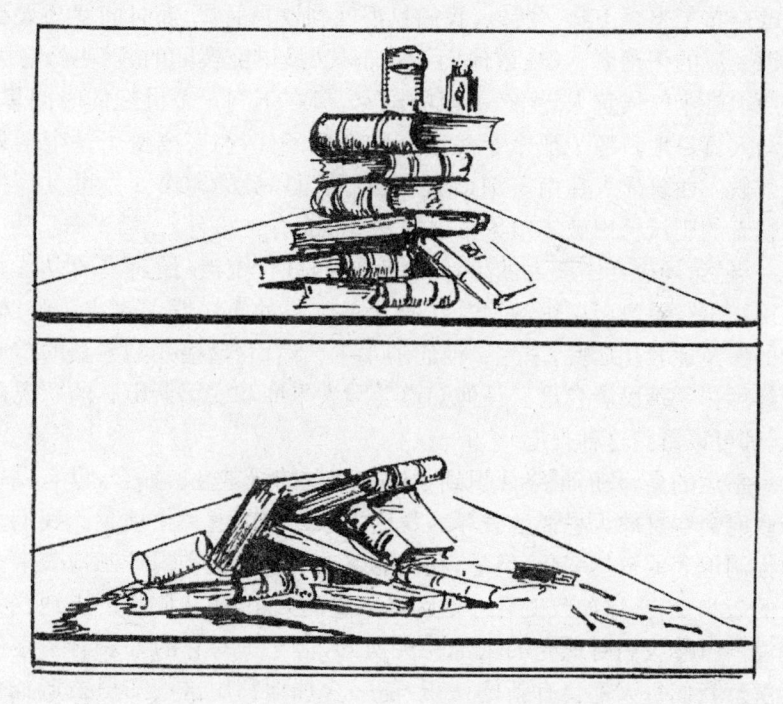

为什么不造你们自己的地球呢？

不过，情况也并非总是如此。大自然本身是个慢性子，但是在人类的纵容下，有时她也快得让人可怕。随着人类进入文明时代，发明了蒸汽机和炸药之后，地表就被迅速改变了。要是我们的曾祖也能起死回生，和我们一起共度佳节，他们肯定认不出自己曾经生活过的牧场和花园了。由于对木材的贪婪索取，成片的绿衣被人类无情地剥光了，成片的森林和灌木也遭无情地砍伐，许多地区成了不毛之地。森林被破坏，雨水把长期牢牢地覆盖于岩石表层的肥沃土壤冲刷得一干二净，光秃秃的山坡对周边地区构成了巨大的威胁。由于再没有草皮和树根的阻碍，雨水便无处藏身，只好化身为洪流，泻向平原和山谷，所经之处，生灵一片涂炭。

但这绝非危言耸听。我们不必去回忆冰川时期，到现在我们都还不知什么原因，整个北欧和北美大陆被厚厚的冰雪覆盖着，危险的沟壑峭壁遍布了整个山脉。所以，我们只需回到罗马时代，那时的罗马人都是第一流的拓荒者。（难道他们不是古代"最讲究实际的人"吗？）意大利原本是个气候宜人、生态平衡的国家，但在不到5个世纪的时间里，罗马人盲目地破坏了那个半岛原有的气候条件，彻底改变了这个半岛的气候。西班牙人在南美洲山区，把勤恳而卑微的印第安人世世代代耕耘着的肥沃梯田破坏殆尽。这是发生在近代的事件，无需多费口舌。

当然，要剥夺土著人的生计，并对他们进行统治，最简单的办法就是采用饥饿手段。美国政府为了把勇敢无畏的布法罗人变成肮脏、懒惰的保留地教化居民，杀光了他们的水牛。然而，这些残酷愚蠢的措施最终惩罚了殖民者自己。任何知道美国大平原和安第斯山脉的状况的人，都可以看到这种报应。

幸运的是，政府最终认识到了这一问题的严重性。如今，没有哪一个政府会容忍肆无忌惮地破坏为我们大家造福的这片土地了。我们无力控制地表的自然变化，但是，我们能够在一定的范围内控制地表上大量的微小变化，比如改变某一地区降水量的大小，防止肥沃的土地变为荒漠。虽然我们对地壳的内部一无所知，但至少对它的外表有一定的了解。我们每天都会有新的认识，能够合理地利用这些知识去造福全人类。

山峰的起起落落

人类的家园

美国的冰川

但我不得不遗憾地说,我们还不能控制地表的大部分——海洋。现在仍有四分之三的地表被海洋覆盖着,因而人类是无法居住的。这一些地表为深浅不一的海水所覆盖,最浅的地方只有几英尺(靠近岸边),而最深的地方,位于菲律宾东部的"深洞",则深达约3.5万英尺。

这部分水大致可以划分为三部分。最重要的部分是太平洋,6850万平方英里;其次是大西洋,面积为4100万平方英里;印度洋面积为2900万平方英里。除此之外,还有200万平方英里的内陆海,河流和湖泊的面积加起来也有100万平方英里。所有这些水下的土地,无论是过去、现在还是将来,我们都无法居住,除非我们也能像几百万年前的祖先那样,重新长出一片鳃来。

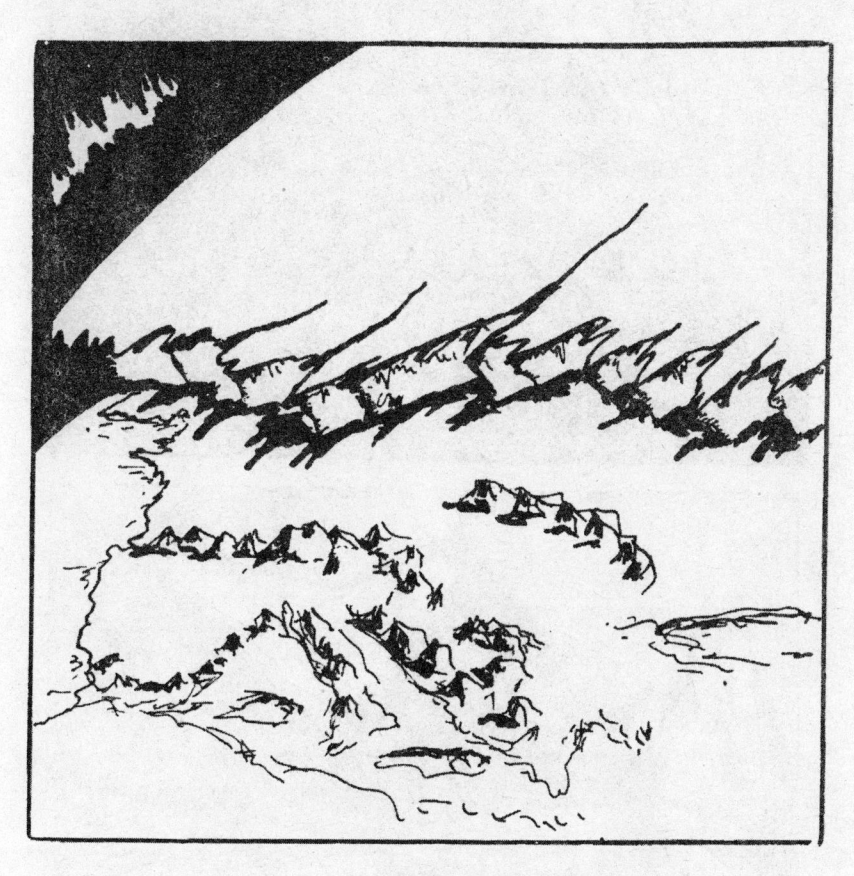

欧洲的冰川

公元前 50000000 年和公元后 1932 年

如果最高的山峰被倾倒进海洋的最深处

人类的家园

乍一看,那浩淼如烟的海洋似乎是对极其有用的土地的一种巨大浪费,人类似乎应该因此而感到遗憾。人类可支配的土地资源中,有500万平方英里的沙漠,1900万平方英里类似于西伯利亚那样没有多少利用价值的荒原,还有数百万平方英里的无人居住区,这些地区或是由于海拔太高(如喜马拉雅山和阿尔卑斯山),或是由于温度太低(如两极地区),或是由于湿度太大(如南美洲的沼泽地),或是由于森林过密(如非洲中部的森林地带),这些面积都必须从5751万平方公里被算作"土地"的面积中扣除。每当想起这些,我们都会感到要倍加珍惜利用每一寸土地。

墨西哥湾流

数亿年前的大陆与今天迥然不同

然而,如果没有海洋这个巨型的热量储存体,我们能否生存下去就是一件非常值得怀疑的事情了。地质遗迹明确地告诉我们,在史前时代,陆地面积曾一度要比现在的大,而海洋面积要比现在的小,但那些时期都是处于非常寒冷的时期。目前,海洋与陆地的面积比是4∶1,这个分配比例是很合适的。只要这个比例保持不变,人类可以在温暖的环境中发展下去。

包围着整个地球的巨大的海洋(从这个意义上说古人的猜测是对的),与坚硬的地壳一样,也在不停地运动着。月亮与太阳通过引力的作用牵引着海水,使海水上涨到相当的高度,于是,白天的热量使海水蒸发,极地的海洋则被冰雪覆盖。但从实用的角度上看,气流和风直接影响着人类的生活,因为它们首先对海面施加了压力。

如果你长时间对一盆汤吹气,就会发现汤会从你的嘴边向前流去。同样,当气流年复一年地不停地吹向海面时,海水就会顺着气流的方向向前流动,形成"漂流"。当几股气流从不同方向同时吹到海面上,这些不同的"漂流"就会相互抵消掉。但是,如果风是持续稳定的,比如从赤道两边吹来的风,那么形成的漂流就会变成真正的海流了。这些海流对人类的历史有着非常重要的作用,使地球的许多地方变得适合人类居住,否则这些地方就会像格陵兰岛封冰的海岸一样寒冷。

这张海洋河图(许多海流确实像河)标出了海流的分布位置。太平洋有许多这样的海流,其中最重要的一条是日本海流(蓝色盐洋海流),它是由北向东的信风引起的。在流出日本海后,这条海流就穿越北太平洋,把温暖送到了阿拉斯加,使那里不那么寒冷,适合人类居住,然后,它又掉过头向南流去,给加利福尼亚带去了宜人的气候。

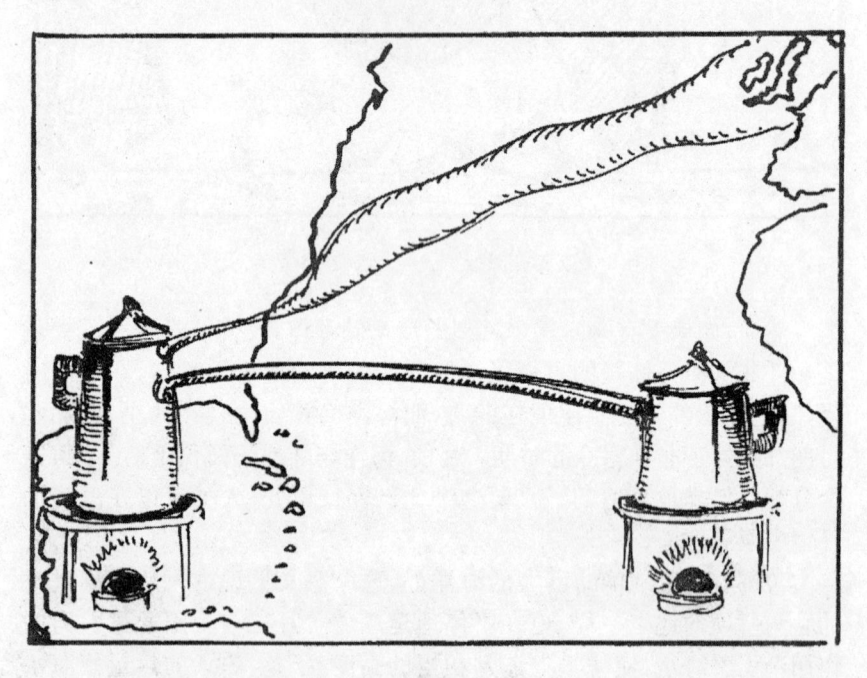

你家厨房内的墨西哥湾流

谈到海流，我们首先想到的是墨西哥湾暖流。这是一条神秘的海流，50英里宽，2000英尺深。在漫长的岁月里，它不仅向欧洲北部输送自己的热带暖流，还把富庶与繁荣带给了英国、爱尔兰和北海沿岸的国家。

墨西哥湾流的经历颇为传奇。它发源于北大西洋涡流。北大西洋涡流是漂流而不是海流。它像个巨大的旋涡在大西洋不停地旋转着，把半凝滞的海水卷入旋涡中心，使之成为亿万条小鱼和浮游生物的生长地，因此被称做马尾藻海或"海藻"海，在人类早期的航海史上扮演了一个重要的角色。一旦信风把航船刮进马尾藻海，你就会迷失方向，中世纪的水手们对此坚信不疑。那绵延几英里的坚韧的海藻会将船死死缠住，船上的人都会因饥饿和缺水慢慢地死去，而那阴森的死船会在无云的晴空下永远地上下漂浮，就像一个无声的死亡警告，警告那些胆敢冒犯神灵的人。

当哥伦布的船队平安地从这片沉寂的水域中穿过以后，这个关于无边藻海的传说被证明是无稽之谈。但是时至今日，对许多人来说，马尾藻海仍是神秘而恐怖的。可实际上，它还远不如纽约中心公园的那个天鹅湖令人兴奋。

再回到墨西哥湾暖流吧。北大西洋涡流的一部分最后流入了加勒比海，与从非洲海岸西行而来的一股海流汇合。这两道巨流，再加上自身的海水，提升了加勒比海海面，加勒比海的海水就像杯子中溢出的水一样，朝墨西哥湾直奔而去。

墨西哥湾容纳不下全部外来的海水，于是就把佛罗里达与古巴之间的海峡当做一个水龙头，将这股热流（80华氏度）从中喷泻出来，墨西哥湾暖流就这样形成了。冲出水龙头的墨西哥湾暖流以时速为5英里的速度前进，这就是为什么古代航船对墨西哥湾暖流敬而远之的一个原因。航船宁可绕道而行，也不愿意在墨西哥湾逆流而行，因为湾流严重影响了船速。

湾流从墨西哥湾出发，沿着美洲海岸一路北上，从东海岸蜿蜒而行，开始了穿越北大西洋的旅程。在纽芬兰大浅滩附近，墨西哥湾流与自己的支流——拉布拉多寒流汇合。拉布拉多寒流来自格陵兰岛的冰山区,水温非常低,不像墨西哥湾暖流那样温暖、友善。这两股强大海流的汇合,产生了可怕的大雾,使大西洋的这一片水域臭名远扬。另外还产生了大量的冰山,这些冰山在过去半个世纪的航运史上也是令人惊骇的。夏日的骄阳将这些冰山从格陵兰岛上的坚硬的冰川上切割下来(冰川覆盖了这个岛90%的土地),巨大的冰山缓缓向南漂流,最后滞留在墨西哥湾暖流和拉布拉多寒流汇合时所形成的巨大涡流之中。

这些冰山一边漂移,一边慢慢溶化。但是这个消融过程是非常危险的,因为人们只能看到冰山的顶部,却看不见深藏在水下的参差不齐的冰山下部,但冰山下部能够轻而易举地像小刀切黄油那样将航船的铁壳刺穿。今天,这一片海域禁止所有海轮航行,美国巡逻舰队(专门负责侦察冰山,费用由各国共同承担)则在这片海域上巡察,炸毁小冰山,警告所有来往船舶避开大冰山。然而,渔船却对这一片海域情有独钟,因为生活在北极的鱼群已经习惯了拉布拉多寒流的低温,对墨西哥湾暖流十分不悦。正当它们还在犹豫是重返北极还是穿越温暖的墨西哥湾时,就已落入法国渔民的渔网。法国渔民的祖先比其他人早了好几百年光顾了美洲大浅滩。离加拿大海岸不远的两个小岛——圣皮埃尔岛和密克隆岛,不仅是200年前占领了北美洲相当大的地盘的庞大的法兰西帝国的最后两块领地,而且还是诺曼底渔民勇敢品质的见证者。诺曼底渔民早在哥伦布出生前150年就到达过美洲东海岸。

邻居

在离开"冷墙"(由墨西哥湾暖流和拉布拉多寒流的温差产生的)之后,墨西哥湾暖流又继续向北流去,缓缓通过大西洋,呈扇状散开,流向西欧海岸。在到达西班牙、葡萄牙、法国、英国、爱尔兰、荷兰、比利时、丹麦和斯堪的纳维亚半岛的海岸后,把温暖适中的气候送给了这些国家。在完成了人道主义的任务之后,这条携带着水量比全球河水总量还多的神奇的洋流悄悄地流回了北冰洋。北冰洋装不下如此多的海水,于是,它也只好倾倒出去,这样,格陵兰海流就产生了。

这是一个多么迷人的故事啊!

这个故事如此迷人,我很想再说下去,但在这一章我们只能讲这么多了。

这一章只是一个背景——关于气象学、海洋学和天文学的一般情况,而这场剧中的各个角色将逐一登台亮相。

现在暂时拉上帷幕。

当幕布再次升起时,就会开始新的一幕剧。

下一幕将告诉你,人类是怎样跨越高山,穿越海洋和沙漠的,只有这样我们才将这个世界称之为"人类的家园"。

帷幕又升起来了。

第二幕:地图和航海的方法。

第四章　地图

——章节虽短，却涉及了一个大而有趣的问题，并对人们如何逐渐学会在地球上生存做了一些观察

对于地图，我们都最熟悉不过了，我们根本无法想象没有地图的情景。旅行没有地图，就如同现代人不明白测量宇宙要依靠数学公式一样。

古巴比伦人精通几何学，他们根据几何学曾对整个巴比伦王国作过一次实地勘测（约在公元前3800年或摩西诞生前2400年）。从他们留给我们的几块泥板来看，上面绘制有他们王国的轮廓，但以现代人的眼光来看，这些根本不能称之为地图。古埃及统治者为了从辛勤劳动的臣民身上榨取每一分税款，也对他们的王国进行了勘测。从勘测图上可以看出，他们掌握了丰富的应用数学知识，因此能够完成这项艰巨的工作，但是在那些王室墓穴中，我们从来不曾发现任何现代意义上的地图。

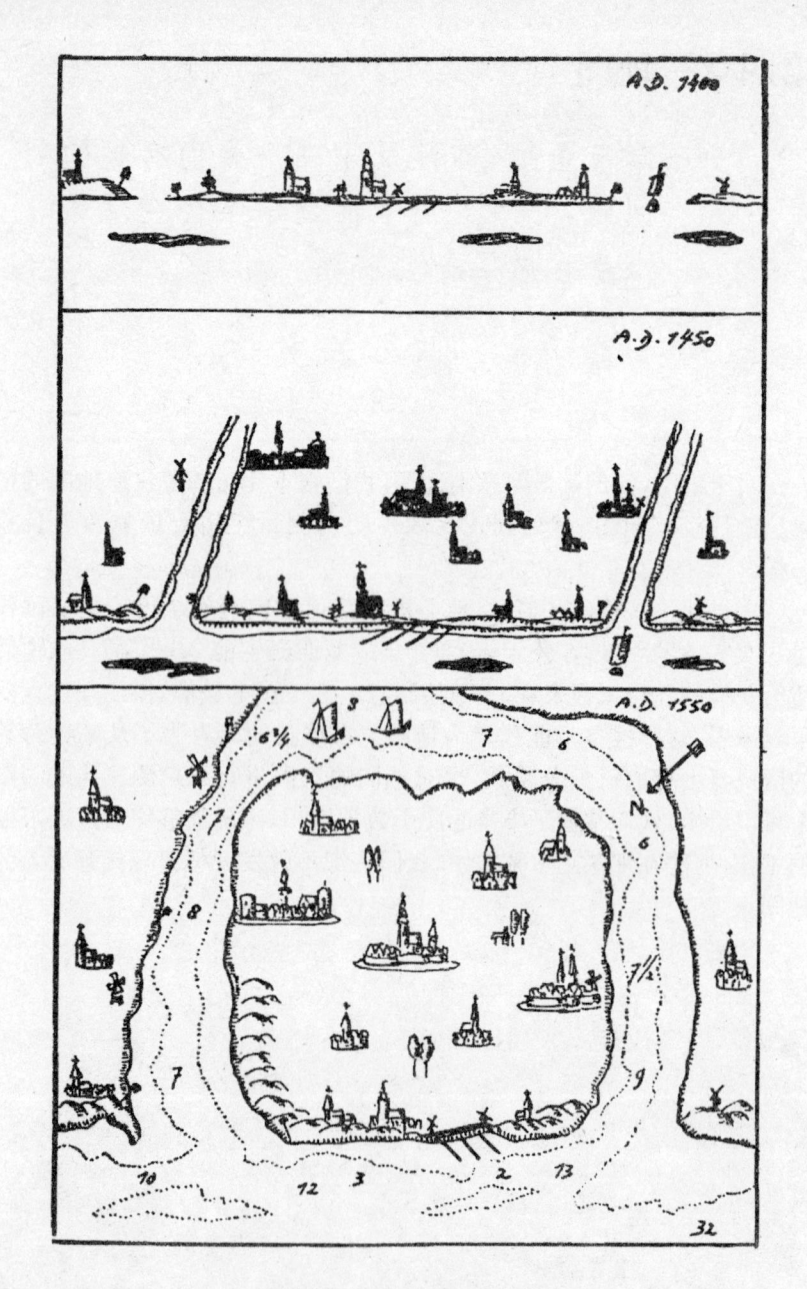

地图是如何成为地图的

古希腊人是当时世界上求知欲最旺盛的民族，他们撰写了许多与地理学相关的论著，但对他们的地图我们却一无所知。在一些大型的古希腊商业中心里，似乎曾出现过雕刻了最佳航行路线的铜板，告诉商人们怎样从东地中海的一地到达另一地。但是还不曾有这种铜板被挖掘出来，因此我们不知道它们是什么样子的。亚历山大大帝占领了广袤的领土，他肯定具有相当程度的"地理意识"，因为他专门供养了一批特殊人才——"步测者"，这些人行进在军团的最前面，在不知疲倦地四处寻找印度黄金的过程中，能够准确地报告出马其顿人的方位。但是，我们所能理解的是常规地图，而不是一段遗迹、一张残片或者一条路线。

古罗马人劫掠成性（他们是组织最完善的"正规军强盗"，他们罪行的记录始于他们在欧洲进行殖民统治的时代），走到哪儿，就住在哪儿，路就修到哪儿，税也征到了哪儿；所过之处，他们用绳索或十字架处死被征服者，建起庙宇和游泳池，留下无尽的废墟。他们似乎不需要一张名副其实的地图就能统治一个世界帝国。尽管他们的作家和雄辩家常常谈到罗马人的地图，而且还说地图是准确可靠的，但是唯一流传下来的一张罗马地图（不算那张公元二世纪毫无价值的小型古罗马规划图）看起来十分简陋粗糙，除了当做古董收藏之外，几乎没有任何研究价值。

历史学家都知道有一张以康拉德·普廷吉的名字命名的普廷吉地图。普廷吉是奥格斯堡市管辖之下的一个小镇职员，他最先想到借助斯特拉斯堡的约翰·葛登堡发明的印刷机来大量印刷古罗马地图。遗憾的是，普廷吉没有可用于复制的原件。他用的底稿是一张十三世纪时复制的三世纪的罗马地图，由于年代久远，地图中许多重要的细节被老鼠和蛀虫破坏了。

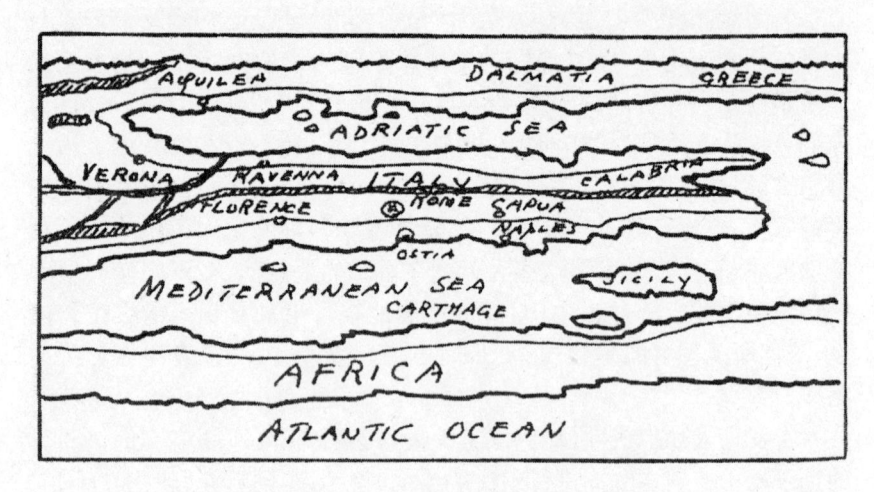

一张罗马地图

尽管如此,普廷吉地图总的轮廓无疑与原件是一样的。如果这代表罗马人的最高水平,那么,他们还真的需要再好好学习一番。我在这里贴了这幅古罗马地图,你自己评判一下。如果细心观察和仔细研究这张地图,你就会慢慢了解古罗马地理学家的想法。同时你也会发现,现代人已经取得的进步是多么伟大。意大利面条状的"世界"是通往英国或者黑海的罗马将军能提供的材料中的最后一个单词。

至于说中世纪的地图,简直就是不值一提。教会反对一切"无用的科学探索"。通往天堂的路要比从莱茵河口到多瑙河口的最短路线重要的多。地图变成了滑稽的图画,上面充斥着无头的魔鬼(这个奇特的形象起源于那些把头缩在毛皮大衣里的可怜的爱斯基摩人)、哼哼着的独角兽、喷水的巨鲸、半鹰半马的怪兽、海妖、美人鱼、狮身鹫首的怪兽以及所有因恐惧和迷信而想象出来的怪物。耶路撒冷理所当然地就变成了世界的中心,而印度和西班牙处在世界的边缘;苏格兰变成一个独立的小岛,而通天塔有整个巴黎市十倍那么大。

波利尼西亚人编织的地图

　　同中世纪的这些作品相比,波利尼西亚人编织的地图(看上去就像幼儿园里孩子们做的小玩意,但很实用,很精确),确实勘称是航海家的杰作。就更不用说同时代的阿拉伯人和中国人的成果,然而他们当时被视为可耻的异教徒而排除在外。直到十五世纪末,航海业最终发展成为一门科学之后,地图的绘制才有了实质性的进步。

　　当时,连接欧洲与亚洲的桥头堡被土耳其人攻克了,欧洲通往东方的陆路交通被长期切断,人们迫切需要打通通向印度的海上通道。这就意味着要放弃航海者所熟悉的陈旧的航行方法,当时的航行全靠观察最近的陆上教堂屋顶或辨别沿岸的狗叫声来识别方向。在苍茫的大海上航行,除了天空和海水外,往往一连几个星期看不见任何其他东西,正是这种需要才促使了当时航海业的巨大进步。

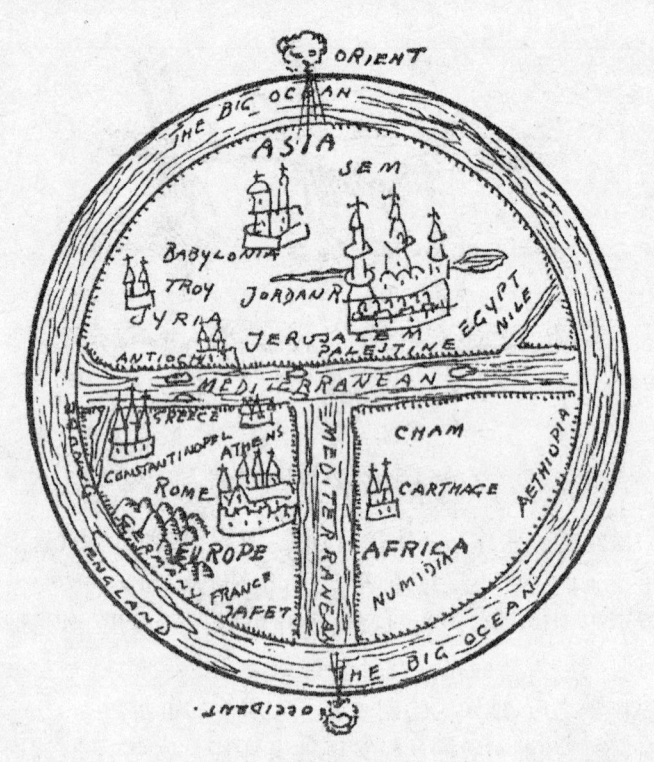

中世纪地图

埃及人似乎到过克里特岛,但他们没有继续进一步的远航。他们的到达更像是在航行中被风吹离了航线后的巧遇,而不像是一次精心策划的航海探险。腓尼基人和希腊人实质上是"教堂顶上的水手",尽管他们也曾做过几次惊天动地的大事,甚至冒险抵达过刚果河和锡利群岛。即便如此,他们在航行时都尽可能靠近岸边,一到夜晚,他们一定要把船拖上岸来,以免被风吹到海洋深处。至于中世纪的商人,他们都有自己固定的航线,去地中海、北海或波罗的海,他们始终要以远处的山脉作为航行的标志。

如果他们发现在海上迷失了方向,就只能通过唯一的方法来确定最近的陆地。为此他们总是带着鸽子航行,因为他们知道鸽子能够判断出飞向最近陆地的最短路途。一旦辨不清方向时,他们就会放飞一只鸽子,并观察它的飞行方向,然后朝着鸽子飞去的方向航行,直至看见陆地,把船泊在最近的港口,再去打听自己到底到了何处。

中世纪的任何一个普通人都要比我们更熟悉星座。他之所以必须掌握这些知识,是因为他缺少各种信息,而今天,我们手边充斥着各种印刷的年历和日历。当时经验丰富的船长可以借助观察星星来辨别方位,也能根据北极星和其他星座来制定航线。但在北方,常常是多云天气,靠观察星星的这种方法就行不通了。如果到十三世纪下半叶欧洲还没有传入那件外来发明,航海还将继续其代价高昂而又痛苦的历程,而当时的航海完全靠运气和猜测(多半是后者)。但是指南针的起源和发展始终蒙着神秘的面纱。我在这里要说的只是某种传闻罢了。

十三世纪上半叶,一个个头矮小、眼睛斜视的蒙古人——成吉思汗,建立了一个疆域空前广阔的大帝国(从黄海直到波罗的海,一直到1480年还统治着俄罗斯)。当他穿越中亚荒漠,向欧洲扩大版图时,好像就带着一种类似指南针的东西。到目前为止我们还无法确定,是不是地中海水手们首先看到这种被神职人员称做为"亵渎上帝的撒旦发明"的指南针?但是,地中海的水手第一次把船开到了世界各地。

凡是具有世界性价值的重大发明,其来历都似乎有点模糊不清。从雅法或法马古斯塔回来的人都有可能会带回来一个从波斯商人那儿买来的指南针,而波斯商人告诉他,这个指南针是他从一个刚从印度返回的人手中买来的。这个消息很快就在港口的啤酒屋里传开了。其他人都想亲眼目睹这个被撒旦施了魔法的奇妙小指针,无论你身在何处,这小指针都会告诉你哪儿朝北。当然他们不会相信这是真的。尽管他们不相信这个事实,很多人还是托朋友下次从东方回来时给自己带一个回来,甚至还先预付了定钱,半年之后,他们也有了自己的指南针。撒旦的魔力果真很灵验!从此,每个人都想拥有一个指南针。大马士革和士麦那的商人接到了需要更多指南针的紧急需求。威尼斯和热那亚的仪表制造商开始制造自己的指南针。突然之间,指南针遍及到了欧洲的每个角落。几年之后,这种带玻璃盖的小金属盒就在欧洲普及开来,没人想到值得为此小玩意大书一笔,因为他们觉得指南针的存在是理所当然的。

冰

关于指南针的来历，就介绍到这儿吧，还是让它重返它那神秘世界中去吧。自从这个灵敏的仪器第一次引导威尼斯人从环礁湖到达尼罗河三角洲以来，我们对指南针的认识已经提高了很多。比如，我们发现它的指针并非指向正北，要么稍稍偏东，要么稍稍偏西——这种差别在专业术语上被称做"磁偏角"。由于南北磁极与地球南北极不重合，而是相差数百英里，于是便导致"磁偏角"。北磁极在加拿大北部的布西亚岛（詹姆士·罗斯爵士于1831年首次登上这个岛），而南磁极位于南纬73度、东经156度上。

因此，只有指南针是不够的，船长还得要有航海地图，以便了解世界不同的地区的磁偏角。这将涉及到航海学了，而这本书不是航海手册。航海学是一门极其复杂高深的学问，绝非寥寥数语就能说明白的。我只想让你知道：指南针是在十三四世纪传入到了欧洲，它使航海术成为一门可靠的科学，而不再依赖侥幸的猜测和并不精确的复杂计算，这是常人智力无法能及的。

而这还只是一个开端。

现在我们能够随意辨认出指南针上所指示的32个方位中的任何一个，但在中世纪，那些船长只能依靠两种工具来确定自己在茫茫大海中的方位。

一种是测深索。测深索的历史几乎与船一样久远，能够测出海洋任何一点的深度。假如船长有一张标明了海洋不同深度的海图，并参照此海图行驶，测深索就能测得这片水域的情况，进而可以确定自己的方位。

另一种是测速器。测速器原来是一小块木头，把它抛入船头的水中，然后仔细观察它从船头到船尾花去了多长时间。由于船身长度是已知的，就可以推算出船经过某一个固定点所需的时间以及每小时大约走的英里数。

后来，绳子逐步取代了小木块。这种绳子很长很细但很结实，绳头系着一块三角形的木块。绳子预先按照固定的长度打结，然后将绳子投入水中，另一个船员打开沙漏。沙子漏完时（实现测定了所需的时间），就把绳子拉起来，数出沙漏漏完时留在海中的节数。在这之后，只要做一非常简单的计算就能得知船行进得有多快,或者就是船员习惯说的"多少节"。

但是,即使船长了解船的航行速度和大致航向,他最精确的计算随时都有可能会被海流、潮汐和风打乱。因此,即使在指南针用于航海很久之后,任何一次普通的海洋航行仍然是最具有危险的事情。那些想通过理论解决这一问题的人认识到,要彻底改变这种情况,就必须寻找到可以替代教堂上的尖顶的东西。

我这么说绝对不是在开玩笑。教堂上的尖顶、土丘上的大树、堤坝上的风车以及看门狗的吠声,都曾在航海史上发挥了极其重要的作用。因为它们都是固定点,无论海上发生什么,都不会改变位置。有了这样的一个"固定点",船员们就能够推算出自己的方位。他会对自己说:"我必须继续向东航行。"因为他记得上次曾路过这里。或者说:"继续向西,向南,向北,直至到达我想去的地方。"当时的数学家(顺便插一句,他们是一群天才,尽管他们没有掌握充足的信息,手头也没有精确的仪器,却依然能在数学领域取得出色的成就)非常清楚问题的症结所在:他们必须找到一个天然的"固定点"来替代那些人所确定的"固定点"。

在哥伦布横渡大西洋前大约200年(我提到他的名字,是因为1492年是个家喻户晓的年份),人们就在一直进行努力地寻找,直到今天仍未结束。我们现在拥有无线报时系统、水下通讯系统和机械操舵装置,昔日的舵手们几乎是完全无用武之地。

假如你置身在一座圆形高塔的塔角边,顶部有一面旗帜。只要你站在那儿不动,这面旗帜就会一直在你的头顶正上方。如果离开一点距离,你就会和旗帜之间形成一定的角度,如图所示,这个角度取决于你与高塔之间的距离。

一旦这个"固定点"被确定后,剩下的工作就容易得多了,需要确定的就是角度问题。希腊人早就知道如何计算角度,因为是他们奠定了三角学这门科学的基础。三角学是解决三角的边与角的关系的学科。

教堂塔的航行

现在我们就进入到本章最难的部分。准确地说,是整本书最为深奥难懂的部分——经度和纬度。确定纬度的正确方法比确定经度的方法早了好几百年。确定经度比确定纬度似乎要简单得多,但由于我们的祖先没有计时仪器,确定经度异常艰难。而要确定纬度,只要仔细观察,细心计算就可以了,因此,我们的祖先就相对早一点解决了这个问题。基本概况就讲这么多,接下来要讲难点,我会尽量讲得简明些。

你将注意到几个平面和角。如果你在 D 点,就会发现自己位于塔的顶部的正下方,就像中午 12 点你处在赤道线上,太阳几乎垂直在你头上。如果你移到 E 点,情况就会变得复杂一点。因为地球是圆的,所以在计算角度时你就需要一张平面图。假设 A 点是地球的中心,从 A 点画一条直线,让它穿过你的身体,到达你正上方的一个点,这个点称做天顶。这个词是天文学术语,观察者正上方的天空的一点叫天顶,而观察者正下方的天空的一点则叫天底。

对世界的古老看法，当时地球还是宇宙的中心

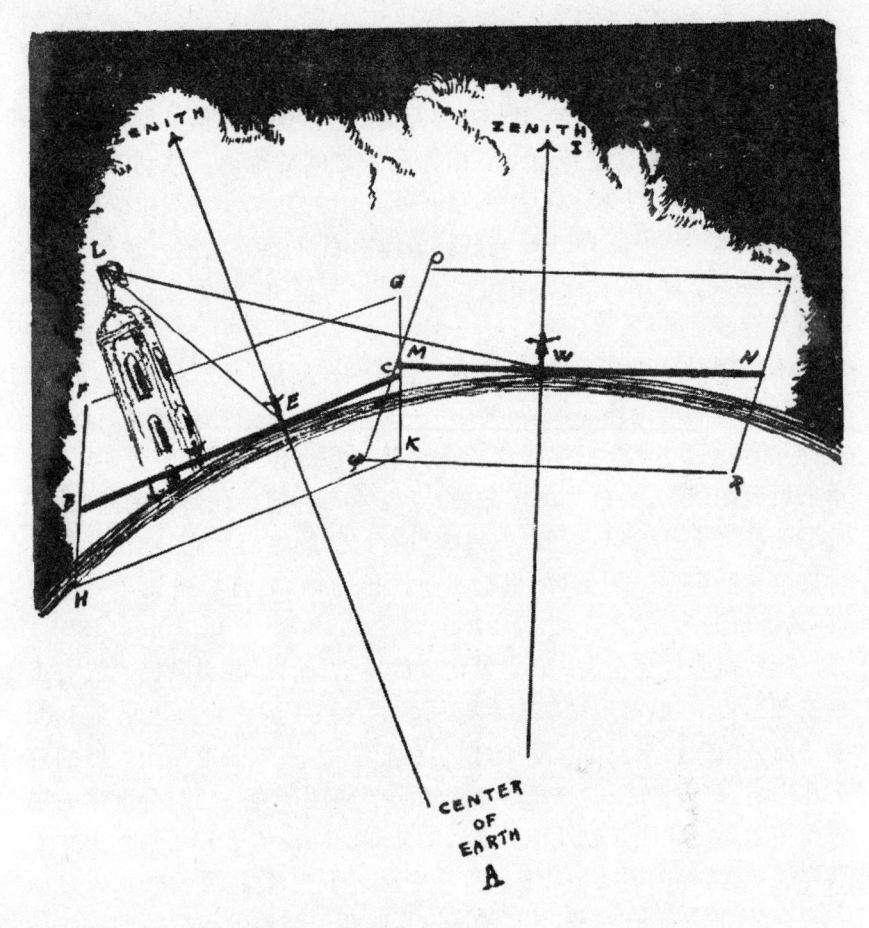

地球的中心

因为这个问题比较复杂，为了让你理解，我们做一个实验。拿一根毛衣针穿透苹果的中心，假设你背靠毛衣针坐在这个苹果的一个侧面上，毛衣针的上端是天顶，下端则是天底。再假定一个平面，它与你所处的位置及毛衣针垂直。如果你处在 E 点，这平面就是 FGKH，而 BC 就是你观察的这个平面上的一条线。同时，为方便起见或为了使问题简化一些，再假设你的眼睛生在你的脚趾上，正好是在你双脚接触 BC 直线上的你一位置。然后用这双眼睛望塔顶的旗杆，计算一下旗杆的顶端(L)、你所在的方位(E)和假设中的直线 BC 之间的角。BC 线在假设的平面 FGKH 上,该平面与假设的天顶 A 线成直角。天顶 A 线把地球的中心同你所处 E 点正上方的天空点连接起来。假如你懂三角学知识,你就可以通过这个角计算出你和塔之间的距离。移到 W 点,重复上述过程。W 点是你假定在直线 MN 上的点,MN 直线位于假设的平面 OPRQ 上,平面 OPRQ 与联接地球中心 A 点和当前天顶(天顶自然随观察者移动)的直线成直角。计算出∠WM 角,你就会知道你距高塔究竟有多远。

即使用最简单的形式,它仍然十分复杂。所以,在这里我只对现代航海学的基础理论作了简单的概述。如果你想成为一名海员,就必须花几年时间到专业学校学习必要的计算知识。再经过二三十年,当你谙熟所有的仪器、表格和海图之后,老板才有可能会任命你为船长,让你驾船往来于各港口之间。如果你没有这样的雄心壮志,你将永远不会理解这些东西。因此,如果这一章过于简短,而且只是谈了一些概况,请不要介意。

既然航海学完全是一种计算角度的科学,所以,如果欧洲人没有重新发现三角学,航海理论就不会有巨大的突破了。古希腊人早在 1000 多年前就给三角学奠定了基础,但是在托勒密(古埃及亚历山大城的著名地理学家)去世之后,三角学就被遗忘了或被视为一门过分奢侈的东西而被抛弃。印度人以及他们之后的北非的阿拉伯人和西班牙人并无这样的顾虑,他们勇敢地从希腊人手中接过了三角学,并继续加以发扬光大。"天顶(zenith)"和"天底(nadir)"这两个纯粹的阿拉伯词语就是有力的明证。三角学再次被欧洲学校列入学生的课程(约在十三世纪),变成了伊斯兰人的学问,而不再是基督教的遗产。但在此后的 300 年里,欧洲人奋起直追,得到了极大的发展。虽然他们能够再次计算出角度和三角,但他们仍然面临着一个问题,就是如何寻找到一个远离地球的固定点来代替教堂的尖顶。

北极星成为接受这个崇高荣誉的最佳候选人。因为北极星离我们很遥远,看上去好像就是静止不动的;而且很容易辨认,即使是最笨的捕虾者迷失了方位,也能找出北极星的方位来。只要在北斗星最右边的两颗星之间画一条直线，就可以找到它了。当然，我们总能看到太阳，但它的运行轨迹还从未被科学地勘测过，只有最有经验的航海者才能求助于太阳航行。

只要人们被迫接受了地球是扁平的这一理论，所有的计算必然会与客观真实相背离。直到十六世纪初，这些权宜之计才被画上了句号。地球是"圆形"的理论取代了"圆盘"理论，地理学家才最终得以主持真理。

地理学家首先根据与联接南北极的线形成一个直角的平面，把地球平均划分成南北两部分，分界线被成为赤道，南北两极到赤道的任何地方都是等距的。接着，他们把赤道与两极之间的部分分成90等份。这90条平行线（是圆线，因为地球是圆形的）分布在两极与赤道之间，每条线之间大约隔69英里，这个距离相当于极点至赤道距离的九十分之一。

地理学家给这些圆线编上了号，从赤道开始，向上或向下直至极点。赤道为0度，极点为90度。这些线就是纬度（纬度图可以帮助你记忆），通常用一个简单明了的小空心圆点来代替"度"这个字，写在数字的右上角，在数学运算中写"度（degree）"这个字太麻烦了。

纬度的确立标志着地理学前进了一大步。即便如此，航海仍然是非常危险的。一代又一代的数学家和航海者呕心沥血，收集了大量与太阳运行有关的资料，确定每个地方、每一年、每一天太阳的确切位置，以便所有船长都能解决纬度问题。

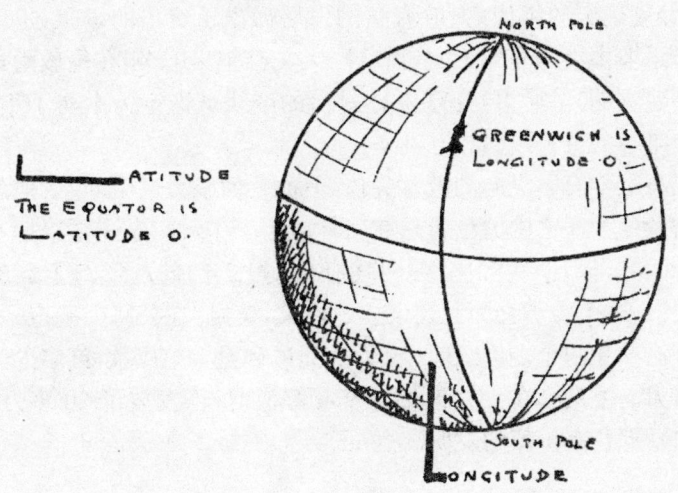

最终，任何一个智力正常的航海者，只要他能读能写，就能迅速判断出自己在北纬几度（赤道以北的纬度称北纬，以南称南纬）或者南纬几度上，或用术语来说，就是他距极点和赤道多远。在从前，航船要穿过赤道并非易事，因为在南半球看不到北极星，船就失去了航行的方向，无法参照北极星返回。科学最终解决了这一问题。十六世纪末以后，航海者就再也不会为纬度问题所困惑了。

　　但是，经度的确定仍然是一大难题（我们知道，经线与纬线是互为垂直的）。人类又整整花了200多年才得以成功地解开这一谜团。为了确定不同的纬度，数学家们是以南北极这两个固定点作为基准的。他们说："教堂尖顶就在这里，它与北极（南极）将永远在这里。"

　　然而，地球上不存在东西两极，因为地球的轴也恰巧不在那个方向。当然，你可以画出无数条子午线（穿过两个极点，环绕地球的圆圈），但究竟哪一条是把地球一分为二的"子午线"呢？如果有了这条线，船员就可以说："我在子午线以东（或以西）100英里。"把耶路撒冷作为地球的中心这一传统观念在许多人中是根深蒂固的，因此他们要求把穿过耶路撒冷的线作为本初子午线，即纵向的"赤道"。但是，这个计划因民族的自尊心而未得以实施。各国都想让本初子午线穿过自己的首都。即使今天人类的胸襟已开阔了很多，德国、法国和美国的地图仍然分别把本初子午线定在柏林、巴黎和华盛顿。最终，由于英国在十七世纪（经度确定的年代）为航海学的发展做出了突出的贡献，也因为当时的航运业由英国皇家天文台管理（天文台是1675年在伦敦附近的格林威治建立的）。所以，穿越格林威治的经线被选定为本初子午线，作为东西半球的分界线。

　　船员最终有了纵向的教堂尖顶，但他还面临另一个问题：他怎样知道在浩瀚的大海之中的位置是在格林威治子午线以东还是以西？为了使这个问题得到彻底解决，英国政府在1713年成立了"海上经度确定委员会"。这个委员会为此还设立了巨奖，奖励"在公海上确定经度"的最好方法。在两个多世纪前，10万美元的确是一笔巨款，许多人为此做出了努力。委员会在十九世纪上半叶解散时，已发放了50多万美元，用于奖励那些有价值的发明。

这些人作出的大部分的努力早已被忘却，他们的创作成果也已被淘汰了，但在重奖之下诞生的两项发明被认为是有长久价值的。其中之一是六分仪。

六分仪是一种复杂的仪器（一种小型海上观察仪，可以夹在臂下），海员可以用它测量出各种角的距离。它融合了中世纪笨拙的罗盘、十字测天仪和十六世纪的象限仪。如同全世界在同一时间里寻找同一个东西时经常发生的情况那样，有三个人声称自己是六分仪的发明人，并为这项荣誉进行了长时间的争夺。

航海界在六分仪的问世时所表现出来的兴奋，与他们对天文钟的兴趣相比，就显得很温和了。天文钟是一种精确的计时装置，它诞生于1735年，比六分仪晚了4年。天文钟的发明者约翰·哈里森，是一位制造钟表的天才（在这之前他还做过木匠）。天文钟是一种计时钟，它计时非常准确，能够以任何一种形式将格林威治时间带到世界任何一个地方，而且不受天气的干扰。哈里森在天文钟里安装了一个叫做"补偿弧"的装置，可以调整平衡簧的长度，使之与因温差而引起的热胀冷缩相一致，因此，天文钟不会受温湿度变化的影响。

在经历了长时间和不体面的讨价还价之后，哈里森在他去世前3年，即1773年，最终拿到了10万美元的奖金。今天，无论一艘船走到哪里，只要带有天文钟，就能准确地知道格林威治时间。由于太阳每24小时绕地球运转一圈（为了方便起见，我采用了完全相反的表述方式），那么每走一小时经过15度，我们只要确定航船的当地时间和格林威治时间的差，就能够通过这个差求出航船与本初子午线的距离了。

举例来说：如果我们知道（经过细心的计算，每个船员都能做到）航船所在的位置是当地时间12点，天文钟此时是下午2点（格林威治的准确时间）。我们还知道太阳每小时要经过15度（每4分钟走一度），因为当地时间与格林威治时间差2个小时，那么，就可以计算出我们已经走了正好$2 \times 15° = 30°$。于是在航海日志（一种小本子，在纸未被广泛使用前，是用粉笔写在木片上）上记下：某年某月某日中午，航船抵达西经30°。

时至今日，这项惊世骇俗的发明已渐渐丧失了其原有的重要地位。每天中午格林威治天文台都向全世界播发准确时间。天文钟就很快变成了一件多余的奢侈品了。自动导航仪、无线通讯也将取代所有繁琐复杂的表格和费力耗神的分析和计算。我用了整整一章告诉你：人类试图穿越未曾勘测的大海，我们面对惊涛骇浪时显得很无助，即使是最优秀的船员也会一时不知所措，虽然这种惊慌持续的时间并不长。所有关于勇气、毅力和智慧的航海传奇的一章也将结束。那个拿着六分仪的仪表堂堂的人不再坐在船头而是坐在船舱里，头戴耳机，问："喂，某某人，我现在在哪里？"某某人就会报告他目前所在的方位。事情就是如此简单。

20多个世纪以来，人类一直为了能够平安、顺利而颇有收获地在地球表面上穿行而努力。这20多个世纪没有白费。这是人类历史上第一次国际合作的成功试验。中国人、阿拉伯人、印度人、腓尼基人、希腊人、英国人、法国人、荷兰人、西班牙人、葡萄牙人、意大利人、挪威人、瑞典人、丹麦人、德国人，都曾为这项工作作出过自己的贡献。

人类合作史上这一特殊的篇章就到此结束了，但还有许多其他工作有待我们忙碌相当长的时间。

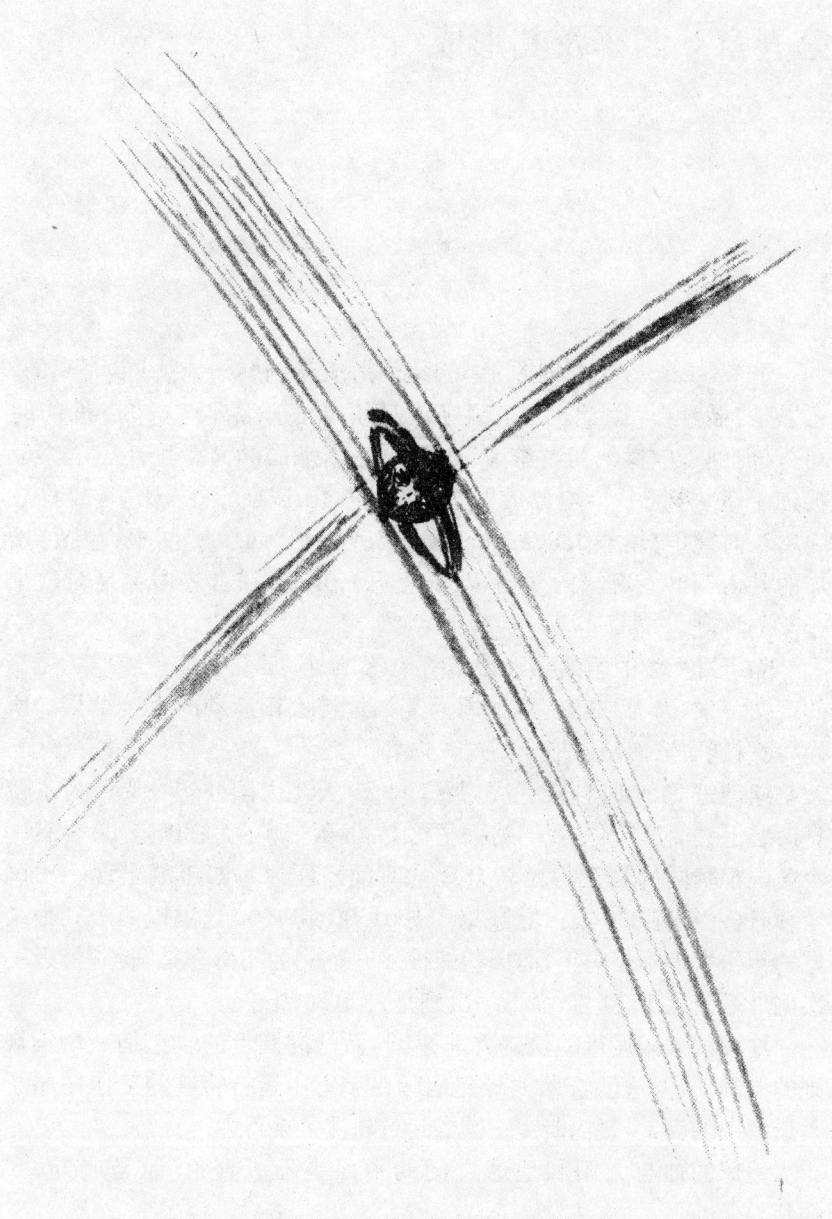

太空让人们对世界有了新理解

第五章　四季及其形成

季节(season)这个词源于拉丁语,是从动词"serere"引申而来的,意思是"播种"。因此,"季节"应该只用来表示春天——"播种的时间"。但到了中世纪初,"季节"丧失了它本来的涵义。另外三个季节被加了进去,把一年均分成四个部分:冬季,或叫湿季;秋季,或称之为增长时期(与增长"augmentation"或者尊严"august"同根,包括"增加的月份"和"有尊严的人物"双重意思);夏季,在古梵语中是对整个一年的称呼。

除了对人类的生活和浪漫情怀有影响外,四季还具有最平淡无奇的天文背景,因为它们是地球周而复始地绕太阳运动的直接结果。所以,我只能简洁而枯燥地介绍这一内容了。

地球每24小时自转一周,每365.25天绕太阳公转一周。为了使日历看上去简洁明了,我们略去了这0.25天(现在无法确定,是否有一个各国都赞同的修正得比较合理的时间),所以每四年就出现一次闰年,即这一年有366天。但像900 1100 1300或1900这类以两个0为结尾的年份大多不是闰年,而那些能被400整除的年份都是闰年,最近一次例外是公元1600年,而下一次则是公元2000年。

地球绕太阳运行的轨迹并非正圆,而是椭圆形的。它是一个不规则的椭圆形,但这已给人类研究地球在宇宙中运行轨迹的工作增添了大量复杂的因素,要比研究正圆的运行轨迹复杂得多。

地球的轴与太阳和地球之间的平面也不成直角,而是成66.5°的角。

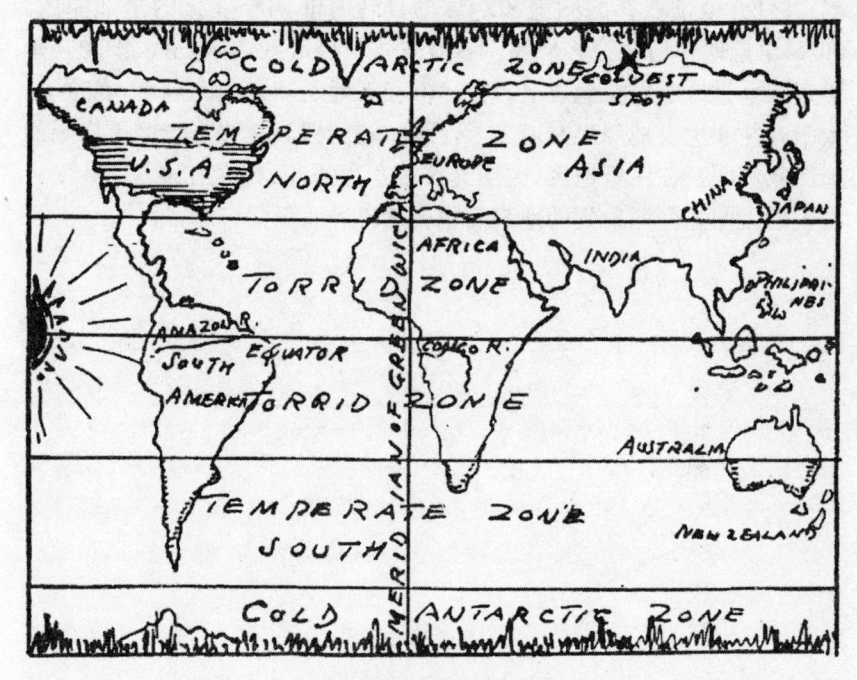

地球的区域划分

  地球在绕太阳运行时,地轴自始至终保持着这个角度,这就是世界各地季节交替变化的直接原因。

  3月21日,太阳光刚好均匀地照射着地表的一半,因此在这一天,世界各地的昼夜都一样长。3个月后,当地球绕太阳运行了四分之一圈时,北极偏向太阳,而南极则偏离太阳。于是,北极开始了长达6个月的极昼现象,而南极则进入了长达6个月的极夜。北半球进入了日照时间长的夏季,而南半球的人们就只好在火炉旁看书,以打发漫漫寒夜。当我们在圣诞节滑冰时,阿根廷人和智利人却正在承受酷暑的煎熬,而当我们被滚滚热浪包围时,他们又在磨滑冰刀了。

  下一个季节性的重要日期是9月23日,因为这一天世界各地的昼夜又一样长了。然后是12月21日,南极偏向了太阳,而北极偏离了太阳。这时,北半球变得寒冷,而南半球则进入酷夏。

然而，地轴独有的倾斜和地球的自转并非四季变化的全部原因。66.5°角把地球划分为五个区。赤道两侧为热带区，在这里太阳光几乎垂直或垂直地照射在地表上。在热带和极地之间是南北温带，在这里，太阳光并非垂直地照射在地表上，因此，它能够温暖比热带区更广阔的地面或水面。在两极地区，太阳光线的角度很小，即使在夏天，69平方英里的太阳光所照射到的地表面积比其自身面积大一倍。

风

很难从文字上去解释这一切。你可以去天文馆看一看,在那里你可以理解这一切,要比你读书本理解得更快。但是,只有很少的几个城市认为有必要建一座天文馆。请你到市政府去,告诉他们,你要一座天文馆作为圣诞礼物。当他们在字典里查这个生词时(大概得用二三十年的时间才能找出答案来),你最好准备一个橘子或苹果、一根蜡烛以及用来分区的黑墨水,自己动手来做个实验。用火柴棍作南北极,假如一只苍蝇落在你自制的地球上,请不要被它们之间的对比所迷惑。千万不要对自己说:"假设——仅仅是假设——人类不过也是一只这样的小虫,毫无目的地在一只硕大的橘子表面上爬行,这个巨大的橘子被一支巨大的蜡烛照耀着——人类和小虫都是某个巨人茶余饭后手中玩弄的一个小东西罢了。"

想象是大有裨益的。

但千万不要用在天文学领域。

第六章 地球上的小块陆地以及洲的由来

地球上所有的人，无一例外，都居住在岛屿上。但是有些岛要比另外一些岛大得多，因此，我们把大的归为一类，称为"大陆"。大陆"拥有"或"连结"的面积要比一般的岛屿大，如英格兰岛、马达加斯加岛或曼哈顿岛。

但划分标准却并非严格统一的。美洲、亚洲和非洲是地球上最大的连续性陆地，它们的面积很大，所以被称为大陆是当之无愧的。而欧洲，如果从火星上看，更像是亚洲的半岛（可能比印度稍大一些，但大不了多少），却总是自称为大陆。假如有人敢说澳洲这个岛面积还不够大，人口还不够多，不配称为大陆，澳大利亚人肯定会为此而去拼命的。格陵兰人则相反，尽管他们所处的陆地是地球上最大的两个岛屿——新几内亚岛和婆罗岛——总面积的两倍，但他们并没有为自己被排除在大陆之外而计较，很满足于作为平凡普通的爱斯基摩人继续生存下去。如果南极的企鹅不是如此谦卑、温顺，它们会轻易要求人类承认自己是生活在大陆上的动物，因为南极地区确实与北冰洋与地中海之间的所有陆地一样大。

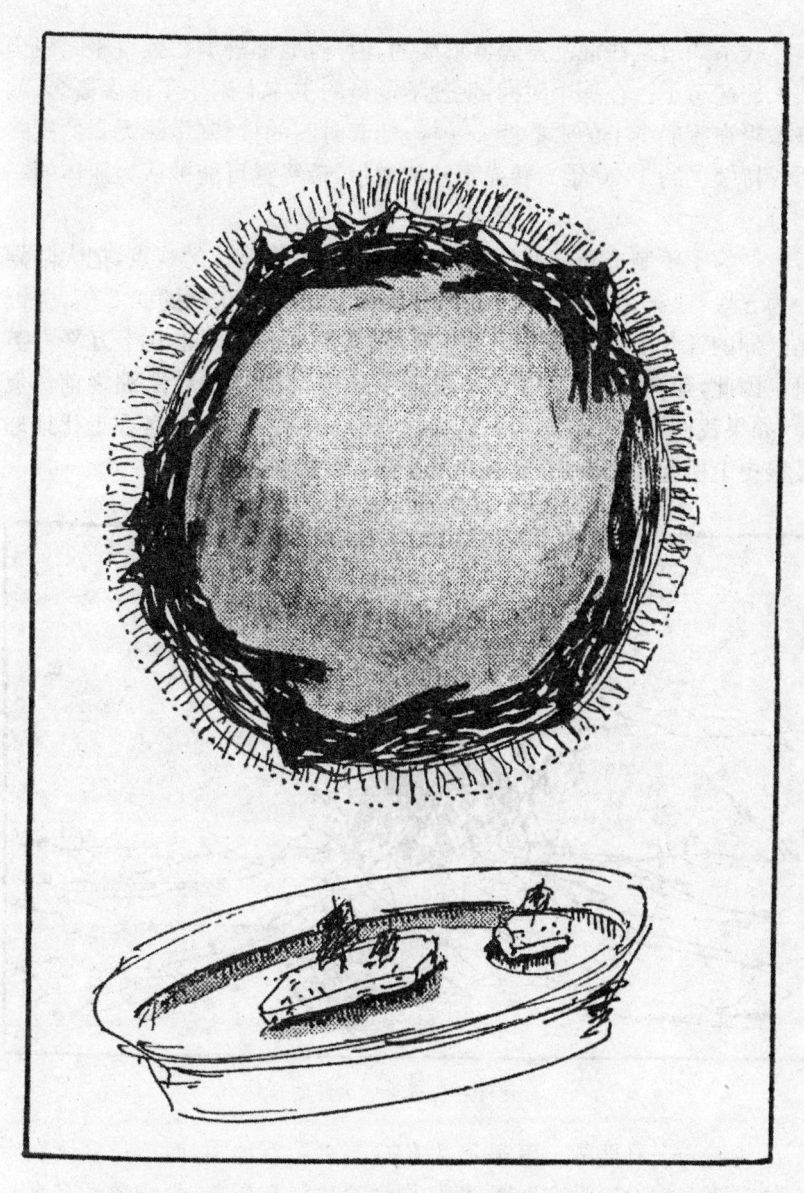

我们广袤的大陆或许就是由一些更轻的物质构成的岛屿,它们漂浮在地球内部更重的物质上,就像是水盆里漂浮在水面上的片片软木?

我不知道这些混乱是怎样形成的，但是，地理科学在数百年间完全被人们遗忘了。在那个时期，地理学资料的主体上附生了许多概念，就好像附在废船身上的那些藤壶一样，随着时间的推移（愚昧无知的黑暗时代持续了约 1400 年），藤壶不断地增生，最终竟可能被认为船体的一部分。

但为了不制造新的混乱，我个人倾向于坚持公认的观点，把大陆划分为五块：亚洲、美洲、非洲、欧洲和澳洲。亚洲是欧洲的 4.5 倍，美洲是欧洲的 4 倍，非洲是欧洲的 3 倍，而澳洲比欧洲要小几十万平方英里。因此，亚洲、美洲和非洲在地理手册中都应当排在欧洲之前。但是，如果我们不单单考虑面积的大小，而且考虑到一个地区在近代地球发展史上所发挥的作用，那么我就必须把欧洲排在首位。

北大西洋一座沉没的大陆的顶端

我们先来看地图。事实上，我们应当多看看地图，而不是多读文字性的东西。学地理没有地图，就如同学音乐没有乐器，学游泳没有水一样。通过看地图——如果有地球仪会更好些——你就会注意到，欧洲半岛被北冰洋、大西洋和地中海三片海洋包围着，恰好位于一个半球的中心,那里拥有最大面积的土地。而澳大利亚,孤苦伶仃地处在另外半球的中心,那里却拥有最广阔的海面。这就是欧洲占有的最大优势,当然还不止这些。亚洲的面积几乎是欧洲的五倍,但它四分之一的陆地太炎热,还有四分之一的陆地位于北极地区,除了驯鹿和北极熊,没有人会选择长期居住在那里。

欧洲拥有其他洲所没有的得天独厚的自然条件。意大利的足尖部,即最南部的突出点,虽然非常温暖,但距离热带还有800英里。尽管瑞典北部和挪威靠近北极圈,但墨西哥湾暖流正好流经它们的海岸,带给它们温暖,而同一纬度的拉布拉多岛却是一片冰天雪地。

此外,与其他大陆相比,欧洲有更多的半岛和深入内陆的海洋。想一想西班牙、意大利、希腊、丹麦、斯堪的纳维亚半岛、波罗的海、北海、地中海、爱琴海、马尔马拉海、比斯开湾和黑海,把它们的情况与非洲和南美洲相比较,你就会发现,非洲和南美洲的半岛和流向内陆的海水最少。在欧洲,几乎每一部分大陆都与海洋相接,于是就形成了一种温暖宜人的气候——冬天不太冷,夏天也不太热。他们的日子不轻松,但也不怎么艰难,因此他们既不像非洲人那样游手好闲,也不像亚洲人那样不堪重负,能够比其他地方的人更能恰到好处地把工作与休闲融合在一块。

然而,欧洲人能成为地球大部分地方的主人,生活自给自足并略有余裕,并不只是气候这一个因素。1914年到1918年发生的这场不幸的内战,扼杀了他们在这个世界上的主宰地位。同时,地理环境也扮演了一个重要的角色,但这纯属偶然,绝不是任何个人的功劳。但他们同样得益于凶猛的火山喷发、大规模的冰川入侵和可怕的山洪泛滥,这一切造就了这块大陆的内部环境,山被安置在最容易被当成国境的地方,河流把内陆的每个地方与大海直接连接了起来。在未进入铁路与汽车的时代之前,河流是使商业与贸易繁荣的主要通道。

比利牛斯山脉将伊比利亚半岛与欧洲的其他部分分割开来,成为西班牙和葡萄牙的天然屏障;阿尔卑斯山隔出了意大利;而法国西部的大平原则躲在塞文山脉、侏罗山脉和孚日山脉三座大山的后面。喀尔巴阡山脉像座堡垒一样,把匈牙利同俄罗斯大平原隔离开来。奥地利帝国在过去的800年历史中扮演过重要的角色,但它充其量不过是一块圆形盆地,四周被险峻的高山包围,使它免受邻国的侵扰。假如没有这天然的屏障,奥地利绝不会存在这么长的时间。德国也不单纯是政治的产物。它拥有辽阔的领土,以阿尔卑斯山和波希米亚山的山脊为依托,缓缓下降直至波罗的海。德国有诸如英国和古希腊爱琴海上的那些小岛,也有像荷兰、威尼斯所拥有的沼泽地,所有这些天然要塞,似乎都是造物主的匠心独具,以便使它发展成为一个独立的政治实体。

就连俄罗斯也是自然因素的产物,而不像我们经常听说的那样,它是个人权力欲望的产物(罗曼诺夫王朝的彼得大帝)。俄罗斯大平原位于北冰洋、乌拉尔山脉、里海、黑海、喀尔巴阡山脉和波罗的海之间,它的这种地理位置是建立一个高度中央集权帝国的理想之地。罗曼诺夫王朝垮台后,苏维埃共和国能够容易地保全下来就是一个明证。

山川和海洋成了天然的地界

像我在前面所指出的那样,欧洲的河流有特殊的流向,这使它们在欧洲大陆的经济发展中发挥着最重要最实际的作用。在马德里到莫斯科之间画一条线,你会发现,欧洲所有的河流都无一例外的是南北走向,内陆的每一块地区都可直接通向大海。文明总是水的产物,而非陆地的产物。这种河流的走向,极大地帮助了欧洲,使得欧洲成为地球上最富有的地方,确立了其世界霸主地位。这种状况一直延续到1914年到1918年的内战。这场灾难性和自杀性的战争使它失去了昔日令人羡慕的霸主地位。让地图证实我所说的吧。

把欧洲与北美洲做一比较。在北美洲,两座高高的山脉走向与大海几乎是平行的。整个中部地区,即中西部中央大平原,只有一条直接的出海通道。流向墨西哥湾的密西西比河及其支流,只能算作是远离大西洋和太平洋的一条内陆河。

再拿欧洲与亚洲做比较。亚洲地表杂乱无章的隆起以及所有山脉不规则的坡度,使河流的流向各不相同。其中最重要的几条河流穿越了西伯利亚大平原后流入北冰洋,除了对当地渔民有点用处外,对其他人没有任何使用价值。

同欧洲相比,澳洲几乎谈不上有河流。

再与非洲相比,非洲的中部大平原,迫使河流消失在海岸附近的崇山峻岭之中,海运难以通过自然水道抵达内陆地区。欧洲拥有适宜的山形地势和更为适宜的河流体系,拥有长长的海岸线——如果欧洲的海岸也像非洲和澳洲那样齐整的话,那海岸线应该比现在的还要长9倍,拥有温暖宜人的气候和适中的位置(正好居于地球大片陆地的中心位置)。这些都注定了欧洲大陆能够扮演第一大陆的角色。

仅凭这些自然优势,还不足以使这个地球上的小小一隅让所有的邻居对它俯首称臣。欧洲人的创造力也发挥着重要作用。北欧的气候非常宜人,对人的脑力活动非常有利。这里气候既不太冷又不太热,不会影响到休闲娱乐,也不影响日常工作,让人乐于做事情。因此,当北欧刚刚建立起国家并能用最起码的法律和秩序来保护它的人民时,北欧人就开始投身于科学探索之中。他们最终凭借这些科学研究统治和剥削其他四大洲。

我们只能居住在高山和海洋之间的陆地上

数学、天文学和三角学知识教会了他们如何在七大洋中驰骋,并能保证他们按原路安全地返回。对化学的兴趣促使他们发明了一种内部能点火的机器(这种奇异的东西叫做"枪"),有了它,他们能够准确迅速地杀死同类和其他动物。对医学的追求使他们掌握了如何增强抵抗各种疾病的免疫力的知识,这些疾病导致世界各地人口长期下降。他们的土地相对贫瘠(与恒河平原和爪哇山区相比),以及他们对"精致"生活的追求,逐渐使他们养成了一种根深蒂固的节俭和贪婪的习性,以致为了财富他们常常不择手段。因为没有财富,邻居就会鄙视他们,把他们视为不幸的失败者。

那个神奇的指南针的引进使欧洲人摆脱了教堂的尖顶和熟悉的海岸的羁绊,让他们自由自在地驰骋在茫茫大海之上;当刚刚把船舵从船舷移到船尾时(这项革新发生在十四世纪上半叶,也是当时最重要的一项创举,它让人比以往任何时候都要容易地掌控船的航向),欧洲人就能够离开那些狭窄的内陆海,又从地中海、北海和波罗的海走了出来,把辽阔的大西洋变成他们从事军事开发的大洋。欧洲优越的地理位置终于被充分地利用起来了,而欧洲恰好在地球大片土地的中央。

欧洲人在此后的 500 多年里一直保持着优势,直到蒸汽船取代了帆船。由于廉价的交通方式永远为贸易所青睐,欧洲仍然能够继续保持其领先地位。一些军队创始人认为,一个国家拥有最强大的海军,就可以向别国发号施令,这种说法是对的,而且这一说法已为历史所证实。威尼斯和热那亚取代了挪威,而威尼斯和热那亚一转眼又成了葡萄牙的手下败将,后来,号称世界强国的葡萄牙人又为西班牙所取代,再后来荷兰战胜了西班牙,荷兰被英国征服——每一个曾主宰过全世界的国家都一度拥有过当时世界上最强大的海军。但到了今天,海洋原有的重要性正在迅速下降,海洋作为贸易的第一大通道已被蓝天取代。世界大战也许将欧洲降级为二流大陆,但它与那种比空气重却能在空气中飞行的机器的发明相比,其意义就逊色多了。

热那亚一个羊毛商的儿子发现了海洋的无限潜力,改变了人类历史的进程。

美国俄亥俄州代顿市市郊一个简陋的自行车修理铺老板也发现了天空的无限价值。未来的孩子们也许会不知道克里斯托弗·哥伦布是何方人物，但他们肯定会记住威尔伯·莱特和奥维尔·莱特的名字。正是因为这兄弟俩的耐心与天赋，才使人类文明的中心从旧世界逐渐转移到了新世界。

第七章　欧洲的发现以及生活在
　　　　这片土地上的人

　　欧洲的人口是北美洲和南美洲人口总和的两倍。这个小小的陆地上生活的人口要比美国、非洲和澳大利亚人口的总和还要多。只有亚洲的人口多于欧洲，亚洲有 9.5 亿人，而欧洲是 5.5 亿。这些数据出自国际联盟下设的国际统计学会统计的，可以说是比较准确的。因为国际统计学会是由一批学者组成的国际机构，他们能用比较客观冷静的眼光来看待事物，绝不会为迎合哪一个国家的民族自尊而歪曲事实。

　　根据这个博学的统计学会的统计，全球人口平均每年净增达 3000 万。这是一个十分严峻的问题。假如按这个速度增长下去，全球人口将在 600 年内翻一番。人类还将在地球上生存数百万年，我不愿想象将来的状况，比如说 19320 年，或 193200 年，或 1932000 年。在地铁里"只有站位"已经是够糟糕的了，而如果在地球上"只有站位"，那绝对是让人无法忍受的。

　　除非我们愿意直面现实并及时采取行动，我们才有可能避免向这样的方向发展。

　　上面所说的是一个政治经济学范畴内的问题，而我们这里面对的问题是：欧洲大陆早期的移民来自哪里？他们在历史上曾发挥过非常重要的作用。他们是否是最早到达那里的？我只能遗憾地说，肯定是没有明确的答案的。那些欧洲最早的移民很有可能来自亚洲，他们穿过乌拉尔山和里海之间的那条狭窄的通道进入欧洲。他们很可能发现，有人比他们先到了欧洲，而且早就存在着古老的文明。在人类学家收集到比现在更多的资料之前，那些史前移民的故事是无根无据的猜测，不应当放进这本地理学手册之中。所以，我将重点介绍后来的移民。

他们比我们要早来欧洲？在过去的100多年里，数以百万的人从亚洲远道来到欧洲——因为他们饥肠辘辘，而西半球的土地为他们提供了较易生存的机会。

这些移民踏遍了整个欧洲，就像后来的移民遍及整个美洲平原一样。他们疯狂地争夺土地和湖泊（在人类早期，湖泊比土地更珍贵），"纯血统种族"很快便销声匿迹了。在大西洋沿岸一些难以进入的地区或一些深山峡谷中，一些弱小的民族仍然过着单调呆板的生活，并为自己保持了种族的纯洁性而自豪，但是，他们却不因为与世隔绝而感到遗憾。所以，当我们今天谈及"种族"这个词时，已经不带有绝对纯洁的人种学概念了。

为了方便地描述某个较大的人群，我们将这样一群人划为一类：他们（或多或少）说同一种语言；有着相同的历史渊源（或多或少）；在过去的2000多年有文字记载的历史中形成了某种共同特性、思维模式及社会行为，这一切让他们拥有一种民族归属感。因为没有更好的词语表示，我们就称他们为一个"种群"。

依据"种群"这个概念，欧洲现在有三个大种群和六七个较小的种群。

这三个大种群分别是：日耳曼种族，包括英国人、瑞典人、挪威人、丹麦人、荷兰人、佛兰芒人和部分瑞士人；拉丁种族，包括法兰西人、意大利人、西班牙人、葡萄牙人以及罗马尼亚人；斯拉夫种族，包括俄罗斯人、波兰人、捷克人、塞尔维亚人和保加利亚人。这三个大民族占欧洲人口总数的93%。

此外还有几百万马扎尔人和匈牙利人，芬兰人要少一些，有大约100万土耳其后裔（古土耳其帝国在君士坦丁堡周围的移民），约300万犹太人。另外还有希腊人，他们几乎完全被其他民族同化了，所以我们只能靠猜测才能判断出他们是不是希腊人，但他们的血缘要更接近于日耳曼种群。阿尔巴尼亚人也可能是日耳曼血统，他们在欧洲大陆出现还要比古罗马人和古希腊人早五六百年，但现在似乎已落后于时代1000多年了。最后还有爱尔兰的凯尔特人、波罗的海的列托人和立陶宛人以及吉卜赛人。吉卜赛人人口不详，来历不明，他们之所以让我们感兴趣，主要是作为对迟来者和刚到者得历史警告。

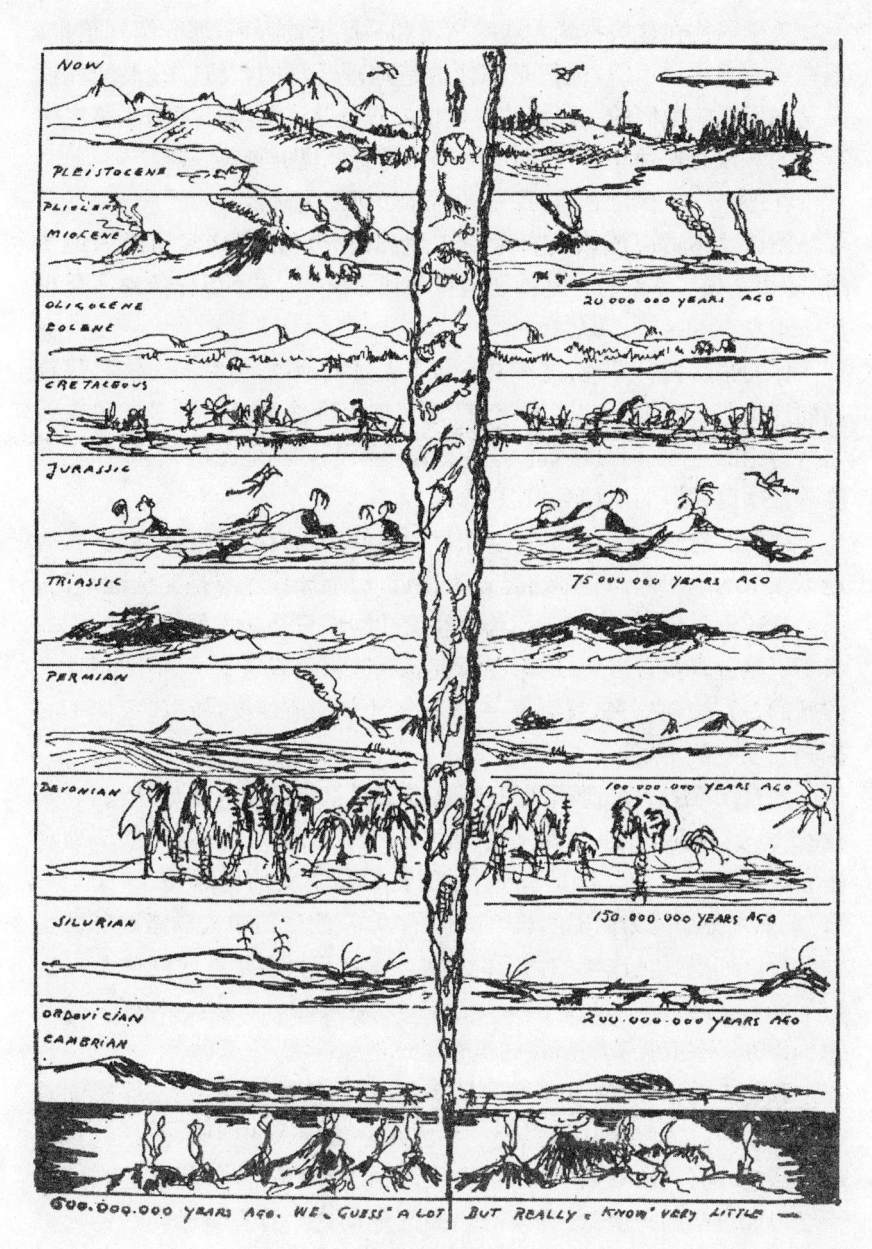

从动物到人

关于居住在这块古老大陆的高山和平原上的人们，就介绍到这里。现在我们必须去了解，他们是如何改造地理环境的，反过来，地理环境又是如何影响他们的。我们的现代世界正是从人类与环境的斗争之中产生的。没有这种斗争，我们可能仍然像野地里的野兽一样。

在做进一步探讨之前，我先告诉你如何使用这本书。

阅读这本书应该认真参考一本地图册。现在有许多精确的地图册，随便选择一本都行。地图册就像辞典，即使一本不怎样的地图册也比一本没有好。

你们很快就会发现，这本书包含有大量的地图，但它们无法替代精确的地图册。我画出这些地图，只是为了告诉你可以用很多方式来表达所讨论的主题，同时也希望这些插图能激起你画地图的兴趣，你完全能够根据已掌握的地理学知识来画。

你能够看到，平面图尽管制作得很巧妙，但总存在一些问题。只有地球仪上的地图才与实际情况较为接近，但地球仪也不是完全准确的，因为它还不是椭圆体。实际上，地球仪的制作只是从方便出发的，而非为了更接近真实。当然，地球在两极的地区稍稍有点扁平，但要把这个细微的差别表现出来，就需要一个十分巨大的地球仪，所以，我们不必担心它反映的不规范。

为自己准备一个地球仪（我写这本书时就借助了一个地球仪，它是我花10美分买来的一个装在铅笔刀上的小地球仪），并尽可能多地利用它，但是切记，它仅仅是一个"近似物"，与真实的地球并非"完全一致"。如果你想成为商船船长，你就要到真实的生活中去领略地球的实际面貌。如果真是这样的话，那么你必须要花很多年的时间去掌握这门艰深的学问。本书并非出自专家之手，而只是一本大众出版物，只是想告诉你一些有关我们所在的这个星球的概况而已。

我想告诉你们，学习地理学最有效、最简便的方法，就是通过图画的形式让自己的眼睛认识世界。你无须摹仿别人的图画，包括我自己的。假如你有兴致的话，可以参考我的插图，但是，你只能够把它们视作学习地理学的一道"开胃菜"，当做向你们这些打算自己做饭的人提供的一些有益的提示。

我将尽我所掌握的地理知识为你们多提供一些实例。我在书中画了一些平面图和立体图,掌握这些立体图需要一定的时间,但是,只要你看过立体图,你就不会再喜欢平面图了。我提供给你们一些地图,有的好像是从飞机上或齐柏林飞艇上俯视一样;有的好像是我们想象中海水干涸时的情景;还有一些图画像非常漂亮的装饰画一样,而另一些则与几何图形有点相像。你们可以选择自己喜欢的方式,然后根据自己对事物的认识,自己动手画地图。

　　动手画地图……准备一只地球仪,不论大小,一本地图册,再准备好一支铅笔和一叠纸,然后你就可以动手画了。

　　如果你要学习地理,并且想永远不忘,唯一的办法就是画地图。

第八章 希腊

——东地中海的岬角：联结古老亚洲和新兴欧洲的桥梁

希腊半岛位于巴尔干半岛的最南端，北部以多瑙河为界；西靠亚得里亚海与意大利相望；东临黑海、马尔马拉海、博斯普鲁斯海峡和爱琴海，与亚洲比邻而居；南濒地中海，与非洲隔海相望。

我从来没有从空中俯瞰过巴尔干半岛，但依我的想象，从高空俯瞰巴尔干半岛，它一定很像一只手掌，从欧洲伸出，指向亚洲和非洲。希腊是这只巨手的大拇指，色雷斯是小指，而君士坦丁堡则是小指上的指甲。其他手指就是那些从马其顿和帖撒利亚连绵到小亚细亚的重峦叠嶂，这些山脉大部分隐匿于爱琴海的碧波之中，只有山顶露出水面。假如从高空中看下去，它们无疑会像半浸在清水盆中的手指一样清晰。

这只手的皮肤铺陈于山脉峭拔的山梁上。我可以说，这高大的山脉就是这只手掌的骨骼，它们呈对角线从西北向东南延伸。这些山脉上有保加利亚、蒙得内哥罗、塞尔维亚、土耳其、阿尔巴尼亚和希腊的称呼，但只有几条山脉非常重要，需要你去记住。

其中之一就是狄那里克阿尔卑斯山脉，它从瑞士的阿尔卑斯山一直延伸至科林斯湾。科林斯湾是个宽阔的三角形海湾，它将希腊半岛一分为二，早期的希腊人误将它作为一个小岛屿（这也不足为怪，它与大陆相连的科林斯地峡只有 3.5 英里宽），他们把这个岛屿称做伯罗奔尼撒半岛或珀罗普斯岛。而珀罗普斯就是古希腊传说中坦塔罗斯神之子，主神宙斯之孙，他在奥林匹亚被尊称为优秀运动员之父。

在中世纪，威尼斯人征服了希腊，这些普通的威尼斯商人对年轻的珀罗普斯差点被他父亲制作成一道菜吃掉的神话传说丝毫不感兴趣。

他们发现,伯罗奔尼撒半岛的地图看上去就像是一片桑叶,因而给它起了个新名字,摩里亚半岛,这个名字一直沿用至今,现代地图册仍在使用这个名字。

在巴尔干半岛上,还有两条山脉是互不相连的。北部是巴尔干山脉,整个半岛就是以它的名字来命名的。巴尔干山脉实际上只是半环形山地南端的那部分,北端则称做喀尔巴阡山脉。两条山脉被一道"铁门"隔开——这道铁门是一个狭窄的深谷,多瑙河就是通过这道"铁门"奔流入海的。在巴尔干山脉的阻挡下,多瑙河被迫从东笔直地向西流去,一改从匈牙利平原流向爱琴海的"初衷",毅然掉头东行,直奔黑海而去。

遗憾的是,这堵在罗马尼亚将半岛一分为二的"墙",并不像阿尔卑斯山那么高,无法挡住从俄罗斯大平原刮向巴尔干地区的凛冽寒风。因此,半岛北部经常是千里冰封,万里雪飘,不过,在俄罗斯的阴云抵达希腊之前,被第二堵"墙"——罗多彼山脉挡在了外面。罗多彼(Rhodope)的意思是"被玫瑰花覆盖的山"象征着温暖的气候,你可以从杜鹃花(rhododendron)或爱琴海上"玫瑰花盛开的小岛"——罗德岛(Rhodes)中找到相同的词根。

罗多彼山脉高约9000英尺,而巴尔干山脉最高峰(位于著名的希普卡关口附近,1877年9月,俄罗斯军队艰难地通过了这个关隘)只有8000英尺左右。所以,罗多彼山脉对半岛其他地区的气候起着决定性的作用。高达1万英尺、终年为积雪所覆盖的奥林帕斯山,好像守护着色萨利平原的哨兵。现在的希腊是从这里开始的。

这片富饶的色萨利平原曾是一片内陆海,但佩内乌斯河(现今的萨拉米比亚河)为自己开辟了一条通道,穿过著名的潭蓓谷中间,巨大的色萨利湖湖水全都注入了萨洛尼卡湾,于是,这里就成了一片陆地。色萨利是古希腊人的粮仓,但土耳其却无视这片土地,与其说他们的漫不经心是出于邪恶的内心,还不如说是来自于伊斯兰教徒懒惰的天性,他们即使在面对那些亟需解决的事情时,也只是耸耸肩,简单地说:"有什么用呢?"土耳其人刚被赶出这块土地,希腊的放债人立即填补了空缺,那里的农民继续遭受从前的横征暴敛。现在,色萨利平原主要种植烟草。它有一个港口叫沃洛,亚尔古的勇士们就是从这个港口出发寻找

希腊

金羊毛的。早在特洛伊的勇士们出生之前,他们的英雄事迹就已经家喻户晓了。色萨利还有一个工业城镇和铁路枢纽,叫拉里萨。

为了满足大家的好奇心,并说明古代人是怎样莫名其妙地混杂到一起的,我想告诉你们,这个位于希腊心脏部位的拉里萨城有一个黑种人聚居区。为了帮助他们镇压希腊人1821—1829年爆发的起义,土耳其从他们的埃及属地调遣来几个军团的土著苏丹人,至于是什么人在为他们流血牺牲，土耳其统治者并不在乎。拉里萨就是战时土耳其人的大本营。战争结束后，可怜的苏丹人也就逐渐被遗忘了。他们被滞留在了拉里萨，直至今日仍然生活在那里。

不过，你还会在这本书中读到一些更加莫名其妙的故事。你将会知道非洲北部有红肤色的印第安人，在中国东部居住着犹太人，在大西洋荒无人烟的岛屿上还有马呢！这些奇闻趣事还真值得那些鼓吹"纯种"人读一读。

我们从色萨利平原穿越品都斯山脉，就进入了伊庇鲁斯地区。品都斯山脉是伊庇鲁斯和希腊其他地区之间的一道天然屏障，它和巴尔干山一样高。亚里士多德为什么要把这片土地视为人类的发祥地呢？这大概永远只会是个谜。伊庇鲁斯是一个非常贫穷的地方，除了拥有高高的山梁和四处流荡的牛群之外，既没有码头也没有稍微像样的道路。当地的早期居民也几乎已经消失了，在一次战役中，罗马人把15万伊庇鲁斯人全部卖为奴隶（罗马人用来建立法律和秩序的最著名手段）。但是伊庇鲁斯还有两处值得一说，一处是伊萨卡岛，另一处是克基拉岛，伊奥尼亚狭长的水道将它们与大陆分隔开来。前者是传说中遭受长期折磨的奥德修斯的故乡，而后者则是淮阿喀亚人的诞生地。瑙西卡是淮阿喀亚人的国王阿尔喀诺俄斯的女儿。瑙西卡是古典文学作品中最美丽的女人和那一时期善良好客的典范。今天，克基拉岛（伊奥尼亚群岛中的一个，最早被威尼斯人占领，后来被法国和英国相继占领，直到1869年才回到希腊人的怀抱中）之所以出名，主要是因为在1916年，战败后的塞尔维亚军队曾撤退到这里，就在几年前法西斯海军还把它当做演习用的靶子。将来，这里也许会成为一个冬季度假胜地，可它恰恰坐落在一条巨大的欧洲地震带上。

狄那里克的阿尔卑斯山因为经常发生地震而声名狼藉，附近的赞特岛在1893年还发生过强烈的地震。但人们并未因为地震而不去那些风景秀丽的地方，甚至不用去考虑这样的危险。我们在周游世界的旅程中会见到许多火山，会发现在它们舒缓的山坡上居住着许多人，其密度甚至会超过地球脆弱的地表上相对安全的地方。谁能解释清楚呢？我接着要介绍伊庇鲁斯以南的地方——维奥蒂亚。

维奥蒂亚如同一只摆在群山之中的巨大汤盘,南靠阿提卡,北依帖撒利亚和伊庇鲁斯。我之所以提及这个地区,最主要是因为在这本书开头我曾提到了自然对人所产生的影响,而维奥蒂亚是一个典范。对黄金时代的普通希腊人来说,一个维奥蒂亚人,不管他是来自诗神缪斯的家乡帕纳萨斯山,站在特尔斐神谕立庙之圣地的山坡上,他仍是一个乡巴佬,一个反应迟钝的大老粗,一个笨蛋,一个畸形儿,一个傻瓜,一个呆子,一个蠢货,一个命中注定要在正式演出前在一切粗俗闹剧中充当笑料的人。

其实,维奥蒂亚人并不是生来就比希腊其他地方的人愚笨。军事家伊巴密浓达和传记作家普鲁塔克都出身于维奥蒂亚,但在早年离开了故乡。它们长期居住在科皮斯湖沼泽地带,那里散发出来的有毒气体常年侵害他们的健康。用简单的现代医学术语来说,维奥蒂亚人很有可能都是疟疾的牺牲品,而这种疾病会让人反应迟钝。

十三世纪,作为雅典统治者的法国十字军,开始排除沼泽地里的积水,改善了维奥蒂亚人的生存环境。而土耳其统治者却任由蚊虫繁殖,使得这里的环境又每况愈下了。最后建立了新的王国,科皮斯湖的湖水被法国人和英国人先后排进了埃维克海,这片内陆海的湖床被改造成了一片肥沃的草场。

现在的维奥蒂亚人已不再是同雅典或布鲁克林的擦鞋匠相提并论的人了。他们头脑敏锐,足可以让英国人或亚美尼亚人从口袋里掏更多的钱出来。沼泽地消失了,有害的瘴气也无影无踪了,疟蚊也销声匿迹了。于是,农村的生活都恢复了正常。被人视为笨头笨脑的笨蛋、下贱的低能人的"展台"而嘲讽了几个世纪的时代已经过去了。

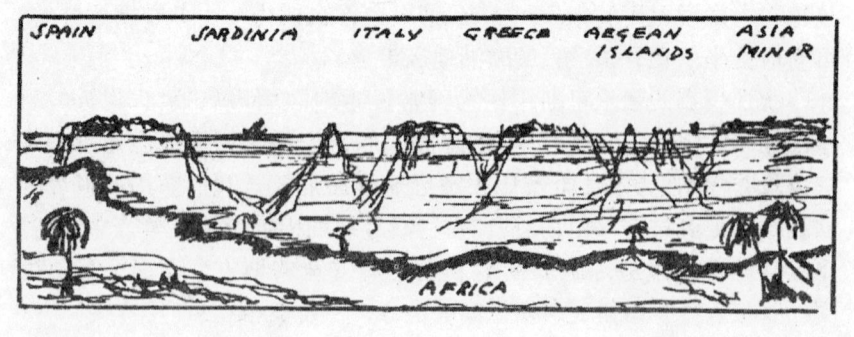

地中海

接下来,我们去看希腊最有趣的地方——阿提卡。现在我们可以在拉里萨乘火车前往雅典,这条铁路与欧洲主干线相连。但是在古代,要想从北方的色萨利到南方的阿提卡,只有一条路可走,那就是穿过著名的塞莫皮莱隘口。这个所谓的隘口(两山之间的峡谷)并非现代意义上的隘口,而是处于厄塔山与埃维亚海的海拉伊湾之间的岩石上,宽度只有 45 英尺。公元前 480 年,利奥尼达斯和他的 300 名斯巴达战士为了阻止波斯游牧部落的入侵,使欧洲免受亚洲的侵略,全部在这里壮烈牺牲。200 年后,希腊人也是在这里把野蛮的高卢人阻挡在自己的国门之外。甚至在 1821 年到 1822 年希腊与土耳其的战争中,这个隘口还发挥了重要的军事作用。现在我们已经看不到这个隘口了。海水后退了约 3 英里,只剩下一个简陋的海滨浴场在那里,患有风湿病和坐骨神经痛的人喜欢泡在那里的温泉里解除自己的病痛("thermos"在希腊语中的意思是"热","温度计"与"热水瓶"都由此而来)。塞莫皮莱隘口又被称为温泉关,就是因此而来,并以此永远纪念那些为失败的事业而牺牲的英雄。

阿提卡本身是一个小小的三角地——一块为蓝色爱琴海所环绕的岩岬。这里多山,山中有许多小山谷,所有山谷都直通大海,海上吹来的微风使空气清新宜人。古代雅典人声称,他们敏捷的思想和锐利的远见,都得益于他们呼吸到的这些令人心旷神怡的空气。他们说的也并不无道理,这里没有维奥蒂亚那种疟蚊生长肆虐的臭水塘,因此雅典人都很健康。雅典人是最先认识到人的肉体与精神是合而为一的民族,他们认识到肉体与精神是密不可分的,肉体的健康必然能促进精神的健康,精神的健康又是肉体的健康不可或缺的。

在这样如此清新的空气中,我们可以在阿克罗波利斯一眼望到彭特莱恩山,这座盛产大理石的高山俯瞰着马拉松平原。不过,气候并不是造就雅典的唯一因素,因为这个自然因素至今依然存在。

海洋让阿提卡人直接走向世界的每一个角落,不论是人口稠密的城市,还是人迹罕至的荒野。大自然的鬼斧神工造就了地理学上的奇迹,把一座陡峭却顶部平坦的小山摆放在了平原的中心。这座小山 500 英尺,宽 435 英尺,长 870 英尺,四周为伊米托斯山(上等雅典蜂蜜出产地)、彭代利孔山和埃格柳斯山所环绕。就是在埃格柳斯山坡上,那些逃出雅典的幸存者亲眼目睹了波斯舰队在萨拉米斯被击溃的场景。仅仅在几天前,波斯军队烧毁了他们的城市。这座陡峭平顶的小山吸引了来自北方的移民,因为在这里他们找到了必需的食物和安全。

有趣的是,古代欧洲两个最主要的居住地——雅典和罗马(现代的伦敦或阿姆斯特丹),都坐落在与大海相距几英里的海边。以克诺索斯为例。在雅典和罗马未建立的几百年里,它是地中海克里特岛的中心。克诺索斯市一直起着一种警告作用——紧靠海边的城市常常会遭到海盗的突袭。然而,与罗马相比,雅典更靠近大海一些。希腊船员只要抵达比雷埃夫斯(现在的雅典港),就能很快和自己的家人团聚,而罗马商人离船后还需要3天才能回到家里。这对他们来说太远了。于是他们开始慢慢放弃回家的习惯,干脆就在台伯河口岸定居下来。这样一来,罗马渐渐地失去了和大海的紧密联系,而大海对于那些渴望定居的人提供了巨大的便利条件。

这些居住在方石上的人,这些"高空城市"的居民,逐渐移居到平原之上,在山脚筑起了房屋,修起了围墙,最后把这些城堡式的居住区同比雷埃夫斯的居住区连成了一片,过起了依靠贸易和抢劫的惬意生活。在很长的一段时间里,这座坚不可摧的城堡成为整个地中海地区最富庶的城邦。后来他们的城市也不再有人居住,而成了一座神殿——用白色大理石修建的,矗立在阿提卡淡紫色的天空之下的神庙。这座神殿的一部分建筑在1645年土耳其占领雅典期间为土耳其人所炸毁。但即使今天,在所有最能完美地展现人类智慧的历史遗迹中,它仍是罕见的,令人赞叹的。

1829年希腊恢复了独立,而那时的雅典却已经衰落成了一个仅拥有2000人的小村庄。1870年,它的人口激增至4.5万。今天则拥有70万人口,人口增长速度与我国西部的一些城市差不多。在世界大战结束后,如果希腊不拿自身的命运作赌注,如果没有愚蠢到把小亚细亚获得的大量珍贵财富尽数抛弃,今天的雅典有可能会成为爱琴海的霸主。但这种情况仍有可能出现——虽然好事多磨,但终究会出现的。以宙斯最聪明最机智的女儿(有其父必有其女)命名的城市,已经表现出其重振昔日雄风的巨大潜力。

现在我们去希腊半岛上最后一个也是最遥远的一个地方。在那里,我们的自信和祝福的话语不再见效。珀罗普斯被他恶毒的父亲诅咒过,这片以这位不幸的王子命名的土地从来没有从他的诅咒中解脱出来。在这里,呈现着一片阿卡地亚的田园美景,但被雄伟的大山挡在了海洋的后面。所有的诗人都赞美这片土地,因为那里是男女牧羊人简朴,但诚实而又可爱的家乡。诗人们一向喜欢把满腔的热情献给他们最不了解的事物。而阿卡地亚人并不比希腊其他地方的人更诚实。他们不像其他那些老于世故的希腊人一样喜欢玩骗人的伎俩,这并不代表他们不爱撒谎,而只是因为他们还没有学会。阿卡地亚人的确不偷窃,但对于这个只有枣子和山羊的地方,有什么东西值得偷呢?他们也不撒谎,是因为他们的村子如此之小,每个人对其他人的底细都了如指掌。如果他们不像埃莱乌西斯或其他圣地的居民那样虔诚而奢侈地敬奉诸神,他们就该有自己的神——潘神。在谈到粗俗的笑话或乡巴佬般的低智商时,潘神丝毫不弱于奥林匹克的任何一位神。

直到今天,阿卡地亚人还是那么英勇善战。同大部分农民一样,他们讨厌纪律的束缚,永远不赞同任何人当他们的统帅,因此也并未给他们带来任何好处。

拉哥尼亚平原位于阿卡地亚山的南部。这是一片肥沃的土地,比阿提卡的山谷都更肥沃。但也是一片贫瘠荒凉的土地,这里的人缺乏独立的思考,甚至没有日常生活所必须有的主意。在这块平原上,有一座最为奇怪的古城,名叫斯巴达。它的奇怪之处在于它的一切都与北方人背道而驰。雅典人对生活说"是",斯巴达人则会说"不";雅典人信奉灵感的光彩,而斯巴达人则讲究效率和服务;雅典人推崇特殊人物的神授权力,而斯巴达人却把所有人变为千篇一律的普通人;雅典人敞开大门欢迎外国人,而斯巴达人则把外国人拒之门外或将他们杀死;雅典人天生就是商人,而斯巴达人则拒绝让双手沾上铜臭。如果我们对这两种价值观作出评价,斯巴达人无疑是失败的民族。雅典精神已经传播了全世界,而斯巴达精神已随着它的城市一道灰飞烟灭。

你可以在现在的希腊地图上找到"斯巴达"这个名字。那是一个居住着小型农场主和地位低下的蚕农的小村庄。这个小村庄是于1839年在传说中的古斯巴达遗址上建立起来的。一个热心的英国人出资，由一个德国建筑师设计的图纸，但是没有人愿意到那儿去住。通过了近一个世纪的努力，现在它有了4000名居民。珀罗普斯的古老诅咒！甚至在半岛的其他地方也能明显感受到这种诅咒——在迈锡尼古城堡之上这一诅咒得以应验。

迈锡尼遗址距纳夫普利翁不远，是伯罗奔尼撒最著名的港口，在公元前五世纪被摧毁。但是，对现代人来说，它要比雅典和罗马有更直接的重要意义。在有文字记载的人类历史前的很长时间里，文明第一次在迈锡尼触及了未开化的欧洲海岸。

为了能理解其成因，我们来看看从欧洲伸向亚洲的巴尔干这只大手上三根半沉半浮的手指。这三根手指就是岛屿，大部分为希腊所拥有，除了被意大利占领的爱琴海东部的几个小岛外（现在仍被意大利占据，因为没有哪个国家愿意为遥远的大洋中几块一无是处的礁石开战）。为了便于介绍，我们把这些岛屿分成两部分：靠近格雷西亚海岸的基克拉泽斯群岛和靠近小亚细亚的斯波拉泽斯群岛。就像圣徒保罗所知道的一样，这些相距不远的岛屿，是古埃及、古巴比伦和亚述文明向西传播的桥梁。在爱琴海诸岛上居住的亚洲早期移民的影响之下，它们的文明十分明显地"东方化"了，这种文明最终抵达了古迈锡尼。迈锡尼本来应当像后来出现的雅典一样，变成古代希腊中心。

但为什么没有出现这种情况呢？我们无从得知。我们也无法理解，马赛作为取代雅典、成为地中海地区统治大国的最理所当然的继承者，为什么会把这个荣誉拱手让给罗马。罗马只不过是一个非常现代化和迅速膨胀的小村庄。迈锡尼短暂的辉煌以及突然的衰败将永远是个谜。

你也许会反对，因为所有这些都是历史，而本书只是一本地理方面的书。但是，就像许多古代国家一样，希腊的历史与地理也是交织在一起的，无法将它们分开讨论。从现代观点上看，希腊值得介绍的也只有很少的一点地理内容。

科林斯地峡被一条3英里长的运河拦腰截断，由于这条运河太窄太浅,大型船只无法通行。由于与土耳其(还与保加利亚、塞尔维亚和蒙特尼格罗)之间发生了一系列的战争,希腊的疆域几乎扩大了一倍。但是,由于低估了土耳其人的战斗力,随即又丢失了一半新来的领土。

现代的希腊人同他们的祖先一样,随时准备开赴大海,那面蓝白相间的共和国国旗(古巴伐利亚人使用的颜色,1829年在希腊重新获得独立时,首位国王采用了这种颜色),在地中海任何一个地方都可以看见。有时在北海和波罗的海也能见到希腊的船只,但它们并不像济慈所描写的希腊古瓶那样高雅优美,而是以懒散和肮脏闻名于世。希腊还盛产无花果、橄榄和无核小葡萄干,被出口到那些喜欢这些美味食品的国家。

希腊能否像她的人民所热切期盼的那样,重现往日的无上荣光吗?也许有可能。

希腊曾相继被许多国家蹂躏。最先被马其顿人、罗马人、哥特人、汪达尔人、赫鲁利人、斯拉夫人占领,随后又沦为诺曼底人、拜占庭人、威尼斯人的殖民地,被迫成为十字军苦不堪言的奴隶,差点被阿尔及利亚人灭种,被迫在土耳其人的统治下生活了几乎整整4个世纪,在第一次世界大战时成了协约国军队后勤供应的基地和战场。一个遭受了如此深重苦难的民族,要想复兴真是难如上青天。尽管这只是一个伟大而渺茫的希望,但只要有生命,就会有希望。

第九章　意大利

——地理位置造就的海上霸主和陆地强国

从地质上来说，意大利是座废墟，是一片巨大的山地，就像现代的西班牙那样呈方形的山地的遗迹。这块山地在岁月中逐渐被侵蚀缩小（即使是最坚硬的岩石，经历上百万年的漫长岁月也会有变化），最后消失在地中海里。如今，只有在最东部才可以看到古代的山脉——亚平宁山脉，它从波河流域一直延伸到靴尖的卡拉布里亚。

在科西嘉岛、厄尔巴岛和撒丁岛依然可以看到史前高原的遗迹。西西里岛也是可以看到遗迹的地方。在第勒尼安海中星罗棋布的小岛表明，这里确实有过古代的山峰。当整个高原为地中海所吞没时，那一定是很惨烈的悲剧。但是，这场悲剧发生在2000万年前，当时地球正在遭受最后一次火山大喷发的灾难，所以没有人知道究竟发生了什么。但对于那些后来生活在亚平宁半岛上的人来说，一座大山的覆灭竟能给他们带来巨大的利益，它使这个国家享有许多异常优越的自然条件，诸如气候、土壤和地理位置。所有这一切都注定了它会成为古代强国，同时也成为艺术与科学发展和传播的重要因素之一。

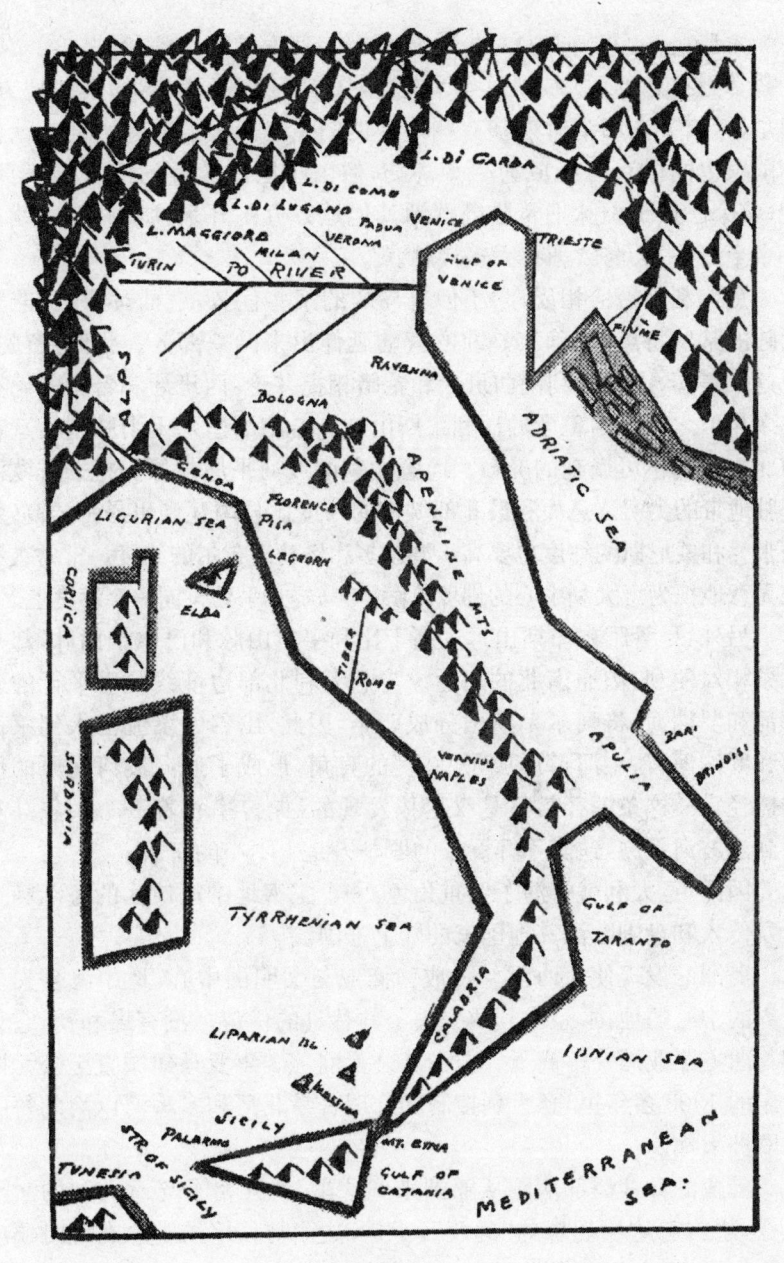

意大利

希腊是一只伸向亚洲的手,尼罗河与幼发拉底河流域的古代文明悉数掌握在她的手中,同时她又把这些文明传播到欧洲的其他地方。但是,希腊人在那个时期却有些疏远他们施恩泽福的欧洲大陆。他们的国家也同样有可能成为一个岛屿,但由于层层叠叠的山峦,确切地说,整个巴尔干山脉把希腊同欧洲其他地方分割开来,所以,希腊就是一个半岛,不会与欧洲有太多接触。

意大利则恰恰相反,它不但有岛屿的某些优势,三面环海,又兼具大陆的某些特点,它确实是北欧大陆延伸出来的一部分。我们往往忽视这个事实,把意大利同西班牙和希腊相提并论,西班牙和希腊的确有许多相似之点。西班牙的比利牛斯山脉和希腊的巴尔干山脉是横亘在南北之间的不可逾越的屏障。而意大利的波河平原却像一把插进欧洲心脏地带的尖刀。意大利最北部城市的纬度比日内瓦和里昂都要高,甚至米兰和威尼斯的纬度也要高于波尔多和格勒诺布尔的纬度。常常被我们无意地视为意大利中心的佛罗伦萨,与马赛几乎处于同一个纬度上。

另外,尽管阿尔卑斯山远远高于比利牛斯山脉和巴尔干山脉,却是一条相对便利、沟通南北的通道。与意大利北部边境线几乎平行的莱茵河和罗讷河,将阿尔卑斯山分成两半,因此,山谷的溪流汇入到莱茵河和罗讷河,与主河道形成了90度的直角,形成了通向波河平原的便利捷径——这条捷径最早是汉尼拔发现的,他曾率领着一个大象马戏团到达波河平原,这对不怀疑心的罗马人是个不小的打击。

因此,意大利就扮演了双重角色:一个主宰地中海地区的海上霸主以及侵入和盘剥欧洲其他国家的陆上强国。

美洲的发现使大西洋一跃成为商业与文明的中心,地中海丧失了世界的中心的地位,意大利便失去了其昔日的优势。没有煤和铁,它无望与西方工业国一争高下。但在从公元前753年罗马建城直至公元四世纪的1200多年里,意大利控制和管理着易北河和多瑙河以南的每一寸欧洲大地。

野蛮的日耳曼部落刚从亚洲来到这里,就开始了与意大利的激烈争夺,想占有这块理想的"远西",于是,法律与秩序的观念在此时便应运而生了,意大利人提出了自己这种较为开化的生活要比那种居无定所、邋遢肮脏的游牧生活优越。当然,意大利是在牺牲别人的基础上才过上这种较为开化的生活的。不过,它在征收苛捐杂税的同时,也将一部分用于改变不同时期来自不同地区的人的命运。即使在今天,当你在巴黎、布加勒斯特、马德里或者特雷沃参观时,比较细心的人都会吃惊地注意到,当地的居民无论在外表还是在观念上都与罗马人有某种相似之处。他还会惊奇地发现,无论商店的招牌上写的是法语、西班牙语、罗马尼亚语,还是葡萄牙语,他都能看得懂。然后他就会意识到:"我是在一块古罗马的旧殖民地上。这片土地曾属于意大利,就像今天的菲律宾属于美国一样。这里最早的房子是意大利建筑师建造的,最早的街道是意大利将军铺设的,第一部商业贸易法是意大利官员口述制定的。"接下来他就会开始感慨万千,这个国家拥有多么优越的地理条件,既是一个岛屿,又是大陆的一部分。

意大利靠幸运的地理突变占有了整个已知世界,但这种突变本身带有某些严重的缺陷。作为一个在火山喷发中诞生的国家,意大利时刻面临着被"生身之母"扼杀的危险。意大利不仅拥有月光下的废墟、橘树、曼陀林音乐会和生活在如诗如画环境中的农民等个性鲜明的特征,而且是一块火山喷发的典型土地。

在被恭敬地抬到坎波桑托家族的墓地之前,每一个活到70岁的意大利人(这是一件很容易的事,爽朗的笑声和文雅的举止是意大利人本性的自然流露,就像在其他国家可以时时碰到抱怨的咧嘴和粗鲁的行为一样),都会亲身经历至少一次大地震和多次小地震。地震仪(最可靠的仪器)显示,仅仅在1905年至1907年之间,就发生了300次地震。1908年,地震摧毁了整个墨西拿。如果你需要一些重要的资料(数字往往比文字叙述更具说服力),下面就是有关卡普里岛对面的伊斯基亚岛的地震记录。

伊斯基亚岛在下列年份发生过地震:1228年、1302年、1762年、1796年、1805年、1812年、1827年、1828年、1834年、1841年、1851年、1852年、1863年、1864年、1867年、1874年、1875年、1880年、1881年、1883年等。

数百万年的火山喷发,使得意大利广袤的大地被厚厚的火山凝灰岩逐渐覆盖起来了。凝灰岩是一种由火山喷发时从火山口喷发出来的灰状物所构成的软质岩石。这种火山凝灰岩层的渗透性很强，对整个半岛的地形产生了决定性的影响。一些凝灰岩层至少覆盖了不少于4000平方英里的土地。罗马著名的7座山峰，均是由凝结的火山灰堆积而成的。

史前的火山喷发还形成了其他的地质构造，使意大利的土壤层十分脆弱。亚平宁山脉纵贯整个半岛，并将这个半岛分成两半。亚平宁山脉大部分是由石灰岩构成的。石灰岩是一种硬度较低的岩石，覆盖在比较古老、比较坚硬的岩层之上，所以容易松动。古代意大利人对这个方面十分清楚，即使火山不喷发，他们也会每隔20年勘察一次较大地产的界限，看看标明每个人地产范围的石头标记是否仍呆在原地。每当铁路变形，道路断裂，以及村庄在绿色山坡前消失时，现代意大利人就会意识到这种土壤的"移动过程"（人类付出了惨重的代价才认识了这个过程）。

当你访问意大利时，你就会就会惊讶地发现，许多村镇坐落在高高的山顶之上。一个通常的解释是，古意大利人是出于安全的考虑才避居"鹰巢"的。然而，这还只是一个次要的因素。最主要的因素是为了避免滑坡导致的危险，因此他们不得不在很不舒适的山顶上居住，远离了山谷的水井和交通要道。地理结构中古老的地质岩层往往处在靠近山顶部位的地表，为意大利人提供永久的居所。而山坡往往是由较易流动的石灰岩构成，就像流沙一样不安全。所以，那些从远处看起来美丽如画的山村，一旦住进去就会感到非常不舒适。

这一切引起我们对现代意大利的关注。意大利不同于希腊，我们无需考虑它的前途，因为它一直向着新的目标理智而坚定地前进。假如它能够存在足够长的时间，千年来因疏忽对这个国家造成的损失就会得到弥补，它就一定可以重新跻身于世界强国之列。

1870年，意大利重新取得了统一。争取独立的斗争刚结束，外国侵略者刚被赶回了阿尔卑斯山脉的另一侧（那是他们的老家），意大利就开始了伟大而几乎看不到希望的使命——重整破碎的山河。

他们首先把注意力放在了波河流域——这是意大利的粮仓，整个半岛的人就靠它来提供吃喝。波河不像别的大河那么长。事实上，如果你把世界上的各条河流的长度比较一下，你就会发现，在欧洲只有伏尔加河才有资格竞争这一殊荣。靠近北纬45°的波河只有420英里长,但其支流流经的土地和直接受它影响的土地,却有2.7万平方英里大。波河流域虽不及其他几条大河,但它所具有的独特性质,也使它成为独一无二的。

波河能通航的河段占全长的六分之五,它还是世界上最快的三角洲缔造者之一。每年,它可以增加约0.75平方英里的三角洲,使原来的三角洲向外扩展200英尺。如果这种状况持续10个世纪,波河三角洲就会扩展到对岸的伊斯特拉半岛,威尼斯将成为湖中的孤岛,被一条宽7英里的堤坝与亚得里亚海隔开。

被波河带入大海的大量固体物质,有一部分沉积在波河河床,形成了一层几英尺厚的坚硬物质层。为了防止河床不断抬高的波河淹没周围土地,沿河的居民不得不修筑堤坝。这项工程早在古罗马时期就已经开始了,时至今日仍未间断。结果是,波河河面比它周围的平原高出许多。在一些村庄,堤坝有30英尺高,波河河面与房顶齐高。

波河流域还有一些著名的地方。曾经有一段时间(距离现在不太久远),从地质学上来说,整个意大利北部平原是亚得里亚海的一部分。那些深受夏日游客青睐的阿尔卑斯山谷是狭窄的港湾,有点像现代挪威的高山被海水淹没后形成的峡湾。这些海湾过去曾是冰川融水的通道口,那时欧洲的大部分地区都在冰川覆盖之下,阿尔卑斯山上冰川的面积当然要比现在大得多。冰川在峡谷中向下滑的时候裹挟着大量的石头,我们称之为"冰堆积"或"冰碛"。当两块冰川相遇时,必定会形成比原先冰川堆积大一倍的冰川堆积,这叫做"中部冰山堆积"。当冰川最终融化,把裹挟的石头留了下来,就叫做"终极冰山堆积"。

这些终极冰山堆积与地质学上所谓的海狸堤坝相似,它们将整个峡谷从低向高地堵塞起来。只要冰川存在,就会有充足的水朝下流淌,这些冰川堆积就无法阻挡下泻的水流。但是,随着冰川的渐渐消失,水越来越少,冰川堆积露出了水面,便形成了湖泊。

意大利北部所有的湖泊,如马焦雷湖、科莫湖和加尔达湖,都是冰碛湖。当人类居住在那些地方,并开始进行灌溉时,这些冰碛湖就成了极为便利的蓄水池。春天到来,冬雪消融,这些湖泊吸纳了充盈的冰雪水。假如这些融水全都汇合在一个无湖的山谷,就会形成一股最具破坏力的山洪。蓄了雪水后，加尔达湖的水位会上升12英尺，马焦雷湖水面会上升15英尺，而且还能容纳更多的融水。一个简单的水闸系统就能控制湖水，并根据每天的用水需求进行调节。

波河大平原上的居民从很早以前就开始利用这种得天独厚的资源了。他们开凿出运河,把汇入波河的无数小河小溪汇集起来,并修筑了许多水渠水坝。现在,这些运河的流量每分钟达数千立方英尺。

波河流域也是种植水稻的理想之地。1468年,一个比萨商人最先引进了水稻。现在,水稻梯田遍布了波河平原中部,其他农作物,如玉米、大麻和甜菜等,也被广泛种植。虽然这片平原的降水量比意大利半岛其他地区要少一些,但它却是意大利最富饶的地区。

波河平原不仅提供食品,还提供做衣服的材料。九世纪初,桑树在这里扎下了根。桑树是由拜占庭传入的(拜占庭,即东罗马帝国,土耳其人于1453年攻占了其主要城市君士坦丁堡,并将那里作为自己的首都)。桑树需要较高的温度,波河平原的伦巴第地区(根据日耳曼一个从易北河河口迁移来的部落,伦巴族人命名)是种植桑树最理想的地方。今天,波河平原大约有50万人从事丝绸业,其产品质量远远优于中国和日本的产品,尽管中国和日本才是"蚕的故乡"。就是这种一点也不起眼的小虫子,竟向我们提供了最华丽的服饰。

毫无疑问,波河平原的人口是十分稠密的。然而,早期居民在建设城镇时,就同大河保持了一定的距离,因为他们当时的工程技术还不够先进,不能建造稳固的堤坝。另外,他们还害怕每年春涝后形成的沼泽。都灵是波河平原上唯一的一座重要城市。它曾是萨瓦议会早期的所在地,现在整个意大利都在它的统辖之下,同时,它还连接着通往法国和瑞士的关口(塞尼斯关口通往法国,而通往罗讷河流域的是圣伯纳关口,这个关口以狗和修道院而闻名于世)。都灵所处的地势很高,所以不用担心会被洪水淹没。其他一些城市,比如说处在波河与阿尔卑斯山之间米兰,它是这个地区的首府,是五条重要商道(圣哥达、辛普朗、小圣贝纳德、马洛亚和施普吕根)的交汇点。布伦纳关口的终点维罗纳,是连接德国与意大利的最古老的通道,坐落在阿尔卑斯的山脚下。小提琴制作世家、著名的斯特拉地瓦利、瓜奈里和阿玛蒂三家族的故乡,就是位于波河边上的克雷莫纳。伯杜瓦、摩德纳、费拉拉和博洛尼亚(欧洲最古老大学的所在地),都建在离波河这条大动脉有一定安全距离的地方,但同时又依赖波河来维系它们自身的繁荣。

威尼斯和拉韦纳是古代世界最具传奇色彩和浪漫情调的两座城市,它们也有相同的经历。威尼斯有157条河道(城市内的交通要道),总长达28英里,原来是难民的藏身之地。这些人认为大陆上不再安全了,他们宁愿面对艰难的生活,也不愿冒被害的危险,因此他们选择了这块由波河和另外一些小河流冲积的泥泞河岸。到了那里以后,逃难者意外地发现,波河流域的盐滩就是遍地的黄金,可以这么说,只要他们愿意去拣。于是,他们垄断了这片盐滩,并走上了快速致富的大道。他们的茅草小屋变成了大理石宫殿,他们的渔船规模可与战舰匹敌。在近3个世纪的时间里,他们是整个文明世界最主要的殖民强国,是傲慢、不可一世同时又表现得温文尔雅的教皇、皇帝和苏丹。哥伦布安全返回和发现(当然是以为发现)通往印度航线的消息传到威尼斯里亚尔托岛的商业中心时,引起了一阵恐慌。所有股票和债券都下跌了50点。经纪人做出的这一次预言还真是准确,威尼斯元气大伤,从此一蹶不振。威尼斯精心保护的贸易通道变得一文不值。崛起的里斯本和塞维利亚取代了威尼斯,成为国际大货仓。欧洲各国都向这两地购买香料以及其他亚洲和美洲的产品。黄金源源不断的输入使威尼斯成了十八世纪的巴黎。富有的年轻人纷纷涌入威尼斯,有的想接受上流社会的教育,有的则是为了赶时髦,效仿上流社会的生活。当这种狂欢刚刚开始并打算持续下去时,末日已经来临。拿破仑只用一只小分队便占领了这座城市。水道依然在那里,你可以随时去欣赏。但再过20年,机动船将会这一切破坏。

北端和南端

拉韦纳是波河泥沙造就的另一个城市。现在它是一个内陆城市，距离亚得里亚海6英里。它原本是一个平淡无奇的小港湾，许多著名的人，如但丁和拜伦，曾客居此处，他们喝醉酒后的胡言乱语造就了这一城市。在十五世纪，拉韦纳的地位甚至比今天的纽约更显要，因为它是罗马帝国的首都，驻扎着庞大的警卫部队，是当时重要的海军基地，而且有最大的码头和丰富的木材。

由于蛮族日益强大，公元404年，罗马皇帝认为罗马已不再安全。于是，他迁都到这座"海上之城"，以保护他自己免遭蛮族的突袭。罗马皇帝和他的子孙后代就生活在这片土地上，发号施令、谈情说爱。如果你有机会静静地站在画着黑眼美女的精美绝伦的肖像前，想到这个女人原本是君士坦丁堡杂技团的一个舞女，后来却成为著名的罗马皇帝查士丁尼一世宠爱的王后，死时拥有一个很圣洁的名字——狄奥多拉，你就可以知道他们当时生活的情景了。

拉韦纳后来被哥特人占领，并将它变成他们新建立帝国的首都，这里的泻湖也被填平。威尼斯和教皇为争夺对拉韦纳的统治权大打出手，再后来，它在短期内成了一个可怜的流浪汉的家。这个流浪汉曾为自己的家乡佛罗伦萨作出了重要的贡献，换来的却是上火刑架的危险。他在拉韦纳城外著名的松林里寂寞地度过了余生，并被安葬在这里。他死后不久，这座著名的古老的帝王驻地也像他那样消失了。

再介绍一点意大利北部的情况。意大利没有煤矿，但它的水力资源几乎是取之不竭的。第一次世界大战爆发时，水力资源刚刚开始利用。在今后的20年里，这种廉价的电量将会得到长足的进步。资源的缺乏永远是意大利的一个难题但众所周知，意大利人是非常勤劳俭朴的，就凭借这一点，意大利将会成为那些有充足的自然资源但缺乏劳动力的国家的危险的竞争对手。

在西部，波河平原从地中海被利古里亚阿尔卑斯山分成两半。利古里亚阿尔卑斯山是亚平宁山和阿尔卑斯山的一个连接点。它的南坡，由于不受来自北方的寒风的侵袭，成为著名的里维埃拉的一部分。里维埃拉是整个欧洲人的冬季娱乐场所，人们不惜乘坐长途列车、支付昂贵的费用去那里游玩，似乎欧洲只有这块地方是值得他们去的。热那亚是这个地区最重要的城市,它是今天意大利的一个重要港口,拥有最富丽堂皇的大理石宫殿——热那亚同威尼斯争夺近东地区殖民霸权时建造起来的古建筑遗迹。

热那亚的南面是一块面积不大的平原——阿尔诺河平原。阿尔诺河发源于佛罗伦萨东北 25 英里的山区,流经佛罗伦萨市中心。在中世纪,佛罗伦萨是联系基督教中心罗马和欧洲各国的一个重要通道,它明智地发挥了这种优越的商业地位,很快便成为中世纪最重要的金融中心。佛罗伦萨的梅迪西家族——他们最初的职业是医生,因此他们盾形纹章上 3 个药丸似的圆形物,后来就成为当铺里的 3 只金球——显示出他们在商业方面的卓越才华,不仅取得了整个托斯卡纳地区的世袭统治权,并且把他们的家乡建成了十五世纪和十六世纪最辉煌的艺术中心。

从 1865 年至 1871 年,佛罗伦萨是新意大利王国的首都。之后它的重要性有所下降,但仍然是令人神往的地方之一。人们在那里可以体会到,如果金钱同品位相得益彰,生活一定会过得很惬意。

阿尔诺河河口附近的两座城市都没有多大的历史意义。阿尔诺河流经爪哇岛外部最漂亮的一个园林景区。比萨有一座著名的斜塔,它的倾斜是由于建筑师在铺筑地基时考虑不周所致,但它却为伽利略研究物体坠落的特性提供了巨大的便利。另一个城市是里窝那,不知是什么缘故,英国人称它为莱戈恩。人们之所以记住里窝那,是因为英国著名诗人雪莱于 1822 年在这个城市附近溺水而死。

从里窝那向南,古老的马车驿道和现代铁道沿海岸延伸。坐在车上的游客还能雾里看花地瞥一眼厄尔巴岛(拿破仑的放逐地,后来他从这里回到巴黎,很快就踏上了滑铁卢的不归路)。然后就进入了台伯河平原。著名的台伯河在意大利语中也叫作特韦雷河。这条河流流速缓慢、水呈黄褐色,它宛若芝加哥河,但却没有芝加哥河那么宽阔,它还让人想起柏林的斯皮河,但却不如斯皮河那么清澈。台伯河发源于萨宾山,最早的时候,在罗马的男子就是到这里去抢亲的。史前时期的台伯河河口距罗马以西只有 12 英里,后来又增加了 2 英里,因为台伯河和波河一样,裹挟了大量的泥沙。台伯河平原与阿尔诺河平原不同:阿尔诺河平原比台伯河平原小，却比它更为富饶、更有生机，而广阔的台伯河平原却荒芜贫瘠，而且还是疾病的滋生地。"疟疾（Malaria）"一词就是生活在台伯河平原的中世纪移民创造出来的。他们认为，"Mal-aria"——"污浊的空气"——就是导致高烧的元凶，人一旦染上这种可怕的疾病，身上像着火般难受。由于害怕染病，只要太阳一落山，附近的居民就把门窗关得严严实实。但这种预防措施有一个严重的弊端，就是把小蚊子也留在了室内。直到30年以后，人们才认识到疟疾是由蚊子传播的，但我们也不必责怪祖先的愚昧无知。

在罗马时代，这块有名的平坦之地坎帕尼亚，排水系统非常完善，人口稠密。由于这个平原面向第勒尼安海，海岸上几乎没有设立任何防御设施，在罗马警察撤离后，这个平原就成为整个地中海地区海盗袭击的理想目标。村庄被摧毁，农田变荒芜，排水渠被废弃，疟蚊在一片污浊的死水潭里滋生。在整个中世纪乃至这之后的30多年里，从台伯河河口至奇尔切奥山附近的庞廷沼泽地，成为人人望而却步的地方，即使有人路过这里，也是快马加鞭，飞驰而过。

于是，就出现了一连串的问题：古代世界最重要的城市为什么会建在这样一个瘟疫肆虐的地方？为什么要把圣彼得堡建在沼泽地上，为了排掉沼泽地里的污水，葬送掉数以千计的人的性命？为什么马德里建在一片数百里内渺无人烟、草木不生的荒凉高原之上？为什么巴黎坐落在一个常年饱受雨水侵袭的盆地之中？对此我百思不得其解。或许是机遇与贪婪相伴——政治上的远见卓识遮盖了许多失误。或许只是机遇，也或许只是出于贪欲。我无从得知。这并不是一部哲学著作。

罗马就建在那样的地方，尽管那里气候不好，夏季酷热，冬天寒冷，而且交通不便。尽管如此，它仍发展成一个世界帝国的中心和一个世界性宗教的中心。在这种情况下，不要指望一种解释，我们可以找到上千种各不相同而又相互关联的解释，但不要在本书中找这样的解释。因为至少要写出3部像本书这么厚的作品才能找到谜底。

对于罗马这个城市本身我不再费更多的笔墨了，因为我无法公正地对这个号称东半球不朽之城的城市进行介绍。这也许是因为我那些富有反叛精神的祖先们，从公元前50年至公元1650年，一直热衷于同罗马的一切都背道而驰的事物。站在古罗马广场上，我本应该哭泣，然而，我只看到一伙歹徒和骗子打着将军与政党领袖的旗帜，恣意地蹂躏着整个欧洲大陆和大部分亚非地区。留在那里的却只是几条大道，而这些道路似乎成了他们在那里犯下滔天罪行的永久的借口。站在纪念圣·彼得的大教堂前，我应当生出一片敬畏崇仰之情，但我只能哀叹，建造这么一座教堂浪费了很多的钱财，它丝毫没有美感和魅力，只不过比同类建筑"大"一点而已。我仰慕佛罗伦萨和威尼斯的和谐，同时也欣赏热那亚的协调。我知道只有我才有这种感受。每一个稍有成就的人，比如彼特拉克、歌德，第一次看到布拉曼特的圆屋顶时，都曾洒下热泪。让我们将这一切都忘掉吧，我可不想破坏你对城市的鉴赏力，也许有一天你会亲自去的。我们需要记得的是，从1871年起，罗马就成了意大利王国的首都，而梵蒂冈则成了城中之城。对教皇来说，1870年9月的一天是一场噩梦的开始。这一日，意大利王国的军队开进梵蒂冈，颁布了一项法令，取消了梵蒂冈教皇的绝对统治权，宣布梵蒂冈从此归罗马统辖。1930年，梵蒂冈城归还了教皇，从此教皇享有从1870年以来从未有过的行动自由权。

现代的罗马城几乎没有工业，只有几座破破烂烂的纪念碑，一条主干大道，这条街道让人联想到美国的费城和许多身着质地良好的军人。

我们接着要去另外一座城市，直到现在，它还是整个半岛人口最为稠密的城市。它是地理和历史结合的奇特产物，它又一次让我们面对那个恼人的困惑："为什么这个坐落在一条干涸的小河道上的城市，拥有各种各样的自然优势，没有夺得罗马曾有的统治地位？"

那不勒斯面对大海，位于一个迷人海湾的前沿。那不勒斯的历史比罗马更为悠久，它周围的地区原是意大利西海岸最肥沃的土地。那不勒斯的最早建立者是希腊人，当他们与亚平宁山脉里的危险部落进行贸易时，出于安全考虑，将贸易点安排在伊斯基亚岛上。但是，伊斯基亚岛也并非是安全的，在火山的影响之下，总是不停地震颤，于是，希腊人只好返回大陆。移民之间总是不可避免地经常发生争端（由于背井离乡，再加上贪婪的总督肆意地欺凌，他们都非常烦闷），酿成了内讧，有三四个居民区被毁掉了（听起来像美国建国时的情形），这时，一批新来的移民决定重新开始,为自己建立一个城市,他们把这个城市称为"新城"或者"那波利斯(Neapolis)",后来又逐渐演变为"那波利(Napoli)",在英语中就叫"那不勒斯(Naples)"。

当罗马还是一个居住着牧民的小村子时,那不勒斯已经是一个繁荣的商业中心。然而,那些牧民确实具有卓越的管理才能,因为在公元前四世纪时,那不勒斯就已成为罗马的"同盟"了。"同盟"只不过是一个比较好听的字眼,听起来没有"臣民"那么难听,但实际上与"臣民"是一回事。从那时起,那不勒斯就开始处在臣属地位,后来由于蛮族的入侵,落入了波旁王室的西班牙后裔手中。而他们的统治成为腐败的管理和镇压一切自由思想和行为的代名词。

尽管如此,那不勒斯有利的自然条件使之成为欧洲大陆上人口密度最大的城市。这些人是怎样生存的呢?无人知晓,也无人关注。1884年爆发的流行性霍乱,迫使这个现代王国清扫他们的房屋,他们是靠冷静的理智和严厉的措施来完成的。

在这座奇异的城市的背后,是极具观赏性的维苏威火山。维苏威火山是所有已知的火山中喷发最均匀、最有规律的火山。它约有4000英尺高,被许多漂亮的小村庄包围着,村庄里盛产一种名为"基督之泪"的烈性葡萄酒。早在古罗马时期,这里就已经出现了许多村落。维苏威是一座死火山,在最近的1000年里从不曾喷发过。公元63年,地球的深处曾传来过模糊的隆隆声,但对意大利这样的国家而言,这并不值得大惊小怪的。

可是16年之后,发生了举世震惊的火山喷发。在不到两天的时间里,赫库兰尼姆、庞贝和另外一座小城市被厚厚的火山熔岩和火山灰覆盖,从地表上永远地消失了。从此以后,维苏威火山每隔100年至少要喷发一次,说明它并没有熄灭。新的火山口比原来高了1500英尺,一直向外冒着浓烟。最近300年的统计资料记录下它每一次喷发的时间:1631、1712、1737、1754、1779、1794、1806、1831、1855、1872、1906等,这表明,那不勒斯成为第二个庞贝城也是有可能的。

从那不勒斯向南,我们就进入了卡拉布里亚地区。这一地区因远离国家中心尝尽了苦头。尽管有一条铁路同北方相连,但是沿海地区却是疟疾横行,再加上中部地区遍布花岗岩,当地的农业生产还是古罗马共和国时代的水平。

　　狭窄的墨西拿海峡把卡拉布里亚与西西里岛分隔开来。在古代,这个只有1英里多宽的海峡非常有名,因为那里有两个旋涡,一个名为斯库拉,另一个叫卡里布迪斯。据说,只要航船稍稍偏离了航道半码,就会被这两个大旋涡吞没。对大旋涡的恐惧使我们充分地意识到古代船只的脆弱,现代机动船能够轻松地穿过旋涡中心,根本无需去考虑水流的方向。

　　说到西西里,它优越的地理位置使它自然而然地成为古代世界的中心。西西里气候温和,物产丰富,人口稠密。但也同那不勒斯一样,由于西西里人的生活太轻松、太优裕、太舒适,所以,在过去的2000多年里,西西里人一直默默地屈从于未来统治者,这些人包括腓尼基人、希腊人、迦太基人(他们距非洲海岸只有100多英里)、汪达尔人、哥特人、阿拉伯人、诺曼人、法国人,还包括以这个快乐小岛命名的120个王子、82个公爵、129个侯爵、28个伯爵及356个男爵。为了不受欺凌与压迫,西西里人就着手对他们那些被埃特纳火山震塌的房屋加以修复。人们对1908年的火山喷发仍然记忆犹新,这次火山彻底摧毁了墨西城,造成大约75000人死亡。

　　马耳他岛确实有点像西西里岛的一个海上郊区,虽然它在政治上并不从属于意大利,但仍需在此介绍一下。西西里岛是一个土地十分肥沃的岛屿,正好处在西西里与非洲海岸之间,它扼守着从欧洲经苏伊士运河前往亚洲的海上贸易通道。十字军远征失败后,马耳他岛被送给了圣·约翰骑士,这些人因此就自称为马耳他骑士。1798年,拿破仑在去印度的途中占领了马耳他岛。他想通过埃及和阿拉伯将英国人从印度赶出去(一个有创意的构想,但是没有实现,他没有料到沙漠要比他想象的大得多)。两年后,英国人以此为借口占领了马耳他岛,并从此留在了那里。意大利人为此悔恨交加,而马耳他人却不以为然,因为如果由他们本国人来管理,他们的生活绝不会像今天这么舒适了。

　　关于意大利东部沿海地区,我介绍的不多,因为那里并不是十分重要。首先,亚平宁山脉一直延伸至海滩上,在那里难以形成较大的居住区。其次，亚得里亚海岸山坡陡峭，不适合居住，所以这里的贸易发展也受到限制。从北部的里米尼至南部的布林迪西（邮件从这里送往非洲和印度），中间也没有任何重要的港口。

意大利的"靴跟"是阿普利亚。同卡拉布里亚一样，它也因为远离文明备尝苦痛，同时，它的农业生产方法也十分原始，就如汉尼拔统治时期的水平。当地的人足足等了12年，以期得到迦太基人的援助，但他们终究没有到来。

阿普利亚地区有一个城市，拥有一个世界上最好的天然良港，但却吸引不了客人，这个城市叫塔兰托。塔兰托是以当地一种叫塔兰托的剧毒蜘蛛命名的，当人被毒蜘蛛咬了之后，会跳一种叫塔兰托的舞蹈，据说此舞蹈能够防止被咬伤的人睡着后进入致命的昏迷状态。

第一次世界大战使得地理状况变得异常复杂。如果不提及伊斯特拉半岛，那么对现代意大利的介绍就是不完整的，这个半岛是对意大利人在大战中倒戈的奖励和认可。的里雅斯特市是古代奥匈帝国的主要出口港，由于丧失了自然的内陆贸易区，港口一直经营不佳。阜姆隐藏于瓜尔内罗湾最远的地方，它曾是哈布斯堡家族的属地。由于在亚得里亚海岸没有其他的优良港口，阜姆港还是日耳曼的天然出口港。意大利人担心阜姆港会成为的里雅斯特港的竞争对手，所以一直希望得到它的所有权。签署完凡尔赛条约的政治家们拒绝将这个港口划给意大利，所以意大利人就干脆去抢，更准确地说，他们的诗人邓南遮，大名鼎鼎的作家、伟大的恶棍为意大利人占领了这个港口。后来盟国把阜姆港变成一个"自由之邦"，但经过意大利与南斯拉夫的漫长谈判，阜姆港最终还是割让给了意大利人。

我现在介绍本章最后一个内容——撒丁岛。撒丁岛确实是一个大岛，但它距大陆太远，几乎无人居住，以致我们忘记了它的存在。但它确实存在，面积大约为10000平方英里，是欧洲的第六大岛屿。作为亚平宁山这座史前山脉的另一个远端，撒丁岛上的山脉是背向母国的。西海岸有几个优良的港口，而东海岸则陡峭、危险，没有一个便于靠岸的港口。在过去的200年中，撒丁岛在意大利的历史上发挥了奇特的作用。1708年之前，撒丁岛属于西班牙，后来又为奥地利所占领。1720

年,奥地利人用撒丁岛换取了西西里岛。那时的西西里岛属于波河边上都灵城的萨瓦公爵,他骄傲地自称为撒丁国王(从公爵上升到国王是晋升的关键)。这就是现代意大利王国出自一个岛屿王国的来由,而意大利人几乎无人知道这个历史缘由。

第十章 西班牙

——非洲与欧洲的交锋之地

居住在伊比利亚半岛上的人以他们非常显著的"种族"特征而闻名于世。西班牙人被认为是"种族"特征最为鲜明的民族。无论在什么地方、在什么情况下,你都能一眼从他们显著的"种族"特征——他们的傲慢、他们的彬彬有礼、他们的骄傲、他们的庄重以及他们弹吉他和打响板的能力中辨认出他们是西班牙人,甚至音乐也被用来充实这种"种族理论"了。

也许如此吧。也许从他们弹吉他和打响板的能力也能够像他们的傲慢和自尊一样容易地辨认出西班牙人,但我却有不同的看法。西班牙人善于弹吉他和打响板,是因为那里的气候温暖干燥,他们能够使用室外乐器。假如美国人和德国人也有这样的气候,那里的人也许会比西班牙人弹得更好。但是由于居住地气候的原因,他们不能像西班牙人那样经常弹奏。在下着倾盆大雨的寒冷的柏林之夜,你能打好响板吗?当你的手指冻得发抖时,你能弹好吉他吗?至于说他们的自尊、骄傲与彬彬有礼,是他们长达几个世纪的严格的军事训练的结果。从地理上来讲,西班牙既属于非洲,又是欧洲的一部分,难道他们的军事生活不正是这样特殊的地理的直接结果?西班牙是欧洲人与非洲人的战场,双方非要决出胜负,这难道不是他们的悲惨命运吗?最后,西班牙人胜利了,但是,他们长期以来为之战斗的土地却给他们身上留下了深刻的印记。如果他们出生在哥本哈根或者伯尔尼,他们会成为什么样的人呢?他们也许会成为普普通通的丹麦人或者瑞士人。如果是这样,他们可能不会打响板,而改学用岳得尔唱法来唱歌,因为那里山峡陡直的峭壁会产生美妙的回音,这会吸引他们用这种唱法歌唱。他们不会靠吃小面包和喝酸酒维持生活,也无需费力地去耕种那些废弃的土地(土地被废弃是由于非洲与欧洲的冲突引起的),而是会吃大量的黄油以抵抗潮湿气候对身体造成的伤害;喝蒸馏酒,因为有充足廉价的粮食,这种酒几乎是不可或缺的全民饮品。

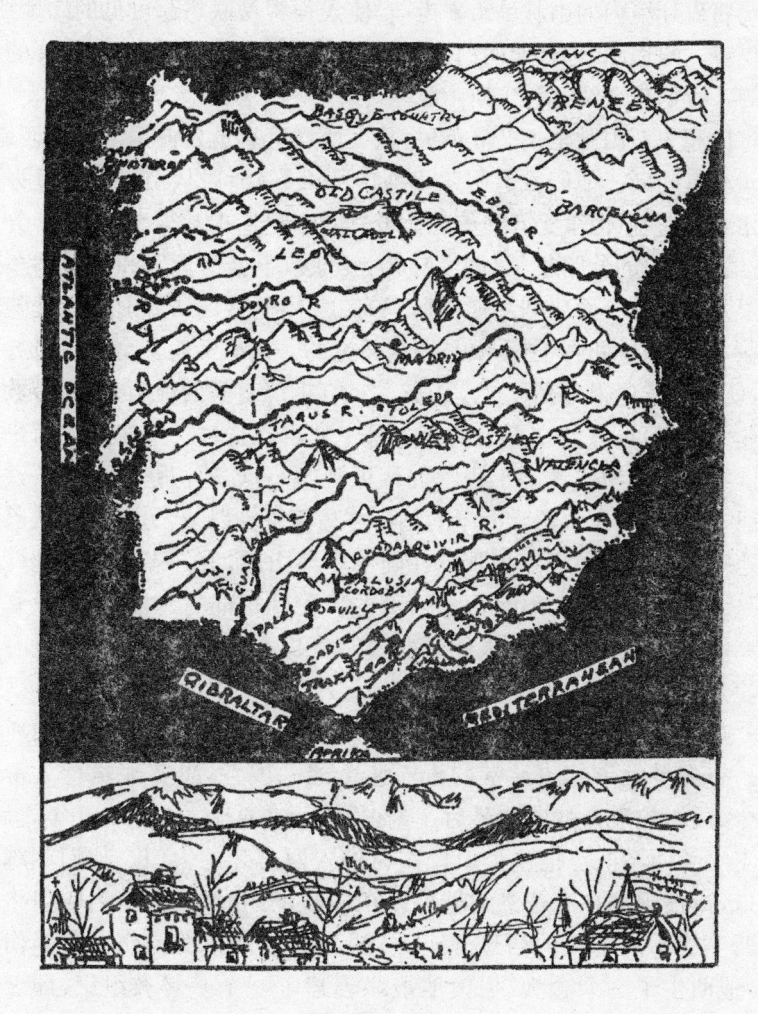

伊比利亚半岛

现在让我们看看地图。对希腊和意大利的山脉还有印象吧。希腊的山脉是呈对角纵贯全国；意大利的山脉从北至南几乎呈直线分布,把全国一分为二,但两边又有足够的地方用来修筑公路,公路将沿海各地联结起来,而波河平原的突出部分使亚平宁半岛成为欧洲大陆不可分割的一部分。

西班牙境内的山脉呈水平走向,使人很容易联想起可见的纬度线。只要瞥一眼地图,你就能明白,这些山脉是如何成为任何有序发展的障碍的。我们先介绍比利牛斯山脉。

比利牛斯山脉全长240英里,从大西洋笔直地延伸至地中海西岸,中间没有间断。他们没有阿尔卑斯山那么高,所以从山口翻越过去应该相对容易些,但事实并非如此。虽然阿尔卑斯山脉很高,但也十分宽阔；虽然翻山的公路很长,坡度却较为舒缓,不会给行人和货运马车造成很大的困难。而比利牛斯山脉只有60英里宽,因此,山路极其陡峭险峻,除了山羊和骡子外,人是极难通过的。根据经验丰富的旅行者介绍,就连骡子也很难翻过这座山脉。只有训练有素的登山者(大多数是职业走私者)也只能在夏季的几个月里才可以通过。修建连接西班牙与世界其他各地的铁路工程师们认识到这一点,他们修筑了两条铁路干线,一条是沿着大西洋海岸的巴黎—马德里铁路线,另一条则从巴黎沿地中海海岸通往巴塞罗那。在阿尔卑斯山脉,有许多条穿山越岭的铁路线,而在比利牛斯山脉,从西部的伊伦到东部的菲格拉斯,没有一条穿山隧道。毕竟,没有人能开凿出一条长60英里的隧道,也没有人能让火车在40°的斜坡上爬行。

在西部有一个比较容易通过的关口——著名的龙塞斯瓦列斯山口。查理曼大帝身边显赫的十二武士之一罗兰,忠实地执行大帝的命令,同撒拉逊人战斗到最后一刻,最后死在这个关口。700年之后,一支法兰西军队也把这个山口作为进入西班牙的大门。他们翻越了关口,但被阻截在潘普洛纳城外。在城被围的时候,一个名叫伊格内修斯·德·洛约拉的西班牙士兵,腿部受了严重的枪伤。在养伤期间,他萌生了一个念头,促使他最终创建了一个基督教组织,即著名的耶稣会。

西班牙峡谷

耶稣会对许多国家的疆域变迁都起到了巨大的影响,他们比其他宗教组织做了更多的工作,甚至比那些不挠不屈地游说四方的方济各会修道士做的工作还要多。他们从潘普洛纳城开始,镇守这个翻越比利牛斯山脉中部的唯一通道。

毫无疑问,正是凭借了比利牛斯山脉这种难以逾越的陡峭,才为著名的巴斯克人提供了机会,使他们得以从史前时代一直保全至今。也正是因为它的陡峭险峻,才使得安道尔公国能够保持独立(安道尔位于东部山区之巅)。大约有70万巴斯克人居住在一个呈三角形的地区内,这一地区北起比斯开湾,东抵西班牙的纳瓦拉省,西边以从桑坦德市到位于埃布罗河的洛格罗尼奥市沿线为界。巴斯克这个名字的意思同我们的加斯科尼差不多,但与著名的德阿特格南船长的老朋友没有关系。罗马统治者称巴斯克人为伊比利亚人,把整个西班牙称为伊比利亚半岛。而巴斯克人则骄傲地称自己是爱斯库都纳克人(Eskualdunak),这听起来不像欧洲人的名字,似乎更像爱斯基摩人的名字。

也许你们的猜测和我的一样有道理,但我还是介绍一些有关巴斯克人起源的一些最新理论。一些从头盖骨和喉骨研究种族起源的教授认为,他们与柏柏尔人有关。我在前几章曾提到过柏柏尔人,他们是欧洲一个史前部落的后裔,即克罗马龙人。另一些教授则声称,巴斯克人是那个神奇的大西洋岛被海水淹没时,逃到欧洲大陆的幸存者。还有一些教授认为,巴斯克人一直居住在同一个地方,因此根本就没有必要去探究他们到底是从哪里来的。不管谁对谁错,巴斯克人在使自己远离外界时已经表现出自己的聪明才智。巴斯克人十分勤劳,大约有10万人已经移居南美洲。他们是出色的渔民、优秀的水手和能干的铁匠,他们从不出什么风头,只是在默默地干自己的事。

他们国家最重要的城市是维多利亚。它是在六世纪由一位哥特国王建立的,而且在这里曾发生过一场著名的战役。在那场战役中,一位名叫亚瑟·韦斯利的爱尔兰人(他的英文名字更有名些,即威灵顿公爵),打败了一个由科西嘉将军率领的军队,这个将军的法国头衔就是拿破仑皇帝,他把法国军队永远地赶出了西班牙。

安道尔是个奇怪的小公国,至多有5000人,紧靠一条马道与外界联系。安道尔是中世纪诸多小侯国中唯一幸存下来的活标本。它之所以能够保持自己的独立,主要是因为作为边界上的据点,它可以为远方的君主提供宝贵的服务。安道尔与外面喧嚣的世界隔绝,所以引不起别人的注意。

安道尔首都只有600人,但是安道尔人与冰岛人及意大利的圣马力诺人一样,是根据自己的意愿来管理自己的国家的,比我们试行民主制度早了800年。作为一个拥有悠久历史的姊妹共和国,安道尔的确值得我们去尊重与爱戴。800年是一段漫长的岁月,但如果到了2732年,我们会在哪里呢?

比利牛斯山脉在其他方面也与阿尔卑斯山脉有很大的不同。它们几乎没有冰川。也许在很久以前,比利牛斯山脉也曾被厚厚的冰雪覆盖着,甚至比瑞士的群山上的冰雪还要厚一些,但现在只留下几平方英里的冰川了。西班牙境内的山也是如此,山脊陡峭,难以翻越。即使在内华达山和南部的安达卢西亚山上,从10月到次年的3月间,也只有少量的积雪。

当然,山脉的走向直接影响着西班牙的河流。所有西班牙河流的源头都在或靠近荒凉的中部高原——巨大的史前山脉经过数百万年的侵蚀的残存。这些河流咆哮着匆匆汇入大海,但由于流速太快,加之许多瀑布,几乎没有一条河流可以担负贸易通道的重任。而且,在漫长干旱的夏季,大部分河流的河水被蒸发掉。在马德里你可以看见,每年至少有5个月的时间,曼萨纳雷斯河成为首都孩子们类似于海滩的游乐场。

这就是为什么我不愿意把许多河流的名称说出来的原因。不过,葡萄牙首都里斯本的塔古斯河是个例外。塔古斯河可以通航,其航道几乎同西班牙和葡萄牙的边境线一样长。西班牙北部的埃布罗河穿过纳瓦拉和加泰罗尼亚,小型船只可以在这一段通行,而大型船只在大部分河段里只能在与河流平行的一条运河中航行。瓜达尔基维尔河(荒野里的大河)是联结塞维利亚与大西洋的通道,只能通行吃水15英尺以内的船只。在塞维利亚与科尔多瓦之间,瓜达尔基维尔河只能供小船通行。科尔多瓦是著名的摩尔人的首都,它曾拥有不下900个公共浴场。基督徒攻克科尔多瓦之后,人口从20万削减至5万,而公共浴场也从900个削减到零。流过科尔多瓦瓜之后的达尔基维尔河也成了峡谷河流(就像我们的科罗拉多河),这不仅严重地阻碍了陆上贸易,对沿河地区的商业发展也毫无裨益。

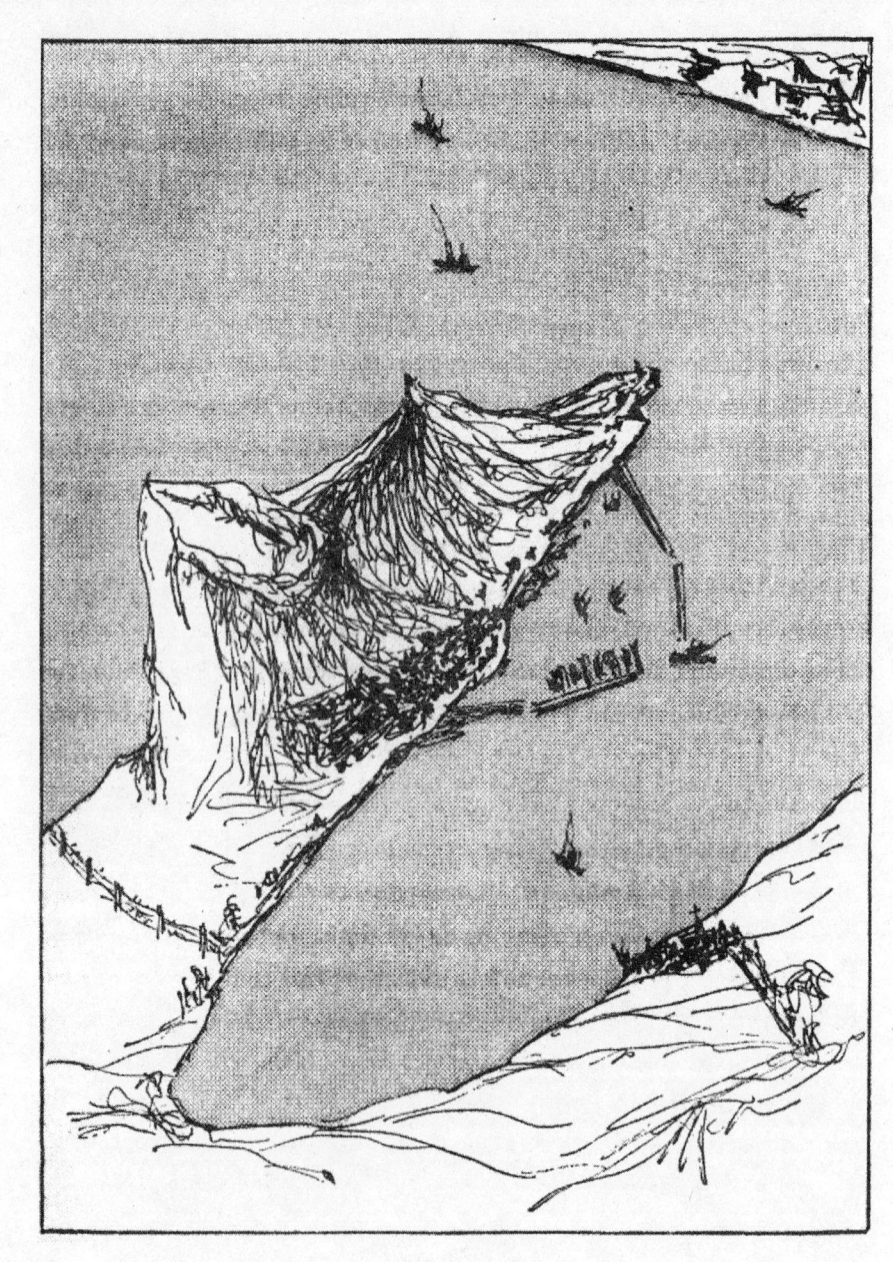

直布罗陀海峡

总之，大自然对西班牙并不仁慈。西班牙中部的大片地区是一座大高原，被一座低矮的山脉分成两半。这个地区的分水岭叫做瓜达腊马山脉，岭北叫老卡斯蒂利，岭南叫新卡斯蒂利。

卡斯蒂利的意思是"城堡"，一个很不错的名字。但它就像如同西班牙雪茄烟的烟盒，徒有其表。卡斯蒂利的土地十分贫瘠。当然，这样的景象在世界上其他地方也随处可见。谢尔曼将军率军穿过佐治亚州后说过，即使是一只乌鸦，想要飞越谢南多厄山谷，也得带上充足的口粮才行。不知是有意还是无意，他的这句话引用了罗马人2000多年前的一句话：如果一只夜莺想飞越卡斯蒂利，必须带上足够的水和干粮，否则就会饥渴而亡。高原四周的山太高了，把从大西洋和地中海飘来的云层挡住了，因此卡斯蒂利成了一块不幸的台地。

卡斯蒂利一年之中要忍受9个月地狱般的日子，而另3个月则惨遭干燥冷风的摧残，大风无情地从卡斯蒂利这片广阔的荒原上呼啸而过，即使是能在这里生存的唯一一种动物羊，身体也稍觉不适。茅草是这片高原上惟一的植物，它非常坚韧，可以用来编织篮子。

这块台地的大部分地区，西班牙人称之为"平顶山"（知道新墨西哥或去克雷泽·卡特探过险的人都熟悉这个词），既像平原，又像普通的沙漠。读到这里，你就会明白，尽管西班牙和葡萄牙面积比英国大，而人口却只有英伦三岛的一半。

如果你想进一步了解卡斯蒂利地区的贫苦破败情况，我建议你去读一读塞万提斯的作品。你可能还会记得他的作品中"天真的西班牙下级贵族"，书中的主人公曼查堂·吉诃德。事实上，曼查是一种内陆沙漠，它像现在这样分布在卡斯蒂利高原上，也是指位于古代西班牙首都托莱多附近的一片荒凉萧瑟的荒野。托莱多在西班牙人眼里是一个不吉利的词，因为它的阿拉伯语原意是"荒凉凄惨"，可怜的堂·吉诃德只不过是一位"荒野之王"。

在西班牙这样的国土上，大自然既固执又吝啬。人们要么安下心来艰苦奋斗，从大自然手中谋取生活所需，要么选择大多数西班牙人的生活，把家当放在小小的毛驴背上。西班牙的历史让我们看到不幸的地理环境造成的人间悲剧。

800年前,西班牙为摩尔人所统治。伊比利亚半岛遭受外族入侵已经不是第一次了,因为西班牙蕴藏了大量宝贵的矿产。2000年前,铜、银和锌的和今天的石油一样重要。哪里发现了铜、银和锌,各国军队就会到哪里去抢夺。当地中海各国分为两大军事阵营时,当闪米特人(属于迦太基,是腓尼基的殖民地,对附属国进行残酷地剥削)和罗马人(不属于闪米特人,但在对待附属国时态度是一致的)在掷骰子决定谁来掌管世界财富时,西班牙就难逃此劫了。和许多现代国家一样,拥有丰富的自然资源也会带来不幸,于是,西班牙就成了两伙有组织的强盗集团争夺财富的战场。

这两伙强盗刚走,来自北欧的蛮族又将西班牙变成一座便捷的大陆桥梁,企图取道这里入侵非洲。

在七世纪初期,一位胸怀大志的阿拉伯骆驼骑士,率领一大批从未听说过的沙漠部落,开始了征服世界的征程。100年后,他们占领了整个北非地区,并准备对欧洲下手。711年,塔里克率战船驶往著名的猴子岩(欧洲唯一生长野生猴子地方),他的军队未遭到任何抵抗就登上了直布罗陀(即著名的岩石,看上去不像一则众所周知的广告,因为它背靠陆地,而不是海洋)。在过去200年里,直布罗陀一直被英国人占领。

从此以后,古老的海格立斯柱子——海格立斯把欧洲和非洲的大山扳开后形成的海峡,就处在伊斯兰教徒的统治之下了。

西班牙人对阿拉伯人的入侵作过抵抗吗?他们曾全力以赴,但西班牙的地理环境使他们无法协调行动,平行的山系和深谷中的河流,把西班牙分隔成许多独立的小方块。直至今日,大约有5000个西班牙村庄仍然无法进行相互之间或与世界各地的直接交流,只靠一条令人眩晕的羊肠小道与外界联系,而且一年中只有某些时候才能通行。

但请记住一条历史和地理提供给人类的为数不多的事实:西班牙这样的国家正是孕育部落的温床。毫无疑问,部落是有一定的益处的,同一部落间的成员彼此忠诚,并且忠于部落和部落的利益。但是,苏格兰和斯堪的纳维亚罗半岛告诉我们,部落也是一切经济合作与民族组织最大的天敌。岛上的居民被视为是狭隘的,他们只关心与自己的小岛有关的事，其他的事一概不管。但是，他们至少有时候能与自己的邻居共乘一只船，一起度过一个下午，或者救援失事船只的船员，听听外面世界的消息。住在山谷里的居民，被几乎不可逾越的大山包围，完全与外界隔绝，他除了自己和左邻右舍之外，就再没有别人了。

伊斯兰教徒之所以能占领西班牙，是因为摩尔人，尽管他们来自于沙漠，是严格的"部落"思想的忠实信徒，但在强大领袖的率领之下，他们抛开了自己的小算盘，为了他们共同的民族目标团结在一起。而西班牙各部落只为自己的部落利益而战，他们部落内部间的仇恨超过了对共同外敌的仇恨，于是，就被他们的敌人赶出了自己的家园。

在接下来长达7个世纪之久的时间里，爆发了西班牙人争取独立的伟大战争。北部的基督教小国之间没完没了地背信弃义，互相勾心斗角。而这些小国之所以能幸存下来，全仰仗于比利牛斯山这道屏障。一旦越过这道屏障，要撤回必然会与法国人发生冲突，查理曼大帝的一阵含糊其词之后，法国人不再去理睬这些小国，听任它们自然发展。

但与此同时，摩尔人将西班牙南部变成了一座名副其实的花园。这些来自沙漠的人知道水的价值，挚爱在他们家乡难得一见的花草树木。他们修建了庞大的灌溉工程，引种了橘树、枣树、杏树、甘蔗和棉花；他们引瓜达尔基维尔河水进行灌溉，把科尔多瓦和塞维利亚之间的山谷改造成了巨大的花园，那里的农民一年能收获四季；他们开发利用了在巴伦西亚附近注入地中海的胡卡尔河，使这个流域又增加了1200平方英里的肥沃土地；他们引进了技术人员，创建了大学，对农业进行了科学地研究；他们还修建了这个国家至今还在使用的公路。我们在前面已提过了他们对天文学和数学所作出的贡献。他们也是当时欧洲唯一重视医学和卫生的人，他们对这些问题的研究非常耐心，甚至把古希腊关于这方面的书译成阿拉伯文重新传给西方世界。他们还充分利用了另一支力量——犹太人，这对他们是有很大的价值的。他们没有把这些犹太人集中在一起，或者对他们采取更严厉的措施，而是给了他们充分的自由，这样，就可以把他们天才的经商和组织能力充分发挥出来，为整个国家作出贡献。

然而，灾难还是不可避免地发生了。西班牙的全部领土几乎都被占领，但不是基督徒所为。另外一些仍在可怕的沙漠中受着干渴的煎熬的阿拉伯和柏柏尔部落，听说了陆地上有这么一个人间天堂。而且，由于伊斯兰教徒实行独裁统治，统治的成败取决于统治者个人的才能。在这种奢华的环境中，由拥有精良武器的农民建立的王朝逐渐地颓废衰败。而另一部分同样拥有精良武器的农民，仍然在耕牛屁股后面挥汗如雨，向在格拉纳达的阿尔汉布拉宫和塞维利亚的阿尔卡扎宫里寻欢作乐的人投去了嫉妒的目光。于是，内战发生，杀戮登场。许多家族被铲除，而另外一些家族又涌现出来。同时，西班牙北部出现了一批铁腕人物。部落合并成小领地，小领地又汇聚成小国家。人民开始听到了卡斯蒂利、莱昂、阿拉贡和纳瓦拉等名字。最终，他们彻底忘掉了古老的世仇，甚至阿拉贡的费迪南德能娶城堡之邦的卡斯蒂利之女伊莎贝尔为妻子了。

在这场伟大的解放战争中，共发生了3000多次激战。而教会又将这场"种族"冲突演变成了一场信仰之战。西班牙人摇身一变成为十字军骑士——他们最高尚的抱负就是毁灭整个国家，并为此浴血奋战。就在摩尔人最后一个堡垒格拉纳达被攻克的同一年，哥伦布发现了通往美洲的航路。6年之后，达·伽马绕过了好望角，发现了直通印度的航路。因此，正好就在西班牙人夺回自己的家园之后，应该充分利用摩尔人启动的自然资源建设自己的家园时，一笔横财却从天而降了。对宗教的狂热，使西班牙人把自己想象成为神圣的传教士，可事实上，他们什么都不是，只不过是一帮不一般的强盗（非常残忍和贪婪）而已。1519年，它占领了墨西哥，1532年，又占领了秘鲁。自此之后，他们就忘乎所以了。他们的一切抱负和志向都被滚滚而来的黄金淹没了。笨重的大帆船把黄金运送到了塞维利亚和加的斯的仓库里。对从阿兹特克和印加掠夺来的财物，当一个人有能力去瓜分从而成为"金领阶层"的一员，他绝不会对自己用双手劳动而感到羞耻。

摩尔人千辛万苦得来的一切成果很快化为乌有，他们被迫离开了西班牙。随后犹太人也被轰走了，他们就像货物一样被扔进肮脏的小船里，一无所有，任由船主处置。船在哪儿停靠，他们就在哪儿上岸。他们的内心燃烧着复仇的火焰，而苦难却将他们的头脑变得更加聪颖。

他们以其人之道还治其人之身,参加所有由异教徒组织的旨在反对令人仇恨的西班牙的活动。甚至连上帝也插手了,送给这些"黄金追求者"一个国王,而这个国王一生都隐居在他为自己建造的伊斯科利尔宫。伊斯科利尔宫坐落在荒凉的卡斯蒂利高原边上,并在上面建起了新都马德里。

自此以后,三大洲的财富和全西班牙的人力都被耗费在遏制异教徒——北方的新教徒和南方的伊斯兰教徒——的入侵上。经历了长达700年之久的宗教战争的西班牙人,被改造成这样一种人:在他们眼中,超自然现象变成了自然现象,他们心甘情愿地唯皇室马首是瞻。在追求急剧膨胀的财富中,他们身心俱疲,甚至连自己的性命都搭了进去。

是伊比利亚半岛造就了今天的西班牙人。这个半岛被荒疏了数百年之后,西班牙人能不能把伊比利亚半岛改造成他们所期盼的样子?不要管它的过去,而应当看它的未来。

为了实现这个梦想,他们正在努力,在某些城市,如巴塞罗那,他们真的很努力啊!

然而,这是一项多么远大的理想、多么伟大的事业啊!

第十一章 法国

——应有尽有的国家

我们常常能听到这样的说法：法国不把自己看成是世界的一部分，居住在大陆上的法国人比他们的英国邻居更"孤独"，尽管英国人居住在淫雨霏霏、与世隔绝的小岛上。简而言之，固执的法国人对地球上的任何事物都漠不关心，哪怕是些微乎其微的关注，因此，他们成为这个世界上最自私、最以我为中心的民族，而且是目前大多数事端的罪魁祸首。

为了对这一切有个彻底的了解，我们必须追本溯源。每个民族都深深扎根于土壤和灵魂之中。土壤影响灵魂，灵魂影响土壤。避开其中一个而孤立地去探讨另一个都是不对的。只有真正了解土壤和灵魂的本质，我们才能理解每个民族的性格特征。

我们经常听到的对法国人的职责，正是基于这样的事实。在第一次世界大战期间，对他们近乎无限的大肆颂扬，也是有真凭实据的，因为他们的优点和缺点都直接源于他们国家所处的地理位置。他们之所以会产生以自我为中心、自我满足的心理，是因为他们所处的大西洋与地中海之间优越的地理位置，他们完全可以自给自足，而不需求助于任何人。如果在自家后院里就能够享受到宜人的气候和赏心悦目的风景，何必到别国去寻求改变呢？如果只需坐几个小时的火车就能从二十世纪返回至十二世纪，或者从山清水秀的古堡田园到遍地沙丘苍松的神秘之乡，又何必去异国奔波，学习不同的语言、习惯和风俗呢？如果你自己的饮食起居和外界的社交同任何别的国家相比一样好，如果菠菜能被做成一道人人都喜欢的菜肴，又何必去为护照和支票而烦心？

何必去吃糟糕的食物和酸酒,或者去看北方农民呆板、僵硬、平庸的面孔呢?

当然,可怜的瑞士人在自己的国家除了大山之外什么也没有见到过。而可怜的荷兰人,除了可以看见一小块平坦青翠的草地和徜徉其上的几头黑白相间的奶牛外,也再没有看到过别的什么。如果他们不经常去国外逛逛,肯定会因无聊而死。德国人迟早也会厌倦一边听着美妙的音乐,一边嚼着乏味的香肠三明治的那种铺张的餐饮。意大利人也不可能满足于吃一辈子的通心粉。俄罗斯人肯定也渴望偶尔能吃上一顿舒心的饭,不必为买半磅人造黄油排6个小时的长队。

可是,法国人真是太幸运了,他们本来就生活在人间天堂。在那里,想要的东西唾手可得,因此,他们就会问你:"我有必要离开自己的国家吗?"

你也许会说,这是一种没有希望的片面的观点,我对法国人的评论是错的。我希望能赞同你的观点,但不得不承认,法国在许多方面上的确是得天独厚的,独得上天之恩赐,独享地理之福泽。

首先,法国拥有各种各样的气候,温带气候、热带气候或者介于二者之间的温和气候。法国拥有欧洲最高的山峰,四通八达的运河网遍布在它平坦的大地上,把法国国内所有的工业中心都联络起来。如果一个法国人喜欢在山坡上滑雪来度过冬天,他可以搬到阿尔卑斯山西侧萨瓦的小村庄;如果他想游泳而非滑雪,只需买一张车票,就可以乘车去大西洋边的比亚里茨或者去地中海边的戛纳;如果他对男人和女人有特别的好奇心,如果想看看那些已成为流亡者的君主和即将当上君主的流亡者,看看那些前途远大的男演员和已成名的女演员,看看小提琴家和钢琴家,看看那些使坐在剧场里的君王和普通老百姓入迷的舞蹈演员,他只需坐在和平咖啡店里,点上一杯加奶的咖啡,静静地恭候。那些曾成为世界报纸头版人物的男男女女、老老少少迟早都会从这里经过。而且他们经过这里,不会引起任何特别的关注,因为,这样的情景在1500年之中天天都会出现,即使是国王,甚至教皇本人,也会像一个新生出现在校园里一样,不会引起人们的特别关注。

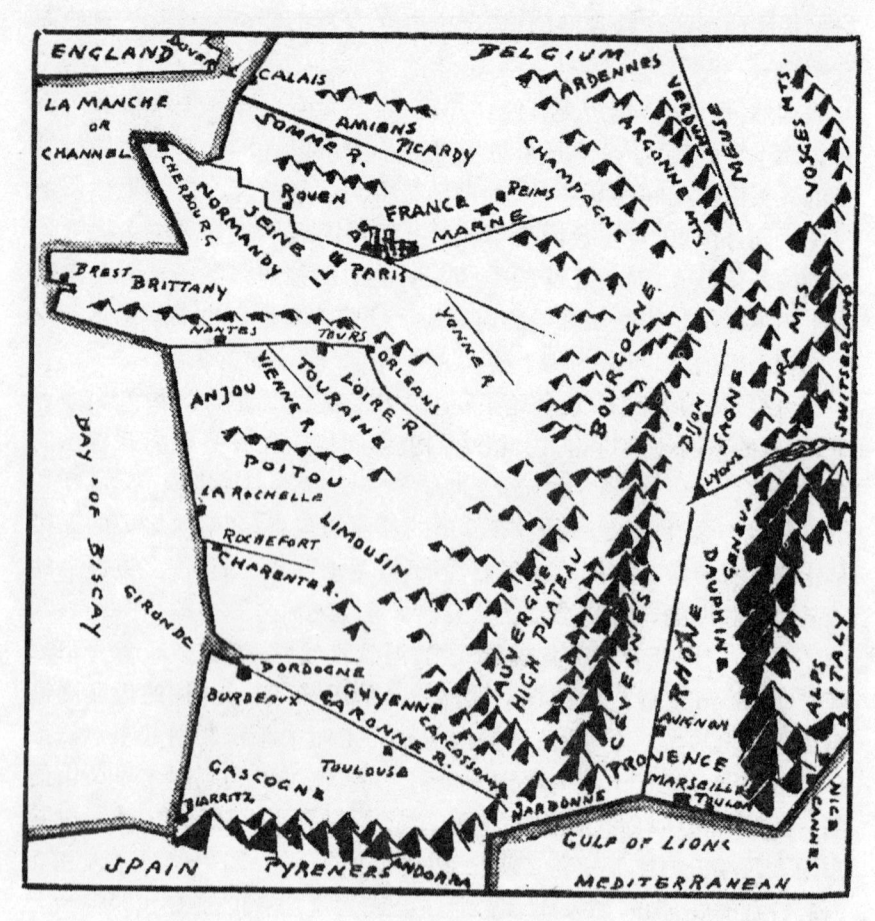

法国

正是在这个方面,我们遇到了一个政治地理学的不解之谜。2000年前,飘扬着共和国三色旗(法国人的三色旗帜一旦升起来,就会日夜飘扬而不会降下,除非被岁月与风雨磨去了颜色)的大部分土地是西欧大平原的一部分,为什么位于大西洋与地中海之间的大地会在某个时期竟然发展成了世界上最强有力的集权国家之一呢?这里面不带有任何地理方面的因素。

有一个地理学学派主张,气候与地理环境对人类的命运起着决定性的作用。毫无疑问,有时确实如此,但更多时候则正好相反。摩尔人与西班牙人生活在同一片土地上,太阳赐给瓜达尔基维尔流域的阳光在1200年和1600年并无什么区别。可是,在1200年,太阳所照之处都是水果和鲜花的天堂,但在1600年,太阳的诅咒的光芒射所照之处却是废弃的水渠、遍地的杂草和干焦的荒野。

瑞士人说四种语言,但他们却自认为是共同大家庭的一员。而比利时人只说两种语言,可他们之间充满了仇恨,甚至把亵渎对方军人的坟墓当成星期天下午的例行消遣。居住在小小岛屿上的冰岛人保持了1000多年的独立,他们排斥一切外来的人,而同样居住在岛上的爱尔兰人根本就没有意识到什么是独立。事实就是如此。不论机器、科学和各种形式的标准化发展到什么程度,从总的方面来说,人类的本性是一切事物中最不稳定、最不可靠的因素。正是这种因素导致了许许多多不可思议和意外的变化,世界地图就是一个活生生的例证,而法国的客观情况就是我所说观点的一个有力例证。

从政治上讲,法国看似是一个国家。但是,如果你仔细观察地图,就会注意到,法国其实是由两个背靠着背的独立部分组成的——东南部是面向地中海的罗讷河流域;西北部则是朝向大西洋的广袤的倾斜平原。

我们先从最古老的部分讲起。罗讷河发源于瑞士,但是直至它流出日内瓦湖,在法国丝绸工业中心里昂与索恩河汇合后,才真正成为一条有重要意义的河流。索恩河源自北部,它的源头与默兹河的源头相距只有几英里,就像默兹河与北欧的历史有着密不可分关系一样,索恩河(与罗讷河一起)与欧洲南部的历史有着密切的关系。罗讷河不适合航运,在它注入利翁湾之前,落差已达到了6000英尺,因此河流湍急,现代的蒸气船还无法彻底征服它。

然而,罗讷河为古腓尼基人和古希腊人提供了一条进入欧洲中心的便捷通道,那时的劳力——奴隶的劳动力,是非常低廉的。船只逆流上行时,由那些史前伏尔加纤夫(同那些俄罗斯同行相比,他们的命运肯定比不上后者)拖着,但如果船只顺流而下,则只需几天的时间。但事实就是如此,古老的地中海文明通过罗讷河首次敲开了欧洲内陆的大门。令人奇怪的是,马赛作为那一地区最早的商业定据点(迄今仍是法国在地中海地区最重要的港口),并未直接建在罗讷河河口,而是向东偏离了几英里(现在一条运河把它同罗讷河连在了一起)。但不得不承认,这是一个非常好的选择,马赛早在公元前三世纪就已成为了一个重要的商贸中心,那时马赛的钱币还没有流入奥地利的蒂罗尔和巴黎的周边地区。不久,马赛很快就成为这一地区及其北部地区的首府。

但马赛后来也遭遇了不幸。由于受到阿尔卑斯山蛮族的威胁,马赛的公民们向罗马人求助。罗马人当然来了,但按他们的一贯作风,留下来就不会走了。罗讷河河口周围所有的地区变成了罗马的一个"行省",即"普罗旺斯"。普罗旺斯在历史上扮演了一个重要的角色,它无声地证明了一个事实:是罗马人,而不是腓尼基人和希腊人,认识到了这块肥沃三角地的重要性。

但我们发现,我们不得不去面对一个最为错综复杂的历史与地理问题。融希腊文明与罗马文明于一身的普罗旺斯,拥有理想的气候、肥沃的土地和优越的地理优势——前有开阔的地中海,后有十分便捷的连接北欧广袤的中部大平原的通道,似乎注定了它能成为罗马理所当然的继承者。普罗旺斯被赋予了所有的自然优势,手中也握有王牌,但它始终未能把它们充分地利用起来。在恺撒与庞贝的争斗之中,普罗旺斯站在了庞贝的一边,于是,恺撒就把这座城市摧毁了。但这只不过是马赛历史上的一个小插曲罢了。不久,马赛人又在旧址上做起了生意,同时,在罗马已无容身之处的文学、高雅的习俗、艺术和科学,跨过了利古里亚海,把普罗旺斯变成了一个处在蛮族层层包围中的文明孤岛。

当富甲天下、大权在握的教皇们无法在台伯市(中世纪的罗马暴民比豺狼好不了多少,和我们这里的歹徒一样凶残)待下去时,就把他们的宫廷迁到了阿维尼翁。阿维尼翁当时是因为修建了最早的一座巨型桥梁(在十二世纪,它是世界奇观之一,但现在桥的大部分已沉入河底了)而留名青史的。教皇们在那里建起了一座十分坚固的城堡,可以经得起长时期的围攻。在此之后的一个世纪的时间里,普罗旺斯是基督教领袖们的家园,教廷骑士在十字军中的地位十分显赫,普罗旺斯的一个贵族家庭还成为了君士坦丁堡的世袭统治者。

但不知什么原因,普罗旺斯并没有发挥出大自然在创造这片可爱的、肥沃的、浪漫的流域时赐给她的神力。普罗旺斯诞生过行吟诗人，尽管他们被认为是抒情文学体裁的奠基人，而且在小说、戏剧、诗歌中也保存着这种文学形式，但他们却未能把柔和的普罗旺斯方言变成整个法国的通用语言。南方的种种自然优势北方并不具备，但北方却奠定了法兰西国家的基础，法兰西民族是由北方造就的，也是北方向整个世界传播了各种法兰西文化的福音。但在16个世纪之前，没有人能预见到这种发展。因为当时这块南起比利牛斯山脉、北至波罗的海的大平原，似乎注定要纳入庞大的日耳曼帝国的版图。这大概就是自然发展的结果。但是，如果人类对大自然的发展不加干涉，事情也许会成另外一个样子。

在恺撒时代的罗马人眼中，欧洲的这个地区属于远西。罗马人将这里称之为高卢，因为这里居住着高卢人。这里还居住着一个神秘的种族，不论男女，每个人都长着一头漂亮的头发，希腊人称之为凯尔特人。当时有两类高卢人，一类居住在阿尔卑斯山与亚平宁山之间的波河流域，在这里出现了最早长着漂亮头发的野蛮人，他们被称为"内高卢人"或"山这边的高卢人"。当年恺撒孤注一掷，勇敢地跨过了卢比肯河，而这一支高卢人就被留在了那儿。另一类叫"山北高卢人"或"山那边的高卢人"，他们只占欧洲人口的很小一部分。公元前58年至前51年，恺撒进行了著名的远征，从此之后，高卢人的居住地就同今天的法国有了特别密切的联系。这是一片肥沃的土地，在这里征税当地人不会作出强烈的反抗，因此这里就成为罗马强化殖民政策的理想领地。

北部孚日山脉与南部侏罗山脉之间的山口，对主要由步兵组成的军队来说，不会形成太大的困难。不久，法国的大平原上，星星点点地布满了罗马人的城堡、村庄、市场、教堂、监狱、剧场和工厂。在塞纳河上有一座河心岛，岛上的凯尔特人住的仍然是用原木搭建的房屋。这个小岛叫吕泰西亚(今巴黎的古称)，成为建造朱庇特神庙的理想之地，它就在今天巴黎圣母院的矗立之处。

由于这个小岛能直接通航到英国(公元一到四世纪罗马最有利可图的殖民地)，又具有重要的战略地位，在那里可以监视到莱茵河与默兹河之间动荡的地区，它后来理所当然地就发展成了罗马帝国管理远西庞大组织体系的中心。

莱茵河和默兹河三角洲

我在第四章就已经讲过,有时我们会觉得奇怪,古罗马人当时是如何确定通向世界各处的岛屿和大陆通道的,其实这并不神秘——罗马人有一种准确确定位置的本能,无论是修筑港口、堡垒,还是设立贸易点。在巴黎盆地中度过了阴雨连绵的 6 个星期后,一个临时的考察人员不禁会自问:"古罗马人为什么偏偏选中这么个破地方作为他们管理西部和北部领地的中心呢?"一个地理学家,只要手头有一张法国北部地图,就能把这个答案告诉我们。

几百万年之前,地球到处不断地发生地震,地球上的高山大川就如同赌桌上的筹码一样被扔来扔去。四块不同地质年龄的岩石板块相互撞击,相互叠压在一起,就像叠在一起的中国茶具中的茶托。处在最下面最大的茶托从孚日山脉一直延伸到布列塔尼,它的西部边缘深藏在英吉利海峡的水底。第二层茶托从洛林延伸到诺曼底海岸。第三层茶托是著名的香槟地区,它环绕着第四层,这一层被恰如其分地称为法兰西岛。这个岛的外周形成了一个模糊的圆圈,塞纳河、马恩河、泰韦河和瓦兹河环围在周围,而巴黎就处在岛的正中央。这意味着安全,绝对的安全,因为它最大限度地防止外敌入侵。因为敌人必须逐一把这些茶托陡峭的外延攻下来,而守军此时不仅占据了最佳的防守位置,而且即使不慎失守,他们还能够从从容容地退守到另一个茶托边上,他们在退回到塞纳河的那个小岛之前,有四次这样的机会。只要烧毁与外界相连的桥梁,小岛就可以变成固若金汤的堡垒。

当然,一支有顽强斗志和精良装备的敌军还是有攻克巴黎的,但这也是十分困难的,不久之前的世界大战就是证明。将德军阻截在法国首都之外的不仅是勇敢的英法军队,还应归功于几百万年前的地理突变,这里的地形形成了阻挡敌军从东部入侵的天然屏障。

为了争取民族的独立,法国人展开了近 10 个世纪的斗争。大多数国家不得不去守护四面互不相连的边境,而法国人只需全力以赴地去保护西部边界。这可以说明这样一个事实:法国为什么能比欧洲其他国家更早地发展成为一个高度中央集权化的现代国家。

整个法国西部位于塞文山脉和孚日山脉之间,大西洋自然地造就了一些半岛和谷地,这些半岛和谷地被低矮的山梁分割开来。最西边的谷地处在塞纳河流域与瓦兹河流域之间,它们通过一条自然通道同比利时平原联为一体。自古以来,这条通道一直是由圣康坦城守卫的。圣康坦城现在成了一个非常重要的铁路枢纽,因此在1914年德军进攻巴黎时,它成为德国人的主攻目标之一。

通过奥尔良山隘口,可以方便地来往于塞纳河流域与卢瓦尔河流域。因此,奥尔良地区在法国历史上曾发挥过非常重要的作用。法国的民族女英雄是圣女奥尔良,巴黎最大的火车站也叫奥尔良火车站,正是因为奥尔良城位于南北交通要塞的隘口上,才使他们有了奥尔良这个名称。在中世纪,身着盔甲的骑士为守卫这些要隘浴血奋战,而今天的铁路公司也为这些要隘你争我夺。世界在不断变化,可往往是变化越大,就越会保留那些永恒的本质。

至于卢瓦尔河流域和加龙河流域的连结,现在有经由普瓦捷的铁路。正是在普瓦捷的附近,查理·马特于732年阻止了摩尔人向欧洲挺进的脚步。也正是在普瓦捷,黑王子于1356年彻底消灭了法国军队,这使英国人在法国的统治又延长了100年。

宽阔的加龙河流域的南部是著名的加斯科涅地区,这里诞生过无畏的英雄达塔尼安和尊贵的亨利四世国王之类的人物。通过加龙河畔的图卢兹至纳博纳的河谷,加斯科涅地区直接与普罗旺斯地区及罗讷河流域连为一体。纳博纳曾经位于地中海岸边,是罗马在高卢地区的居住区中最古老的一个。

如同所有的史前道路(在有文字记载的历史开始前,这些道路就已经存在了几千年)一样,道路永远是某些人发家致富的摇钱树。敲诈勒索和牟取暴利的历史同人类的历史一样悠久。如果你对此有怀疑,你可以去任何一个山口关隘,寻找几千年前某条道路上最狭窄的一段。在那里,你将会发现几个,甚至几十处古堡的废墟。假如你略通史前文明的知识,不同的石头层会告诉你:"这是公元前50年,这是600年,800年,1100年,1250年,1350年,1500年时强盗们修筑的堡垒,他们在这里向经过的车马索要过路费。"

有时,你还会很惊奇地发现一个繁荣的城市,而不是一堆废墟。但是,卡尔卡松市的那些城堡、半月堡、外护墙以及棱堡会告诉你,一座山口堡垒要修建得多么坚固,才能抵挡住凶恶敌人的进攻。

关于法国地形已介绍得很多了。现在对生活在大西洋与地中海之间的这块土地上的人们的普遍特征作一个简单的介绍。他们似乎都有一种共同的特征,即一定的平衡与协调意识。我几乎会倾向于这么说,法国人极力想做到"符合逻辑",如果这个词不是与枯燥、刻板和迂腐的概念紧密相连的话。

法国拥有欧洲最高的山峰——勃朗峰,这是事实,但这只不过是一个巧合。法国老百姓一点也不关心勃朗峰的冰雪,就如同美国普通大众对佩恩蒂德沙漠毫无兴趣一样。法国人喜欢的是:默兹河、吉耶纳、诺曼底以及皮卡第这些地区错落有致的峰峦;令人愉悦的小河,两岸杨树成行,小艇在河中漫游;晚上山谷中升起雾霭,并被悉数收进了华托的画中。法国人了解最多的是:千百年从未发生过变化的小村庄(任何国家中最强大的力量)、小城镇(这里的人们过着或试图按照 5000 年前或 500 年前他们祖先的方式生活)以及巴黎——这个城市中最优越的生活和最伟大的思想在 1000 多年前就已经化为乌有了。

在第一次世界大战期间,有一些无稽之谈被强加在我们美国人身上,但法国人却并非如此,他不是多愁善感的空想家,而是最有理性、最为殷切的现实主义者。法国人懂得,每个人只有一次生命,他的预期寿命是 70 岁。因此,他决不会浪费时间去想象更美好的生活,而是尽力使自己过得尽可能舒适。人生就是这样,我们要好好享受人生!既然美食是文明人的所爱,那就让最贫困的人也学会烹饪技巧吧;既然从耶稣基督时代起美酒就是真正的基督徒的健康饮品,那就酿造最好的美酒吧;既然全能的上帝认为地球上应该充满各种各样迎合眼睛、耳朵和嘴巴的东西,那就不应辜负了上帝的恩赐,而应积极地参与进来,就像全能的上帝明确要求的那样;既然集体的力量比个人的力量更为强大,那就应紧紧依靠家庭这个基本的社会单位,它对所有社会成员的祸福都会负责,就像每一个成员也要为自己家庭的旦夕祸福尽自己的力量。

这是法国人生活的理想一面。但是,他们的生活中还有不太相称的另一面,这一面也是直接产生于我前面所列举过的那些特征。家庭往往不再是惬意的美梦，而是变成可怕的噩梦。无数的祖父祖母们掌握着家族的大权，扮演着阻挡历史进步的绊脚石的角色。为子孙后代而节俭的美德蜕变成了吝啬、偷窃、诈骗和勒索，对每一件生活必需品斤斤计较，甚至于邻里之间的乐善好施也变得毫无意义可言。

但是，总的来说，不论出身有多么的贫贱卑微，任何一个法国人似乎都抱有一种实用主义的人生哲学，这种哲学可以让他以最少的付出来获得最大的满足。举例来说，法国人没有我们想的那样有雄心壮志。他清楚地知道，人天生就是不平等的。如果对法国人说，在美国，每一个年轻人将来都有可能成为他当职员的这家银行的总裁，但那又怎么样呢？他才不愿意为这件事费力劳神呢！他花3个小时去吃午饭又能得到什么呢？用这3个小时去赚钱固然很好，但牺牲享受和幸福就太不值得了。当然，法国人在勤奋地工作，他的妻儿也在勤奋地工作，一点都不假，整个国家都在勤奋地工作，努力地节俭，但法国人都在过着一种他们喜欢的生活，对别人建议他们应该过什么样的生活的，他们是从不理会的。这就是法国人的智慧，这种智慧虽然不能让法国人富足，但是，同世界其他地方所信奉的成功信条相比，这种智慧更能保证人们最大程度的幸福。

每当本书介绍到海洋的时候，我都没有说海边的居民以渔业为生。他们当然以打鱼为生。你还能指望他们干别的吗？挤牛奶还是挖煤窑？

但是，当我们讲到与农业相关的主题时，就会发现一个非常有趣的现象：在过去的数百年中，大多数国家的人口都被吸引到城市里，但60％的法国人却仍然生活在农村。今天的法国是欧洲唯一一个能经得起长期的围困而无需从国外进口粮食的国家。现代科学的技术改进逐渐取代了原始的耕作方式，如果法国农民不再像在查理曼大帝和克洛维时代的那些祖先一样耕种，法国人就完全实现了自给自足。

巴黎

　　法国农民之所以能够继续待在农村里,是因为他是自己土地的主人。他的农场可能并不怎样,但至少那是他自己的。在英国和东普鲁士(两个欧洲旧世界大国),农业占很大的比重,那里的农场属于某些不知姓甚名谁、远在他乡的大地主们。但是法国大革命废除了地主,不论他是贵族还是教士,他的田地都分给了小农户。对从前的地主来说,要接受这种现实是很困难的,但是他们的祖先们也是靠同样的强制手段才攫取了这些土地,这又有什么区别呢?而且,这种方式给整个法国创造了巨大的利益,因为它让一半以上的法国人直接关心整个国家的安危。凡事有利必有弊,它也造成法国民族主义意识过度膨胀。它也会导致地方主义,法国人即使移居到巴黎,也只愿意同本村的人交往。巴黎到处充斥着专为某一地区的人提供服务的小旅馆。这种情况我们只能效仿,如果纽约有专门给芝加哥人、卡拉马祖人、佛雷斯诺人、霍斯黑德人和纽约人居住的旅馆,那将是什么情景?为什么法国人极不愿意移居到国外去?在国内生活已经心满意足了,他又何必跑到别的国家去呢?

下面说说法国农业。为了种植用于酿酒的葡萄,很大一部分法国人和土地连在了一起,整个加龙河流域都种植葡萄。加龙河河口附近的波尔多面向地中海,是赛特葡萄酒的出口基地,也是罗讷河流域著名的葡萄酒出口港。波尔多的正南方是广袤的朗德堆积平原,那里有踩着高跷的牧羊人,羊群一年四季都在户外生活。勃艮第出产的葡萄酒都集中在第戎,而香槟酒则集中在法国古老的加冕之城兰斯。

当粮食和葡萄酒不能维系全部人口的生活时,工业就变成了一个新的支柱产业。古代的法国君主们不过是一群傲慢的低能儿,只会压榨和剥削他们的子民,而把钱财无为地浪费在凡尔赛宫漂亮的贵妇们身上。他们把法国宫廷变成了时尚与文明生活的中心,人们从世界各地蜂拥而至,学习他们的优雅礼仪,学会区分吃饭与进餐的区别。结果,尽管法国最后一个统治者被扔进了巴黎墓地的生石灰中已有一个半世纪,身首异处,但直到今天,巴黎仍然在引导着全世界该穿什么?怎样穿?为欧洲和美洲提供那些必不可少的奢侈品——尽管大多数人还是喜欢简单的生活必需品——的工业都以法国为中心,这为数百万的妇女提供了就业机会。里维埃拉一望无际的花圃是香水的原料,流入我国的法国香水,要卖到 6 美元至 10 美元一瓶(瓶子十分小,对我们不能生产的产品征税,是一种十分聪明的做法)。

最后介绍一下法国煤和铁的发现。皮卡第和阿图瓦由于堆满了煤灰堆和矿渣堆而显得丑陋晦暗,但在蒙斯战役中煤和铁曾发挥过重要的作用。英国人试图在蒙斯阻止德国人进军巴黎。洛林成了炼铁工业的中心,中部高原则成了法国的钢铁基地。世界大战结束后,法国人匆匆忙忙地收回了能给法国提供更多钢铁的阿尔萨斯。而在德国人统治的 50 年中,阿尔萨斯一直偏重于发展纺织业。经过近几年的发展,现在有四分之一的人在从事工业生产。他们能骄傲地炫耀,他们的工业城市从外表上看是非常面目狰狞的,毫无诱惑力,缺乏人情味,和英美的工业城市相比,它们也毫不逊色。

第十二章 比利时

——一纸条约建立的国家,丰衣足食,
但缺乏内部和谐

现代比利时王国由三部分组成:北海沿岸的佛兰德斯平原;佛兰德斯平原和东部山区之间地势较低的高原,这里生产铁和煤;东部的阿登山脉,默兹河在流经此地时形成了一道漂亮的弧线,然后流向北方不远处的低地国家的沼泽地带。

以列日、沙勒罗瓦和蒙斯(争取民主的伟大战争都有一种奇怪的习惯,把那些煤、铁丰富的城市放在报纸的头版)三个城市为中心的煤铁矿藏储量非常丰富,即使德国、法国和英国的煤和铁矿全部开采完了,比利时仍能在较长的时期内向全世界供应现代生活不可或缺的两种资源。

然而,非常奇怪的是,尽管比利时享有德国人经常所称的"重工业"之国的美誉,但它竟然没有属于自己的现代良港。比利时海峡沿岸都十分浅,而且遍布了沙床和浅滩,构成了非常复杂的地形,因此没有值得一提的港口。尽管比利时人在奥斯坦德、泽布吕赫和尼乌波特挖出了人工港口,但安特卫普,这个国家最重要的港口,与北海相距40英里之遥,斯海尔德河最后的30英里流经荷兰大地。这种安排不太合情理,从地理学的角度来看,这样的安排可能是"不自然的",但是,在一个依靠各国的代表团在庄严的国际会议上用几页文件来决定一个国家的命运的世界里,这样的安排又似乎是必然的。因为比利时就是几次国际会议的直接产物。我们应该了解一些有关的历史知识,看看舒服地围坐在绿色桌前的那些领导人是如何决定世界的命运的。

罗马的加利卡·贝尔吉卡居住着凯尔特人(与英国和法国的最早

定居者同属一个民族)和一些日耳曼小部落。所有这些人都被迫承认罗马人的宗主权,古罗马人一路北上,穿越佛兰德斯平原,翻越阿登山脉,一直抵达这片不可逾越的沼泽地——现代的荷兰王国就诞生在这片沼泽地,后来它成为查理曼帝国的一个小省。接着,根据843年签署的灾难性的凡尔登条约,它又成为洛泰尔中央王国的一部分。接着,它又被分割成若干个半独立的公爵领地、自治郡和主教辖区。接着,中世纪最有才干的地产操纵者哈布斯堡家族又将它据为己有。但是,哈布斯堡家族并非寻找煤和铁,而是寻求农业种植的无风险回报和快速的贸易收益。所以,比利时的东部地区(到今天仍是最重要的地区)被看做是半荒地。但佛兰德斯还是获得了发展其潜力的每一个机会,到了十四和十五世纪,这里是北欧最富饶的地区。

这要归功于佛兰德斯优越的地理位置,在这里,中世纪的中型船可以行驶到内陆,但还要归功于这片土地上的早期统治者的非凡才干,他们鼓励发展工业,而当时其他封建领主们完全依靠农业,从内心鄙视资本主义,就像教会鄙视放贷取息的思想一样。

因为这种非常英明的政策,布鲁日、根特、伊珀尔和康布雷就变得强大、富裕,日益繁荣。他们所做的,其他国家也一样能做到,只要它们的统治者允许人民抓住机会。这些早期的资本主义工业中心随后的衰落,是由于地理和人为的综合因素导致的,其中人为的因素更多一些。

地理对北海海潮的变化负有责任,大量的泥沙意想不到的淤积在布鲁日港和根特港,于是,这些城市就完全被陆地围住了。而工会(同业公会)最先还是一股强大力量的源泉,后来却逐渐蜕化成了专制的、目光短浅的组织,它们的存在似乎只是为了延缓和阻挠所有已有的工业活动。

当佛兰德斯的旧王朝灭亡,后来暂时又为法国所吞并后,再没有人出来干涉这些事情。由于当时的形势,再加上两国代表的努力,佛兰德斯最终变成了一个安静的地方:令人愉悦的白色的农舍,到处都是美丽的遗迹,这一切都能激励英国老妇人画出最拙劣的水彩画。但是,青青的野草仍然会从老宅院中那些精心打磨的圆石之间冒出来。

从人类到防波堤

宗教改革运动也发挥了作用。一段短暂而剧烈的动荡时期过去之后，佛兰德斯从支持路德教派转变为罗马教廷的忠实信奉者。当他们的北方邻居取得独立后，荷兰匆忙地关闭了它的老对手的最后一个港口。由于安特卫普与欧洲其他地方的联系被割断了，比利时进入了一个漫长的冬眠期，直至詹姆斯·瓦特蒸汽机的需求得不到满足时，全世界才开始注意起比利时丰富的自然资源。

外国资本迅速流入默兹流域，在不到20年的时间，比利时就成为欧洲的主要工业国之一。从此以后，瓦隆人地区或者法语区（布鲁塞尔以西）就走向了繁荣。尽管它的人口只占全国总人口的42％，但很快成为全比利时最富饶的地区。而佛兰芒人却变成了半统治的农民，他们也只能在厨房和马厩里说佛兰芒语，而绝对不允许在文明家庭的客厅里使用。

1815年的维也纳会议认为把比利时和荷兰合并成一个单一的王国是合适的，这样就有一个强大的北方国家与法国相抗衡。维也纳会议理应一次性地解决世界的和平问题（就像100多年前的凡尔赛会议），但是，却又把事情进一步复杂化了。

1830年，比利时人起来反对荷兰人，法国人（如人们期望的那样）又冲过来帮比利时人，这一奇特的政治联姻宣告结束。当然，联盟国家（总是稍迟一步）也进行了干预。科堡王朝的王子、维多利亚女王的叔叔（利奥波德叔叔是个很认真的绅士，对他的小侄女有非常深的影响）出任比利时国王。他刚刚谢绝了希腊人的类似邀请，并对他的选择没有半点懊悔。对于一个新王国来说，这无疑是个胜利。斯海尔德河河口落入了荷兰人的手中，但安特卫普却再次成为西欧最重要的港口之一。

欧洲大国正式宣布比利时为"中立国"，但是，绝顶聪明的利奥波德国王（王朝开创者之子）对这种"请勿践踏草坪"之类的纸上空谈，不抱任何幻想。他努力想使他的国家摆脱三等小国的地位，不再靠周边强国的恩惠生存下去。当一个名叫亨利·斯坦利的绅士从非洲的中部返回时，利奥波德国王盛情邀请他来布鲁塞尔，刚果国际协会就是他们面谈的产物，比利时依靠这个协会，变成了现代世界最强大的殖民强国之一。

因为比利时占据着非常优越的地理位置，正好处于北欧最富饶地区的中心，所以它今天面临的主要问题不再是经济问题，而是种族问题。人口比例占多数的佛兰芒人在基础教育、科学和文化发展等方面，已迅速赶上了说法语的第二大民族瓦隆人。从这个独立王国诞生的第一天起，双方一直为应有的国家管理权争吵不休，这个问题的核心就是佛兰芒人坚决要求佛兰芒语和法语一样享有平等的地位。

煤的形成

但我最好不要再讨论这个问题了。我不明白他们为什么要这么做，这让我感到困惑。佛兰芒人和瓦隆人本是同根生，有着将近20个世纪的共同历史，但他们就如同猫与狗一样，不能和平共处。下面会说到瑞士人，他们讲4种不同的语言：德语、法语、意大利语和列托－罗马语（一种奇怪的罗马方言，只有恩加丁山区才使用），可他们能够相安无事，没有什么根本矛盾。这一定是有原因的，但我坦白地承认，它已超出了我的理解能力。

热能

第十三章　卢森堡

——历史奇迹的缔造者

在介绍瑞士之前,我应该提一个有趣的独立小公国,它就是卢森堡(小城堡的意思)。如果不是在第一次世界大战的最初几天曾经扮演过重要角色,这个小公国可能会无人知晓。卢森堡只有25万人口,当它还是比利时的天主教行省时,他们的祖先就居住在这里了。在中世纪时,它非常重要,因为它的首都很有实力,据说是世界上"坚不可摧"的城堡之一。

由于法国和普鲁士曾为这块土地的归属权争吵不休,所以,1815年的维也纳会议决定给予这个小国独立的地位,荷兰王室被指定为这个公爵领地的直接统治者,以补偿荷兰人在德国的祖传土地的丧失。

十九世纪,这个小小的公爵领地又差点两次引发了德、法两国之间的战争。为了防止再次发生类似的麻烦,卢森堡效仿比利时,主动拆除了防御工事,正式宣布为"中立国"。

第一次世界大战爆发后,德国违反了中立条约,它这么做是为了入侵法国的地理需要,这样就就能够从法国东部和北部大平原长驱直入,而不是去冒险从法国西部像"茶托"一样陡峭的险峻要塞攻进法国。卢森堡终于于1918年脱离德国的统治。但即使到现在,这个小公国仍身处险境,因为它的地下埋藏着大量的铁矿石。

第十四章 瑞士

——高山中的国家,拥有出色的教育,
说四种不同语言的民族和睦相处

瑞士人常会称他们的国家为赫尔维希亚联邦。一个名叫赫尔维希亚的不怎么漂亮的妇女的头像也常会出现在22个独立的小共和国的硬币和邮票上,这些小共和国的代表们聚集在首都伯尔尼,共同探讨国家大事。

在第一次世界大战期间,这个国家的大部分人(其中70%的人说德语,20%的人说法语,6%的人说意大利语,2%的人说列托－罗马语)都不同程度地倾向于德国(尽管还是保持着绝对的中立),一个叫威廉·特尔(一个被理想化了的英雄人物)的青年人头像,逐渐地取代了赫尔维希亚女神的头像。很遗憾地说,赫尔维希亚的头像第一眼看上去很像英国人,因为她是在英国维多利亚中叶由著名艺术家创造的。硬币和邮票上的头像发生了冲突(这不是瑞士独有的,几乎所有的国家都存在这种现象),清楚地表现出了瑞士共和国的双重本质。对外部世界来说,这一切都是无关紧要的。在我们这些外人看来,瑞士只不过是一个风景如画的山地国家,这正是这一章要介绍的内容。

阿尔卑斯山脉从地中海延伸到亚得里亚海,其长度差不多是英国的两倍,而面积几乎与英国差不多,其中有16000平方英里在瑞士境内(与丹麦境内的相等)。在这16000平方英里的土地上,其中有12000平方英里的面积可以用来生产,因为有些地方覆盖着森林,有些地方是葡萄园,而有的则是小块的草地。另外4000平方英里的土地对任何人都毫无用处,因为它们有的是湖泊,或者是耸立着构成美丽风景的悬崖峭壁。还有700平方英里被冰川覆盖着。这样一来,瑞士每平方英里只有250人，而比利时是655人，德国是347人，挪威是22人，瑞典是35人。因此有这样一种说法：瑞士只不过是一个巨大的山区旅游胜地，只有宾馆服务员和游客住在那里。这种说法其实不太正确。瑞士不仅出产乳制品，它已经把阿尔卑斯山与图劳山之间的北部广阔高原建成了欧洲最繁盛的工业区之一，而且它是在没有任何原料的基础上做到这一点的。瑞士的水力资源当然是极其丰富的，另外，它还享有优越的地理位置——正好位于欧洲的心脏地带，可以使瑞士的制成品不声不响、源源不断地输入到周边国家。

在前面的章节里，我试图让你们明白，类似阿尔卑斯山和比利牛斯山这样复杂的山系是如何形成的。我让你们取出半打干净的手帕，把它们展平，一块一块地摞起来，然后用双手同时向里推，观察这些产生的褶曲以及重叠的圆环和皱痕，这是由四周向中心施加压力后赞成的。你做实验的这张桌子就是原始层，或花岗岩的核心层（有上千万、上亿年的历史）。经过了几百万年的地质作用，较年轻的岩石层缓慢地在原始层上堆积，形成了那些奇形怪状的山峰，又历经几百万年的风霜雨雪之后，那些山峰才呈现出今天的样子。

这些巨大的褶曲，从平地上拱起10000英尺到12000英尺，渐渐地被销蚀成一系列平行的山脉。在瑞士中部（哥达山口的安德马特村是瑞士的地理中心），这些山脉聚集成一个巨大的高山综合体（即哥德哈特山系），它使罗讷河注入了地中海，莱茵河泻入北海，并且形成了许多山间河流，成为北部图恩、卢塞恩和苏黎世附近的湖泊以及南部著名的意大利湖泊群的源泉。瑞士正是在这些遮天蔽日的冰川、深谷和峭壁之间，在这些高山积雪、山涧激流和冰冷刺骨的绿色冰川融水之间诞生的。

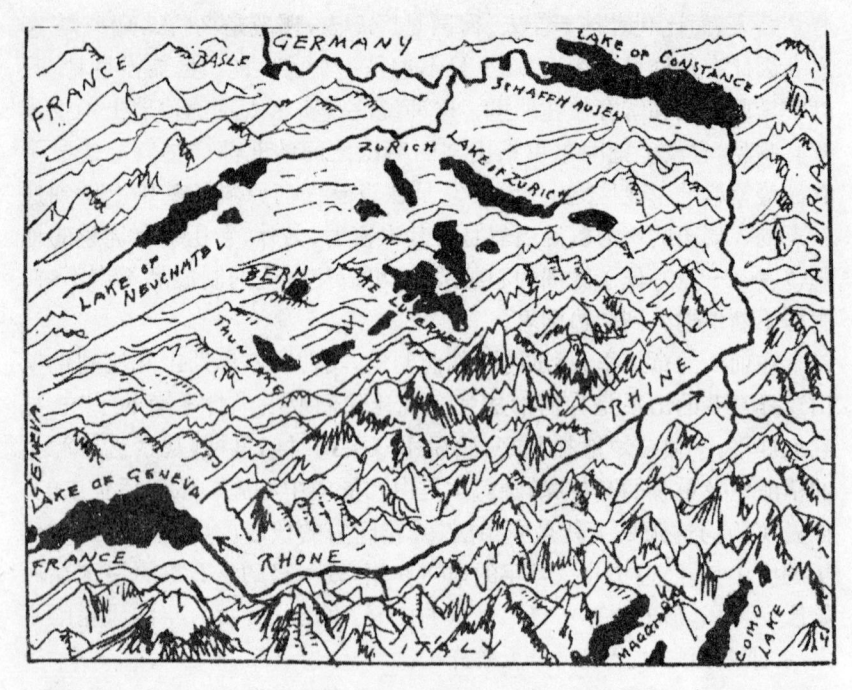

瑞士

实用政策和特殊的地理环境相结合，像以往一样使瑞士有第一次机会追求独立。世代居住在难以逾越的深山幽谷之中的半原始农民，将近1000年没有遭到强大的邻居的打扰。如果没有遭到劫掠，打起骄傲的帝国大旗又有什么用呢？最多就是从这些野人手中抢回几张牛皮而已。但他们是十分危险的野蛮人，擅长打游击战，会使用石头武器，他们会从山顶上把巨大的圆石推下来，砸到盔甲上就像砸到牛皮纸上一样，变得不堪一击。因此，外面的世界对瑞士的态度，就如同大西洋沿岸本土居民对待居住在阿勒格尼山后面的印第安人一样，他们被遗忘了。

山口

但是,随着罗马教皇势力的逐渐扩张,随着意大利商人在十字军东征之后纷纷涌入北方,北欧迫切需要一条从德国通向意大利更为直接、更为便捷的通道,而不是取道圣伯纳山口(它经由日内瓦湖,取道里昂和罗讷河流域,这条路会绕远)或布伦纳山口的通道,因为经过哈布斯堡家族控制的领地,必须缴纳几乎难以承受的关税。

于是,翁特瓦尔登、乌里和施维茨三个州(瑞士独立的小共和国和地区的名称)的农民决定联合起来,共同出资(他们其实并不富裕)修筑了一条从莱茵河流域直通提契诺河流域的道路。他们开凿了大量的岩石。当凿斧(从山中开道却没有炸药)挖不动那些太坚硬的岩石时,他们就做一些窄窄的木头装置,把它们悬在峭壁上,以绕过那些障碍而行。他们还在莱茵河上修建了一些原始石桥,但这些原始石桥只有在盛夏季节才能通过。他们也沿着400年前查理曼大帝派人勘察的一条路线修筑路,但是一直未能修筑完工。到了十三世纪末,带着骡队的商人可以从巴塞尔取道圣哥达山口到达米兰，他不必再担心骡子会跌断腿或被山石砸死。

据说，早在1331年，山口上就有一个小旅馆，但它直到1820才开张，尽管如此，这条路很快就成了南北之间最繁忙的一条商道。

当然，翁特瓦尔登、乌里和施维茨那些那些出资的筑路者，收取少量的过路费作为他们所付出艰辛劳动的一点回报。这一份稳定的收入，再加上这条国际性的商道对卢塞尔和苏黎世市发展的促进，使这些小农民团体产生了独立的新鲜感。这种独立感与他们敢于公开蔑视哈布斯堡家族有很大的关系。奇怪的是，哈布斯堡家族也具有瑞士农民的血统，只不过他们在族谱中从不提及到这一事实。他们的族谱就保存于他们的家乡哈比希茨博格（或鹰巢）的城堡中，这个城堡位于阿勒河与莱茵河的交汇之处。

对这种平淡的表述，我深感歉意。但是，正是从这种熙熙攘攘的阿尔卑斯山商道上获得的实实在在的收入，而不是那个虚构的威廉·特尔的勇敢，促使了瑞士的建立和发展。现代的瑞士共和国是一个极其有趣的政治试验品，以世界上最有效的公共学校制度为基础。政府机构一直在平稳高效地运转着，如果瑞士人忽然被问到谁是瑞士的总统，他们得必须想一会才能回答出来。因为瑞士是由联邦委员会管理的，它是一种类似于董事会的组织，由7个成员组成，每年任命一个新主席（通常是上一年的副主席担任），任期为一年。按照惯例，而不是法律，由来自不同语言区的人轮流担任，比如今年的主席来自德语区，第二年就属于法语区，第三年则由意大利语区的人担任。

瑞士总统不同于美国总统，他只是瑞士联邦委员会的临时主席，联邦委员会的决定是通过7名独立的成员来实施的。瑞士总统除了主持召开联邦国务会议之外，还兼任外交部长。总统的地位不是那么显赫，甚至连固定的总统官邸都没有。瑞士没有"白宫"，如果要招待贵宾，就只能安排在外交部的办公室里。款待贵宾的招待会就像是小山村里的简陋聚会，根本无法与美国或法国总统所举行的盛大招待会相提并论。

瑞士的行政方面十分复杂，就不再一一详述了。但去这个位于阿尔比斯山的国家旅游，就可以注意到，某个地方有个诚实而又睿智的人在四处观察，事情是不是做好了，是不是做得尽善尽美。

征服天然屏障

人类的家园 143

以瑞士的铁路为例。修筑铁路当然会遇到各种各样的困难。联结意大利和北欧的两条大干线,都穿越了瑞士阿尔卑斯山脉的中心部分。塞尼斯山隧道联结了巴黎经由第戎和里昂到都灵(萨瓦公国的古都)的铁路。布伦纳铁路穿越了阿尔卑斯山脉,是德国南部直接通向维也纳的一条铁路,但它却没有一条隧道。辛普朗线与圣哥达线不仅有很多隧道,而且有许多陡坡。圣哥达线修建的时间更早一些,于1872年动工,10年后才完工,其中有8年时间是用在开凿那条隧道上,这条隧道长达9.5英里,海拔达4000英尺左右。更有趣的是瓦森与格舍切之间的盘旋式隧道。由于山谷过于狭窄,甚至连单轨都无法铺设,因此,不得不让铁路穿山而过。除了这些特别的隧道外,还有59条隧道(有几条长达近一英里),9座大型高架桥以及48座普通桥梁。

第二条穿越阿尔卑斯山脉的重要干线是辛普朗线,从巴黎经由第戎、洛桑、罗讷河流域和布里格到达米兰。1906年,这条铁路正式通车,这一年恰好是拿破仑著名的辛普朗公路建成100周年。辛普朗公路是当时世界上规模最大的公路建设,其中有250座大型桥梁、350座小型桥梁和10条长隧道。修筑辛普朗线比圣哥达线更容易一点。辛普朗线在罗讷河流域逐渐降低高度,在海拔2000英尺的地方才出现隧道。这条隧道铺设双轨,长12.5英里。勒奇山隧道也是如此(长9英里),它把瑞士的北部地区同辛普朗线和意大利的西部地区连为一体。

奔宁山脉是阿尔卑斯山脉中最小的一个,辛普朗线就穿过这里,但这座山却十分独特。在这块狭小的四方形山地里,至少有21座高峰,它们的海拔都在12000英尺之上,还有140座冰川融水形成滚滚的激流。这些激流经常会把铁路桥摧毁,而且发生在国际列车经过之前的几分钟里。桥梁一旦被激流冲毁,就会立刻被修复,所以从未发生过车毁人亡的重大事故,这主要归功于高效的瑞士铁路工人。正如我前面所说,在这个有些刻板,又相当官僚的共和国里,做什么事都不能靠运气。生活是艰难的,所以,"得过且过"之类的温和的人生哲学是绝不容许存在的。无论何时,出现何种情况,总会有人在注视着、观察着、留意着。

众所周知,瑞士人这种守时和追求效率的倾向,使他们没有在艺术方面有所成就。在文学和艺术方面：比如说绘画、雕塑、音乐等领域，他们都不曾创造出一件可以跨出国度、风靡世界的作品。然而，世界上有许多"艺术"之国，但是只有极少数国家能骄傲的宣称，自己国家的政治和经济一直稳定地保持着增长与发展。况且瑞士的制度能使每一个家庭都称心如意，我们还能苛求什么呢？

第十五章　德国

——诞生太晚的国家

为图方便,我把欧洲各国分为两类:种族群和文化群。前面我已经讨论了这样一些国家,在它们开始形成独立的政治实体之前,我们依然可以从它们身上看到古罗马殖民地的清晰印记。

罗马也曾占领过巴尔干地区,拉丁语至少被一个国家(罗马尼亚)保留为官方语言,这些都是事实。但是,巴尔干地区在中世纪遭到蒙古人、斯拉夫人和土耳其人的大举进犯之后,那里的罗马文明的所有痕迹被破坏了,所以把那些巴尔干国家放在目前的讨论中显然是错误的。因此,我现在不再谈地中海的区域影响,而要介绍另一类文明形式,它起源于条顿民族,是以北海和大西洋为中心的。

这一地区有一块巨大的半圆形平原(在法国那章已说过),它从俄罗斯的东部山地(这里是第聂伯河、德维纳河、涅瓦河及伏尔加河的发源地)一直延伸至比利牛斯山脉。在日耳曼部落开始神秘地向西迁居后不久,这个半圆的南部就处于罗马人的控制之中。平原的东部好像曾被斯拉夫的游牧民族占领过,这些刚刚才被杀光的斯拉夫人突然又冒了出来,迅速壮大,就像澳大利亚的野兔,是不可战胜的。当饥饿的条顿人闯入这片大平原时,留给他们的只有一块宽阔的四方地,东起维斯图拉,西至莱茵河三角洲,北抵波罗的海,而南部以罗马人的堡垒为界。这些堡垒提醒每一位新来者,他们闯入了"禁地"。

这一地区的西部是山区。首先,在莱茵河西岸是阿登高原和孚日山脉,然后,黑森林、蒂罗尔山脉、厄尔士山脉(现在叫博希米亚山)、里森格勃格山由东向西依次排列;最后,喀尔巴阡山脉几乎延伸到黑海。

在这块土地上的所有河流被迫向北流去。河流是从西向东排列的,最西边的河流是莱茵河。莱茵河是一条最富诗情画意的河流,有多少人为它征战,为它流泪,没有哪一条山间小河能与它媲美。然而,莱茵河只不过是一条非常温顺的小河,亚马逊河的长度是它的5倍,密西西比河和密苏里河是它的6倍,甚至在美国根本排不上号的俄亥俄河都比它长500英里。第二条河是威悉河,现代化的城市不来梅在离河口不远的地方。再往东是易北河,就是这条河流造就了今天汉堡的风貌。紧接着是奥得河,斯德丁城的崛起就得益于它,成为柏林及其内陆工业区产品的出口港。最后就是维斯图拉河,但泽就在这条河流附近,现在是一个自由区,由国际联盟指派来的特派员监管。

　　数百万年之前,这片土地被冰川覆盖着。冰川溶化后,留下来的是一大片沙质荒原,靠近北海和波罗的海的地区则成了无边的沼泽。北部的沼泽又逐渐转变成沙丘,这些沙丘从佛兰芒海岸一直延伸至柯尼斯堡——一座靠近俄罗斯边境的普鲁士旧都市。随着沙丘的不断扩展,沼泽地得到了保护,不再受海洋潮汐的侵袭。这意味着植被的出现,于是,土壤渐渐适宜树木的生长,森林就出现了。那些森林资源又转变成泥炭地,给我们的祖先提供了取之不尽的优质燃料。

　　北海和波罗的海是这片平原的西北边界,它们被称之为"海",完全言过其实,因为它们实际上只是两个浅浅的池塘。北海的平均深度只有60英寻(1英寻等于6英尺),最深处也不过400英寻。波罗的海的平均深度是36英寻,大西洋的平均深度是2170英寻,太平洋是2240英寻。这些数据表明,最好把北海和波罗的海看做是沉在水下的山谷。只要地表再稍稍抬高一点,它们就会再次成为陆地。

　　现在,让我们看看德国这块陆地的地图,我指的是现代地图。它应该与人类在冰川退却后把这块古老大地作为永久居住地时的地图多少有点相似。

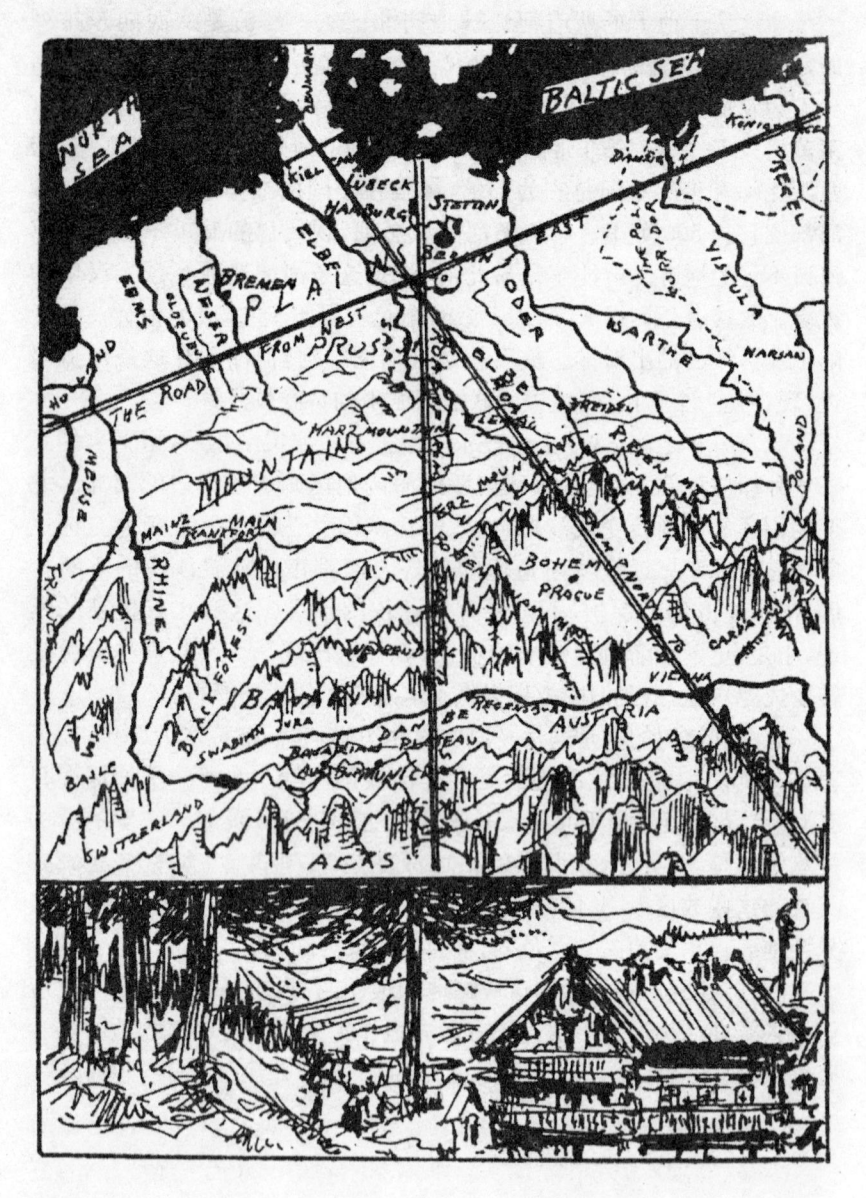

德国

这些早期移民还处于原始状态,他们主要以狩猎为生,同时还种植一些农作物。但他们具有极其敏锐的捕捉美的能力,因为他们的土地上缺乏用来装饰的金属,他们就得想办法到其他地方去寻找黄金和白银。

许多读者可能会对我下面的论述感到惊讶,但是我还是要告诉你:所有最原始的商道都是为奢侈品而开的,世界不同地方种族间的所有早期的较量,都是对奢侈品的争夺。古罗马人是从商人那里了解到欧洲北部的地理概况的。这些商人深入到神秘的波罗的海,到那里寻找琥珀——一种石化的树脂,罗马妇女用它来做头饰。对坚硬的石灰质凝结物(这种东西有时能在牡蛎壳中找到,妇女把它用作装饰品,以吸引他人注意她们耳朵的弧线和纤细的手指)的渴望,激发了人们去太平洋和印度洋航海探险以获得新发现。同其他原因相比,比如说希望有更多的人将福音传播给异教徒,这种动机显得更为重要。

为了获得龙涎香——抹香鲸内脏中的一种物质,人类向不幸的鲸群发动疯狂的捕杀——大量船只涌向巴西、马达加斯加和摩鹿加群岛海岸,其数量超过了捕捞鲱鱼、沙丁鱼或者其他有用食物的船。龙涎香用于制作各种香水,香水散发着花的芳香,具有一番异国情调,与之相比,食物仅仅是食物而已,其魅力远不如香水。

服饰时尚的变迁,使十七世纪的妇女在长外衣里面穿上紧身内衣并不让人觉察出来(12道菜的正餐不会给体型带来什么好处),但这种变迁直接影响了我们对北极的认识。当巴黎刚流行用白鹭羽毛来装饰帽子时,捕猎者就深入到我国南部地区的环礁湖中猎捕白鹭,把它们头上的羽毛拔下来(这些人根本就不在乎,这种行为将会灭绝大自然中最可爱、最高贵的鸟),其深入的程度已远远超出了昔日寻找维持生命的面包和黄油的范围。

我还可以写出几十页这样的例子来。凡是稀有的东西,就越显昂贵,并永远成为人们崇拜的对象,他们不惜以那种浪费的方式炫耀财富,想要给周围不那么富裕的人留下深刻的印象。从人类诞生之日起,就是奢侈品,而不是日常必需品,引导着人类探险的脚步,推动了社会的发展。仔细研究史前的德国地图,我们任然可以找到古老的奢侈品的贸易通道。总而言之，不管是中世纪，还是到了现代，大部分商道在这方面的作用并没有发生变化。

以3000年前的情景为例。南部山区，如哈茨山、埃尔茨山和里森格勃格山，离海洋有几百英里。向北伸展延伸至北海和波罗的海的平原沼泽地，早就变成了干燥的陆地，如今，这块陆地被茂密的森林覆盖。冰川退到了斯堪的纳维亚半岛和芬兰一带，而随冰川退却的人宣称，这莽莽的荒野归他们所有。居住在南部山区的山谷中的部落发现，伐树并把它们卖给占据着莱茵河与多瑙河战略要地的罗马人，可以获得可观的报酬。在其他地方，早期的条顿游牧民和农民几乎都还未看见过罗马人。有一支罗马探险队曾试图深入到中部地区，但他们在一条黑暗、满是积水的山谷里遭到了伏击，全军覆没。从此以后，再没有人敢进行类似的远征了。但这并不是说德国北部完全与世界其他地方的联系被割断了。

史前沟通东西的商道，是从伊比利亚半岛通往俄罗斯平原的商道，它沿着比利牛斯山至巴黎的线路，穿过普瓦捷山口和图尔山口（在"法国"这一章里已介绍过）。这条商道绕过阿登高原，然后沿着欧洲中部高地边缘向前延伸，直抵今天苏联境内的北部低地。在一路东进的过程中，它要穿过许多河流，但是，它总是在水较浅、较容易通过的河段过去。正如罗马城是在台伯河的浅水处建起的一样，德国北部的一些早期城市都是由那些史前时期或有历史记载的初期移民村落发展而来的。也许我们今天人来人往的车站和百货商场就是这些村落的原址呢。汉诺威、柏林、马格德堡和布雷斯劳都是这样发展而来的。莱比锡原来只是斯拉夫大地中央的一个小村落，但它也曾是一个商贸中心。从萨克森山区采来的矿物，如银、铝、铜和铁，汇集到了莱比锡之后，然后装船顺流而下，卖给那些开辟欧洲由东向西的大通道的各国商人。

这条商道在抵达莱茵河后，水上运输就同陆地上靠牲畜运输的商队展开了激烈的竞争。水上运输要比陆地运输便宜很多，而且更为快捷。早在恺撒发现莱茵河之前，河上就已经出现了许多专门从事货物运输的木筏。货物从斯特拉斯堡（莱茵河把弗克兰、巴伐利亚和符腾堡连在一起）运抵科隆，再进一步转送到低地国家的沼泽地，最后送到英国。

柏林与耶路撒冷相隔万里,但这两个城市都遵循了相同的地理原则,即城市都必须建在重要商道的交汇处。耶路撒冷坐落在巴比伦至腓尼基、大马士革至埃及的两条商道的交叉处,早在犹太人得知它之前,它已经是一个重要的贸易中心了。柏林也恰好位于从西向东,从西北向东南的是两条河流的交汇处——从巴黎至彼得格勒,从汉堡至君士坦丁堡——这种地理位置使它注定成为第二个耶路撒冷。

整个中世纪,德国是由许多半独立的国家组成的,直到300年前,还没有任何迹象表明这块欧洲大平原的西部有一天会成为一个世界强国。令人惊奇的是,现代德国差不多是从十字军运动的失败中成长起来的。在现代德国诞生前不久,西亚已经再没有新的领土可以被占领了,欧洲被剥夺了继承权的阶层开始寻求其他农业财富的来源。他们自然立即想到了坐落在奥得河与维斯瓦河上的斯拉夫大平原,那里居住着野蛮的普鲁士异教徒。于是,古老的十字军运动一下子把目标从巴勒斯坦转移到了东普鲁士,商业中心也随之从加利利的阿卡迁到了但泽以南30英里处的马林堡。200年来,十字军骑士一直同斯拉夫人作战,把来自西部的贵族和农民安置在斯拉夫人的农庄里。1410年,他们在坦能堡战役中惨败在波兰人的手下。也是在坦能堡,兴登堡于1914年全歼了俄罗斯军队。尽管遭受到了打击,十字军还是幸存下来了。在基督教宗教改革运动期间,十字军的力量仍然不容忽视。

当时,十字军运动正好是由霍亨索伦家族的一个成员领导的。这位宗教领袖不仅参加新教活动,而且还听从了马丁·路德的建议,自称是世袭的普鲁士公爵,定都于但泽湾边上的柯尼斯堡。自十五世纪中期开始,霍亨索伦部落一直统治着勃兰登堡的那片沙荒地。但到了十七世纪初,这块领地就落入了勤老聪明的霍亨索伦部落的另一部分人手中。100年之后(准确地说是1701年),这些勃兰登堡里自命不凡的人认为自己已经很强大了,渴望获得一个比"选帝侯"更高资格的地位,于是开始进行各种活动,谋取国王的称号。

神圣罗马帝国的皇帝同意他们的想法。通常来说,虎毒不食子,哈布斯堡家族很乐意为好朋友霍亨索伦家族提供一点小小的帮助。事实不就是这样的吗？1871年，普鲁士第七任霍亨索伦国王成为日耳曼联合体的第一任皇帝。47年后，普鲁士第九任国王、现代德国的第三任皇帝被迫退位，流亡海外。这个以十字军运动残余势力起家的庞大控股公司，以资本主义工业时代最强大、最有效率的泱泱大国而告终。

但是现在一切都已成历史了，霍亨索伦家族的子孙们正在荷兰当伐木工人。我们也许应该诚实一点，承认这些从前的蒂罗尔山山民确实具有非凡的才干，至少他们能够很聪明地把一批具有非凡才能的仆人留在身边。要知道，在他们原有的领地上根本没有任何自然财富。普鲁士大地只有农田、森林、沙地和沼泽。它并不出产任何可供出口的产品，而出口是任何国家获得贸易顺差的唯一手段。

在一个德国人发现了用甜菜制糖的方法后，情况稍微有些好转。但是，蔗糖要比甜菜糖便宜得多，而且还可以从西印度群岛运来，所以，普鲁士人和勃兰登堡人都口袋依然是瘪的。但是，拿破仑皇帝的海军在特拉法尔加海战中全军覆没后，决定采用"倒封锁"的政策遏制英国，于是，对普鲁士甜菜糖的需求突然大增，并且持续增长。几乎在同一时间，德国化学家发现了钾碱的价值。由于普鲁士的钾碱的储量很大，它终于可以出口一些产品了。

霍亨索伦家族的运气一直很好。拿破仑战败后，普鲁士获得了莱茵河地区。莱茵河地区一直没有表现出什么特别的价值，但工业革命爆发后，铁和煤的价值日益彰显。而在这时，普鲁士意外地发现，它拥有世界上储量最丰富的煤矿和铁矿。历时500年残酷无情的考验终于有所成果了。贫困已经教会了德国人一定要细心严谨认真、勤俭持家。现在则告诉他们怎样大量地生产，怎样比其他国家卖得便宜。当陆地上没有多余的空间容纳迅速增多的条顿小国时，他们就朝海洋发展。在不到半个世纪的时间里，他们就成了海洋运输业收入最多的国家之一。

当北海还是文明的中心时（在美洲被发现和大西洋成为重要商道之前），汉堡和不来梅的地位非常重要。现在这两个城市的地位逐渐下降，严重影响了要赶超伦敦和其他英国港口的计划。在波罗的海和北海之间挖了一条大型船运运河，即基尔运河，于1895年正式投入使用。

他们还挖了一些运河把莱茵河、威悉河、奥得河、维斯瓦河、美因河和多瑙河（未完工）连在了一起。于是，北海和黑海之间有了一条直接的水上通道，柏林也有了一条从首都通向斯德丁的运河，通过它就能直达波罗的海了。

只要人类能够发挥自己的聪明才智，大多数人都能过上比较体面的生活。在第一次世界大战前，虽然普通的德国农民和工人生活得并不富裕，并受着严格的纪律约束，但与其他国家同一阶层的人相比，他们的生活水平要好得多——吃得好，住得好，社会福利也更好一些。

所有这一切都伴随着世界大战的不幸结局灰飞烟灭了，这是一个令人非常伤心的故事，但它不是这部作品要讨论的。德国战败了，丧失了阿尔萨斯和洛林这两个繁荣的工业区，丧失了所有海外殖民地，丧失了商船队，丧失了在1864年的战争中从丹麦人手中抢来的石勒苏益格—荷尔斯泰因州的一部分土地。先前从波兰那里夺来的数千平方英里的领土（已被德国彻底同化）从普鲁士划走，再次归还给了波兰。沿维斯图拉河两岸，从托伦到格丁尼亚和波罗的海的一条宽阔的长条地带，又重新回到了波兰的怀抱，波兰拥有了直接出海口。留给德国的只有西里西亚的一部分土地。西里西亚是腓特烈大帝在十八世纪从奥地利抢来的，但有价值的矿产资源分给了波兰，留给德国的就只有纺织业了。

德国在过去50年中获得的所有东西都被夺走了，它在亚洲和非洲的殖民地也被其他国家重新瓜分了，尽管这些国家的殖民地早已超过了它们的控制能力，而且连向那里移居的人口都没有了。

从政治上来说，凡尔赛和约也许是一个完美的条约，但是，从应用地理学角度来看，它使人们对欧洲的前途感到绝望。对此和约持怀疑态度的中立者想送给劳埃德·乔治和已故的克列孟梭先生每人一本基础地理手册，我想他们也并无过错吧。

第十六章　奥地利

——无人赏识的国家

现在的奥地利共和国共有 600 万人口，但其中有 200 万生活在首都维也纳。这种奇特的人口分布导致奥地利头重脚轻，多瑙河河畔昔日辉煌的古城正在逐渐变成一座死城。消沉的老人在昔日荣耀的废墟中漫无目的地徘徊；年轻人要么去国外闯荡，以期在新的环境中开始新的生活，要么就结束自己的生命，因为他们无法忍受国内的生活。维也纳是一座古老而重要的科学、医学和艺术中心，但再过 100 年，这座快乐之都（昔日少有的几个城市之一，生活在这里的人只要时常保持一种童趣和漫不经心的心态，就能过上幸福的生活）将会逐渐衰落，重蹈威尼斯的覆辙。这个过去曾拥有 5000 万人口的大帝国的首都，已经完全变成了一个仅依靠旅游业支撑的小村庄。它仅存的一点作用就是可以在这里租到船，船只从这里把波希米亚和巴伐利亚的产品运送到罗马尼亚和黑海。

现在，这个古老的多瑙河君主国（奥地利就是因此为人所知的，这个名字揭示这个国家的本质：想做什么和什么都能做得出）的地理变得异常复杂，因为它被分割得支离破碎，几乎难以辨认了。昔日的奥匈帝国是一个绝好的典范，它向我们说明自然环境是如何影响中央集权国家的形成的。让我们暂时把边界问题搁置一边，看一看这个国家的地图。这个地区几乎就在欧洲大陆的心脏地带，它到意大利的脚趾尖和到丹麦半岛的鼻尖的距离差不多。它是由一块辽阔的圆形平地和一系列丘陵构成的，置身崇山峻岭的怀抱之中。西部是瑞士的阿尔卑斯山和蒂罗尔山，北部是波希米亚的埃尔茨山和里森格勃格山（又叫巨人山），以及喀尔巴阡山。这几座山形成了一个半圆，保护匈牙利平原（干草原）免遭斯拉夫平原的侵袭。多瑙河把喀尔巴阡山脉分成两部分，南半部从巴尔干山脉到迪纳拉山脉，就是人们所说的特兰西利尼亚山脉，这些山脉形成了一道天然屏障，阻挡亚得里亚海寒风的侵入。

这个国家的创建者们没有很完美的地图，他们的地理学知识也近乎于一片空白。但是，我们的拓荒者在征服西部时，只是沿着明显的道路前进，根本就没有意识到要研究把他们带往目的地的道路情况。那些中世纪的征服者在占领广阔的土地时，就仅仅依靠"立竿见影"原则，而不考虑理论问题。但我们不必为此担忧，这类事情都会自我解决。大自然早就已经有了一些不可避免的"后果"，如果人类足够聪明，就会悄悄地服从它的指令。

在公元后 1000 年里，匈牙利大平原是个名副其实的无人之地，许多部落顺着多瑙河由黑海向西进入这个地区，但这里从未出现过任何明确的统治形式。经过与来自东部得斯拉夫民族的长期战争，查理曼大帝立了一块小标志牌，用我们的说法就是界牌。这块作为东部标志的牌子，促成了一个公国的诞生，这个公国将最终统治这里的所有土地。尽管受到匈牙利人和土耳其人的不断侵扰（土耳其人最后一次围攻维也纳是在哈佛大学建校很久以后），但奥地利公国得到了强有力的保护和极其有效的管理，最先是巴奔堡家族，其后是哈布斯堡家族（我在前面提过的瑞士朋友，总是后来居上）。这个边境小国的统治者们居然还自荐出任了神圣罗马帝国的皇帝，而奥地利既非罗马，又不神圣，更不是帝国，它只不过是一个由许多说德语的民族组成的松散的联邦。他们这个称号一直保持到 1806 年，拿破仑把这个称号扔进了垃圾堆里，因为他想把皇冠戴在自己的头上。

但从此以后，这些并不是绝顶聪明但十分执著的哈布斯堡家族插手德意志的事务，最终在 1866 年，普鲁士人把他们赶回了老巢，并下令他们永远呆在属于他们的那片土地。

这个古老的东方边远小国，如今已沦落为一个末流国家，国内因争权夺势而四分五裂，没有争取更美好前途的希望。奥地利的大部分领土是由山地组成，是瑞士阿尔卑斯山脉的延续，以及著名的蒂罗尔山脉的残存部分。根据凡尔赛和约，蒂罗尔山被划给意大利，理由是这些地区曾经是古罗马帝国的一部分。这一带山区中有两个比较重要的城镇：因斯布鲁克和萨尔茨堡。因斯布鲁克是古代从布伦纳山口到意大利的必由之路，在这里要过莱茵河，这里的每一件东西都能让人回忆起中世纪。另一个是萨尔茨堡，它是欧洲最美丽的城镇之一，因它是莫扎特的诞生之地而举世闻名。它到今天还在努力地把优雅的音乐和戏剧表演展示给全世界，以保持它的活力。

这些山群，以及北部的波希米亚高原，不生产任何有价值的东西。所谓的维也纳盆地也是如此。罗马人曾在那里建起了一座名叫维也纳的军营。180年，著名的哲学家皇帝马库斯·奥利里斯，他一生中与北部的日耳曼蛮族进行了多次战争，在一次战争后死在这里，这个小聚居点因他而沾上了一些臭名。直到十世纪后期，这个小村落才逐渐发展起来。由于中世纪的移民大潮，也叫十字军运动，使维也纳成为一个出发点，因为所有想通过多瑙河到达"希望之地"的人都从这里出发，他们不信任那些靠敲诈勒索为生的热那亚和威尼斯船主。

1276年，维也纳成为哈布斯堡家族的居住地，也是他们庞大领地的中心，他们的领地最后扩展至前面提及的所有山地。1485年，维也纳又为匈牙利人所夺取。1529年和1683年，又两次遭到土耳其人的围攻。维也纳从所有的灾难中幸存下来，却在十八世纪初瓦解，这是由于一个错误的政策造成的。它把公国中所有重要的地方都委托给纯正的日耳曼裔贵族管理。统治者的权力过大对所有人来说都不是一件幸事，仁慈的奥地利骑士也不例外，他们不再仁慈了，而是变得脆弱、怯懦。

在这古老的奥匈帝国里，有47％是斯拉夫人，只有25％是日耳曼人，其余的是匈牙利人（占19％）、罗马尼亚人（占7％）、约60万意大利人（占1.5％）和10万吉卜赛人。吉卜赛人主要集中在紧邻匈牙利的地区，在那里他们才会得到些许尊重。

当欧洲的其他帝王们正慢慢地汲取教训时，日耳曼的"主子们"却显然未将这些教训放在心上。只有当帝王和贵族们自愿地承担起领导的责任来，国家才能长治久安。他们一旦只谈论"服务"，而将"领导"抛之脑后，那他们的末日就要来临了。在抵抗拿破仑的战争中，奥地利军队屡战屡败,维也纳的人民起了公愤,他们把那些高贵的公爵男爵们从奥地利赶了出去,让他们滚回到自己的领地,在那里过着单调乏味、与世隔绝的生活。

从那时起,维也纳的地理位置就开始发挥作用。随着贵族的离去,商人和制造商逐渐形成气候。从古代防御工事中解放出来的维也纳,迅速地发展成东欧最重要的商业、科学和艺术中心。

然而,第一次世界大战使奥地利昔日的富裕与荣耀化为灰烬。几年前奥地利还是那个帝国的统治中心,如今却与以前是天壤之别了。它前途渺茫,徒有国家的虚名。法国拒绝把它并入德国,彻底毁掉了它的前途。

不妨把它拍卖了吧,但谁又愿意去买呢?

第十七章 丹麦

——在某些方面优于大国的小国典范

丹麦是一个弹丸小国（只有大约350万人口，其中首都有75万），依据现代国家的定义，在谈到人的时候，如果只看重数量而不是质量，我们大可不必去介绍它。但是，作为一个将聪明才智和现实的美好生活结合起来（即中庸之道，古希腊人智慧的最高境界），并能从平淡中创造出价值来的榜样，丹麦以及其他斯堪的纳维亚的国家，是值得我去最公正地特别介绍一番的。

丹麦的面积只有1.6万平方英里，自然资源极度匮乏。既没有陆军，也没有海军；既无高山（全国没有一个地方海拔超过600英尺，不及帝国大厦的一半高），又无矿藏，但它却能和几十个面积更广，抱负更大，怀有军国主义野心的国家相媲美。如果我认为有必要，我会提及这些国家的。丹麦人完全靠自己的努力，将文盲率降至零，使自己国家的人均收入排到了欧洲第二。而且，正如其他国家所知道的，他们真正地消除了贫富差距，建立了一种共同富裕的平衡机制，这在世界上是独一无二的。

看一眼地图就可以了解到，丹麦是由一个半岛和许多独立的小岛组成的。岛屿之间都是很宽广、很开阔的海峡，火车需依靠轮渡才能跨越海峡。丹麦的气候十分恶劣，整个冬季，强劲的东风横扫整个大地，带来阵阵冷雨，迫使丹麦人大部分时间在房间里度过。这就养成了丹麦人喜欢看书的习惯，这种习惯把他们变成了学识渊博的民族，他们的人均藏书也要比其他国家的人多。在这方面丹麦人和荷兰人十分相似。

但风雨同时也保持了牧场的湿润，牧草茂盛，牛群肥壮。因此，丹麦可以给全世界供应30％的黄油。在许多国家里，土地为生活在别国的地主所占有,但是崇尚民主(在社会与经济上,而不是政治上)的丹麦人从不鼓励大地主将大量土地据为己有,而这在其他国家是很常见的。

丹麦现在有15万个独立的农场主,他们经营的农场规模大小不等,从10英亩到100英亩都有,但全国只有2万个牧场的面积超过100英亩。出口到国外的奶产品都是利用最先进、最科学的方法生产加工的。这些方法都是在当地的农业学校里传授的,农业学校只是丹麦中学义务教育体制的延续。生产黄油的副产品乳酪被用于喂猪,猪肉加工成熏肉后又被运往英国市场。

丹麦

由于出口黄油和熏肉的利润要比种植粮食的利润大得多,所以,丹麦人宁愿进口粮食。这样做既方便又省钱,因为从哥本哈根至但泽,船只需航行两天。但泽是波兰和立陶宛这两个大粮仓的传统粮食出口港。进口粮食还有一部分用于饲养家禽,每年有数百万只鸡蛋被送往英伦诸岛。但不知是什么原因,英伦诸岛从未种植过比甘蓝更为美味可口的东西。

为了保住农副产品出口的垄断地位,丹麦对所有出口的产品都采取了最为严厉的国家控制措施,因此为自己树立起了绝对诚信的美誉,丹麦人的商标被视为绝对纯正的通行证。

和所有的条顿民族都一样,丹麦人也是不可救药的赌徒。在最近几年里,在银行和股票买卖方面的投机,使他们损失了相当大的一笔钱。银行倒闭了,但孩子还在,牛和猪还在,他们又重新投入到了工作之中。不过,让他们唯一担忧的是,许多周围邻居中破产的现象不断剧增,只能吃些火腿和鸡蛋之类的简单饭菜,即使是这样的饭菜,对普通人来说已经是可望而不可即的奢侈品了。

丹麦大陆没有什么重要的城市。在日德兰(半岛的旧称,英国的早期移民就是从这里去的)西海岸有一个叫埃斯比约的港口,它是丹麦绝大多数农产品的一个主要的出口港。在东海岸的奥胡斯,是丹麦历史最悠久的基督教中心之一。在美洲大陆被发现的4个世纪之前,这一地区的人民还在信仰他们英勇的异教神(北欧神话中的奥丁神、托尔神和巴尔德尔神)。

小贝尔特海峡把日德兰半岛同波罗的海最大的岛屿菲英岛分隔开来(现计划修建一座跨海大桥)。在菲英岛的中部有一个叫欧登塞(纪念奥丁神的地方)的城市,安徒生就出生在那里。安徒生是一个贫病交加的制鞋匠的儿子,却拥有人类最伟大的爱心。

我们穿过大贝尔特海峡,抵达西兰岛——古丹麦帝国的中心。首都的菜园阿迈厄小岛,坐落在开阔的海湾之滨,挡住了波罗的海的汹涌波涛,美丽的哥本哈根就坐落在这里,在中世纪时它是一个"商人港"。

在公元九到十世纪,丹麦人建立了一个包括英国、挪威以及瑞典的一部分在内的帝国,那时哥本哈根只不过是一个小渔村,距它15英里的罗斯基勒是当时皇家官邸的所在地,远处领地的统治中心。如今,罗斯基勒已失去了其昔日的辉煌,而哥本哈根的面积却不断扩大,重要性日益凸显,现在,它为全国五分之一的人口提供了各种娱乐。

哥本哈根是丹麦皇室驻地。只有当国王外出游泳、钓鱼或购买香烟时,几名身着漂亮制服的警卫才拿起武器负责保护,其他时间你再没有机会看到任何显示军事实力的现象。在过去的岁月里,丹麦这个小国也曾经历过一些艰苦卓绝的战争,最近的一次战争发生在1864年,在反抗普鲁士的斗争中,它坚持了很长的时间。最后它自愿解散了陆军和海军,由一支小型警察部队取代了原有的正规军,以此来维护自己的中立地位,确保在今后的欧洲大战中幸免于难。

关于丹麦,我就介绍这么多。这个国家在平静地走适合自己的路。丹麦王室成员避免在较为敏感的报纸上曝光。很少有人拥有三件大衣,但没有人外出时没有大衣;拥有汽车的人也不多,但是每一个人,不管是男人,女人还是孩子,都至少拥有两辆自行车。如果你在午餐前的时间里穿过丹麦的任何一条马路,就可以亲身体会了。

如果在一个崇尚"大"的世界里,丹麦可以说是碌碌无为。但在一个崇尚"伟大"的世界里,丹麦一定占有相当重要的一席之地。假如一切政府追求的最终目标是最大多数人民的最大幸福,那么,丹麦所作的一切足以证明,她能够作为一个独立国家而流芳百世,万古长青。

第十八章　冰岛

——北冰洋上有趣的政治实验室

从古代辉煌的大帝国时候起，丹麦就保留了几块海外殖民地，其中包括世界第六大陆格陵兰岛。格陵兰似乎储藏着宝贵的矿产资源（铁、锌和石墨），但是，这些财富却被冰川严严实实地覆盖着（格陵兰岛只有三十分之一的土地没有被冰雪覆盖），所以，这对任何人来说都没有任何价值，除非地轴能再偏一点，让格陵兰岛再度拥有热带气候。根据岛上的几个大型煤矿，我们就能推断出来，格陵兰岛在数百万年前享受热带气候。

法罗群岛（字面意思是绵羊岛）是丹麦的另一块海外殖民地，位于设得兰群岛以北200英里处，人口约5万，首府是托尔斯港。哈得孙当年就是从这里跨越大西洋并最终抵达曼哈顿岛的。还有一块殖民地是冰岛。冰岛是个十分特别的国家。不仅仅是因为这个岛国是由火山构成的——这一特点常常让人联想到火神伏尔甘的炉子中那些神奇的火焰，而且它的政治发展模式也很特别。冰岛是世界上最古老的共和国，在美国独立之前的800年，它的自治政府就开始运转了，而且一直运转到今天，中间曾有过几次间断。

地下隐藏着什么

　　冰岛上最早的一批移民是从挪威逃亡过来的难民,他们是在九世纪时来到这个遥远的孤岛上的。

　　在冰岛 4 万平方英里的土地总面积中,有 5000 平方英里的土地被冰川和雪地永久地覆盖着,只有 7% 的土地真正可以用于农业,但这里的生活条件要比挪威本土优越的多。到九世纪初,冰岛已有 4000 多个农庄,居住着自由独立的农民。这些农民承袭了早期日耳曼部落的习惯,立刻组成了一个松散的自治政府。这个自治政府有一个"阿耳庭"(与英语的会议意思相同),共同讨论各个地区的事务。每年的仲夏,在

人类的家园

一个叫做辛格韦德利的火山大平原召开阿耳庭,辛格韦德利平原距现在的首都雷克雅未克仅7英里,而雷克雅未克只有100年的历史。

冰岛人在独立之初的200年里将自己的潜能发挥得淋漓尽致,谱写了人类历史上最动人心魄的篇章。他们发现了格陵兰岛和美洲(比哥伦布早500年),使冰岛(在冬天只有4个小时的白昼)成为比挪威本土更重要的文明中心。

然而,所有的日耳曼民族都难逃其劫——过分突出的个人主义使政治和经济的合作无疾而终——他们逃到西部,厄运也是接踵而至。十三世纪,挪威占领了冰岛,当挪威归属于丹麦后,冰岛也步挪威的后尘被丹麦吞并。丹麦人对冰岛没有任何兴趣,任凭法国甚至是阿尔及利亚海盗在冰岛上为所欲为,直至被搜刮得一贫如洗。但异教时期的文学和建筑并没有受到破坏,泥炭小棚取代了那些昔日贵族和自由民的木屋。

从十九世纪中叶开始,古代的繁荣又有所重现,要求彻底独立的呼声又重新响起。如今,冰岛又能像11个世纪之前那样管理自己的事务,虽然对外还得承认丹麦国王是它的君主。岛上最大的城市是雷克雅未克,人口仍然不到1万人,但是有一所大学。冰岛总人口不到10万人,但他们却拥有自己出色的文学作品。冰岛没有村庄,只有分散的农场,老师给孩子们巡回授课,他们受到了良好的教育。

冰岛这个小小的岛国非常有趣。同其他许多小国一样,只要人类凭着自己的智慧同不利的外部环境作顽强地斗争,世界就会呈现出另一番景象。冰岛并不是人间天堂。由于墨西哥湾暖流光顾这里,所以冬天并不是很冷,但夏季却太短了,无法种植谷物和水果。另外,冰岛常年飘雨。

冰岛有29座火山,其中海克拉火山最为著名。根据历史资料,海克拉火山总共喷发过28次。冰岛有上千平方英里的土地被喷出的火山岩覆盖了。地震也时有发生,摧毁了数百座农场,还常常从坚硬的岩层中劈出无数狭长的裂缝,足有几百英里长。含有硫化物的泉水和滚烫的泥浆湖,使从岛上的一个地方到另一个地方的旅行变得复杂。冰岛上最负盛名的间歇泉或者叫热水喷泉,并不危险,反而很有情趣。大

冰岛

喷泉是最出名的一个间歇泉,它喷出的热水有时达100英尺高。只不过,这些间歇泉的活动如今是越来越微弱了。

人们不仅要以冰岛为家,而且是要世代居住。在过去的60年中,有2万多人移居美洲,主要集中在马尼托巴。不过许多人后来又重返故里。尽管冰岛阴雨不断,让人觉得不舒服,但那里毕竟是他们自己的家园。

第十九章　斯堪的纳维亚半岛

——瑞典和挪威的属地

关于斯堪的纳维亚半岛的古怪地形的形成，中世纪流传着这样一个美丽的传说：上帝在完成创世杰作之后，魔鬼撒旦前来窥探在他离开后的7天里上帝究竟干了些什么。当他看到人间呈现出一片生机盎然的景象时，不由勃然大怒，便顺手将一块巨石扔向了人类的新家园。这块巨石飞落到北冰洋岸边，于是就出现了今天的斯堪的纳维亚半岛。这里是如此荒芜、贫瘠，看起来完全不适合人类生存。但上帝想起他在塑造完其他大陆之后，还剩下一些肥沃的泥土，于是就把这点泥土撒在了挪威和瑞典的大片崇山峻岭之中。当然，这一点泥土远远不够，这就解释了为什么这两个国家大部分地区经常有洞穴巨人、土地神和狼人们出没，因为没有人想在这块贫瘠的土地上繁衍生息。

现代人也有自己美丽的传说，但这个现代版的传说是建立在科学基础之上的，是人们经过仔细的观察得出来的。地理学家认为，斯堪的纳维亚半岛是一块很广阔很古老的大陆的残余，早在煤炭形成之前，这块大陆就已经存在了，它从欧洲跨北冰洋一直延伸至美洲。

我们知道，现在地球上的陆地，其形成的年代并不久远——这些大陆仍然处在不停的移动当中，就像漂浮在池塘中的树叶。现在被海洋分隔开的几块大陆，远古时期曾是连接在一起的一个整体。当挪威和瑞典所在的那一侧大陆沉入海洋时，只有最东部隆起的那部分——斯堪的纳维亚山系——仍留在水面上，于是便形成了冰岛、法罗群岛、设得兰群岛和苏格兰岛，而其余部分则长眠于北冰洋海底了。或许真的有一天会出现沧海桑田，到那时，北冰洋也许会变成干燥的陆地，而挪威和瑞典则会变成一片汪洋,任由鲸类和鱼类嬉戏。

挪威人并没有因为他们的家园可能有一天会沉入海底而夜不能寐,而是为另外的一些事担忧,比如说如何维持生计。挪威的农业可耕地面积还不到总面积的4%(只有4000英亩),这绝对不是个无关紧要的问题。瑞典的情况略微好点,可耕地面积占到总面积的10%,即便如此,形势仍然十分严峻。

不过,上帝也适当地补偿了这两个国家。瑞典一半的国土为森林所覆盖,挪威有四分之一的土地长满了松树和冷杉。这些森林正在因砍伐而逐渐减少,但对我们来说,砍伐林木绝不能使土地荒芜。挪威人和瑞典人都知道,他们的国家并不具备发展农业的有利条件,因此要采用最科学的方法来发展林业。冰川是导致这里资源匮乏的罪魁祸首,曾经从北角一直到林德斯奈斯的整个半岛为冰川所覆盖。山脊上的土壤被这些冰川剥蚀殆尽,像一只猎狗舔过的盘子那样干净。经过长期风化积存下来的来之不易的土壤(使土壤覆盖整片大地需要数百万年的漫长历程)不仅被冰川侵蚀了,而且还被裹挟并沉淀到整个北欧大平原上,我在"德国"那一章中已经介绍过这一点了。

4000年前侵略过欧洲的亚洲尖兵对斯堪的纳维亚半岛的情况肯定有所了解。当他们最终跨过波罗的海到达斯堪的纳维亚后,发现那里只生活着一些芬兰游牧民族,他们不费吹灰之力就将这些芬兰部落赶回了他们北部的拉普兰老家去了。然而,芬兰人被赶走之后,这些后来者又如何在这里生存的呢?

有几种方法。

首先,他们可以出海捕鱼。当冰河时期融化的雪水朝大洋之中滑落时,在岩层上冲出一道道深不可测的沟槽,无数的海湾和峡湾就出现了。如果把挪威曲曲折折的海岸线绘成一条直线,就像荷兰和丹麦的海岸线那样,这无数海湾形成的曲折海岸线要比平直的海岸线长6倍。挪威人直至今天还在以打鱼为生。挪威所有的港湾,包括最北边哈默弗斯特港,都得到了墨西哥湾暖流的呵护,全年对渔船开放。靠近冰冷、干净的北冰洋的罗弗敦群岛上的凹角和裂缝,似乎是鳕鱼快速繁殖的理想之地,这里为十多万名渔民提供了生财之道。当渔民们拖船上岸时，还有同样多的人专门在岛上从事罐装工作。

其次，如果他们不喜欢捕鱼，就可以去当海盗。挪威的海岸线上遍布了一系列群岛和孤立海岛，其总面积占了全国领土面积的7％。它们被无数的浅湾、沙丘、峡湾和海湾分隔开来。如果要保证一条汽船能安全无误地从斯塔万格开到瓦尔德，需要两位领航员领航，而且必须六小时一班不断地轮班才行。

挪威一带水域在中世纪没有航标、浮标和灯塔（林登斯纳是挪威最早设立灯塔的地方，但这还是最近的事），外来者完全不可能靠近这段危险的海岸。尽管罗弗敦群岛间的有关马尔斯托姆的著名传说过于夸张，但是，即使最有经验的船长，如果没有十几个当地人引路，也绝对不敢冒险踏入这片迷宫般的水域的。正因如此，海盗们就利用他们熟悉的海湾作为行动基地，只要是在家乡能看得见的范围之内，他们充分利用这种自然优势，肆无忌惮地进行掠夺。他们不断地改进船只，提高他们抢掠的技能，甚至把掠夺范围扩展到英格兰、爱尔兰和荷兰。他们发现出入附近这些地方的路非常方便，就逐渐延长他们的航程，扩大自己的势力范围，直到法国、西班牙、意大利甚至君士坦丁堡都开始感到威胁。这些地方的商人回来后常常报告说，在附近的海域看到有北欧海盗的龙骨船出没。

挪威

在九世纪初,北欧海盗对巴黎至少进行了三次劫掠。他们逆莱茵河而上,侵入科隆和美因茨。至于英国,不同的挪威海盗集团为了争夺这个国家的所有权,正打得难舍难分,就像今天的欧洲国家,为了一块特别诱人的石油产地,动不动就大动肝火。

大约在同一时期,挪威人发现了冰岛,开始了对其长达700之久的统治。后来,他们又组编了一支由200艘船只组成的掠夺远征军(只要必要,可以抬着小船在陆地上前进),从波罗的海一直攻至黑海,这引起了君士坦丁堡的极大恐慌,以致东罗马帝国的皇帝急急忙忙地将这伙野蛮人收编成军,让他们出任自己的特卫队。

他们从西部闯进地中海,在西西里以及西班牙、意大利和非洲沿岸建立政权,在对世界其他地区发动的战争中,不断地向罗马教廷进贡最有价值的战利品。

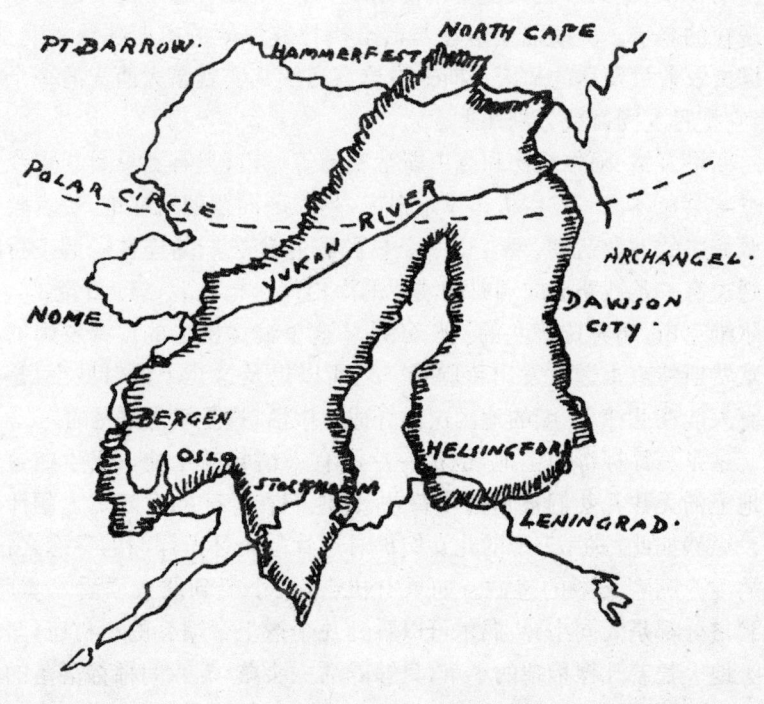

墨西哥湾流

这个古老的挪威民族昔日的辉煌最终带来了什么呢？

直到今天，这个小小的王国仍因其所拥有这一切而备受尊重。挪威人捕鱼并大量出口，同时又从事远洋运输业。他们为了本国人民应该说哪种语言而进行艰苦的政治斗争。如果挪威政府没有这种致命的毛病——每隔两三年就更改一次重要城市和火车站的名字——一般来说，这种争吵不会引起其他国家的关注。

说到挪威的城市，它们大多只不过是扩大了的村庄，住在这里的人彼此都非常熟悉。特隆赫姆（以前叫尼达罗斯，后来称特隆杰姆）是古挪威王国的首都，这里是一个天然良港。一旦波罗的海封冻，瑞典的大部分出口木材也是通过这个港口运往世界各地的。

现代挪威的首都奥斯陆，建在一个已经被焚毁的古老的挪威聚居点的附近。它是由丹麦国王克里斯琴四世下令建造的，因此也被称为克里斯蒂莱，直到挪威人决定清除所有丹麦人留下的语言痕迹时才改成现在的名字。奥斯陆坐落在与斯卡格拉克海峡的奥斯陆峡湾北部，是挪威农业最发达的地区。斯卡格拉克海峡其实就是大西洋的一个分支，它把丹麦同挪威分割开来。

斯塔万格、阿尔桑德和克里斯蒂安桑等城市，只有到早晨9点汽笛响过才会显露出一点生机。卑尔根市，是汉萨同盟的所在地，负责整个挪威海岸的商业活动，现在由一条铁路将它和奥斯陆连在一起。特隆赫姆也有一条铁路通向瑞典的波罗的海沿岸。再往北，靠近北冰洋，是纳尔维克市，瑞典拉普兰的铁矿砂是从这里输送出去的。特罗姆塞和哈默费斯特市永远散发出鱼腥味。之所以提及这几个港口城市，是因为有人能在北纬70度的地区这样舒适地生活，这是极为罕见的。

这是一片神奇的土地，也是一片没有人情味的土地。出生在这块土地上的无数儿女们被迫离乡背井，任他们在茫茫的大海之上颠沛流离。纵然如此，这片土地的儿女们仍对这片故土怀着深深的眷恋之情，对故土充满着无限的忠诚。如果有机会，乘小船到北方去看一看吧！所到之处都是大同小异：偶尔可以看到几个遭上帝遗弃的小村庄，坚硬的土地上长着几棵稀疏的小草，只够养活一头羊，五六间稀稀落落的房舍，海边散落着几条摇摇欲坠的破船。汽船每周只来一次，每当人们看到它开进港口时,总要激动得热泪盈眶,因为毕竟这里是家,是他们的故乡,是他们生命中的一部分。

超越国界的兄弟情谊是一个可望而不可及的梦想。

在博德或瓦尔德,往往会出现非常奇怪的现象,在那里乘汽船行驶,往往一连十日看不见任何人影。

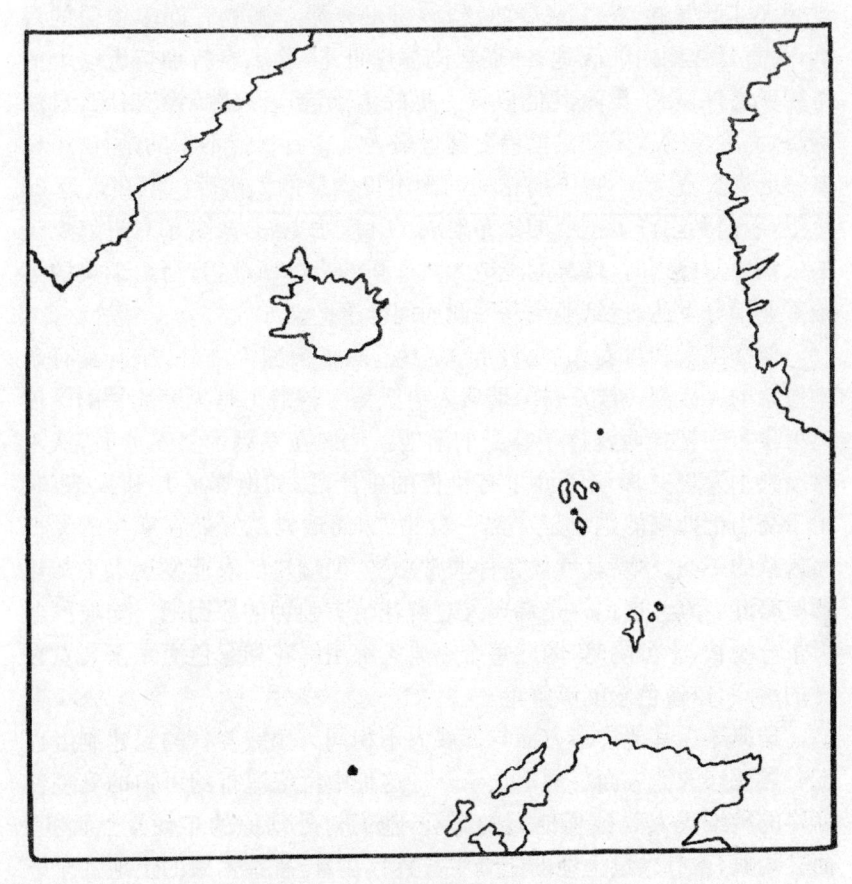

北极地图

当巨大的北极平原消失在大西洋的万顷碧波后,瑞典依然留在斯堪的纳维亚山的另一边,它是一个与挪威迥然不同的国家。人们常常会产生这样的疑问:这两个国家为什么不合并成一个国家呢？这样就可以省下一大笔行政支出。从理论上讲,这是一个非常切合实际的想法,但如果考虑这两个国家的地理背景,这个构想就非常不现实了。挪威受墨西哥湾暖流的影响,气候温和,雨水充沛,而且很少下雪(在卑尔根,如果马见到行人不带雨伞或穿雨衣就会吓得向后倒退);而瑞典则属于大陆型气候,冬季寒冷而漫长,雪量充沛。挪威有许多很深的海湾,一直延伸到内陆腹地;而瑞典则海岸低平,除了卡特加特海峡上的哥德堡之外,几乎没有其他值得一提的天然港口。挪威没有什么自然资源,而瑞典的铁矿却是世界上储量最为丰富的。但不幸的是,由于瑞典缺乏煤炭资源,不得不向德法两国出口大量的铁矿砂。但在最近20年里,瑞典利用许多重要的瀑布建成了几座水电站,减少了对进口煤炭的依赖。与此同时,瑞典的土地为大面积的森林所覆盖,所以瑞典的火柴工业十分发达,造纸业更是因此而闻名于世。

像挪威人和丹麦人(也许有人会说,除了英国人之外,所有具有条顿血统的民族都一样)一样,瑞典人也坚信人的潜力是无穷无尽的。瑞典科学家们充分地发挥了自身的潜能。他们在发展木材工业时,从木材废料中发现并提取了许多有价值的副产品,如电影胶片和人造丝。由于高山把斯堪的纳维亚半岛一分为二,而瑞典正好处在寒冷的无任何遮挡的一面,尽管其气候条件非常恶劣,但瑞典的农业发展水平却比挪威略胜一筹。这也许是瑞典人对鲜花情有独钟的原因吧。瑞典的冬天十分漫长,十分阴暗,因此每个瑞典人都用鲜花和绿色灌木来装点自己的房间,以便色彩能够鲜艳一些。

瑞典还在其他许多方面与挪威大不相同。挪威昔日的封建制度也随着黑死病的消失而一同消亡了——这种中世纪流行的可怕的瘟疫使斯堪的纳维亚人收敛了他们的野心,他们对外劫掠的步伐戛然而止。而在瑞典,占有大量土地的庄园主一直存在着,有些贵族的土地甚至还保留至今。虽然瑞典现在由社会党执政(就像大部分欧洲国家一样),但斯德哥尔摩仍然是一个具有贵族色彩的城市,这里依然保持着严格的贵族礼仪,又实行最高程度的民主,这与奥斯陆和哥本哈根的生活方式形成了鲜明的对比。

这种政治体制的发展也许与瑞典奇特的地理位置有直接的关系。挪威面向大西洋,但瑞典却与一个内陆海毗邻,瑞典人民的生活水平和历史文化与波罗的海休戚相关。

当斯堪的纳维亚半岛还是不适合人类定居的荒凉之地时,无论是西边的挪威人,还是东边的瑞典人,对外界而言他们并无区别,都是斯堪的纳维亚人。正如这样一句著名的古祈祷文:"仁慈的主啊,把我们从斯堪的纳维亚人中解救出来吧!"然而这句祈祷文并没有明确地说明,到底是哪些人应该被解救出来呢?

十世纪以后,情况发生了转变。北部斯维兰(首都在梅拉伦湖,瑞典首都斯德哥尔摩就在这个湖畔)的瑞典人与南部的哥特兰人发生了大规模的野蛮内战。这两个民族的血缘极为接近,他们在两个毗邻的神殿里供奉他们各自的神,他们的圣城就在今天的乌普萨拉,这里是北欧最古老、最重要的大学城。这场持续了 200 多年的内战,大大地削弱了国王的势力,但贵族的地位又得到了巩固。在同一时期,基督教传入了斯堪的纳维亚半岛,教士和僧侣站在贵族一方(但在大多数国家他们是倾向王权的)。于是,瑞典王室衰落了,在此后的一个半世纪里,一直是丹麦的附属国。

欧洲差不多都忘了瑞典的存在,直至 1520 年,整个西方世界为一次骇人听闻、不可饶恕的谋杀案所震惊,这个事件是整个人类历史上的一个污点。在这一年,丹麦国王克里斯蒂安二世举行了一次盛大的宴会,邀请所有瑞典贵族的领袖出席,他希望通过这次宴会可以一劳永逸地解决掉瑞典臣民之间的所有纠纷和争端。但在宴会结束时,所有瑞典的贵族领袖转瞬间就变成了阶下囚,有的被砍头,有的被淹死。只有一个重要的人幸免于难,他就是古斯塔夫斯——埃里克·瓦萨之子。早在几年前,埃里克·瓦萨就已被克里斯蒂安二世砍了头。古斯塔夫斯当时正在德国避难,当他听到大屠杀的噩耗后,悄悄潜回国内,组织自由民反抗丹麦,最终把丹麦人赶回了老巢。在这之后,古斯塔夫斯自立为瑞典的国王。

这是瑞典在国内外进行各种冒险活动的开端,这些冒险活动不但使这个贫穷落后的小国成为欧洲新教事业的忠实捍卫者,同时也成为抵御不断强大的斯拉夫国家入侵的最后一道堡垒。沉寂了数百年的俄罗斯，终于走上了对外扩张的道路，开始了寻找出海口的征程，直到今天还仍未结束。

瑞典显然是唯一一个受到这种威胁的国家。整整 2 个世纪以来，瑞典的全部精力都集中在一个目标上——把俄罗斯人阻滞在内陆，让他们离波罗的海远远的。然而，瑞典人最终还是失败了。战争几乎耗尽了瑞典所有的国库，但它的垂死抵抗只不过把俄罗斯人强悍的西进延缓了几十年。当硝烟散尽时，这个曾称雄过波罗的海大部分地方，统治过芬兰、英格门兰（即现在的列宁格勒所在地）、爱沙尼亚、利文兰和波美拉尼亚等国家的强国成为一个二流国家，领土面积只有 173000 平方英里（大小介于美国亚利桑那州和得克萨斯州之间），人口甚至比纽约市还要少一些（瑞典是 6141671 人，纽约为 6930446 人）。

瑞典一半以上的领土仍然为森林所覆盖着，出产的木材能满足欧洲大陆市场一半以上的需求。在冬季，人们砍伐大量树木，并将它们堆积在一起，到来年春天，这些木材从雪地被拖到最近的河边，投进峡谷之中。当夏天到来时，冰雪消融，河水暴涨，河水把这些原木冲到下游的河湾。

瑞典有些河流至今仍起着木材运输的作用，同时这些河流又为锯木厂提供了动力。这些锯木厂把原木加工成各种各样的成品，从火柴棒到 4 英寸厚的板材。在波罗的海解冻后，船只可以直达西海岸各个地区。这些木材加工品被装上汽船，运抵世界各地。木材加工品的成本低廉，只包括伐木工人和锯木厂工人的工资。只要时间来得及，汽船又是最低廉的运输方式。

这些汽船往返都能装货。如果它们在返回时不捎带点什么，不会轻易放空船。当然，它们不可能满载而归，所以，瑞典一直保持着合理的贸易顺差。

铁矿石运输也采取相同的方式。瑞典的铁矿石质量特别好，许多国家虽然有自己丰富的矿藏，但它们也从瑞典大量地采购铁矿石。瑞典的领土没有一处宽过 250 英里，相对来说，要抵达海岸也是比较容易的。在瑞典北部拉普兰的基律纳和耶利瓦德一带，铁矿石储藏量非常大。不知是什么原因，造物主把丰富的铁矿储藏赐给了瑞典，它们就像小山丘一样神奇地堆积在地表上。夏天，铁矿石就被运往波的尼亚湾（波罗的海北部）的吕勒奥，而当这里冬季封冻时，则运到挪威的纳尔维克港，由于受到墨西哥湾暖流的影响，这里终年不冻。

离这些铁矿不远处是瑞典的最高峰——凯布纳峰（约7000英尺高），那里建有全欧最重要的发电站。这家发电站正好位于北极圈内，但电力似乎与纬度的高低并没有多少关系，但它仍然源源不断地为铁路和露天的矿山机械提供非常廉价的动力。

由于冰川把北部的一部分土壤裹挟到瑞典的南部地区，因此这里便成了斯堪的纳维亚半岛最肥沃、人口最稠密的地区。这里到处都是湖泊，因此，瑞典是仅次于芬兰的世界上湖泊最多的国家，湖面面积达14000平方英里。众多运河把各个湖泊联结起来，形成了水上运输网，为全国提供了廉价的水上运输，这不仅给诺尔彻平这样的工业中心带来巨大的利益，也让哥德堡和马尔默受益匪浅。

在一些国家，人类任由大自然摆布，最终变成了大自然的奴隶；在另一些国家，人类肆意地破坏大自然，失去了他们赖以生存的母亲的呵护，这位母亲可以为一个国家创造一切，但也必定会把一切都毁灭掉；还有一些国家，人类学会了如何与大自然和谐共处，相互理解和尊重，互惠互利。如果想知道这方面的例子，就到北方去看看吧，去看看斯堪的纳维亚半岛北部的三个国家吧！

第二十章　荷兰

——北海堤岸的沼泽地上崛起的帝国

"荷兰"(Netherlands)这个名称,只在非常正式的场合下使用,其真正的含义是指位于海平面以下2至16英尺的低洼地区。如果发生一场史无前例的大洪水,阿姆斯特丹、鹿特丹以及其他重要城市都会从地面上消失。

但是,荷兰繁荣发展的动力正是源于这恶劣的自然条件。北海岸边过于狭窄的沼泽地,迫使荷兰人为了立国兴邦,不得不靠自己创造更多的空间。所以,人类靠自己的聪明才智同残酷无情的大自然展开了艰苦卓绝的斗争,荷兰最终取得了胜利。在这场斗争中,培养了荷兰人坚忍不拔的精神,也让他们明白了居安思危的道理。在我们这样的生存环境中,这些美德并不是一文不值。

当罗马人第一次踏入这块人烟稀少、地处偏僻的欧洲之隅时(罗马大约在公元前50年侵入这块土地的),这里遍地都是沼泽,一条狭长的沙丘带从比利时一直延伸至丹麦,把北海的惊涛骇浪拒之于外。无数条大小不一的河流小溪把这条沙丘带分割成若干小块,其中最重要的河流是莱茵河、默兹河及斯凯尔特河。这三条河流不受任何堤沟的阻挠,随心所欲地在低地上横行。每当春季到来之时,河道都会发生改变,原来的陆地变成了一块块的岛屿。凶猛的河水甚至可以把曼哈顿这样庞大坚固的岛屿冲得荡然无存。我并非在夸大其词。十三世纪曾发生过这样的事情:70个村庄在一夜之间从平地上消失不见,10万人转眼间就葬身河底。

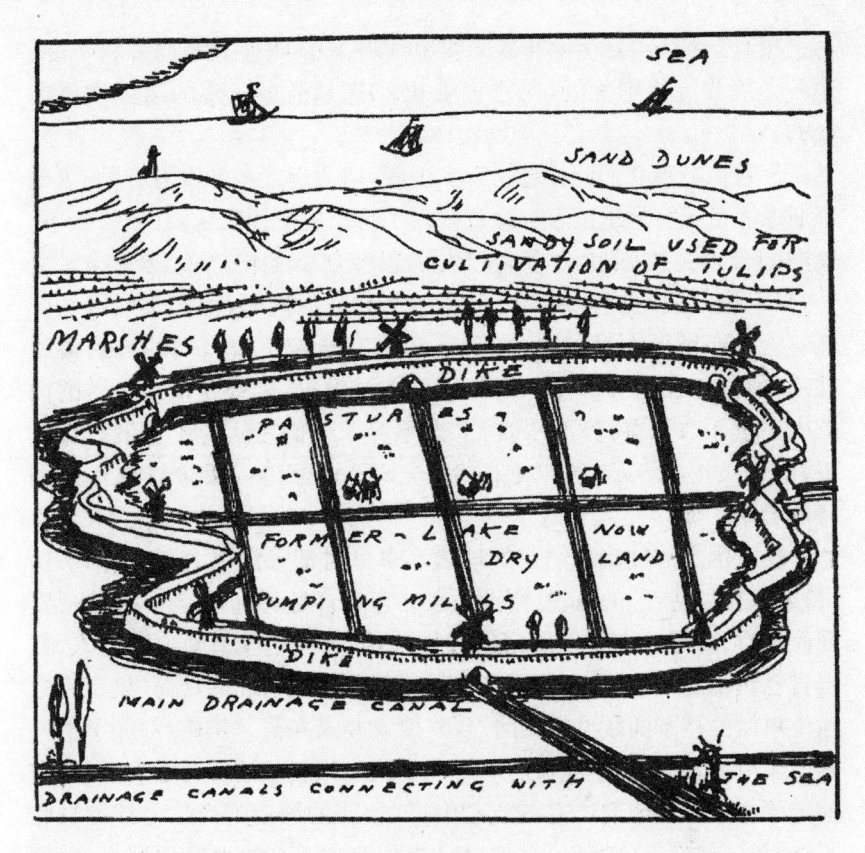

堤围湖地

　　与那些居住在土质坚固地区的佛兰芒邻居相比,早期荷兰人的生活确实非常悲惨。但后来又出现了神奇的变化,由于波罗的海的水温或水里含盐度的变化,给荷兰人带来了难得的机遇。这一天,荷兰人完全没有料到,有一种现在叫鲱鱼的鱼成群结队地从波罗的海游到了北海,并从此定居在那里。在人类历史上,鱼是人类最重要的一种食物,它们的作用远比现在重要,当时所有欧洲人不得不每周五吃鱼。鲱鱼的集体搬家使波罗的海沿岸的许多城镇从此衰落,但与此同时,一大批荷兰城镇因此而繁荣起来,它们将干鱼源源不断地供应给欧洲南部地区,后来我们今天食用的鱼罐头逐渐取代了干鱼。鲱鱼的交易带动了粮食的交易,粮食的交易又推动了与来自印度群岛的香料贸易。这种发展并无特别之处,每个商业国家都是通过正常的途径发展起来的。

尽管荷兰享有如此优越的现实因素,但命运之神并没有眷顾它,哈布斯堡大帝国将低地国家都悉数并入了自己的版图之中,并昭告天下,他们的帝国是由强壮的渔夫和农民组成的。他们之间没有尊卑之分,只有铁一般的拳头和十分务实的脑袋。但同时,他们必须服从脾气坏的哈布斯堡军官的命令,这些军官完全按王权之上的方式接收训练,他们住在荒山野林中西班牙式的城堡里,风餐露宿。这样的两类人当然矛盾重重,势不两立,水火不容。他们之间的矛盾最终爆发了,经过长达80年艰苦卓绝的斗争,低地国家的人民最终取得了彻底的胜利。

新兴国家的统治者们在处理国家事务时都很注重实际,他们深谙"待人宽容如待己"的道理,特别是在处理与自身利益紧密相关的事情。因此,他们对那些在其他国家因宗教、信仰等问题等遭受迫害的人,伸出自己热情的双手,给他们以庇护。大部分得到荫庇的难民(只有少数地位卑微的持不同政见的英国人,其他人并未在荷兰长住)都成了荷兰的忠实臣民,因为在这里他们才过上了快乐的新生活。通常来说,以前的统治者剥夺了他们所有的流动财产,他们的固定资产也全部被没收了。但是,他们走到哪里,就把自己非凡的才干与能力带到哪里,就把丰富的商业知识和科学技术毫无保留地贡献给接受他们的新国家。独立战争结束后,原来在湖底和沙岛上建起小城镇并身居其中的100万人,勇敢地承担起领导欧亚两洲的重任,并在此后的300年中主宰着历史的命运。

他们把大量的钱财都耗费在购置庄园和外国名画(这些画当然比他们本国画家的作品要值钱得多)上,过着养尊处优的日子。他们竭力想让周围的人淡忘他们的财富从何而来,很快他们就挥霍掉了所有的积蓄。好花不常开,好景不常在,世间万物都会盛极而衰,特别是我们的知识。如果人们不努力把握自己所拥有的,那么他们手中的一切,不论是思想还是财富,都会很快消失。

十九世纪初,荷兰的末日最终还是到来了。拿破仑(这个皇帝的地理知识仅够他赢得战争)宣布,低地国家只是法国的一块三角洲而已,是由莱茵河、默兹河和斯海尔德河三大河流冲积而成的,从地理学上来说,荷兰理所当然是属于法兰西帝国的。拿破仑潦草地在文件上画了一个大大的"N"字,这个 N 字就决定了存在了 3 个世纪的世界强国。荷兰从地图上消失,成为了法国的一个省。

1815 年,荷兰再次获得独立,又恢复了往日的活力。荷兰是一个殖民大国,她拥有比自己国土大 62 倍的殖民地,从而使得阿姆斯特丹和鹿特丹成功地保持着印度产品集散中心的地位。荷兰从来就不是一个工业国,除了最南部的一些质量不高的煤炭外,它几乎没有什么原材料。因此,它向自己的殖民地提供的原材料占不到这些殖民地总进口量的 6%。但要发展爪哇、苏门答腊、摩鹿加、婆罗和西里伯斯的茶叶、咖啡、橡胶以及奎宁的种植园,都需要大量的资金。对资金的需求使阿姆斯特丹成为当时欧洲股票交易的中心,它也成为各国商人甚至各国政府前去筹措资金的重要城市。同时,阿姆斯特丹也成为世界各国货物进出的必经之处,使得荷兰的运输船只总吨位跃居世界第五位。

荷兰国内从事运输的船舶吨位位居世界前列。荷兰境内的水路四通八达,河网密布,因为运河运输的费用很低,运河上的船只就成为铁路运输最危险的竞争对手,而且荷兰人现在,不论男女老少,还是牛马鸡狗,处理日常事务的时间观念并不太强。

其实,荷兰的大部分运河只不过是一些排水渠,因为这个王国四分之一以上的领土并非是什么陆地,而仅仅是一小块海底而已,是经过不懈的努力从以前鱼类和海豹的领地夺过来的。荷兰人靠人工的方法排干海水,然后时刻仔细看护着。从 1450 年以来,通过排干沼泽,围湖造田的方法,使荷兰增加了 1000 多平方英里的国土面积。实际上,只要方法正确,围湖造田并不是什么难事。首先,在选中的水域四周筑起一道大堤,然后,再在堤的外面挖出一条深而宽的运河,将它与临近的河流联通,以便以后运河能借助一系列复杂的水闸系统向河里排泄日用废水。在这些前期工作完成之后,在大堤高处建一些风车,然后再给这些风车配上一台水泵。这样,风车或一个小小的汽油发电机就可以维持下去。当抽出来的湖水全部被排进运河之后,再在新的堤围沼地中挖掘数条平行的槽沟,只要让风车与抽水泵继续工作,就可以将地下水排干,形成干燥的陆地。

河闸

有一些堤围湖地面积很大,能住 2 万多人。如果把艾瑟尔湖的湖水抽干(这个工程可能耗资太大,目前几乎每个国家都会濒临破产),至少可以为 10 万人提供居住地。如果你知道荷兰四分之一的领土处在堤围湖地中,你就可以理解,为什么河流、运河与堤岸部每年的开支在荷兰政府各部门的开支中比政府其他部门大得多了。

堤坝

荷兰的低洼地区呈现出一片繁荣富裕的景象，但位于欧洲平原中部，土地肥沃而且海拔稍高一点的东部地区却无人问津。这些东部地区是一片沼泽三角洲，由莱茵河、默兹河和斯海尔德河三大河流后来慢慢冲积而成，在很久之前曾是欧洲大平原同大海接壤之地。数万年来，在东部"高低"一直沉积着大大小小的北欧冰川冰砾和卵石。在某种程度上，这里的土壤同新英国有一些相似，只不过荷兰土壤的含沙量更大一些，这使荷兰的国土正逐年下沉。荷兰王国人口众多，人口密度为每平方英里625人（法国为191人，而俄罗斯为17人），而且荷兰超过四分之一的国土根本无法进行农业生产（法国不到15%，德国还不到9%），这片如此贫瘠的土地竟然能背负这么沉重的负担，真有点让人感到不可思议。

东部地区与西部地区、繁荣地区与落后地区之间存在的显著差距，说明了荷兰所有的重要城市几乎都集中在堤围湖地中心的那一小块三角地带上。阿姆斯特丹、海牙、莱顿、阿勒姆、代尔夫特以及鹿特丹等城市之间的距离非常近，它们都紧紧地依偎在那些著名的沙丘带所形成的坚实堤岸周围。300年前，荷兰正是从这道"堤防"的脚下起步而走向了富强，也正是在那时，荷兰商人开始从波斯人和亚美尼亚人手中购买郁金香种子，使其当上了荷兰的"国花"。

雅典城只相当于纽约市8个街区那么大，即使开着一辆气喘吁吁的老爷车，从荷兰的一头跑到另一头也只需几个小时。尽管如此，这块处在莱茵河、北海与艾瑟尔湖之间的狭长地带，假如按照人口数量与领土面积的比例来衡量，它对世界科学与艺术的贡献是不容忽视的，仅次于阿提卡地区。雅典诞生在一块贫瘠的顽石上，而荷兰则崛起于一片泥沼地里。但这两国突然的崛起有两个共同点——从国际贸易的角度看，它们都拥有优越的地理位置；它们都具有旺盛的精神活力与不竭的探险精神，在漫长的岁月里，它们要么通过斗争生存下去，要么坐以待毙。这样，希腊诞生了自己的文明，而荷兰也出现了自己的辉煌。

第二十一章 英国

——荷兰对面的岛国,肩负着人类
四分之一人口幸福的责任

几年前,这一章的标题还应当是"大不列颠及爱尔兰",但人类却生硬地改变了造物主的安排,将地理上连为一体的土地分成两个独立的实体。所有中规中矩的作者不得不接受这一改变,我也只好用不同的章节来介绍这两个国家。任何其他理由都可能引发影响长远的矛盾。我不愿意看到爱尔兰海军开进哈得孙湾,为了"爱尔兰自由联邦的尊严所遭受到的不能容忍的侮辱"而要求别人的道歉。

恐龙是不会画地图的,但它们同时代的岩石也能将讲述出它们的故事。这样的岩石是无处不在的。在地表冷却的岩浆生成了火成岩;在重压之下的岩浆生成了花岗岩;在海洋江湖底部慢慢沉积下来的岩浆生成了沉积岩;还有石灰石和黏土形成的诸如含板岩和大理石的变质岩。这些岩石在海洋深处化学稀有元素的作用下,变成了更有价值的物质。

这些岩石真是无处不在,它们凌乱无序地堆积在地表之上,如同一间堆满家具的房间突然遭遇了飓风。这些岩石的存在也为我们提供了一个非常丰富有趣的地质博物馆,这同时也说明了,平日里对打野兔充满着热忱,而对科学探索缺乏兴致的英国人,他们之中为什么会有这么多一流的地质学家。从另一方面看,正是因为英国有那么多一流的地质学家,才使我们对英国的地质结构的了解比对其他国家的要多。当然,他们的可信度是另一回事。游泳健将通常出自水乡,很少有从卡拉哈里沙漠腹地走来的。

既然地质学已经出现,还有这么多一流的地质学家,那他们对大不列颠岛的起源又是作何解释的呢?

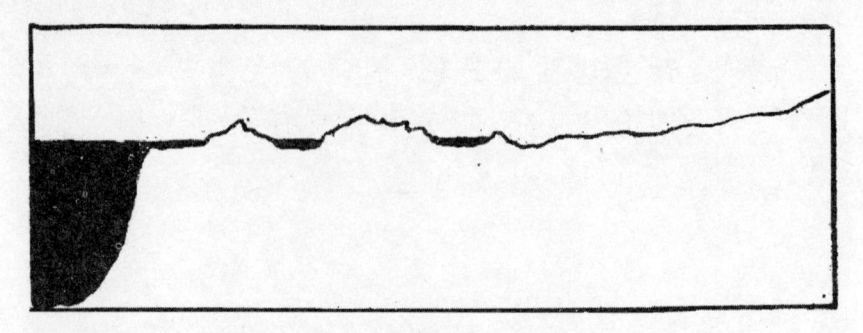

大西洋、爱尔兰、英格兰和欧洲

先不要去想你头脑中的欧洲地图,而去设想一个新的世界刚从海平面上浮现出来,还在分娩的阵痛之中颤抖着。设想纽约市区爆裂出一个喷发口,水泥路面因地下管道的爆炸而被撕裂开来,在泥浆、石块和冰雪的挤压下,另一块庞大的大陆在水平面上高高耸起。与此同时,鬼斧神工的大自然继续耐心地塑造着大地。从大洋深处不断吹过来的海风裹挟着数十亿吨水蒸气,从西向东反复地冲刷大地,给干涸的大地带来雨露。慢慢地,长出了一层广袤无垠的绿草与蕨类植物,把整个地表覆盖得严严实实,日久天长,便生长出各种各样的灌木和参天大树。日复一日,年复一年,海浪不停地拍打着海岸,撞击着海岸,磨碾着海岸,吞噬着海岸,撕扯着海岸……在各种利器的磨蚀下,大地最终失去了棱角,如同烈日下不断消融的冰雪,海岸也渐渐地凋枯、崩溃。突然,随着轰隆隆的一声巨响,冰雪从大陆最高峰的悬崖顶部呼啸而下,如同一面冷酷的死亡之墙,沉重地冲向宽阔峡谷的斜面上,碎石和冰块填平了又深又窄的峡谷。

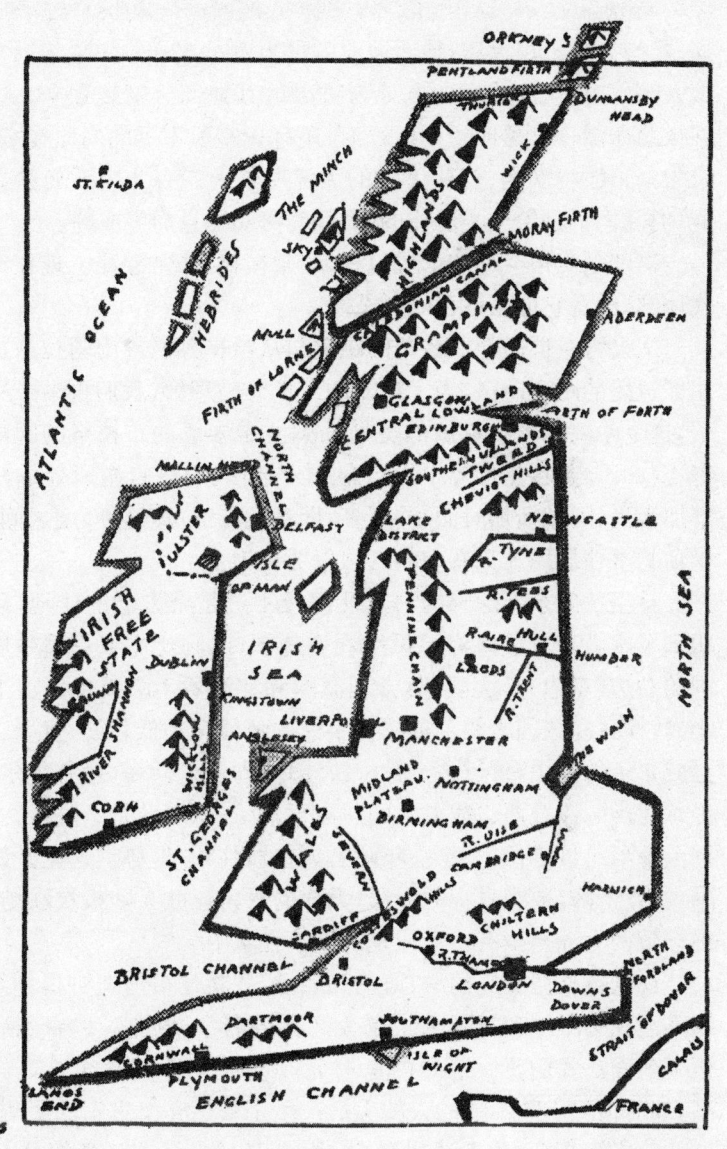

英格兰、苏格兰和爱尔兰

阳光普照——大雨滂沱——冰雪崩裂——风吹水蚀——斗转星移,而当人类出现以后,他所面对的世界就是这样。凶猛的洪水冲出一条大峡谷,把这片狭窄的土地与世界的其他部分割裂开来。这条大峡谷从北冰洋一直延伸到比斯开湾,还有一座孤零零的高原在它的彼岸,它为一条波涛汹涌、变化无常的大洋所隔离。有几座孤岛矗立在海面上,但它们不是给人类居住的,而是为海鸥栖息而生成的。

这就是英格兰岛的形成过程,非常模糊,非常混沌。现在请翻开现代地图,看看它能告诉我们什么。

从设得兰群岛至兰兹角的距离与从哈得孙湾或南阿拉斯加至美国北部边境的距离一样,为了让欧洲人更容易理解,我们再举个欧洲的例子,这个距离相当于挪威的奥斯陆到波希米亚的布拉格的距离。英国有4500万人口,是世界上人口最稠密的国家之一,她所处的纬度与堪察加半岛(阿拉斯加对面)差不多,即在北纬50度至60度之间,堪察加半岛的常住居民却只有7000人,以捕鱼为生。

英格兰的东部濒临北海。北海只不过是个古老的洼地,后来逐渐积满了水就变成了海洋。再来看看地图,图画比文字更清楚明晰。英国的右边(东边)是法国,英吉利海峡和北海看上去就像大道上的一条小沟,横亘在两国之间。英格兰平原中部最深的低谷处是伦敦,另一边是威尔士的高山,再过去又是一块洼地,即爱尔兰海,还有爱尔兰平原、爱尔兰山脉以及西边浅海上的几点孤岛,最东端的是圣基尔达岛(由于登上该岛是件难事,直至去年才有人去居住)。地势从这里开始骤然下降,一直下降,成为真正的大洋,大洋的水将亚欧大陆板块联结起来,最终导致两大洲至少有一半或全部淹没在水中。

说到英格兰四周的海、海湾和海峡,我将尽可能地讲得详细些。但我不会在书中罗列出一大堆毫无意义的名字,以免让你看到后面就忘记了前面。我们要谈论的可是一个古老的国度,但这个神奇的弹丸小岛,却对世界上数不清的人的生活产生了长达4个世纪的影响。然而,这并非机缘巧合,也非人种优越,而是英国人最善于把握住每一次机会。当然我们不能否认,大自然有点偏心眼,她把这个可爱的小岛摆在了东半球大陆群的正中央。如果你想搞清楚是怎么回事,可以把英国与澳大利亚做一比较。澳大利亚被孤零零地掷在浩瀚无垠的大洋中央,自己打理自己的事务,没有邻居,也没法从外界获取新知识。再看看英国的地理位置,它就像网中央的一只蜘蛛,从这里到地球上任何地方的距离几乎都相等。然而与蜘蛛网不同的是,它四周的大海如同护城河一样,确保它不受外族的入侵。

当然,只要地中海仍然是人类文明的中心,这个特殊的地理位置是毫无价值的。直到十五世纪末,在大部分眼里,英格兰还只不过是一个偏僻的小岛,与今天冰岛给人的印象差不多。"你去过冰岛吗?""没有,但是我姨妈曾去过一次。是个好玩的地方,岛上很有趣,可就是太遥远了,去一趟要晕5天船。"

这就是1000年前英国在人们心目中的印象——晕上三五天船——别忘了,乘坐当时的罗马帆船从利思到雷克雅未克,要比今天坐700吨的汽船难受得多。

然而,他们对外部文明的了解逐渐增加了。当时他们几乎仍处于原始时代,住在圆形草房里,仅是在地上挖了个洞,四周用低矮的土墙围起来。他们最终被罗马人驯化了,变得很温顺。罗马人断定他们同北高卢的凯尔特人一样,都是非常老实、听话的种族,心甘情愿地交纳税金,但从不谈自己的"权利"。但罗马人是不是真的对这片土地拥有"权利"呢?这还很难说清楚。最明显的理由是,他们也是从更早的居民手中夺来这些土地的,而那些更早的居民,在世界上任何一个偏远的地区都可以看到。

经过粗略的估计,罗马人占领英格兰长达4个世纪之久,几乎同白种人在美洲的统治时间一样长。但罗马人的末日突然来临了。在此之前的500年的时间里,罗马人一直将穷凶极恶的条顿民族阻挡在他们的欧洲领地之外,但他们的防线最终还是被摧毁了,条顿人如潮水般的席卷了欧洲西南部。罗马人急忙召回驻扎在欧洲各国的军队,尽管没有哪个罗马帝王承认自己被打败,但多年以后,他们意识到帝国早已不在了。只有几个军团留下来在英格兰大平原的东部防御居住在苏格兰的崇山峻岭中的蛮族的入侵,而另外几个军事重镇则守卫着威尔士边境的安全。

但是，某一天，定期补给船没有到来，这就意味着高卢人被敌人打败了。此后，留在英格兰的罗马人与宗主国的关系被切断了，以后再也没有恢复。不久，沿海城市传来消息，说在亨伯河与泰晤士河河口附近出现了一些外国船，在达勒姆、约克、诺福克、萨福罗克和艾塞克斯等地附近的村庄遭到攻击和劫掠。罗马人从未想过要在东部沿岸设防，这在从前根本是没有必要的。此前，条顿人在一种神秘的力量（是饥饿或是游民或是后面有追兵？我们无从得知）的推动下，跨过了多瑙河，跨过了巴尔干和阿尔卑斯山，可是现在，它又引导成群结队的撒克逊海盗从丹麦和荷尔斯泰蜂拥至英格兰沿海。

当时的罗马统治者、卫戍部队、妇女和儿童一定住在漂亮的别墅区里，直到今天我们还依然能看见那些别墅遗迹，但已经捕捉不到原貌了。这些罗马人也像弗吉尼亚州和缅因州沿岸最早的白种人一样神秘地消失了。他们消失得无影无踪，或者被仆人杀掉了，他们的女人被好心的当地人娶走了——对于一个骄傲的种族征服者而言，这种结局是很可悲的。那些未能登上最后一班船回家的人骤然被命运的巨手攫住，再也挣脱不了了。

暴乱接踵而来。一些来自苏格兰和喀里多尼亚的野蛮人组成"斧头帮"，专门屠杀自己的同胞凯尔特人，因为数个世纪以来，罗马人一直充任世界警察的角色，而凯尔特人曾做过罗马人的爪牙。在这样悲愤的情况下，他们犯下了一个致命的错误，这个错误导致了万劫不复的灾难："让我们从什么地方找一些骁勇善战的人，雇佣他们来帮我们作战吧。"于是，他们从艾德河与易北河之间的平原和沼泽里找到了一些骁勇善战的人，他们属于一个叫撒克逊的部落，但对他们的来历我们一无所知，因为德国北部到处都是撒克逊人。

他们为何自称为盎格鲁以便与别人区别开来呢？这可能是一个永远都无法解开的谜。盎格鲁—撒克逊这个称呼是他们来到英格兰几百年后才出现的，但它如今已变成了一个战斗口号：盎格鲁—撒克逊血统，盎格鲁—撒克逊传统。既然这个民族已经成为了一个神话，那就让这个神话的主人公得意地认为自己比别的民族优越，这有何不可呢？但是，历史学家不得不遗憾地指出，盎格鲁人只是以色列失散的部落中的一支，史书中常常提及此事，但没有人能对此作出确切的考证。至于撒克逊人，他们与来自北欧的游牧民族一样，有人可能在30年前还在大西洋的远洋船上看见过他们。撒克逊人很强壮，不论是干活、打仗、娱乐还是劫掠，永远都热情很高，精力充沛。盎格鲁—撒克逊人当年花了整整500年的时间，才完成了今天他们世袭领地的统一。在那期间，撒克逊人迫使可怜的凯尔特人学习他们的语言，凯尔特人很快就将原先从厨房里尊贵的罗马主妇那里学来的几句拉丁文忘得一干二净了。然而，当条顿人移民大量涌进英格兰时，盎格鲁—撒克逊人又被逐出了家园。

1066年，英格兰成为诺曼底人的附属国，这是英伦群岛的第三次易主。不过，情况很快发生了逆转。诺曼底人认为英格兰这块殖民地比法国本土更有价值，于是，他们抛弃了暂时的落脚之地——法国，定居英国。

诺曼底人丧失了他们在法国的全部领地，对英国人来说，这是因祸得福。他们不必再向往大陆，开始意识到大西洋的存在。即使这样，如果没有发生亨利八世的恋爱事件，英国依然不会与海洋打交道。亨利八世深深地爱上了安妮·博琳，但安妮向亨利八世说，要走进她的心灵，必须先走进一座金碧辉煌的教堂，这就意味着他必须与他法律上的妻子、血腥玛丽之母离婚，这导致了英格兰同罗马教廷的决裂，甚至因此还触动了教皇在整个基督教世界至高无上的权威。由于西班牙人支持教皇，英格兰人就必须学会航海，学会如何保护自己，否则，这个独立的岛国就会沦落为西班牙的一个省。令人感到惊讶的是，国王的一场离婚之争变成了英格兰人驾驭大海的契机，使它从此开始了崭新的贸易，而他们优越的地理位置又促成了其他事业。

然而，不经历非常艰难的内部斗争，就不可能发生外在的转变。任何有理性的人都不会认为一个社会阶层为了另一个社会阶层的利益而自取灭亡。在诺曼底人征服英格兰之后，那些掌握了国家最高权力的封建领主们竭力阻止英国人放弃从事农业的传统习惯，反对去开拓世界贸易，这也是合情合理的事。封建主义与资本主义从来都是不共戴天的冤家对头。中世纪的骑士鄙视商人，认为商业贸易不是自由人应该干的事。在他们眼里,商人就像非法酿酒者。可以利用商人,但决不允许他踏进你的家门半步。因此,当时的商人大多是外国人,以德国人居多,还有来自北海和波罗的海的民族——著名的伊斯特利斯人。他们第一次让英国人认识到一枚钱币所具有的绝对的不容置疑的价值,"伊斯特利斯镑"就是今天的英镑。犹太人被驱逐出境,禁止他们再踏入英国半步,甚至于莎士比亚笔下的夏洛克的素材也只能根据道听途说。沿海的小镇也做一点渔业贸易,但数个世纪以来,整个国家一直以农业生产为主,因为大自然对这片土地是如此眷顾,它尤其适合发展畜牧业,因为土壤中沙石多,不适宜种植谷物,但青草却能茂盛地生长,给畜牧业提供原料。

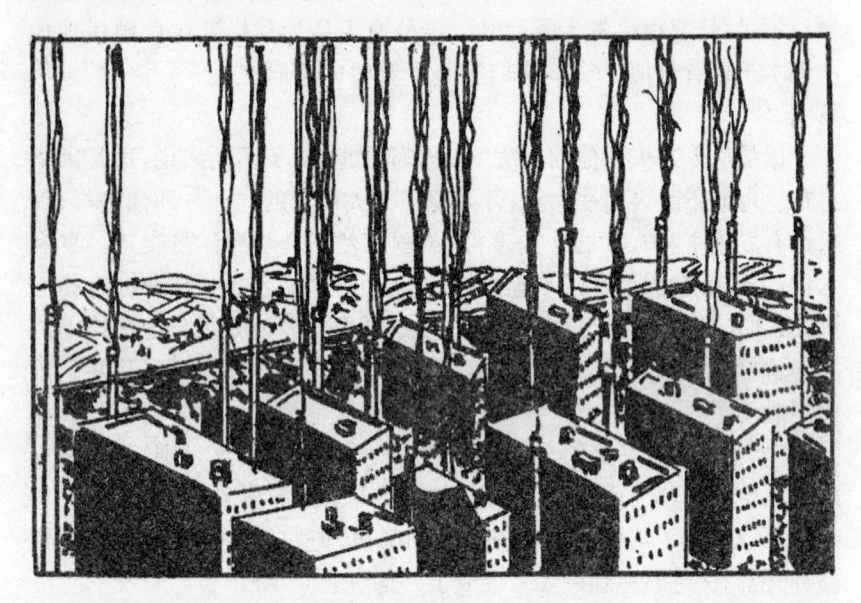

工厂征服了农场

英格兰1年之中有8个月盛行西风(而且是不停地刮),带来了丰沛的降雨。如果谁曾在冬天在伦敦呆过,那他就不会忘记那连绵不断的阴雨了。正如我在介绍北欧国家时所述,现代农业已不再像数百年、甚至数千年前那样完全依赖于大自然了。尽管我们现在还不会人工降雨，但化学工程师们已教会了我们如何克服各种自然灾害，而在乔叟和伊丽莎白女王时代，这些自然灾害都被视为上帝的旨意，是根本无法补救或挽回的。另外，这个岛的地质结构也使东部的地主们受益匪浅。英伦群岛的横断面就如同一个汤盘，西高东低。正如前文提到的，英伦群岛的曾经是一块古老大陆的一部分，东部最古老的山脉被风雨侵蚀殆尽，而西部形成时间不长的山脉仍在上升，要把这年轻的山脉磨平需要1000万年到1500万年。这些年轻的山脉叫威尔士（幸存不多的凯尔特语词汇之一），这些大山像一道屏风，把来自大西洋的暴风雨挡在了东部的低地之外。他们把暴风雨调理得老老实实的，使东部大平原享有宜人的气候，不仅适合种植粮食，还适合畜牧业的发展。

大不列颠是灯塔之国

　　自从轮船发明以后，人们可以从阿根廷或芝加哥订购粮食。为了能把冰冻肉从地球的这一端运到另一端，人们又发明了冷藏技术。只要有钱，没有哪个国家再会完全依赖本国的农业生产来养活自己的国民了。但在100年前，谁拥有粮食谁就是整个世界的主宰。只要他们锁上粮仓的大门，就会有几百万人慢慢饿死。南部的英吉利海峡、西部的塞文河（这条河从威尔士与英格兰中间流过，最后注入英吉利海峡）、北部的亨伯河与默西河以及东部的北海之间的宽阔平原以前是英格兰最重要的地区，为英格兰生产充足的粮食。

当然，我所说的平原不同于我们所熟知的平原。英格兰大平原的中部地区不像堪萨斯大平原那样平坦，相反，它的土层起伏不平，错落有致。泰晤士河（长215英里，和哈得孙河差不多长，哈得孙河为315英里）流经平原的中部。这条河发源于坎特伍德山，因盛产绵羊和巴斯城而闻名于世。早在罗马时代，那些备受英国饮食习惯折磨的人聚集在巴斯城，一边在滚热的钙钠泉洗澡，一边品尝那未熟透的牛排和不太新鲜的蔬菜，以增强他们的体质。

泰晤士河流经奇尔特恩山和怀特霍斯丘陵之间，为牛津大学提供了一个划船比赛的便利场所，最后进入了低洼的泰晤士河谷。泰晤士河谷坐落在东盎格鲁山与北当山之间的崇山峻岭之中。如果泰晤士河没有被多佛尔海峡（连接大西洋与北海，由白垩石组成）拦腰截断，说不定还会一直流到法国去。

世界上最大的城市就坐落在泰晤士河畔。如同罗马或其他许多城市一样，伦敦市的所在位置以前也是十分偏僻、荒凉的，但伦敦的问世并非偶然，也非统治者的兴致所为，它的出现完全是经济发展的必然产物。为了使南来北往的英国人摆脱那些臭名昭著的摆渡人的勒索，在河上建造一座桥变得迫在眉睫。伦敦崛起的地方正好是渡口的终点处，河面并不太宽，于是，二十世纪以前的工程师就造出了一座安全牢固的桥梁，以方便百姓和商人们过河。

罗马人离开时，英伦群岛已是面目全非，但伦敦基本没变。伦敦现有人口800多万，比纽约市还多100多万。伦敦的面积是古代最大的城市巴比伦城的5倍，是今天巴黎的4倍。因为伦敦的建筑物都很低，英国人尊重个人隐私，不喜欢受到别人的干扰，不想住在鸽子笼一般的高楼大厦中，因此，伦敦市一直向水平扩展，而美国的城市却向上发展。

伦敦的中心区，即"伦敦城"，如今只是一个办公区。1800年，这里还有13万居民，但今天急剧减少到14000人了。英国拥有足够的剩余财富，她将数十亿英镑的流动资产用在海外投资上，每天大约有 50 万人来到伦敦城处理他们的投资，并对从殖民地运来的数不清的货物的经销进行监督，这些货物全部堆放在从伦敦塔一直延伸至 20 英里之外的伦敦桥的货仓里。

为了保证泰晤士河随时随刻畅通无阻，解决货物运输的唯一方法就是在沿河两岸修建码头和仓库。想要了解国际贸易到底是怎么一回事，只要到伦敦的码头看看就会明白。你就会发现，与伦敦相比，纽约从某种程度上只不过是一个乡间小镇而已，距重要的贸易主干线还有一段很远的距离。不过，事情会有所变化的。国际贸易中心已出现了西移的倾向，但伦敦在国际贸易方面的知识仍是无可匹敌的，而纽约只是刚刚起步而已。

我有点离题了。现在让我们暂时再回到 1500 年前的英格兰大平原。它的整个南部边缘都是山，最西端是康沃尔半岛，从地质上来说，康沃尔是被英吉利海峡切断了的布列塔尼的延伸部分。康沃尔是个神奇的地方，直至 200 年前，当地凯尔特人还说自己的语言，那里还矗立着一些奇怪的石刻纪念碑，和布列塔尼的纪念碑很相似，这证实了一个事实：同一种族的人在很久以前曾居住在这一地区。捎带提一下，康沃尔还是地中海水手发现的第一块英格兰土地。为了寻找铅、锌、铜等金属，腓尼基人（记住，铁器时代初期是这个民族最鼎盛的时期）曾向北航行到过锡利群岛，在那里他们还同从雾锁云遮的大陆过来的野蛮人做过交易。

康沃尔半岛最重要的城市是普利茅斯，它是一个军港，在这里除了偶尔看见一两艘大西洋汽船，再很难看到其他船只。康沃尔半岛的另一侧是布里斯托尔湾，在十七世纪它被视为"骗人的海湾"，因为从美洲返回英格兰的船只很容易把布里斯托尔湾误认为英吉利海峡，海湾中的逆流往往掀起四十英尺高的恶浪，导致船毁人亡。

布里斯托尔湾的北部是威尔士的群山。在安格尔西岛附近发现煤、铁、铜矿藏后，这里才引起人们的重视。现在，威尔士成为英格兰最富有的工业区之一。加的夫现在是世界上最大的产煤区之一，这里原本是古代罗马人修筑的一个城堡。一条从塞文河下穿过的铁路将它与伦敦连在一起。在工程界，这条河下铁路隧道享有盛誉，就像连通威尔士大陆和安格尔西岛及霍利黑德岛的跨海大桥一样名扬内外。从霍利黑德岛出发，能直接到达爱尔兰首都都柏林的港口金斯敦。

古代英格兰是一个四边形地区，英格兰的每一个城市和村落都拥有悠久的历史，都饱经了岁月的沧桑，以至于我连它们的名字都不敢提及，免得我总担心自己不是在说英格兰的地理，而是在讲世界地理。直到今日，这片土地仍是英格兰地主阶级赖以生存的基础。在法国，是有一些大地主的，但人数并不是很多，小地产所有者的数量比英国多10倍。丹麦的小地主的比例比英国更多。而今，这些乡绅们的地位已江河日下，变成了社会机构里的附属人员，他们教别人如何穿高尔夫球裤，或者靠打猎来打发时光，因此他们被戏谑为"可怜虫"。但这并非是由于他们无德无能，而是因为詹姆士·瓦特发明的实用而有效的蒸汽机，使社会经济格局发生了翻天覆地的变化。当时就读于格拉斯哥大学、对数学情有独钟的工具制造人，开始动手摆弄他老祖母的小茶壶，那时蒸汽还只局限于笨重而又缓慢的水泵。瓦特去世后，蒸汽机时代到来，而土地已不再是财富的唯一源泉。

有史以来，经济发展的核心地带都在英格兰南部地区，但从十九世纪上半叶起，这个核心地带北移到了兰卡斯特郡，曼彻斯特的纺织机在水蒸汽的驱动下高速运转着。在约克郡，蒸汽机使利兹和布拉德福德登上了全世界毛织品加工中心的宝座。在所谓的"黑区"，蒸汽机让伯明翰开足了马力，生产出数百万吨钢板与钢梁，这些钢板与钢梁被造成船，把英伦群岛生产出来的产品运往世界各地。

由蒸汽机取代人力所引起的巨变，是人类历史上最伟大的一次变革。当然，蒸汽机是不会思考的，要靠人来发动和操作，告诉它何时开始运转，何时停止工作。这项工作很简单，农民只需动动手，就会有巨额财富的回报。于是，农民们经不住城市的引诱，在短短的时间里，80%的农村人口蜂拥至城市，城市迅速膨胀，城区不断扩大，出租房屋的承包商迅速发家致富。就是在这段时间里，英格兰聚敛了大笔的财富，这笔财富足够可以支撑它很多年。

北海

人类的家园

但英格兰还能支撑多久呢？许多人至今仍在不停地反思。只有时间才能证明这个问题，或许就在未来的二三十年里就能做出解答，这是一件极有趣的事情。大英帝国的崛起与衰败，具有一系列的偶然因素，其命运与古罗马帝国颇为相似。罗马帝国作为地中海文明的中心，为了维持它的统治地位，不得不四处讨伐。大英帝国在成为大西洋文明的中心后，重蹈了罗马人的老路。今天，世界范围内的掠夺似乎已暂时告一段落，商业和文明已经开始跨海过洋。仅在几年前还是一个庞大帝国的中心，很快就衰落为荷兰对岸的一个人满为患的小岛。

这似乎是一场悲剧，但这是人类赖以生存的星球上的规律。

苏格兰

罗马人对苏格兰人的了解，就如同我们的祖先对大西洋沿岸的五个民族的了解一样。他们只知道在北方的某个地方，在大英帝国堡垒封锁线与诺森伯兰郡最后一片茅舍的北部，有一片荒蛮的山区，里面住着一群野蛮部落的牧羊人和牧主。他们的居住环境非常原始简陋，和其他民族不一样的是，他们的家庭血统遵从母系，山上除了几条陡峭的羊肠小道外，再没有其他通道。苏格兰人拼命抵制一切文明形式，因此，对待他们最好的方法就是不要去招惹他们。但是，苏格兰人还是一群凶猛的强盗，经常神出鬼没，偷去切维厄特丘陵上的羊群和坎伯兰的牛群。保护这些地区的一个行之有效的方法就是在泰恩河和索尔湾之间筑起一道高墙，并以剑刺或钉在十字架上等痛苦的惩罚方式来阻止他们再次冒犯。

这种方式果然有效。在罗马人统治英国的 400 年中，苏格兰人除了进行过几次大规模的征讨外，几乎再没有染指文明世界。他们继续保持着与爱尔兰岛的凯尔特同胞们之间的贸易往来，但是因为几乎没有别的物质需求，他们一般不与外界交往。古罗马城墙早已化为乌有了，但今天的苏格兰人依然过着苏格兰式的生活，发展着苏格兰式的文明。

苏格兰是一块非常贫瘠的土地，这一事实或许是苏格兰人保持自己民族特性的真正原因。苏格兰的绝大部分土地是山区，在人类出现之前，这些山几乎与阿尔卑斯山一样高。但因风雨的慢慢侵蚀，这些高山渐渐变得矮小了，而激烈的地壳上升运动也使山体下沉。曾席卷斯堪的纳维亚的大规模冰川的入侵把沉积在山谷中的本来少得可怜的泥土冲刷得干干净净，难怪只有10％的人口居住在高山地区，而其余90％的人则拥挤在低地地区，这是一块西起克莱德湾东至弗思湾的狭长地带，最宽处还不足50英里。在两座火山(从前多数重镇都建在死火山口上)喷发而成的山脉之间，建有苏格兰最大的两座城市——爱丁堡(古苏格兰的首府)和格拉斯哥。格拉斯哥是现代的钢铁、煤炭、造船和制造业中心所在地，这两座城市由一条运河联结。另一条运河连接弗斯湾和马里湾，小型船只可以通过这条运河直接从大西洋驶向北海，而不必再在约翰欧格罗斯、奥克尼群岛和设得兰群岛——从爱尔兰伸向挪威北角之间大陆的残骸——之间冒险行驶了。

然而，格拉斯哥的繁荣并不意味着一个国家的繁荣，因为苏格兰农民还在贫困线上挣扎着，他们的劳动所得只能保证自己不被饿死，绝不能让他们感受到真正活着的滋味。这也许会使苏格兰人对辛辛苦苦挣来的几先令视若珍宝，但同时也让他们懂得完全要靠自力更生，靠自己的聪明才智，而不用去理会别人怎么说。

一次偶然的历史事件，伊丽莎白女王临终前把英格兰的王位让给了她的苏格兰表弟斯图亚特王朝的詹姆士，自此苏格兰被纳入了英格兰王国的版图。这样，苏格兰人可以随意出入英格兰。一旦苏格兰人感到小岛太小而无法施展自己的远大抱负时，就可以驰骋于帝国的整个大地上。苏格兰人勤俭节约、聪慧过人，但缺乏激情，他们完全能够胜任边远地区的领导职务。

爱尔兰——自由王国

这里要讲的是一个完全不同的故事，是一个令人费解的、与人类命运有关的悲剧。这本来是一个智力超群的民族，却义无反顾地背离了自己眼前的历史使命，为了一个毫无价值的理由，结果前功尽弃。与此同时，它的邻国却对它心怀愤恨，虎视眈眈，时刻准备着对那些还没有懂得正大光明的自身利益才是人类生存的第一法则的民族，进行羞辱和统治。

那到底谁是罪魁祸首呢？我不知道，没有人知道。是地质构造吗？几乎不可能。爱尔兰也是史前时代巨大的北冰洋大陆的残余。假如它在地质变迁的过程中下沉到海岸山脉以下，它的地质构造也许会好很多。但是,它现在的地形就像一个大汤盘,使本来朝大海流去的河流变成了弯弯曲曲、百转千回的河道,通航根本不可能了。

是气候吗?不!爱尔兰的气候与英格兰的气候差别并不大,爱尔兰只是更潮湿,雾更多一些。

是地理位置吗?也不是!在美洲被发现后,在所有与新大陆有商业贸易的欧洲各国中,爱尔兰的距离最近,地理条件也是最为便捷的。

万一英吉利海峡干涉了

爱尔兰

那到底是什么原因呢？恐怕还是要归咎于让人捉摸不透的人性。在爱尔兰，人们又一次自毁前程，使自然界的一切优势变得毫无用处，把胜利变成了失败，勇敢者变得沮丧，最后锐气削减，意志消沉，只能默默地承受命运的凄凉。

文化氛围又扮演了一个什么的角色呢？我们都知道爱尔兰人是多么喜欢他们的神话故事。在每一个爱尔兰戏剧和民间故事中几乎都会出现小精灵、狼人、小妖精等之类的故事。说句实在话，即使在百无聊赖的日子里，我们对爱尔兰人的那些小妖魔鬼怪以及远房近邻们有时也感到厌烦呢。

你也许会说我有又脱离了主题，这些又与地理有什么关系呢？对于无数的山川、河流、城市的分布以及有关煤炭出口、棉花进口量统计的地理，这的确是无关的。但是，人类不仅仅要填饱肚子，它同样有思想、会幻想。爱尔兰总是存在一些与众不同的东西。当你从远处眺望其他国家时，你会对自己说："那儿有一片陆地，看上去似乎与海平面齐

人类的家园 199

平,或高出海平面;大地或是棕色的,或是黑色的,或是绿色的。那里生活着许多人,有些人正在大吃大喝;有些人是美丽的,有些人是丑陋的;有些人过得很幸福,有些人生活很悲惨;有些人努力地活着,有些人正在死去;他们死后有些人得到牧师的祝福,有些人没有得到牧师的祝福就被埋葬了。"

同其他国家相比较,爱尔兰确实与众不同。爱尔兰继承了它以前世俗的传统,或者他们就根本不会随波逐流。爱尔兰的天空中到处弥漫着寂寞的气息,这种孤独的气氛甚至可以触手可及。昨天还是确确实实的东西,今天却被谎言与疑虑包围。几个小时前还是简简单单的事情,转眼就变得错综复杂了。岛屿的西侧是深不可测的大西洋,但与你脚下的这片土地相比,它的神秘感会逊色许多。

同历史上任何一个民族相比,爱尔兰人受统治的时间都要更长一些,他们为此怨恨不已,进而谴责每个人、每件事。然而,他们本应该对本民族的整体素质进行反思,可在他们的思想深处一定存在着某种认识上的细微错误,以致他们千百年来一直不求上进、落落寡合。我认为,这种错误认识已经在爱尔兰这块沃土上深深地扎下了根,他们宁可为这片沃土去流血牺牲,也不愿好好地为此活下去。

英格兰的诺曼征服者们刚刚在这片土地上站稳脚跟,就把贪婪的目光投向了爱尔兰海。爱尔兰海和北海一样,本来也是一个沉入海底的盆地,算不上是大西洋的一部分。爱尔兰岛十分富饶,岛内的局面助长了他们侵略的野心。岛上的部族首领们之间向来不和,因此,把全岛变成一个统一的王国的所有努力都以失败告终。就像征服者威廉的同代人所说的一样,爱尔兰是"一个令人焦虑的讨厌鬼"。在爱尔兰随处都可以看见睁大了眼睛的牧师,迫切希望把基督的福音传遍世界。但爱尔兰没有一条公路、一座桥梁,没有任何交通设施,更不用说一切可以使老百姓的生活更安宁、更和谐的重要设施了。因为岛屿四周的边界地区比中心高出了许多,所以中间出现了一大片沼泽。沼泽地有非常糟糕的毛病,就是不愿将泥塘里的水排干。当人的灵魂充满诗意时,怎么愿意动手去刷碗碟呢?

尽管英法的统治者都拥有至高无上的权力,却也能和当时主宰世界的领袖们保持极其友好的关系。教皇英诺森三世对于亲爱的教子约翰曾给予了紧急声援,宣布《大宪章》无效,谴责那些胆敢逼迫国王签署丧权辱国的一纸文件的贵族,诅咒他们万劫不复。当一位爱尔兰首领请求英格兰的亨利二世来援助他打败自己的强敌(我忘记了当时到底有多少)时,罗马与爱尔兰之间便有了联系。罗马教皇阿德利安四世十分热心地签署了一份和平协议,委任英国国王出任爱尔兰的世袭君主。于是,一支由 200 名骑士和不足 1000 人的杂牌军组成的诺曼军队占领了爱尔兰,给爱尔兰人强行套上了封建制度的枷锁,爱尔兰人仍然过着快乐的原始部落的生活,而这种生活方式在其他国家早已绝迹了。这就是纷争的根源。直至几年前,这种纷争才算告一段落。但说不准哪天它又会像火山一样突然喷发出来,再度成为世界各地报纸的头版头条。

正如爱尔兰精神一样,它的地形非常适合谋杀和伏击。在爱尔兰,崇高的理想与卑鄙的背叛无可救药地纠缠在一起,以至于让人认为如果不杀光所有的当地人,问题就永远得不到解决。哎呀,这绝不是危言耸听。征服者曾多次试图将爱尔兰人赶尽杀绝,并将他们驱逐出境,然后再没收他们的全部财产,以进奉给国王和他的亲信们。例如,在 1650 年,爱尔兰人凭着他们虚幻的直觉和一时冲动,在错误的时间作出错误的决定——支持一文不值的查尔斯国王,克伦威尔率兵残酷地镇压了这次爱尔兰人起义。虽然经过了数个世纪的湮没,但人们对当年克伦威尔在爱尔兰犯下的滔天罪行仍然记忆犹新。这是一次企图一劳永逸地解决掉爱尔兰问题的尝试,结果是爱尔兰的人口锐减到 80 万,大批人被饿死(活下来的爱尔兰人一向不是很多),那些通过乞讨、借贷或者甚至抢劫的人,只要攒够了一张船票,就匆匆逃离爱尔兰,到国外去谋生。走不了的人,满腹怨恨,守着他们亲人的坟墓,仅靠土豆为生,望眼欲穿地等待别人的援助,一直等到了世界大战,他们最终才得以解脱。

从地理方位上看,爱尔兰是北欧的一部分;从精神上看,直到最近,爱尔兰还处在地中海文明中心的某个地方。爱尔兰已获得了自治权,享有加拿大、澳大利亚和南非同样的权利,但直至今日,它还与整个世界相差一段距离。他们没有为联合王国而努力奋斗,而是分成了两大阵营,彼此之间互相仇视。南部天主教徒约占爱尔兰总人口的 75%,享有"自由之国"的地位,定都都柏林。而北半部,通常称为阿尔斯特,共有6个郡，那里差不多都居住着外来的新教徒后裔，仍然是英王的臣民，继续向伦敦的英国议会派出自己的代表。

爱尔兰目前的现状就是这样。谁也无法预言1年之后或10年之后的情况。但是，1000多年来，爱尔兰人的命运终于掌握在自己的手中。现在，爱尔兰可以自由地发展他们的港口，并把科克、利默里克和戈尔韦建设成真正的港口。他们可以借鉴农业合作制，这种制度在丹麦已证明是非常成功的。爱尔兰的奶制品完全可以与世界其他地方的产品相媲美。作为自由和独立的爱尔兰公民，他们终于可以在世界上发挥自己的作用了。

但是，爱尔兰人能否彻底忘记过去的苦难，理智地投入到未来中去吗？

第二十二章　俄罗斯

——受地理位置的影响，人们需要在地图上确定它是欧洲还是亚洲之国

从地理上看，俄罗斯占地球陆地总面积的七分之一，比欧洲的面积大两倍，是美国的三倍，它的人口数量相当于欧洲四个最大国家的人口数量总和。可是，尽管在蒙罗维亚和亚的斯亚贝巴都有美国的外交使节，但莫斯科却一个也没有。

所有这一切都是有原因的。从表面上来看，似乎是一个政治原因，但实际上却是取决于地理因素，因为就我所知，俄罗斯比任何一个国家都更具有地理背景。俄罗斯到底是欧洲之国还是亚洲之国呢？就连它自己都举棋不定。这些复杂的情感引发了文明之间的冲突，而这个冲突是造成俄罗斯现状的原因。我希望可以借助一张简单的地图来说明问题。

不过，首先还是让我们试着回答这个问题，俄罗斯到底是一个欧洲国家还是亚洲国家呢？为了便于理解，把自己假设成一个楚科奇人，居住在白令海峡之滨，你对自己当前的生活（这也不能怪你，因为要在东西伯利亚的冰天雪地中生活确实很不容易）并不满意，所以你决定遵照霍勒斯·格里利的建议——到西部去。再假设你不喜欢住在山区，决定去住在你儿时所向往的大平原上。你向西畅通无阻地走了几年，除了要游过十几条宽阔的大河之外，就再无其他阻碍了。最后，你也一定会来到乌拉尔山。在所有的地图上，乌拉尔山脉都被标注为亚欧两个大洲之间的分界线。但实际上，这些山不足以算作是真正的障碍，因为第一批俄罗斯探险家（实际上是一伙亡命之徒，他们逍遥法外，一旦发现了有价值的东西，他们就立刻被抬举成了"探险家"）是扛着木船跨越

了乌拉尔山，进入了广袤的西伯利亚大平原。你也可以扛一艘小船去爬落基山脉或阿尔卑斯山体验一下！

离开乌拉尔山，你还需要艰难跋涉约半年左右的时间，才可以抵达波罗的海。在从太平洋到大西洋（波罗的海实际上只是大西洋的一个分支）这段漫长的征途中，你会自始至终都行进在广袤的大平原上。俄罗斯只是一片更大的平原的一部分，覆盖了亚洲面积的三分之一和欧洲的一半（因为这片大平原与延伸到北海边上的德国平原连成一片）。但这也使俄罗斯处于一个十分不利的地理位置，北面濒临北冰洋。

这就是昔日俄罗斯帝国不幸的根源。为了靠近"温暖的海洋"，数百年来，俄罗斯人不惜血本，花费巨大的财力和物力，做了无数次徒劳无益的努力。这也是苏维埃社会主义共和国联盟（罗曼诺夫王朝垮台后建立起来的新政权）的心病之一。这个帝国如同一幢高大的建筑物，高80层，有8000个房间，但除了在三楼后面有两个小窗同防火通道连通外，再无任何出入口了。

与那些小的可怜的国家，比如说英国和法国相比，你也许已经习惯于认为美国是一个庞大的国家。而这片处处飘扬着俄罗斯国旗的大平原的面积是法国的40倍，是英国的160倍，是整个欧洲的3倍，占我们整个地球面积的七分之一。俄罗斯的第一大河是鄂毕河，与亚马逊河几乎一样长。它的第二大河勒拿河，其长度与密苏里河等长。在其众多的内海和湖泊中，西部的里海是休伦湖、苏必利尔湖、密歇根湖及伊利湖的面积之和。它中部的咸海比休伦湖大4000平方英里，而东部的贝加尔湖几乎比安大略湖大两倍。

南部高耸的山峰，把俄罗斯大平原与亚洲的其他部分分割开来，高度几乎可以与美国的最高峰匹敌，因为阿拉斯加的麦金利山为20300英尺，高加索的厄尔布鲁士山为18200英尺。地球上最寒冷的地区在西伯利亚的东北角，俄罗斯大平原在北极圈以内的领土面积是法、英、德及西班牙四国面积的总和。

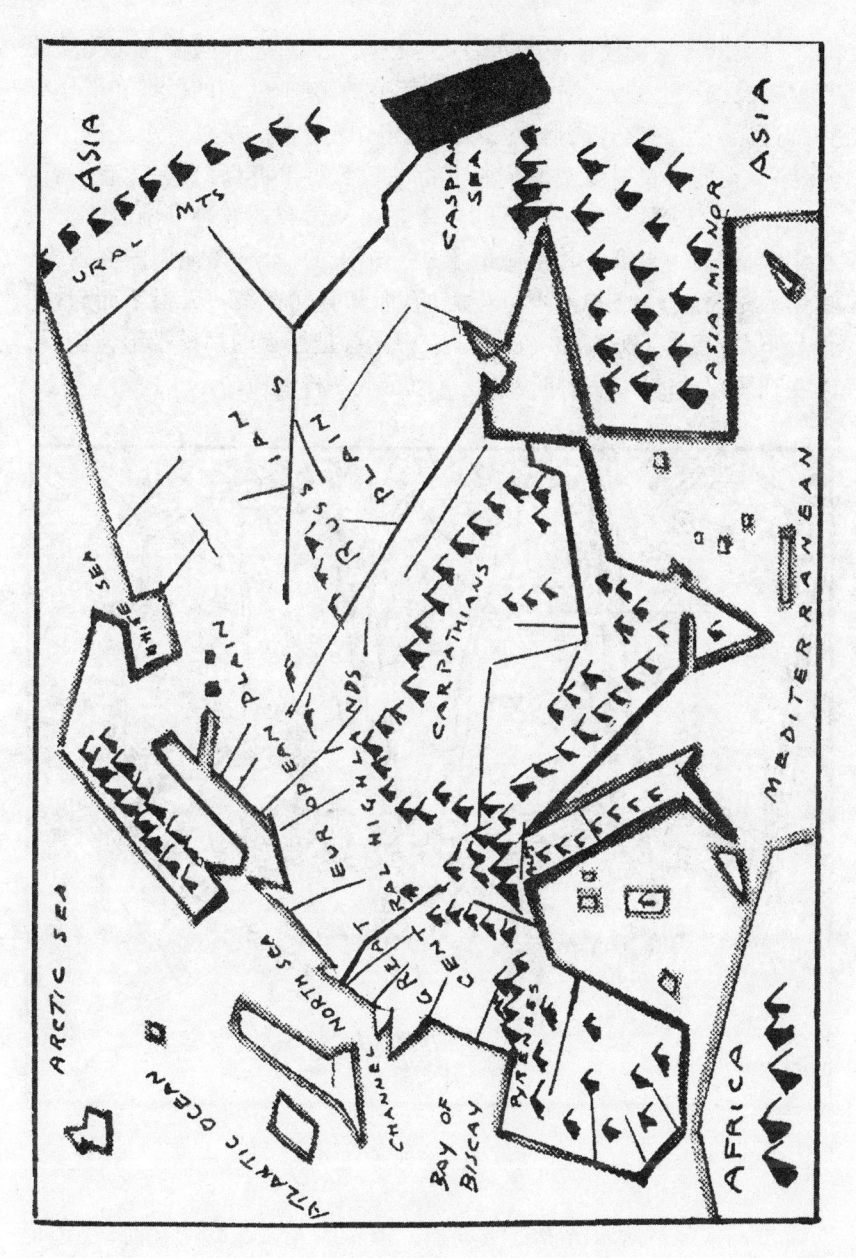

欧洲

这里的一切都使俄罗斯人喜欢走极端。那些常年生活在光秃秃的荒原以及冻土上的人,深受周围生存环境的影响,他们的思维和举止行为都遵循一定的模式或体系,这在别国人眼里肯定是荒诞不经的。千百年来,他们一直很虔诚地按照上帝的旨意行事,但后来突然有一日,他们抛弃了上帝,甚至将神圣的上帝之名从学校的教科书中删去。千百年来,他们一直都心甘情愿地服从一个人的命令,在他们的心目中,这个人是至高无上、神圣不可侵犯的,但却突然在某一天揭竿而起,把他赶下台,接受了另一种政权——它许诺会把巨大的幸福带给他们,可它现在跟以前的沙皇一样残忍、一样苛刻、一样专横。

俄罗斯风景

罗马人显然从未听说过俄罗斯。古希腊人去黑海淘金时(还记得"金羊毛"的故事吗?)在那里曾遭遇了一些野蛮部落,古希腊人称他们为"喝马奶的人",根据当时流传下来的希腊古瓶画可以判断出,他们当时遇到的那些人很可能是哥萨克人的祖先。当俄罗斯人第一次出现在历史的舞台上时,他们居住在一块方形土地上,其南部是喀尔巴阡山和德涅斯特河,西部是维斯瓦河,北部和东部分别是普里佩特沼泽和第聂伯河。在北部的波罗的海大平原上,居住着他们的近亲立陶宛人、列特人以及普鲁士人。普鲁士人在德国的现代史上发挥过重要的作用,但他们的祖先是斯拉夫人。芬兰人居住在东部,他们现在被圈在北冰洋、白海和波罗的海之间的一小块土地上。南部生活着凯尔特人、日耳曼人或这两个民族的混血儿。

不久之后,在日耳曼部落开始在欧洲中部四处游荡时,他们发现要想随时弄到仆人,只要去袭击东部的邻邦,因为他们是一个温顺的民族,不管命运如何摆布,他们总是耸耸肩,嘟哝一句:"唉,生活就是这样!"

这些北方邻人似乎有自己的名字,在希腊人听来有点像"斯拉夫尼"。早期的奴隶贩子经常偷袭喀尔巴阡山地区,把劫掠的人口作为商品囤积起来,并常常说掳来了多少个奴隶或斯拉夫人。于是,"奴隶"这个词逐渐就成了一种商标,指那些被卖作他人合法财产的不幸之人。但正是这些奴隶或斯拉夫人最后发展成为当今世界最强大的中央集权国家,这是人类历史上的一大玩笑,但我们不幸成了这个玩笑的对象。如果我们的祖先当初稍微有点远见,我们今天也不至于沦落到如此尴尬之境地。对此,我会略作阐述。

斯拉夫人在那块小三角地上安静地生活着,人口急剧地膨胀,所以他们急需更多的土地养活自己。然而,他们西进的道路被强大的日耳曼部落挡住了,而罗马和拜占庭却割断了他们去地中海花花世界的通道,只有东方是他们唯一的出路。于是,斯拉夫人蜂拥至东方,寻找更为广阔的土地。他们跨过德涅斯特河和第聂伯河,直到伏尔加河岸边才停下来。俄罗斯农民把伏尔加河称为"母亲河",因为它向他们提供了取之不竭的鱼类资源,养活了成千上万的俄罗斯人。

伏尔加河是欧洲最大的河流,发源于俄罗斯北部中央高原的低矮群山之间,也就是在这群山之间,俄罗斯人修筑了大量的城堡、要塞,并建起了俄罗斯大多数的早期城市。为了能够回归大海，伏尔加河在群山中曲折蜿蜒，绕了一大圈之后才向东奔流而去。由于两边山势的挤压，伏尔加河东岸高耸陡峭，而西岸却低矮平坦。群山的阻挠使伏尔加河七拐八弯，从源头附近的特维尔到里海的直线距离虽然只有 1000 英里。但伏尔加河河道却长达 2300 英里。伏尔加河的流域面积是 563000 平方英里，比密苏里河（520000平方英里）大 40000 平方英里，它流经的面积与德、法、英三国的总面积差不多一样大。但是，同俄罗斯的一切事物一样，伏尔加河也有让人难以琢磨的地方。伏尔加河是一条举世闻名的航运河（第一次世界大战前，这条河上的船只就多达 40000 多艘），但是，当它流到萨拉托夫市时，就和海平面齐平了，因此，最后的几百英里就流到海平面以下了。但这并没有什么大惊小怪的，因为伏尔加河最终要注入里海，而里海处于多盐沙漠的中部，这里地壳下沉十分严重，目前还要比地中海低 85 英尺，再过 100 万年，里海的海拔可能会和死海不分上下了。死海目前位于海平面以下 1290 英尺——这是世界海拔的最低记录。

顺便提一句，伏尔加河被认为是人类餐桌上鱼子酱的母亲河。我有意采用"被认为"这个词，是因为鱼子酱

旧俄罗斯贸易路线

并不直接出产于伏尔加河,为人类提供了这道闻名遐迩的俄罗斯佳肴的并不是鲟鱼,而是金枪鱼。

在铁路未被广泛使用前,人类贸易往来或者抢掠的自然通道是河流与海洋。由于俄罗斯西边通往大海的海路被条顿部落切断了,而另一伙竞争对手,拜占庭人又挡住了南下之路,俄罗斯人只能依靠自己的河流去寻找更多的自由土地了。因此,从公元600年到今天,俄罗斯的历史始终与两条大河密不可分,一条是我刚刚介绍过的伏尔加河,而另一条则是第聂伯河,其中第聂伯河更为重要,因为它是从波罗的海通往黑海的重要商道。毫无疑问,这条商道同通往德国大平原上的那条商道一样古老。请看地图,听我娓娓道来。

从北方开始,我们首先看到涅瓦河把芬兰湾与拉多加湖(和安大略湖面积差不多)连在一起,列宁格勒就坐落在涅瓦河畔。从拉多加湖向南流去的一条小河是沃尔霍夫河,它把拉多加湖与伊尔门湖连接起来。伊尔门湖之南是洛瓦季河,从这里到多瑙河的距离很近,两条河之间的地势平坦,方便开展水陆联运。一旦克服这一困难,游客就能从北方出发,一路悠闲地乘船顺第聂伯河而下,直抵距克里木半岛西边仅几英里的黑海。

贸易和商业无国界,也无种族之分。在利润的驱使下,人们把斯堪的纳维亚地区的货物千里迢迢地运送到东罗马帝国,这也是他们千方百计地在这些地区立足生根的原因。在耶稣诞生后的五六百年间,顺着加利西亚山和波多利亚山(喀尔巴阡山外围)之间由地质下陷而出现的低谷,这条便捷的商道直通俄罗斯中央平原。

然而,当这个地区逐渐地挤满了斯拉夫移民时,情况发生了改变。原来的商人摇身一变,成了政治上的霸主,建立起自己的王朝,从此再也不必四处奔波了。俄罗斯人尽管天资聪慧,却向来不擅长于安邦治国。他们缺乏条顿人的细致和严谨。他们生性多疑,容易受外界的打扰。他们善于侃侃而谈,乐于低头沉思,这种性格很适合于需要集中注意力和做出迅速判断的竞赛。因此,要想在某个地方定居下来,并当个地方诸侯并不是什么难事。当然,俄罗斯人最初的野心并不大,他们只需要一块安身之地。在他们为自己建起半君主制的宫廷后,也需要为自己的侍从臣民们建安身之所,于是,最早的俄罗斯城市就出现了。

欧洲：海岸、海岛、河流之大洲

当一座城市刚刚兴起,充满活力时,就会格外容易引起外界的关注。君士坦丁堡的牧师们听说了这次拯救灵魂的好机会之后,就划着小船顺着第聂伯河一路北上,就如几百年前斯堪的纳维亚人划船南下一样。他们与当地的诸侯结合起来,使修道院成为王宫的附属地。于是,罗曼诺夫王朝就登上了历史的大舞台。南部的基辅和富有的商业城市大诺夫哥罗德(与下诺夫哥罗德无关,建在伏尔加河和奥卡河的汇合点上)变得非常富裕,声名远扬,甚至连西欧各国都知道它们的存在。

同时,俄罗斯的农民们仍然像他们过去几千年中所做的那样,耐心地繁殖人口。当他们发现又需要更多的土地时,他们就再度开疆拓土,从乌克兰肥沃的河谷,也就是欧洲最富裕的粮仓出发,向俄罗斯平原中部扩张。在到达最高点后,他们沿着河流向东前进。他们不慌不忙(俄罗斯农夫是没有"时间"观念的)地沿着奥卡流域前进,最后抵达伏尔加河,建立起另一座叫诺夫哥罗德的新城,这座城市永远控制了平原的周边地区。

旧俄罗斯

人类的家园

但是，在历史的长河中，"永远"绝非永恒，因为在十三纪初，一场大灾难暂时毁灭了俄罗斯人的雄心壮志。从乌拉尔山与里海之间的宽谷中，向西涌出成千上万个矮个子黄种人，似乎是所有的亚洲人都要迁到欧洲的中心。这让那些西方的挪威—斯拉夫小公国惊愕万分。在不到3年的时间里，俄罗斯所有的平原、河流、河流和山丘都悉数落入鞑靼人的掌控之中。仅仅是由于非常难得的幸运（鞑靼人的马蹄染了瘟疫），德国、法国和其他西欧国家才得以幸免于难。

当鞑靼人饲养出新的一群战马后，他们又一次发动了西征。但是，由于日耳曼人和波希米亚人的城堡坚不可摧，这些入侵者不得不绕一个大圈子，取道匈牙利，在那里烧杀劫掠，然后又定居在俄罗斯东部和南部，享受他们胜利的果实。在此后的2个世纪里，无论何时看见让人闻风丧胆的成吉思汗的后裔，信仰基督的男女老少都必须拜倒在泥土中，亲吻他们的马镫，否则就会立即被处死。

欧洲人知道这一切暴行，但他们却没有理会。由于斯拉夫人是按照希腊的礼仪供奉上帝，而西欧人是按照罗马的礼仪供奉上帝，既然如此，欧洲人在心里说，就让异教徒们怒火燃烧吧，就让那些俄罗斯人变成最凄惨的奴隶，在别国皮鞭的统治下垮掉吧，谁让你们俄罗斯人是异教徒呢？那就是你们的报应。最终，他们的冷酷无情让他们付出了无比沉重的代价。俄罗斯人耐心地忍受这一切，他们用宽厚的肩膀扛起"当权者"强加给他们的一切重负。在鞑靼人统治的两个半世纪中，他们养成了逆来顺受的恶习。

他们不得不背负这副沉重的枷锁，永远也无法得以解脱。莫斯科（斯拉夫古老的东方前哨）这个小公国的统治者，开始承担起建立一个自由国家的重任。1480年，约翰三世（俄罗斯历史上的伊凡大帝）拒绝向金帐汗国的统治者缴纳岁贡，这是公开反抗的开始。半个世纪后，这些外来侵略者被打败了。但是，虽然这些鞑靼人消失了，但他们的制度却保存了下来。

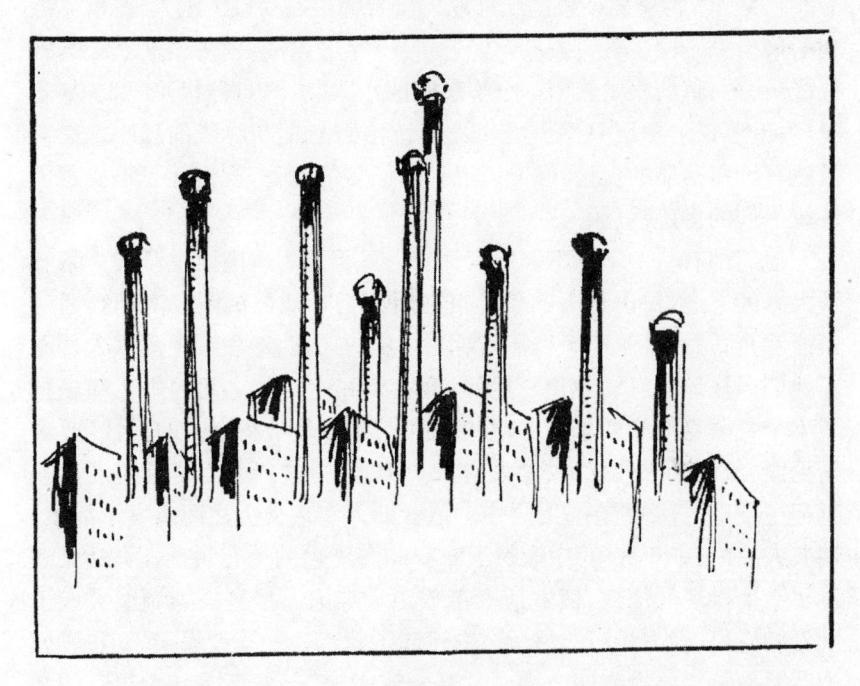

新俄罗斯

新统治者都非常"务实"。大约30年前,君士坦丁堡被土耳其人攻陷,东罗马帝国的最后一个国王在圣索菲亚大教堂的台阶上遇刺。但他还有一个远亲,名叫佐伊·帕里奥洛加斯,而她正好是位罗马天主教徒。罗马教皇想抓住这次大好机会,把希腊教廷这只迷途的羔羊带回他自己的羊圈,于是,建议伊凡与佐伊联姻。婚礼如期举行,佐伊也改名为索菲亚,但教皇的如意算盘却落了空。伊凡变得更加桀骜不驯了,他意识到这是他取代拜占庭帝国的天赐良机。他采用了君士坦丁堡刻有著名的双头鹰的盾形徽章,这两头鹰分别代表东西罗马帝国。他确立了自己神圣不可侵犯的皇权,把手下的贵族变为奴仆。他把从前拜占庭的礼仪搬进了自己小小的莫斯科宫廷,把自己视为当今世界上唯一的"恺撒大帝",在家族成就的鼓舞之下,他的孙子最后宣布自己是所有被征服的俄罗斯领土的皇帝。

1598年，古老的斯堪的纳维亚入侵者的最后一位继承人，鲁雷克王朝的最后一个国王贵胄去世。经过了15年的内战，罗曼诺夫家族的一位成员——莫斯科贵族中一个不起眼的小人物——自封为沙皇。从此以后，俄罗斯的疆域只是罗曼诺夫人政治野心不断膨胀的反映。他们虽然有许多明显的劣迹，但他们也有同样多的美德，我们还是不要过于计较他们的劣迹吧。

他们都有一个坚定不移的信念——只要能为本国臣民开辟一条直通大海的通道，付出再大的代价也在所不惜。他们试图在南部打通一条能够直达黑海、亚速海和塞瓦斯托波尔的通道，却发现土耳其人切断了他们通往地中海的通道。然而，俄罗斯和土耳其之间的争斗却赢得了十个哥萨克部族的忠诚。这些哥萨克部落是哈萨克人的后代，或者是抢匪、流浪汉或逃奴，在过去的500年之中，这些人为了逃避波兰或鞑靼主子，一直隐匿在荒野之中。俄罗斯人和瑞典人之间爆发了战争，瑞典人在"三十年战争"中取得了波罗的海周边的所有领土，后来，又经过了半个世纪的征战，俄罗斯人击败了瑞典人。沙皇彼得调遣了成千上万的臣民，在涅瓦河的沼泽之中建起了新都——圣彼得堡。但是，因为芬兰湾每年要封冻四个多月，"开阔的大海"仍然还是一个遥远的梦想。俄罗斯人又沿着奥涅加河与德维纳河，穿过苔原中心地带——北冰洋沼泽荒原，在白海之滨的尽头建起了另一座城市，就是后来的阿尔汉格尔斯克。但是，荒凉的卡宁半岛离欧洲太遥远了，就像哈得孙湾冰封的海岸一样遥不可及，甚至连荷兰和英格兰的商船都竭力避开摩尔曼海岸。俄罗斯人的努力似乎又付诸东流了。除了尝试开辟向东的路线之外，再无别的出路了。

1581年，约有1600名来自欧洲六国的逃奴、流浪汉和战俘组成的队伍，越过了乌拉尔山。在东进的途中，他们不得不与遇到的第一个鞑靼可汗（西伯尔或西伯利亚的首领）率领的军队展开了殊死搏斗，结果大获全胜，并将战败者的财产瓜分。但他们知道莫斯科人的势力范围非常广，与其等待小个子黄种人的皇帝派兵追来，把他们当做叛徒、逃兵而处以绞刑，还不如把这块土地献给沙皇，没准对亲爱的大帝作出的这份贡献，日后会赢得真正爱国者的称号。

这种独特的殖民方式持续了将近一个半世纪。在这些"恶棍"到来之前,这块人口稀少的大平原无限地延伸,但这个平原却非常富饶——北边是广袤的平原,南边又有郁郁葱葱的密林。这些人很快就将鄂毕河甩在了身后,抵达叶尼塞河。早在1628年,这群臭名昭著的入侵者就到达了勒拿河,1639年,又来到了鄂霍次克海岸边,1640年之后,他们在南面的贝加尔湖建起了最早的一个要塞。于1648年抵达阿穆尔河。在同一年,一个叫德日涅夫的哥萨克人顺着西伯利亚北部的科雷马河而下,然后沿着北冰洋的海岸线抵达了亚洲与美洲分界处的海峡。之后,他向别人讲述了这个发现,但没有引起人们的注意。俄罗斯雇佣的丹麦航海家维丘斯·白令在80年后再一次发现了这些海峡,最后便以他的名字来命名,这就是白令海峡。

从1581年至1648年的67年中,当你考虑到我们美国的祖先花了大约200年的时间,才从阿勒格尼山走到太平洋岸边,你就会理所当然地发现俄罗斯人并不像我们所想象的那样迟钝。在将整个西伯利亚都招入麾下后,这些俄罗斯人还没有得到满足,最后,他们还从亚洲踏进了美洲。在乔治·华盛顿去世前的很长一段时间里,俄罗斯人在美洲建立了一个十分繁荣的殖民地,这就是今天的锡特卡,以阿尔汉格尔·加百里列的名字来命名的一个要塞。1867年,俄美两国移交阿拉斯加的正式仪式就是在锡特卡举行的。

如果说到精力、个人胆识及不顾一切的冒险精神,这些早期俄罗斯开拓者要比我们美国的开拓者强得多。但是,亚洲人的帝王观念仍主导着莫斯科和彼得堡的当权者,这阻碍了一个地区的正常发展,而这里有着丰富的宝藏在等待着智慧之人来开采。可是,俄罗斯人却没有开发利用西伯利亚大平原上的牧场、森林和矿藏,反而把它建成了一个庞大的监狱。

西伯利亚东部

十七世纪中期，也就是叶尔马克翻越乌拉尔山的50年之后，西伯利亚迎来了第一批囚犯。他们都是拒绝遵循希腊教会的仪式做弥撒的教士，于是，就被流放到了阿穆尔河畔（即黑龙江），任其冻死、饿死。从此之后，流放大军从未中断过。因为欧洲个人主义的观念与沙皇政府所推行的上下一统的亚洲式思想发生了冲突，无数的男男女女（常常还有小孩）被成批地赶到了荒山野林中。这种流放政策在1863年进入了一个高峰。在波兰革命爆发后不久，5万多名波兰爱国者被迫从维斯瓦河迁到托木斯克和伊尔库茨克地区。到底有多少人被强迫移民，没有具体的统计数据。但是，从1800年至1900年，由于国外政府的施压，这种流放政策稍为缓和了一点，但每年流亡的人数仍达2万之多。然而，普通罪犯、杀人犯、小偷、窃贼等还没计算在内。这类流放者往往不能与那些具有伟大高尚心灵的人相提并论，但他们唯一的错误就是过于热爱他们的同胞。

当他们的服刑期满了之后,幸存者就会在流放地附近分到一小块耕地,这些幸存者就成为自耕农。让白种人居住在全国各地,从理论上讲,是一个伟大的计划,而且,沙皇政府也能向欧洲的股东们显示,西伯利亚并不像人们传说的那么糟糕,而只是个别部门在疯狂地虐待流放者,相反,"囚徒"会被教化成有益于社会的劳动者。然而,实际上,这个计划执行得非常顺利,以致于大多数所谓的"自由移民"从地球的表面上消失得无影无踪了。他们也许和某个土著部落居住在一起,成了穆斯林或异教徒,永远告别了基督文明。也许,他们在逃跑途中被狼吃掉了。我们无从得知。俄罗斯警察的统计数据表明,一直有3万～5万逃犯逍遥法外。他们可能躲进了深山老林,宁愿饱受种种艰辛,也不愿呆在沙皇的监狱里。但是,西伯利亚监狱上空已不再飘扬沙俄帝国的国旗,而是苏维埃的国旗,并且实行了新政策。但他们的手法没有发生改变,还是来源于鞑靼人。

众所周知,随着俄罗斯古老的物物交换制度和农奴体制的结束,取而代之的是资本主义制度和工业化大生产。在林肯签署《解放黑奴宣言》的前几年,俄罗斯的农奴已获得自由。为了让他们生存下去,俄罗斯政府分给他们一小块土地,但这么少的土地是远远不够的,而且划分给农奴的土地又是从农奴主那儿夺来的。结果,不论是农奴主还是农奴都没有充足的土地来维持生计。同时,外国资本家一直以来对俄罗斯大平原丰富的矿藏垂涎三尺。于是,铁路建起来了,轮船航道也开通了,欧洲的工程师们蹚过半亚洲式村庄的泥泞来到这里,却看到了一座和巴黎大剧院相仿的豪华剧院,这些工程师们不禁自问:这怎么会可能呢?

昔日驱使俄罗斯王朝的缔造者们征服一切的那种勇猛锐气已经消失得无影无踪了。现在坐在昔日彼得大帝的宝座上的是一个身体羸弱的人,整日混在教士和女人堆中。他将王位抵押给了伦敦和巴黎的那些放贷者,并接受他们开出的条件,迫使他卷入到一场多数子民都讨厌的战争中,这等于他在自己的死亡判决书上签了字。

一个从西伯利亚流放地归来的矮小、秃顶的人,把这个行将崩溃的国家掌握在自己手中,并开始重建家园。他打破了欧洲的旧体制,也抛弃了亚洲的旧体制,他废除了一切陈旧腐朽的体制。他用未来的眼光着手建设新家园,但仍是鞑靼人的眼光。

俄罗斯的将来会是怎样,也许 100 年后我们会知道。如果我们能够给你画出苏维埃国家的轮廓,那就足够了,但这个轮廓也是非常模糊的,因为这个体制一直处在不断变化的过程中。

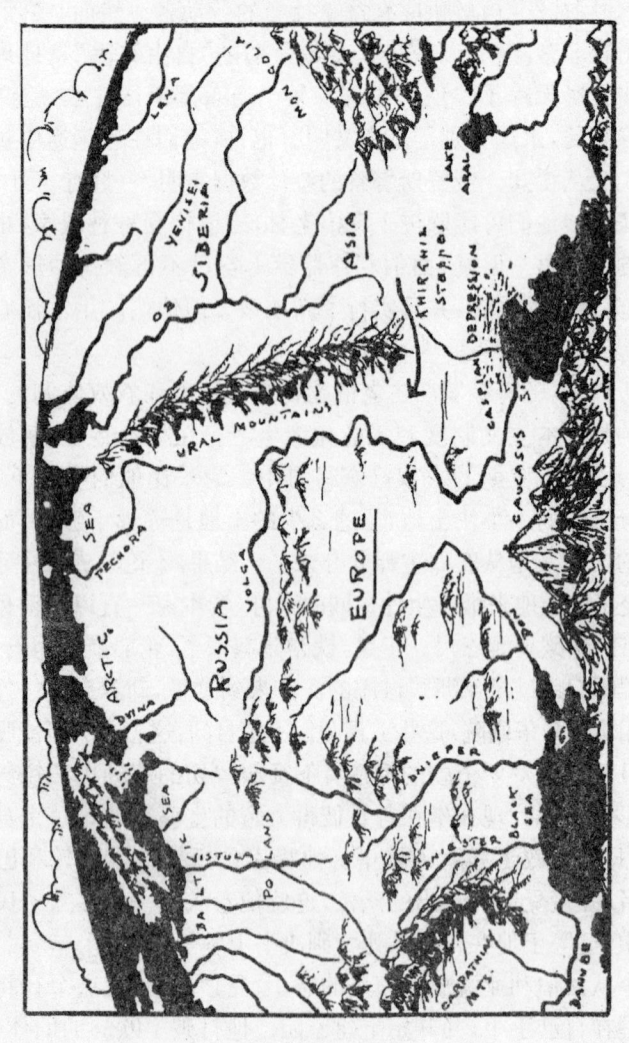

俄罗斯大平原

无论如何，这片俄罗斯大平原总算出现了生机与活力，全世界都在拭目以待。也许，布尔什维克主义只是一个美好的梦想，但俄罗斯却是一个残酷的现实。

第二十三章 波兰

——昔日他国的走廊，今日成为自己的走廊

波兰有两大与生俱来的劣势：最不幸的是占错了地理位置，其次是它和邻邦俄罗斯人同属斯拉夫民族。如果从兄弟两人之间的手足情深来说，这应该是件好事，但对两个同宗同族的国家来说，却绝不是幸运之事。

我们无从得知波兰人的源起。波兰人同爱尔兰人一样——这两个民族有许多相似之处——都非常爱国，时时刻刻准备着为国捐躯，但他们不愿好好地生活，好好地为国努力奋斗。据波兰历史学家考证，波兰人祖先最早的英雄们曾是挪亚方舟上的偷渡者。但是，在任何可靠的历史文献中第一次提到波兰人，却是在查理曼大帝和他的勇士们死亡几乎整整2个世纪之后了。在黑斯廷斯战结束后约50年，波兰这个词才渐渐为人所知，它不再是一个模糊的地方，之前被认为是远东荒野的某个角落。

就我们现在所知，波兰人最早生活在多瑙河河口，由于东方的侵略者的袭击，他们不得不背井离乡，一路向西逃到了喀尔巴阡山脚下。他们穿越了斯拉夫一个民族，即俄罗斯人，遗弃的地区，终于在奥得河与维斯瓦河之间的欧洲大平原上找到了一处安身之地，从此便生活在原始森林和沼泽之间。

然而，这块地是他们最糟糕的选择。像一个坐在中央火车站主入口正中间的椅子上的人一样，这块土地上的农民是不能得到安宁的。事实上，这片土地是欧洲的前大门，如果想到西面攻打欧洲占有北海，或者想从东面掠夺俄国，波兰是唯一的通道。波兰东西受敌，不得不常

北极

年备战打仗,渐渐把所有的农夫都训练成了职业战士,把每一座庄园转变成坚固的堡垒。其结果是,波兰因军事方面的生活付出了沉重的代价。在一个国家,如果战争状态成为生活的常态,那它的商贸活动又从何谈起呢?

波兰的城市并不多,但都坐落在这个国家的中心地带,维斯瓦河沿岸。南部的克拉科夫建在喀尔巴阡山与加利西亚平原衔接之地。位于波兰平原正中央的华沙以及坐落在维斯瓦河河口的但泽,依靠外国商贾来维持贸易。然而，波兰的内陆却满目荒凉，除了同流经俄罗斯土地上的第聂伯河相通的一条河流外，就再无其他河流了。立陶宛的旧都考那斯，就从未成为一个像样的城市。

国内所有必需品的生意都掌控在犹太人的手里，而这些犹太人则是为了避难才逃散到这片荒僻的土地上，当时满腔神圣的热情的十字军骑士对这些莱茵河地区的犹太人聚居点大开杀戒。少数能吃苦耐劳的斯堪的纳维亚人建立了俄国，或许他们能给波兰作出巨大贡献，但他们却从未踏进波兰这片土地。他们为何要来呢？波兰既没有四通八达的商道，也没有君士坦丁堡那样的城市，能对他们长途跋涉后的疲劳和艰辛予以安慰。

波兰人就这样进退维谷。德国人仇恨波兰人，因为尽管波兰人也是自己的罗马天主教兄弟，但却属于斯拉夫民族，而俄罗斯人瞧不起他们，因为他们尽管是斯拉夫民族的同胞，但却不是希腊天主教徒。土耳其人也憎恶波兰人，因为波兰人既是天主教徒又是斯拉夫人。

在中世纪，立陶宛王朝为波兰作出过巨大的贡献，如果它还可以幸存下来的话，波兰的发展可能会好得多。可是，在1572年，亚盖沃王国最后一个国王驾鹤仙去，而亚盖沃家族治下的贵族们却在多年的南征北战中大发战争之财，并在自己广阔而荒僻的庄园中实行独裁暴政，这些贵族们成功地把波兰转变成了一个选举制的君主政体。这种政体从1572年至1791年持续了200多年。在被推翻之前，这种政体就已变成一个非常具有讽刺意义的笑话。

波兰的王位很轻易地被卖给出价最高的人，而且无人质疑。法国人、匈牙利人和瑞典人相继成了波兰王国的统治者，他们除了把这片土地当做一块榨取不义之财的源泉之外，再无其他任何价值了。当那些外国的君王们忘记将他们的部分战利品分给波兰走狗时，这些波兰贵族正如1000年前的爱尔兰人所做的一样，请来了邻邦帮他们夺得"他们应得的权利"。普鲁士人、俄国人和奥地利人这些邻居们一见有这等好事，高兴得有点过头，还没来得及采取行动，独立的波兰就已不复存在了。

1795年，经过最后的三次大瓜分，俄国人划走了波兰18万平方英里领土和600万人口,奥地利划走了波兰4.5万平方英里领土和370万人口,普鲁士划走了5.7万平方英里领土和250万人口。这个骇人听闻的噩梦延续了125年才到了尽头。协约国因畏惧俄国,走向了另一个极端。他们不但建立了一个空前规模的新的波兰共和国,而且为了给波兰一个出海口,他们还划出了一条所谓的"波兰走廊",这是一条狭长的地带,从原来的波兹省直通波罗的海,这条狭长地带把普鲁士截成两半,从此普鲁士被一分为二,两部分不再有任何直接的联系了。

不需要什么渊博的地理和历史知识,就能预见到这条不幸的走廊的未来命运。这条走廊是德国与波兰之间互相仇视、互不信任的借口。任何一个国家强大起来,都会竭力去摧毁另一个国家,可怜的波兰将再次沦为欧洲和俄罗斯之间争夺的猎物。

波兰出师告捷,这次胜利看上去取得了辉煌的战果。但是,靠互相之间的领土上筑起仇恨的堡垒,决不会最终解决现代经济与社会问题。

第二十四章　捷克斯洛伐克

——《凡尔赛和约》的产物

在所有现代斯拉夫国家中，不管从经济学的观点来看，还是以城市大多数居民的总体文化状况来充当衡量标准，捷克斯洛伐克的地理位置是最优越的。但是，捷克斯洛伐克却是一个人为划分出来的国家。在第一次世界大战中，捷克斯洛伐克退出了奥匈帝国，作为回报，它被赋予了自治权。尽管它现在仍然是波希米亚、摩拉维亚和斯洛伐克三分天下，但它们能不能长期共存，就不得而知了。

首先，捷克斯洛伐克是一个内陆国；其次，信奉天主教的捷克人与信奉新教的斯洛伐克人之间没有什么亲密感情可言。作为说德语的奥匈帝国的一部分，捷克斯洛伐克一直同世界上的其他国家联系密切；而斯洛伐克人在匈牙利主子的残暴统治下，从未从卑微农夫的社会地位中摆脱出来。

至于摩拉维亚人，他们生活在波希米亚和斯洛伐克之间，拥有全捷克斯洛伐克联邦最肥沃的土地，但他们在政治地位上则无足轻重，因此，摩拉维亚人根本就不参与捷克人与斯洛伐克人之间无休无止的世仇争斗中去。900万捷克人对待400万斯洛伐克人的做法，几乎同以前匈牙利人对待斯洛伐克人的做法一样，而匈牙利人尊重少数民族的权利只是最近的事。

任何一个想研究种族问题到底会严重到什么程度的人都会礼貌地提起中欧国家，中欧的形势确实让人感到很绝望。捷克斯洛伐克的形势没有中欧地区许多其他国家的糟糕，但它也是由三个不同的互相敌对、彼此仇视的斯拉夫民族组成，300万日耳曼人的出现，使情况变得更加错综复杂。这些日耳曼人是条顿人后裔,在中世纪时,他们移居到波希米亚地区,帮助开发厄尔士山和波希米亚森林中的丰富矿藏。

1526年,波希米亚丧失了中欧的全部地产,为哈布斯堡家族所占有。在此后的388年里,波希米亚沦落为奥地利的一块殖民地,但它的境遇并不太糟糕。日耳曼人的中小学、大学以及日耳曼人的严谨周到,把捷克人造就成一个在斯拉夫人种中唯一知道怎样意志坚定地去朝着明确的目标去工作的民族。但对一个受压迫的民族来说,不会因为主子待他不薄,偶尔还送给他们一份圣诞礼物的情分上,就去喜欢他们的主子。既然报复似乎完全是人的一种本能,那么捷克人一旦获得了自由,就试图推翻以前的压迫者,这就不足为奇了。捷克语成了国家的官方语言,而德语则屈尊为被人接受的一种地方方言,就如同斯洛伐克地区的匈牙利语的遭遇一样。捷克人的后代完全严格地按照捷克民族传统中的语言文化接受教育,从爱国主义的观点来看,这无疑是对的。但是,过去每一个波希米亚孩子说的德语至少有1000万人能听得懂,而今天的孩子却被局限在几百万说捷克话的人之中了。如果这个孩子远离国门,到别国去看看,他就会茫然不知所措。谁会费劲去学习一种既无商业价值又无文学意义的语言呢?如果捷克政治家的水平在其他中欧国家的政治家之上,他们会渐渐鼓励恢复过去的双语制。但要实现这一计划,将会遭遇巨大的阻力,因为语言学家们憎恶把一种通用语言作为政治煽动工具,他们非常不喜欢各党派因此而联合到一起。

波希米亚不仅是旧哈布斯堡王朝一个富饶的农业区,而且还是一个工业相当发达的省份。波希米亚不但盛产煤和铁,而且还有举世闻名的复杂的玻璃制造工艺。此外,勤劳的捷克农民一向是家庭手工业(每天在田间劳作12小时之后,他们在空余时间还要织点东西)的能手,因此,波希米亚人的纺织品、波希米亚人的地毯和波希米亚人的鞋子都闻名于世界。过去,波希米亚的产品运到奥匈帝国都不用交税——哈布斯堡家族少有的几项优惠政策之一——但现如今,帝国被分隔成6个小公国,为了搞垮邻邦的贸易,各个小国都建立重税壁垒。以前,从比尔森运送一车啤酒至阜姆,中途无需停下车来接受海关检查,也不用交一分钱所得税,可现在却要过6道关卡,换6次车,缴6回税，由于路上要耽搁几个星期，当抵达阜姆时，啤酒早就变酸了。

从理想主义的角度来看，小国的自决权是一件好事。但是，当小国与自然环境或与经济生活中的残酷事实发生冲突时，可就不够理想了。但是，如果1932年的人还愿意遵循1432年的思想行事时，我们还能做些什么呢！

为了那些想要去捷克斯洛伐克的旅行者的利益，我再补充几句。布拉格的名字改为了Praha，而不再是Prague，流向易北河的河流的名字不再叫莫尔道河，而是叫沃尔塔瓦河。比尔森过去曾经是喝啤酒的好去处，现在也改名了（在那儿你仍然能喝啤酒）。对于那些不爱喝啤酒而想饱餐一顿的人来说，卡尔斯巴德是一个好地方，现在却改名为卡罗维发利。那些以前喜欢马里安温泉的，今天它已经变成了玛丽亚温泉了。但请记住，当你乘火车从布鲁诺到普雷斯堡时，你应该坐从布尔诺到布拉迪斯拉发的列车。如果你询问一个匈牙利籍的列车员，他曾生活在布达佩斯统治斯洛伐克时期，他会一直死死地盯着你，除非你解释清楚你打听的其实就是波若尼。如果把所有的因素都考虑进去，我们这个半球上的那些荷兰、瑞典和法国的殖民地，都不会比捷克斯洛伐克存在的时间更长久一些。

第二十五章 南斯拉夫

——《凡尔赛和约》的另一产物

南斯拉夫的正式名称是塞尔维亚、克罗地亚和斯洛文尼亚王国。在这三个种族("部落"这个词听起来有点像是在说非洲土著人,这样会冒犯他们)中,塞尔维亚人是最主要的成员,居住在东部萨瓦河沿岸,首都贝尔格莱德位于萨瓦河与多瑙河的交汇处;克罗地亚人居住在多瑙河的另一支流德拉瓦河与亚得里亚海之间;而斯洛文尼亚人则占据了德拉瓦河、伊斯特拉半岛和克罗地亚之间的小三角地带。但现代塞尔维亚还包括几个小部族,黑山就是其中之一,这里风景如画,曾因同土耳其进行过长达400年之久的战争而举世闻名,每当我们随着《快乐寡妇》华尔兹翩翩起舞时,我们也会亲切地回忆起这个小山国。塞尔维亚还把昔日奥匈帝国的著名遗产——波斯尼亚和黑塞哥维那,吸收了进去。这块土地原是塞尔维亚人的属地,但后来奥地利人从土耳其人手里夺回来,所以,塞尔维亚人同奥地利人之间有着血海深仇,他们之间的仇恨最终导致了1914年奥地利大公的被刺杀,进而引发了第一次世界大战(尽管不是战争爆发的真正根源)。

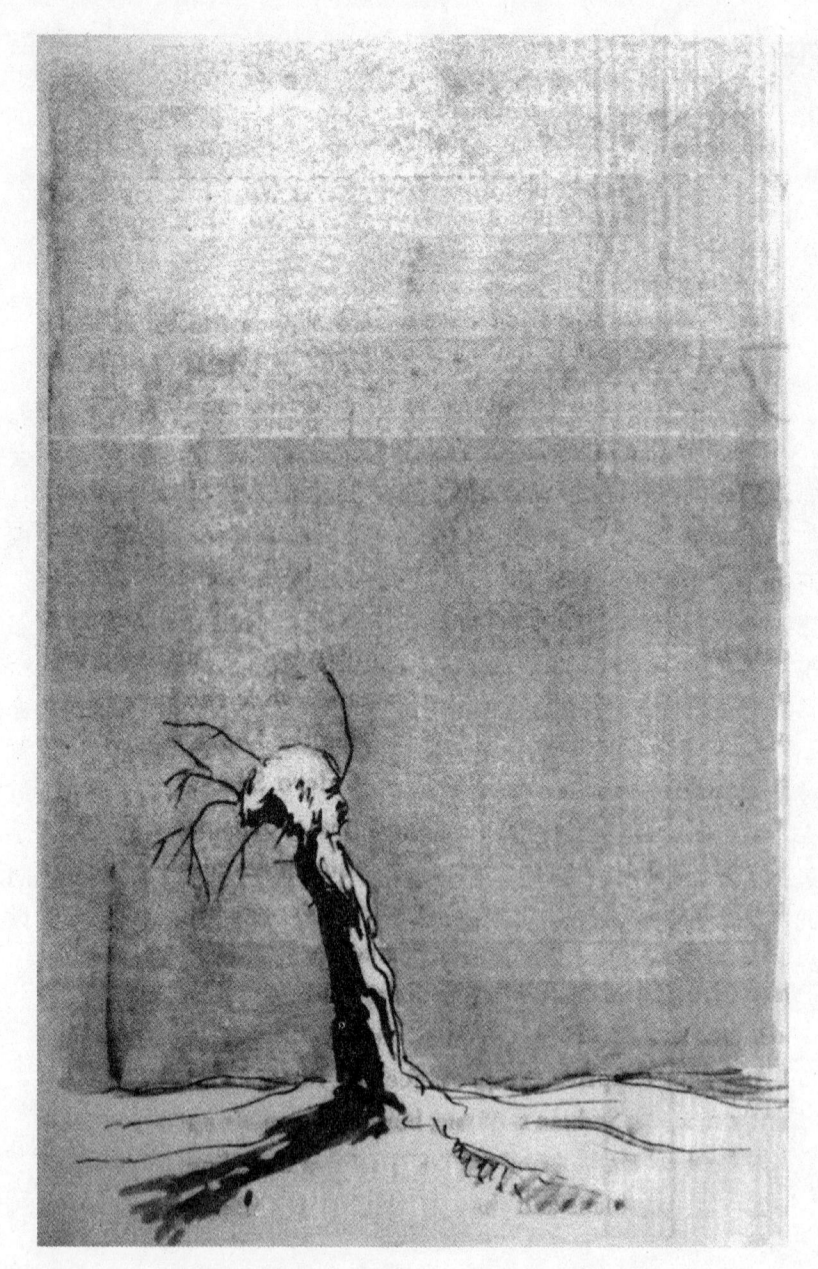

寒冷

塞尔维亚(我已习惯使用旧称——其实是指塞尔维亚、克罗地亚和斯洛文尼亚王国)实质上是一个巴尔干国家,遭受过穆斯林长达500年的统治。世界大战结束后,南斯拉夫获得了亚得里亚海的海岸,但它的出海口又被狄那里克阿尔卑斯山所隔断。即使能修建铁路穿越狄那里克阿尔卑斯山(修筑铁路要花费巨资),但这里除了拉古扎(现在叫杜布罗夫尼克)外,就再没有其他良港了。在中世纪时,拉古扎是殖民地商品最大的集散地之一。在美洲和印度的新航线发现后,它也是地中海沿岸唯一一个不肯接受这个新航线的港口,拉古扎派出的大商船仍然坚持走卡利卡特和古巴的航线。直至最后,他们愚蠢地加入了注定会失败的无敌舰队的远征,使自己最后的船队成了陪葬品。

遗憾的是,杜布罗夫尼克至今仍不能给现代轮船提供便利。至于塞尔维亚的另外两个天然良港,阜姆和的里雅斯特,其中一个被凡尔赛宫的那些老爷们送给了意大利,而另一个留给了他们自己。虽然这两个港口城市能与威尼斯相媲美,但他们并不真正需要,他们只是渴望能重戴往日"地中海女皇"的王冠。其结果是,的里雅斯特和阜姆码头上杂草肆意横生,而南斯拉夫也只能依靠三条旧路线把自己的农产品输送出去。其中一条路线是沿多瑙河运抵黑海,这有点像把纽约的商品经由伊利湖和圣劳伦斯河运到伦敦一样。第二条线路是沿多瑙河逆流抵达维也纳,再从那里穿山越岭,到达不来梅、汉堡或鹿特丹,当然这一趟运输代价太高了。还可以通过火车把农产品运到阜姆,但意大利人肯定会竭力打击他们的南斯拉夫对手。

第一次世界大战前,在奥匈帝国的控制下,南斯拉夫一直是一个内陆国,然而,战后并未因为摆脱了奥匈帝国的控制而有所变化。令人难过的是,猪竟然是引发这场浩劫的主要原因。南斯拉夫唯一的大宗出口产品是猪,而对进口的猪课以重税,奥地利人和匈牙利人就可以破坏南斯拉夫唯一能获利的贸易。而奥地利大公的遇刺身亡,只不过是调动欧洲所有武装力量的一个借口而已,但巴尔干半岛东北角各民族矛盾的潜在根源是对猪课以重税。

提及猪,南斯拉夫的猪主要食橡子。之所以在亚得里亚海、多瑙河和马其顿山区之间的三角地带上会有这么多的猪,就是因为那里到处都是繁茂的橡树林。如果当初不是罗马人和威尼斯人为了造船，不负责任地肆意砍伐，这里的橡树林现在会更加茂盛。

除了猪以外，南斯拉夫还有什么其他资源能养活它的1200万人口呢？这里还有一些煤、铁资源，不过，世界各地到处都有煤和铁，因此，要把这里的煤铁用火车运到德国的某个港口，这笔费用是太高了点。正如我前面所说的，南斯拉夫本身根本就没有像样点的港口。

战后，南斯拉夫得到了匈牙利大平原一部分，即沃伊沃迪卡平原，这里非常适合发展农业。德拉瓦河和萨瓦河流域可以为这片平原上的居民提供充足的玉米和谷物。与瓦尔达尔河相连的摩拉瓦河是一条极为理想的商道，它把北欧与爱琴海上的塞萨洛尼基港连在一起。沃伊沃迪卡平原还是将尼什（君士坦丁大帝的诞生地，而德皇腓特烈一世也曾在那次注定要失败的进军"圣地"的途中在此地做了短暂的停留，得到了著名的塞尔维亚王子斯蒂芬的热情款待）与君士坦丁堡及小亚细亚联结起来的铁路主干线之一。

但从总体上来说，南斯拉夫是很难发展成为一个发达的工业国的。和保加利亚一样，南斯拉夫最多也只能是一个比较发达的斯拉夫农业国。如果把来自斯科普里和米特罗维察身高六英尺的农民与曼彻斯特和谢菲尔德的伦敦佬似的工人作个比较，难免不会产生怀疑，这样的命运是不是真的不可补偿了呢？与奥斯陆或者波恩一样，贝尔格莱德也许永远安于当一个温和的小镇，但是，它真的是否想与伯明翰或芝加哥在规模上一较高下呢？也许有这么一天，因为现代人的感情是难以琢磨的，塞尔维亚农民决不会因受到好莱坞伪文化的蛊惑，而去充当颠覆祖先传统观念的第一人。

第二十六章　保加利亚

——巴尔干最正统的国家,但在一战中
押错了宝,饱受苦头

保加利亚是2000年前斯拉夫人入侵欧洲而产生的最后一个小公国。如果保加利亚在第一次世界大战中没有错误地站在失败者的一边,那么,它现在的面积会大很多,人口也会多很多。然而,即使是一个最循规蹈矩的国家,也难免会出现这样的事情。希望保加利亚下次会有好运吧。在巴尔干半岛,如果"下次"是指战争,就意味着是再过6年或12年。我们这样说,会有点藐视那些好斗成性、野性未驯的巴尔干人。但是,我们是否真的清楚,对于一个普通的塞尔维亚或者保加利亚少年来说,在他踏上自己的人生之路时,他到底继承了祖先的哪种传统呢?是冲突、残暴、血腥、统治、抢劫、强奸还是纵火?

对保加利亚的最早居民,我们一无所知。我们已经发现了他们的骷髅,可是头盖骨不会说话。他们与神秘的阿尔巴尼亚人、希腊历史上的伊利里亚人以及长期忍受苦难的奥德修斯的同胞之间有血缘关系吗?这个神秘民族的语言与世界上其他民族的语言完全不一样,有史以来,他们一直居住在亚得里亚海沿岸的狄那里克阿尔卑斯山中,今天他们组建了自己的国家,由当地的部族首领出任统治者。当维也纳的裁缝刚为这位首领送来一套质地优良的新衣(他要身着这套新衣在新都地拉那接受觐礼,这里98%的人是文盲),他就急不可耐地使自己成为合法的统治者。另外,保加利亚是否是罗马尼亚人的母国呢?他们被人称为瓦拉几人,他们的足迹遍布欧洲,因为英国的威尔士和比利时的瓦隆都是以他们的名字来命名的。我们最好还是把这个疑问留给哲学家吧,并且承认我们对此无力解答。

但当人类踏入编年史时代,到处都上演着无穷无尽的侵略、战争和灾难!正如前面已经提到的,在乌拉尔山和里海之间的峡谷里,有两条交通要道向西延伸。一条要道沿喀尔巴阡山向北翻越,进入北欧平原茂密的大森林;另一条要道沿多瑙河而行,借道布伦纳山口,饥饿的野蛮人就被带进了意大利的中心地带。罗马人对此看得一清二楚,因此,罗马人把巴尔干作为第一道防线,用来防御那些"外国渣滓",因为他们喜欢这样称呼那些卑鄙下贱的野蛮人,而这些野蛮人最终摧毁了他们的一切。由于兵源不足,罗马人被迫慢慢地退出巴尔干半岛,不得不扔下巴尔干半岛的人自生自灭。当巨大的移民潮结束后,保加利亚人的祖先却没有留下半点蛛丝马迹。斯拉夫人把他们彻底同化,甚至在现代保加利亚人讲的斯拉夫方言中,连一个古保加利亚词语也没有保留下来。

然而,这些新来的征服者的地位岌岌可危。在南方,他们不得不与拜占庭人搞好关系,拜占庭人是古罗马帝国东部的幸存者,但他们却只是披着罗马人的名字,而心却系着希腊。在北方和西方,他们还时刻受到匈牙利人和阿尔巴尼亚人的突袭的威胁。另外,十字军骑士从欧洲各国聚集,踏进了保加利亚的国境。他们是一群圣徒汇聚而成的军队,但他们的行为却不怎么神圣,时刻伺机用同样凶残野蛮的方法对土耳其或斯拉夫国家进行大肆掠夺。最后,土耳其人侵略了过来,其气势锐不可当,陷入了绝望中的保加利亚人不得不向欧洲求救,请他们共同来保卫基督徒的土地免遭异教徒的亵渎。为了亵渎希腊人最神圣的圣殿,穆斯林的恶魔让他们的铁蹄踏上了圣索菲亚教堂的台阶,听了从博斯普鲁斯来的难民的诉说,整个保加利亚突然陷入了一片死寂,随之而后的是一片恐慌。燃烧着熊熊烈火的村庄把天空染成了一片血色,土耳其大军挺着稳健的步伐顺着马里查河一直向西前进,整个河谷血流成河。接下来就是土耳其人对保加利亚长达400年的残暴统治。终于到十九世纪初,才出现了一点微弱的希望之光。塞尔维亚的一个猪倌发起了一场反抗,并最终当上了国王。接下来,希腊与土耳其之间展开了最后的殊死一搏,这场战争后来成为了一个主要的欧洲问题。在传染病流行的迈索隆吉翁村,一位英国诗人蹒跚着亲吻了死神。为了赢得自由,保加利亚人展开了长达100年的艰苦卓绝的苦战。让我们仁慈地评价我们巴尔干的朋友吧,因为在人类为信仰而殉难的悲剧中,他们一直扮演着主角。

在现代巴尔干各国中,保加利亚是最为重要的国家之一。它由两片非常肥沃的土地组成,适宜生长各种农作物。一片是处在巴尔干山脉与多瑙河之间的北方平原,另一片则是位于罗多彼山脉与巴尔干山脉之间的。在两座大山的保护下,保加利亚享受着地中海温和的气候。菲里普波利斯平原的农作物经由布尔加斯港输送到国外,而北方平原生产的谷物和玉米则通过瓦尔纳港出口。

除此之外,保加利亚没有几个大城市,因为它基本上是一个农业国。现在的首都索菲亚,处在四通八达的古代商道的中心。在过去的400年中,首都索菲亚是土耳其统治者的所在地,这些统治者们坐在位于斯特鲁马河畔坚固的王宫里,除了波斯尼亚和希腊之外,向整个巴尔干半岛发号施令。

当欧洲最终注意到他们的基督教兄弟所遭受的苦难(他们正蒙受穆斯林侵略者的蹂躏)时,格莱斯顿首相议会对发生在保加利亚的暴行进行了多次讨论,但俄国却是最先采取行动的。俄军曾两次翻越巴尔干山脉,希普卡关战役和攻克普列文要塞的战役将会永驻史册。人们明白:只要人类还处在从受统治的状态到相对自由世界的前进途中,有些战争是无法避免的。

斯拉夫远征军的最后一战,即1877—1878年爆发的俄国与土耳其之间的战争,最终把保加利亚从土耳其人的枷锁下解救了出来。保加利亚成了一个独立的公国,处在日耳曼人的统治之下。这意味着这些老实而又智慧过人的保加利亚农民不得不按条顿人的思维方式接受教育,这也是为什么在如今所有的巴尔干国家中,保加利亚拥有最好的学校的原因。所有的大地主都消失得无影无踪,保加利亚农民也能像丹麦和法国的农民一样,拥有自己的土地。文盲的比例急剧减少,每个人都有工作。保加利亚是一个由农民和伐木工人组成的小公国,但它却蓄积了无穷无尽的坚韧与能量。和塞尔维亚一样,它也许永远都不能与西欧的那些工业国相媲美,但当其他国家都消失后,保加利亚却依然屹立在那里。

第二十七章　罗马尼亚

——拥有石油和王室的国家

对巴尔干半岛的斯拉夫人国家的讲述基本结束了,但是,我们谁也无法忘记还有一个巴尔干国家,因为报纸的头版常常刊登它那带有些许悲哀色彩的消息,但那并非是罗马尼亚农民的错。他们就像全世界的其他农民一样,在自家的田地上默默耕种,生老病死。罗马尼亚所有的不幸都源于盎格鲁—日耳曼王室,它是一个具有不可救药的庸俗和让人难以启齿的糟糕品位的王朝。30年前,盎格鲁—日耳曼王室取代了霍亨索伦王朝德高望重的查尔斯王子,坐上了王朝统治者的宝座,这个新王朝承蒙天恩,由俾斯麦和本杰明·狄斯累利建立起来。

在1878年,俾斯麦和狄斯累利两个首相相聚在柏林,在为上帝纳完捐税之后,他们决定把瓦拉几亚提升到一个独立的公国。如果当时罗马尼亚的王室同意迁居到巴黎(在这里,只要使用法国产的肥皂,人们就不必担心要洗多少件脏衣服),罗马尼亚肯定会是另一番光景,因为上帝非常眷顾这片位于喀尔巴阡山、老山和黑海之间的大平原。如果真是如此,罗马尼亚不仅可能会像乌克兰一样,成为一个富甲天下的大粮仓,人们还有可能会在老山与瓦拉几亚平原交界的普洛耶什蒂市附近发现欧洲储藏量最大的石油库。

不幸的是,位于多瑙河与普鲁特河之间的瓦拉几亚和比萨拉比亚平原掌握在大地主手中,他们多数不居住在当地,他们把这些土地的收入花费在首都布加勒斯特或巴黎,但从不花在那些靠辛勤劳动而致富的人身上。

而石油的开采通常是由境外投资的,同样,西本伯根和特兰西瓦尼亚的铁矿也是由外国人经营。在第一次世界大战中，罗马尼亚加入了协约国，作为回报，这片广袤的群山才从匈牙利人手中被划给了罗马尼亚。但是，由于老山本来就是罗马尼亚达契亚省的一部分，在十二世纪时，被匈牙利人夺去了。另外，匈牙利人对待老山的罗马尼亚人，就像原来罗马尼亚人对待老山的匈牙利少数民族一样，但我们最好还是忘了这些冤冤相报的历史吧。除非所有民族主义的思想都从地球上消失，这些错综复杂的民族问题才会得以解决。如果此刻被强迫去解决这些问题，这种机会是非常渺茫的，除非出现奇迹。

据最新统计数据，前罗马尼亚王国有 550 万罗马尼亚人，50 万吉卜赛人、犹太人、保加利亚人、匈牙利人、亚美尼亚人以及希腊人。新罗马尼亚，即所谓的大罗马尼亚，有 1700 万人口，其中罗马尼亚人占 73％，匈牙利人占 11％，乌克兰人占 4.8％，日耳曼人占 4.3％，俄罗斯人占 3.3％。他们居住在多瑙河三角洲南部的比萨拉比亚和杜市罗夫。这些民族之间互相仇视，也无任何血缘关系，但由于一纸和约而被强扭到了一块。因此，激烈的内战有可能一触即发，除非那些外国投资者为了挽救他们的投资而出面干涉。

俾斯麦曾说过，整个巴尔干还敌不上一个波米兰尼亚掷弹兵。事实确实如此，这个脾气糟糕的老头、前德意志帝国的创造者的话或许没有错。

第二十八章 匈牙利，或者说匈牙利的残留物

匈牙利人，或像他们更喜欢自称的那样——马扎尔人，是唯一一支扎根于欧洲大陆并建立了自己的王国的蒙古人，他们为身为蒙古人的后裔而自豪，因为他们的远亲芬兰人，一直是其他帝国或王国的附庸。或许匈牙利人在目前的不幸中所表现出来的好斗性是有点没有必要的，但是，无人可以否认，匈牙利作为抵御土耳其人入侵的一道天然屏障，为欧洲其他地区作出了巨大的贡献。教皇也正是看到了匈牙利这个缓冲国的重要地位，才提拔马扎尔人的首领史蒂芬为匈牙利的国王。

当土耳其人想在东欧横行时，正是匈牙利人将他们阻止在了欧洲的大门之外。匈牙利是欧洲的第一道防线，但如果这道防线被敌人摧毁，波兰就会是第二道防线。在符拉迪克地区一位出身并不高贵的贵族约翰·匈雅提的领导下，匈牙利变成了一个维护正统宗教的地地道道的卫道士。但是，蒂萨河和多瑙河两岸的大平原如今变成了内乱的根源，而这片平原在当年深深地吸引了鞑靼骑兵，以至于他们决定在这个平原上永远定居下来。

开阔广袤的地理环境相对更容易培养出一些强权人物来统治自己的邻居，因为这里既不挨山又不临海，贫苦的农民能到哪里去呢？因此，匈牙利就变成了大地主的王国。因为这些地区远离中央政府，大地主们对农民非常残酷，很快，他们就不再在乎自己到底是马扎尔人还是土耳其人了。

1526年，当苏丹苏莱曼大帝向西挺进时，匈牙利的最后一任国王为了阻止穆斯林的入侵，只招募到2.5万人。这支2.5万匈牙利人的军队在莫哈奇大平原上几乎全军覆没，2.4万人被杀，国王本人和他的王

公大臣们也都战死沙场。十几万匈牙利人被押往君士坦丁堡,卖给了小亚细亚的奴隶贩子。匈牙利的大部分领土被土耳其人兼并,其余部分又被奥地利的哈布斯堡家族所侵占。为了争夺这块不幸的土地,哈布斯堡家族与穆斯林展开了拉锯战,直到十八世纪初,匈牙利的疆土全部为哈布斯堡家族所有,这场战争才宣告结束。

然而,一场新的为了争取独立的战争又拉来了帷幕,这场反抗日耳曼人统治的战争整整打了200年。匈牙利人展开了英勇的斗争,最后取得了独立,但只不过是形式上的独立,奥地利的皇帝兼任匈牙利的国王,匈牙利人获得了一定的统治权。

可是,当马扎尔人一获得他们认为的只属于他们的权利后,就开始对各个非马扎尔血统的民族实行迫害。这项民族压迫政策目光非常短浅,而且缺乏理性,很快,就出现了众叛亲离的局面。在弗塞勒管理议会期间,匈牙利人注意到,这个古老的教皇统治下的匈牙利,其人口已从2100万急剧减少到800万,四分之三的领土都拱手送给了那些受之无愧的邻国。

这一切只给匈牙利昔日的荣光蒙上了一层阴影,和奥地利相似,匈牙利是一个没有任何内陆地区的大城市。匈牙利根本算不上是一个工业国,匈牙利的大地主们对笨重的大烟囱还抱有成见,而且还没有闻惯烟味,这使得匈牙利大平原仍然只适合种植农业,时至今日,它的农用地所占比例高于任何国家。既然匈牙利的大部分土地被精耕细作,匈牙利的人民应该相对富裕了,可实际这里一穷二白。在1896年到1910年期间,就有约100万匈牙利人移民到国外。

关于旧王国的种族问题,马扎尔的少数民族非常清楚是如何把这个王国搞得如此狼狈不堪的,所以,他们也舟车劳顿地漂洋过海到美国,帮助建设我们的家园。我们还有一些数据:在匈牙利发生的事,也同样出现在那些由一小撮封建地主掌权的国家,只是并没有那么严重。

在十六世纪土耳其战争开始前,匈牙利大平原人口密集,有500多万人口。但在土耳其人不到2个世纪的统治时间里,这里的人口减少到300万。当奥地利人最终把土耳其人从普斯陶(马扎尔人对这个平原的称呼)赶出去时,匈牙利已是人烟稀少,中欧诸国的移民纷纷前来,抢占这块不毛之地。但马扎尔贵族们认为他们才是这片土地的主人，是出类拔萃的骑士阶级，不肯把自己所享有的任何权利给予新移民。因此，这些被剥夺了权利、几乎占有全匈牙利一半人口的新移民，对他们的新家园无法产生真正的感情。

在第一次世界大战期间，匈牙利人深刻体会到民族内部凝聚力的缺乏，而这一切最终导致了双重君主制的瓦解，就如同一座老屋在地震中顷刻坍塌。难道这样的结局很意外吗？

第二十九章 芬兰

——以其勤劳和智慧战胜恶劣环境的
又一实例

只有一个欧洲国家还没有提到。除了君士坦丁堡和色雷斯平原的一小块土地外,土耳其曾占据的欧洲土地所剩无几,因此,我们最好还是把它留到明天。而芬兰是欧洲的一部分,这是不折不扣的事实。

芬兰人曾遍布于整个俄罗斯,但是,人口数量上占优势的斯拉夫人把芬兰人向北驱逐,直至把他们赶到俄罗斯与斯堪纳维亚相接的那条狭窄的干土地带。芬兰人遂在这片干土地带上定居了下来,一直到现在。居住在森林里的拉普兰人并没有给芬兰人带来麻烦,因为他们迁移到了斯堪的纳维亚半岛的拉普兰地区,满足于远远地避开欧洲文明。

说到芬兰,它与欧洲其他任何国家截然不同。千百万年以来,芬兰曾为冰川所覆盖,冰川将原有的土壤层销蚀殆尽,因此芬兰现在只有10%的国土适于耕作。冰川冰碛、石块和泥土被缓慢流淌的冰川水挟裹着,冲击到巨大的深谷中沉积下来。后来冰川融化,山谷里积满了水,这就是芬兰境内大大小小的高山湖泊星罗棋布的原因。然而,"高山湖泊"这个词并不为瑞士所专有,因为芬兰也是一个低地国家,海拔很少超过 500 英尺。芬兰大约有 4 万个湖泊,再加上湖泊之间的沼泽,芬兰的湿地面积总和占国土面积的 30%。这些湿地完全为森林所环绕,这些珍贵的自然资源覆盖了芬兰国土总面积的 62%,芬兰为世界上的大部分地区提供纸浆,这种纸浆是制造书和杂志用纸所必需的,其中一部分木材还能就地制成纸张。然而,芬兰没有煤炭。一些湍急的河流可供发展水电站,但是芬兰的气候和瑞典相似,每年有五个月的封冻期,在这期间,水电站当然不能运转。因此,木材只能通过船只运往国外。赫尔辛基（直至世界大战之前还称赫尔辛福斯）不仅政治中心，还是芬兰木材出口的主要港口。

在结束本章之前，我想让你注意到一个有趣的话题——教育对一个民族所起的作用。斯堪的纳维亚与俄罗斯之间的花岗岩地带居住的几乎全都是蒙古人。而这个花岗岩地带的西部，即芬兰人居住的那部分，被瑞典人占据，而卡累利阿人居住的花岗岩地带的东部，则变成了俄罗斯的领土。在瑞典人长达500年的潜移默化下，东方的芬兰人成了一个文明开化的欧洲民族，在许多方面超过了那些地理位置更为优越的国家。而卡累利阿人，在俄国人统治下同样长的500年的时间里，希望在将来有一天开发科拉半岛和摩尔曼斯克海岸丰富的资源，但在俄国沙皇最初征服这些土地时，他们仍待在原地。而在芬兰这边，直到1809年瑞典把它割让给俄国时，它才接触到斯拉夫文化。芬兰人的文盲率为1％，而在俄国沙皇统治教化下的卡累利阿人，其文盲率竟高达97％。然而，这两个民族本是同根生，他们在拼写猫（c-a-t）和尾巴（t-a-i-l）上，应该有相同的能力。

第三十章 发现亚洲

早在2000多年前,希腊的地理学家就对"亚洲"一词的源起展开过激烈地讨论。有一种说法认为,Ereb,或叫"黑暗",是小亚细亚的水手们对日落的西方的叫法;Asu,意为"辉煌",是他们对日出的东方的叫法,这个说法看上去也并不见得有多高明。不过,今天再花费精力进行这场争辩就没有必要了。

接下来的问题才是更值得我们去关注的。欧洲大陆的人到底是从什么时候起,又是以什么样的方式开始怀疑他们并不是世界的中心呢?他们自己的家园只不过是广袤无垠的土地上一块小小的半岛。他们是怎么知道另一片大陆的人口远远超过欧洲,而且大部分人的文明程度远远高于欧洲?当特洛伊的英雄们还在用这些史前"兵刃"互相搏杀时,智慧的中国人早就把它们当做了陈年古董,保存在博物馆的陈列室里。

人们一般都认为,第一个去亚洲的欧洲人是马可·波罗,然而,早在马可·波罗之前,就已经有人去过亚洲了,只不过我们对那些人知之甚少。地理学的发展往往如此:是战争而不是和平促使人们去了解亚洲的地理。同大洋彼岸的商业贸易使希腊人有机会熟悉了小亚细亚;特洛伊战争同样也使欧洲人加深了对亚洲的认识;古波斯王国的三次大规模西征对拓展欧洲人的地理知识更是功不可没。我很怀疑,波斯人是否知道他们去往哪里。希腊对波斯的价值会比西印度群岛对进入荒野、攻打迪凯纳堡的布雷多克将军更有价值吗?我对此也很怀疑。几个世纪后,亚历山大大帝对亚洲的回访已不再是纯粹的军事行动了,欧洲人第一次对地中海与印度洋之间的那片大陆有了客观的了解。

亚欧大平原

罗马人向来都很自高自大,他们对"外面的"世界无法产生真正的兴趣。为了能够过上他们在罗马老家奢华的生活,他们靠统治其他国家来榨取高额的税赋。但那些众多的被统治者对他们却一点意义也没有,只要他们老老实实地缴纳捐税,干活筑路,他们可以随心所欲地打打闹闹、自生自灭。罗马人甚至从来不曾想去搞清楚当地究竟发生了什么事。一旦出现什么危机,他们就召集军队,用屠戮来恢复秩序,然后又溜之大吉了。

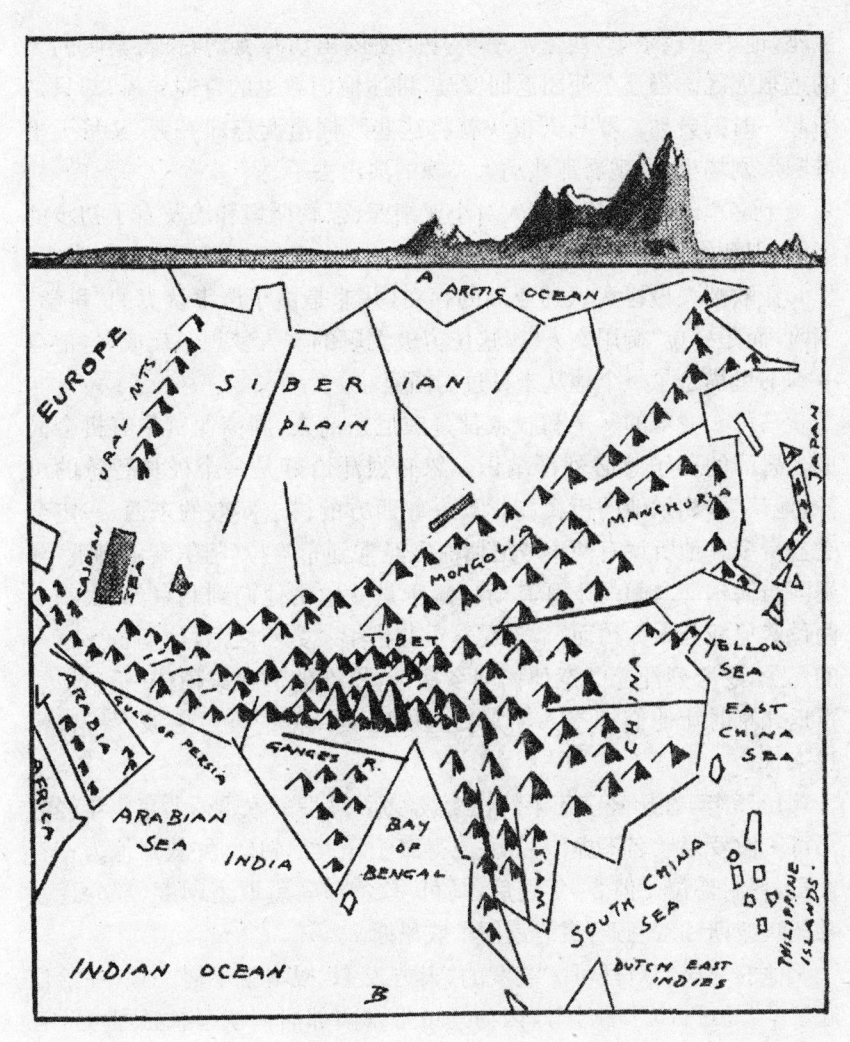

亚洲

庞修斯·比拉多既不是一个怯懦者，也不是一个无赖，而只是一位典型的罗马殖民地统治者。他统治下的殖民地以"井然有序"而著称。他对自己治下的民众巧妙地做到了不闻不问，因此得到了广大家乡民众的高度赞扬。有时，诸如马库斯·奥勒留之类的怪人坐上了国王的宝座,他为了找乐子,便派出一个外交使团出访神秘的、长着斜眼的人的远东地区。当这个使团返回罗马,讲述他们看见的奇闻异事,却只是引起一时的轰动。罗马人很快就将这些陈词滥调忘却一旁,又每天坐进圆形剧场里,去观看那些动人心魄的演出去了。

十字军的东征,让欧洲人对小亚细亚、巴勒斯坦和埃及有了初步的了解,但死海东岸仍然还是世界的终点。

让欧洲人最终意识到亚洲的存在,并非是由于严肃认真的"科学"探险,而是一位"御用文人"。这位穷极无聊的文人梦想一夜成名,他在一本书里描绘了一个他从未见过的国家。

马可·波罗的父亲和叔叔都是威尼斯商人,因商业贸易有机会同成吉思汗的孙子忽必烈汗结识。忽必烈汗恰好是一个极具智慧的可汗,他认为,如果他的臣民能学到一些西方的讲求实效的东西,一定会受益良多。他听说有两个威尼斯商人经常到布哈拉(阿尔泰山脚下,阿姆河与锡尔河之间的土耳其斯坦),于是就邀请他们到北京(元大都)。两位威尼斯商人如约而至,深受尊重和推崇。数年之后,他们备感家人的思念,忽必烈汗遂同意他们回乡探亲,恩准他们在家稍住一些日子,重返北京时让他们把二人经常提起的聪明伶俐的马可·波罗一起带过来。

1275年,在历经三年半的长途跋涉后,波罗一家重返北京。年轻的马可·波罗果然名不虚传,很快便得宠于元大都朝廷,并敕封他为一省大员,晋封爵位。但24年之后,马可思乡心切,就取道印度(部分道路乘船)、波斯和叙利亚,最终返回了威尼斯。

他的邻居们对马可·波罗的"天方夜谭"根本就不屑一顾,并给他起了个"马可百万"的绰号,因为马可常常向邻居们谈起忽必烈可汗有多富有,谈起高堂庙宇中的座座金像,谈起朝廷大臣妻妾们的件件丝绸衣裳。人们怎么能相信这样的奇谈怪论呢?众所周知,即使是君士坦丁堡帝国的皇后,也仅仅拥有两只丝绸袜子而已。

如果不是威尼斯与热那亚之间出现一个小小的争端,如果马可不是威尼斯一条战舰上的指挥官,也不曾沦为胜利者热那亚的阶下囚,这位"马可百万"的传奇故事也许会同他本人一起默默消逝。马可·波罗坐了一年牢,他的狱友是一个名叫鲁思梯谦的比萨人。这位鲁思梯谦以前当过作家,他曾把亚瑟王的故事和法国低级小说中一个中世纪的尼克·卡特的故事改写成意大利语通俗读物。他很快意识到马可·波罗的传奇故事具有很大的宣传价值。于是,他在监狱里把马可·波罗所有的传奇故事详细地记录了下来。就这样,一部巨著诞生了。今天人们对这部作品的兴趣同该书在十四世纪出版时一样仍然未减。

这本书之所以能畅销不衰,也许是因为书中不断提起黄金和其他各种各样的财富。罗马人和希腊人也曾含糊其辞地提及东方帝王的奢华,而马可·波罗却身临其境,亲眼目睹了所有这一切。从此,欧洲人开始努力寻找直通印度的捷径,但要完成这个任务却不是一件容易的事情。

1498年,葡萄牙人终于抵达了好望角。10年之后,他们到了印度,又过了40年,他们抵达了日本。与此同时,麦哲伦从西向东航行,到达了菲律宾群岛,从那时起,开发南亚的热情空前高涨起来。

这就是大概的介绍。我在前面已经论述了西伯利亚的发现。下面我将一一叙说最早到达亚洲其他国家的人物。

第三十一章　亚洲对整个世界的意义

欧洲给我们带来了文明,亚洲则为我们创造了宗教。更为有趣的是,其主宰了当今人类社会的三大世界性宗教——犹太教、基督教和伊斯兰教——都诞生在亚洲大陆。当宗教裁判所对犹太教教徒处以火刑时,施暴者和受害者所信奉的神都起源于亚洲大陆;当十字军骑士与伊斯兰教教徒互相杀戮时,驱使他们互相厮杀的教条的源头也在亚洲;当一个天主教传教士与一个孔子的追随者辩论时,双方的所坚持的观点也都是亚洲的。

亚洲不仅给人类带来了宗教信仰,而且还给人类贡献了文明框架的基础。当我们为西方的科技发明和社会进步而自豪时,请别忘记,西方人过度夸张的进步只不过是东方人早就开端了的进步的延续。我们不禁会有这样的疑问,如果没有从东方这所学校那里学到所有事情的基本原理,西方还会有可能取得任何进步呢?

希腊人的智慧并非大脑灵光一现的灵感。数学、天文学、建筑学和医药学也并不像雅典娜那样,全副武装地从宙斯的脑袋里蹦出来,时刻准备着投入到消除人类愚昧的圣战中去,而是经过了一个漫长、痛苦而微妙的发展而获得的,亚洲的幼发拉底河与底格里斯河沿岸才是这些知识真正的发祥地。

艺术与科学携手从巴比伦来到了非洲。在非洲,为皮肤黝黑的古埃及人所掌握。直到希腊人的文明程度发展到较高的水平,能够欣赏几何图形的美轮美奂与方程式的可爱,我们才可以说真正的"欧洲"科学出现了。但是,这所谓的真正的"欧洲"科学早在2000多年前就在亚洲大陆生根发芽并繁荣起来了。

亚洲大陆对人类的贡献远远不止这些。所有的家禽家畜，狗、猫乃至所有有用的四足动物，包括驯服的牛和忠诚的马，以及羊和猪，无一不是来源于亚洲。当我们想起在蒸汽机时代到来之前这些家畜家禽对人类作出的巨大贡献，我们就会意识到我们欠东方人的实在太多了。欧洲人食谱中的大部分也有赖于东方，因为几乎所有的水果和蔬菜都来自亚洲。西方的大部分鲜花，甚至欧洲全部的家禽也出自亚洲，它们是由希腊人、罗马人或十字军骑士从亚洲带回到欧洲的。

然而，亚洲并非总是一个乐善好施的东方圣人，不断地将恒河与黄河流域的财富施舍给西方可怜的野蛮人，亚洲还是一个极其令人讨厌的监管人。在五世纪时蹂躏了整个中欧的匈奴人也来自于亚洲。7个世纪之后，鞑靼人步匈奴人之后尘（这些鞑靼人原本生活在中亚沙漠地带），把俄国变成了亚洲的附庸，并长久地威胁着所有欧洲其他国家。在长达5个世纪的时间里，来自亚洲的土耳其人部落使东欧血流成河，悲剧不断，以致东欧今天仍然是民生凋敝。再过100年，为了给那些死在伯索德·施瓦茨发明的火药枪下的亚洲同胞报仇雪恨，也许一个统一的亚洲会再次踏上西征之路。

第三十二章 亚洲中部高原

亚洲总面积为 1700 万平方英里,可以被划分为五部分。

首先是离北冰洋最近的大平原,在"俄罗斯"一章中已提及到,然后是中部高原、西南高原、南部半岛,最后是东部半岛。临北冰洋的大平原已经讲过了,所以我们就从中部高原开始讲起吧!

亚洲中部高原是从一系列较低且平缓的山脉开始,这些山脉全都是自东朝西或自东南向西北平行延伸,但没有一列是纵贯南北的。由于猛烈的火山喷发,许多地方的地表发生严重的断裂、褶皱、弯曲或者变形,于是形成了许多不规则的山脉,诸如位于贝加尔湖以东的雅布洛诺夫山脉,贝加尔湖以西的杭爱山脉、阿尔泰山脉和天山山脉。这些山脉的西侧是大平原,而蒙古高原则位于这些山脉的东部,这里就是成吉思汗的故乡——戈壁沙漠。

在戈壁沙漠以西是地势稍低一些的东土耳其斯坦高原。那里还有帕米尔河谷,帕米尔河在罗布泊附近的沙漠中消失了。瑞典旅行家斯文·赫定发现了罗布泊,并使它闻名于世。帕米尔河在地图上看如同沙漠里的一条小溪,但它要比莱茵河长 1.5 倍。别忘了,亚洲的一切都是庞然大物。

土耳其斯坦高原的正北边,也就是阿尔泰山和天山之间,有一条通道,这条通道就是地图上的准噶尔盆地,它直通吉尔吉斯大草原。这条通道是过去那些沙漠民族,如匈奴人、鞑靼人和突厥人,去欧洲烧杀劫掠的必经之路。

塔里木盆地以南,更准确地说是它的西南,地形变得极其复杂。塔里木盆地与阿姆河(流入咸海的河流)河谷之间有一片巨大的高原——

帕米尔高原,亦被称做为"世界屋脊"。希腊人对帕米尔山早有耳闻,它坐落在从小亚细亚和美索不达米亚直达中国的路上。帕米尔山的确是一道障碍,但是,人们可以通过几个山口越过重重山脉。这些山口的平均海拔都在15000至16000英尺之间。别忘了,雷尼尔山不过14000英尺,而勃朗峰是15000英尺。由此可见,这些山口比美洲和欧洲的最高峰都要高。一切地表的褶皱与这些大山相比较,简直是小巫见大巫。

但帕米尔高原还只是一个起点,从这里开始,一座又一座雄伟的高山向四面八方延伸开来。向北有天山山脉(在前面已经提到过);还有昆仑山脉,横亘在西藏与塔里木盆地之间;还有喀喇昆仑山脉,虽然不长,但却非常陡峭;最后还有喜马拉雅山脉。喜马拉雅山脉将印度同西藏隔开,平均海拔高达2.9万英尺,也就是5.5英里,创下了"世界最高峰"的纪录,其最高峰是珠穆朗玛峰和干城章嘉峰。

西藏高原

西藏高原的平均海拔为 15000 英尺,确实是世界上最高的地方。而南美的玻利维亚高原平均海拔为 11000 英尺至 13000 英尺,但那里却是人迹罕至。而西藏的面积约是俄罗斯的五分之二,却有大约 200 万常住人口。

这说明人类能承受的大气压的极限会随环境而变化。那些从里奥格兰德到墨西哥可爱的首都小住几日的美国旅行者,都会感觉到很不舒服,而墨西哥城的海拔不过 7400 英尺而已。他们事先被告诫说,不要像在国内一样走得太快,每走半个街区必须休息一会,否则他们的心跳就会加速。而西藏人每天不仅要走 100 个街区那样长的路程,而且还要背着很重的东西翻山越岭,而许多山口通常非常陡峭险峻,甚至连骡马都畏葸不前,但这些山口是西藏人与外界联系的唯一通道。

虽然西藏比处于亚热带的西西里岛还偏南 60 英里,但西藏积雪的时间却长达至少半年之久,气温经常在零下 30°以下。高原上的风暴常常从南部荒凉的盐湖上吹过,扬起的积雪和飞沙给西藏人的生活带来极大的不便。

西藏人所信仰的佛教并不是公元前 600 年的那位出生名门的印度王子的原创教义。但是,西藏一直是佛教的坚固堡垒,在抵制西方的伊斯兰教和印度南部的异教徒宗派的冲击起了巨大的保护作用。西藏的佛教从未中断过,部分原因在于它有一个极为特殊的继承制度,即由宗庙执行的几乎可以自动继承佛教继承者的制度。这种继承制度于是便延续了下来。

直至几年前,还没有外国人涉足过这块活佛居住了 700 多年的圣地。那些山脉频频见诸报端,许多人对它们的了解远远超过了对佛蒙特山脉的了解。在这样一个崇尚记录的年代,人们热衷于探索那些尚未攀登的高山之巅。珠穆朗玛峰就是以一名工程师上校的名字而命名的,他于十八九世纪中期将喜马拉雅山脉的这部分绘到英国测量和探测的地图上。珠穆朗玛峰高 29000 英尺,正好比美国的雷尼尔山高两倍,它使人们登上顶峰的所有尝试都化为泡影。1924 年最后一次伟大的探险离主峰只差数百码。两名探险者志愿做最后一次攀爬,他们带上了氧气装置，和队里的其他人员告别。最后一次看到他们时，他们距峰顶只有600英尺，但从此后，他们就消失了。珠穆朗玛峰至今也未被征服过。

但是，对那些雄心勃勃的登山者来说，喜马拉雅山是一处值得冒险的理想之地。喜马拉雅山位于亚洲这个"巨人洲"的中心，与之相比，阿尔卑斯山简直就像孩子们在沙滩上垒起的小沙丘一般。这些山常年积雪，宽度几乎是阿尔卑斯山的两倍，覆盖的面积是阿尔卑斯山的13倍，山上的某些冰川比瑞士的冰川长4倍。喜马拉雅山脉有40座山峰的海拔在22090英尺以上，许多山口的海拔是阿尔卑斯山山口的两倍。

和西班牙和新西兰的大山一样，喜马拉雅山也是一座相对年轻的山脉（比阿尔卑斯山形成还要晚），计算年龄的单位是百万年而非千万年。如果要把这座大山磨成平地，需要更久的日照与更多的风雨。但大自然不会对山石留情的，正在夜以继日、不辞辛劳地破坏着。喜马拉雅山已经被几十条小溪和河流冲刷出了无数不规则的深谷。印度河、恒河与布拉马普特拉河——印度的三大主要河流，正愉快地蚕食着这座大山。

和其他的大山相比，长达1500英里的喜马拉雅山别有一番风味。它不仅是中国和印度这两个毗邻之国的天然疆界，而且胸怀宽广，将几个独立的小王国藏匿其中。其中有著名的廓尔喀人的故乡尼泊尔，它的面积是瑞士共和国的3倍，约有600万人口。还有克什米尔地区（欧洲老奶奶的披肩就来自这里，英国人也是在这里招募锡克军团的），面积达平方英里85000多万人口，人口超过了300万，如今已成为英国的属地。

山沟

最后，如果你再浏览一下地图，就会发现印度河和布拉马普特拉河非常独特。它们不同于莱茵河发源于阿尔卑斯山，也不同于密苏里河发源于落基山，这两条大河发源喜马拉雅山的背后。印度河起源于喜马拉雅山与喀喇昆仑山之间，布拉马普特拉河则先自西向东穿过了西藏高原，然后，它骤然自东向西流去，与恒河汇合。恒河从喜马拉雅山与印度半岛中心的德干高原之间朝南奔流，汇入布拉马普特拉河，最后注入大海。

当然，流水有很强的侵蚀作用，但如果这两条河流是在山脉形成后才出现，那它们要穿越喜马拉雅山是不可能的。因此，我们会得出这样的结论，这些河流要比山脉形成的时间早。当地壳开始剧烈运动，并缓慢地形成这些巨大的褶皱（这些褶皱后来成为现代世界的最高山脉）之前，印度河和布拉马普特拉河就已经存在了。但这种形成过程十分缓慢（时间毕竟只是人的发明，而永恒则是无时间限制的），以至于这些河流凭借自己的侵蚀力，仍然保持在地表之上。我们只能这么解释。

地质学家声称，喜马拉雅山至今仍在继续上升，因为地球的外壳就如同人的皮肤一样，也能伸缩变化，所以那些地质学家应该是对的。据我们所知，瑞士的阿尔卑斯山正在缓慢地自西向东移动，而喜马拉雅山则像南美的安第斯山脉一样，也在逐渐上升。大自然只有一条规律——一切都必须处在不断地变化和发展之中，逆自然规律而行者必定灭亡。

第三十三章　亚洲西部高原

帕米尔高原以西是高大的山脉组成的一系列高原，高原一直向西延伸，直达黑海和爱琴海。

所有这些高原的名字对我们来说并不陌生，因为它们曾在人类历史的进程中发挥过极其重要的作用。我们先从最重要的那部分开始说起。除非所有西方人种学家的推断是错误的，否则，印度河与东地中海之间的这些高原和河谷就是现代西方人所属的人种孕育的摇篮，而且，人类正是在这个地区掌握了科学的基础和人类道德规范的首要规则，最终把人和动物从本质上区别开来了。

自东向西，首先让我们来看伊朗高原。这是一片海拔在3000英尺以上的盐碱沙漠，四周为群山所环绕。尽管它的北边与里海和卡拉库姆沙漠毗邻，南边与波斯湾和阿拉伯海毗邻，但由于缺乏降雨，整个伊朗高原没有一条值得一提的河流。俾路支地区有几条不起眼的小河最后汇入了印度河，该地区从1887年起就被英国占领。当年亚历山大大帝的军队在从印度返回的途中，因缺水而全军覆没，因此这里的沙漠让人闻风丧胆。吉尔特尔山将俾路支地区与印度隔开。

几年前，阿富汗几乎无人不知，因为它的新任统治者在欧洲一路招摇过市，出尽了风头。阿富汗有一条河流叫赫尔曼德河，发源于从帕米尔高原向南延伸的一座大山——兴都库什山，最后消失在伊朗与阿富汗边境上的锡斯坦盐湖之中。然而，阿富汗的气候要比俾路支地区好得多，而且，阿富汗在许多方面都显得更加重要。古代从印度至北亚及欧洲的商道都必须穿过该国中部。这条商道穿过著名的开伯尔山口，从阿富汗西北边疆的首府白沙瓦通往首都喀布尔，横跨阿富汗高原，直抵西部的赫拉特。

大约50年前,俄国与英国为了争夺在阿富汗的最终控制权发生了战争。而阿富汗人也正好人人骁勇善战,所以,尽管那些南来北往深入阿富汗的人没有恶意,但也不得不更加小心谨慎。爆发于1838—1842年的第一次阿富汗战争,给人们留下了无法磨灭的印象。几个英国人跑回去报告说,阿富汗人杀光了和他们一同去的其余英国人,因为阿富汗人不接受他们安排的不受人民欢迎的领袖。从此,英国人总是小心翼翼地进入开伯尔山口。俄国人于1873年占领了希瓦,并朝塔什干和撒马尔罕挺进。英国人担心有一天他们清晨一觉醒来,会听到俄军在苏莱曼山那边军事演习的枪声,所以,英国军队也被迫朝前开进。最后,沙皇陛下和女王陛下分别派代表前往伦敦和圣彼得堡保证,他们各自在阿富汗的行动绝无半点私欲,相反,是值得尊重和颂扬的。英国和俄罗斯的工程师们正在朝着一个了不起的计划努力工作——建造铁路,帮助愚昧无知的阿富汗人直接走向海洋,去拥抱西方的文明。

不幸的是,第一次世界大战使这个宏伟的计划破产了。俄国人的铁路一直修到了赫拉特。今天,你可以从赫拉特乘火车出发,经由土库曼社会主义加盟共和国的马雷,抵达里海沿岸的克拉斯诺沃茨克港,再从这里乘船去巴库和西欧。另一条路线是从马雷取道乌兹别克共和国的布哈拉和浩罕,抵达巴尔克。坐落在巴克特利亚古国庞大的废墟中央的巴尔克,3000年前同现在的巴黎一样重要,但今天却沦落成了一个三流的村庄。这里是拥有完善的道德体系的宗教运动——拜火教(又称波斯教)的诞生地。拜火教不仅控制了整个波斯,并深入到了地中海地区,而且经过一番改造后,深受罗马人的欢迎,以至于在很长的一段时期内,拜火教成为基督教最强劲的对手之一。

与此同时,英国人把铁路从俾路支的海得拉巴修到了基达,又从基达修到了阿富汗的坎大哈。1880年,英国人在坎大哈大肆报复他们在第一次阿富汗战争中的失败。

伊朗高原还有一个地方值得关注,那就是波斯。如今,波斯已逐渐淡去了其昔日的辉煌,但它曾经一定是一个魅力富余之国。在当时,波斯曾一度代表着绘画和文学的最高境界,也代表着生活艺术的最高准则。波斯的第一个辉煌时代始于公元前六世纪,当时,波斯是一个大帝国的中心,这个大帝国横跨欧亚大陆,东起印度,西至马其顿,但后来被亚历山大大帝所灭。然而,500年之后,萨桑王朝恢复了薛西斯和冈比西斯时代的疆域,并重振拜火教,恢复了其原始面目。他们搜集了所有的拜火教经文,并整理成一卷,这就是著名的《亚吠陀》经解合刊,使伊斯法罕的玫瑰在这片沙漠之中再度绽放。

七世纪初,阿拉伯人征服了波斯,伊斯兰教打败了拜火教。如果人们确实是借助文学来了解一个国家,那么,一位来自尼沙普尔的做帐篷人之子——奥玛尔的作品,就能呈现出在库尔德斯坦和呼罗珊省之间的这片沙漠上曾一度繁荣的高雅艺术。一位数学家将他的一生用在代数学和四行诗上,歌颂爱情的欢乐和陈年佳酿的醇美。如此睿智的人物出现在教育的殿堂里,而且只有十分完善和成熟的文明才拥有。

现代人对波斯的兴趣纯粹是出于自己的私欲。波斯发现了石油,但对一个太羸弱、无力保护自己的国家,这是最糟糕不过的事了。理论上,任何一个地方的地下矿藏都应归属于世世代代居住在这个地方的人。然而,实际情况并不是这样。成千上万的男人女人就居住在油井附近,他们只能偶尔在那里找到一份收入菲薄的事,而苏丹的几个密友虽然住在遥远的德黑兰,却因为拥有采油特许权而大发横财。至于利润,则悉数落入了那些外国投资商的腰包,而这些人认为"波斯"不过是一种地毯的名称而已。

不幸的是,波斯似乎是一个这样的国家:管理不善,永远都摆脱不了贫困。波斯所处的地理位置并没有给它带来多少好处,反而使它饱受其苦。波斯是一片沙漠,但这片沙漠却处于连接东西方、沟通欧亚两大洲的主要通道上,这就意味着它将永远是一片战场,永远是敌对双方争夺的目标。因此,这不只是波斯的不幸,也是整个西亚地区的不幸。

地球上的陆地总面积和水总面积

人类的家园

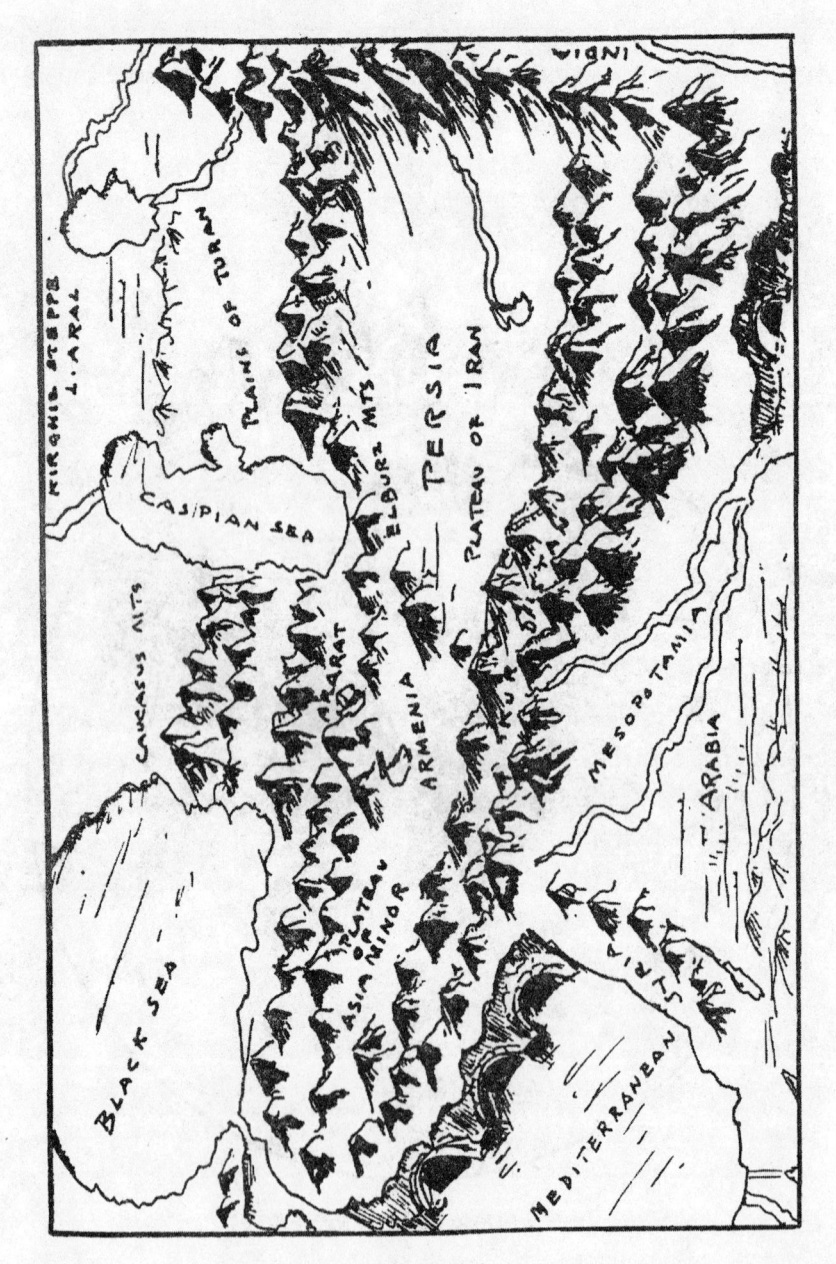

亚欧大陆桥

从帕米尔向地中海一路延伸的一系列高原的尾部是亚美尼亚和小亚细亚。亚美尼亚位于伊朗高原以西，是一片非常古老的高原，拥有非常古老的火山岩地表，亚美尼亚人民所遭受的苦难也是年深日久，它也是一个在夹缝中求生存的国家。不管谁想从欧洲前往印度，都必须经过亚美尼亚高耸入云的库尔德山脉。那些旅行者中肯定混杂着一些声名狼藉的刽子手，他们杀人不眨眼。亚美尼亚的历史可以追溯到大洪水时期。阿拉阿特山是亚美尼亚的最高峰，海拔 17000 英尺，比埃里温平原几乎高出 10000 英尺。当年大洪水退去之后，挪亚方舟就是在阿拉阿特山上岸的。我们对此确信无疑，因为比利时物理学家约翰·德·曼德维尔爵士在十四世纪初曾详细考察过这个地方，而且还在山顶上发现了方舟的残骸。但亚美尼亚人属于地中海人种，因此也是我们的近亲。但我们无法确定他们究竟是什么时候来到这个地方的。不过，如果以最新的死亡速度来计算，亚美尼亚人很快就会灭绝。仅在 1895—1896 这一年之间，亚美尼亚高原的统治者土耳其人就屠杀了数以万计的亚美尼亚人，而与野蛮的库尔德人相比，土耳其人的野蛮和残暴还不及他们的一半。

亚美尼亚人向来是非常虔诚的基督教徒。虽然他们比古罗马人还要更早皈依基督教，但亚美尼亚人的教堂仍然保留了一些古老的体制，比如说神职世袭制。但在所有西方正统的天主教徒眼里，神职世袭制简直是大逆不道。因此，当库尔德的穆斯林对亚美尼亚人大肆屠戮、劫掠他们的土地时，欧洲人则袖手旁观。

在第一次世界大战期间，为了解救被围困在美索不达米亚的英军，协约国企图从亚美尼亚后面包抄土耳其军队，践踏了整个亚美尼亚地区。亚美尼亚的凡湖、乌尔米耶湖尽管跻身于世界最大高山湖泊之列，以前却很少为外界所知，但它们的名字却突然出现在时事新闻中。埃尔祖鲁姆，这个古拜占庭帝国的亚洲前沿城镇，自十字军以来还从未被这么多人关注过。

当战争即将结束时，亚美尼亚人的举动让世人大吃一惊。在战争中存活下来的亚美尼亚人带着对所有践踏过他们的民族的诅咒加入了苏联。于是，在高加索山脚下的里海与黑海之间，出现了阿塞拜疆与亚美尼亚加盟共和国。十九世纪上半叶,俄罗斯将这两个国家并入了自己的版图。

接下来,我们将目光从土耳其的世代牺牲品转移到土耳其人本身,让我们继续向西进入小亚细亚高原。

小亚细亚曾经是奥斯曼大帝国的一个行省,今天只不过是土耳其人称霸世界的残梦而已。小亚细亚高原北靠黑海,西临马尔马拉海、博斯普鲁斯海峡和达达尼尔海峡,与欧洲隔海相望,南部与地中海相邻,托罗斯山横亘在整个南部。小亚细亚的地势比伊朗、波斯或亚美尼亚的地势都要低,一条著名的铁路——巴格达铁路横贯其中。巴格达铁路线在过去的30年里,一直起着十分重要的作用。它将伊斯坦布尔同底格里斯河上的巴格达连在了一起,西亚沿岸重要的港口士麦那,以及叙利亚的大马士革和阿拉伯世界的圣城麦地那都在这条铁路线上。因此,巴格达铁路线始终是英、德两国争夺的对象。

英国与德国刚刚达成了协议,法国就站了出来,坚持在未来的铁路收益中也能分到一杯羹。于是,法国也取得了小亚细亚北部铁路的控制权。北部的特拉布宗是亚美尼亚和波斯的出口港,而当时通向西方的交通线还没有建成,于是,外国工程师便开始勘测地形,准备新筑一条可以穿越小亚细亚这片古老土地的铁路。正是在小亚细亚这片古老的土地上,雅典殖民地的希腊哲学家首次认识到了人类的本性与世界的起源;也是在这里,庄严的教会为世界贡献了坚定的宗教信仰,欧洲人依靠这个信仰生活了1000年;圣徒保罗也诞生于小亚细亚的塔尔苏斯,并在这里虔诚地布道;土耳其人与欧洲人为争夺对地中海地区的控制权,也曾在这里进行过多次恶战;还是在小亚细亚,一个阿拉伯赶驼人在沙漠里一个破败的小村子里,梦想着要做安拉唯一的先知。

这条铁路按计划避开了沿海地区,绕过了那些古代和中世纪的神秘港口——阿达纳、亚历山大勒达、安蒂奥克、特里波利、贝鲁特、蒂雷、西顿以及雅法(巴勒斯坦岩石海岸上唯一的港口)——主要沿着山区修建。

战争爆发后,这条新铁路线就如德国人所希望的那样,发挥了巨大的作用。这条新铁路是用德国最好的设备建成的,再加上停泊在伊斯坦布尔的两艘德国大战舰,使土耳其人"考虑再三"后加入了轴心国。在其后的4年中,这条铁路的战略意义得以展现,因为这场战争的胜负主要取决于海上和西线。当西线全面崩溃之后,东线在很长的一段时期内仍然固若金汤。让全世界感到惊讶的是,土耳其军队在1918年的表现与他们的祖先塞尔柱人在1288年的表现相比,也毫不逊色。塞尔柱土耳其人征服了整个亚洲后,又把他们渴求的目光投向了博斯普鲁斯海峡对岸君士坦丁堡那坚不可摧的城墙后面。

直至那时,小亚细亚高原还十分富饶,因为尽管小亚细亚也属于欧亚大陆桥的一部分,但它却从未遭受过亚美尼亚和伊朗高原的波斯那样的厄运。这是因为小亚细亚不但是商道上的重要组成部分,也是印度和中国通往希腊与罗马的商道终点。在我们这个世界刚刚形成之时,地中海地区的学术活动和商业活动并不在希腊本土,而是活跃在当时已成为希腊城邦的殖民地的西亚各地。亚洲的古老血统与欧洲新兴的民族在这里融为一体,产生了一个睿智而又敏捷的民族,没有哪个民族可以与之相媲美。即使在现代地中海东部的各个民族中,尽管在买卖公平、忠诚老实等方面都声名狼藉,但我们依然能从中看出那古老血统的影响,数百年来,它一直面对许多其他民族,但始终未能将它同化掉。

塞尔柱王朝最终的分崩离析是不可避免的。这支毫无人性的军队,永远陷身于四面楚歌的处境。这个曾盛极一时的大帝国,如今只剩下了这个小小的半岛了。曾经不可一世的苏丹们也成了过眼云烟。他们的先辈在亚得里安堡(除君士坦丁堡之外土耳其在欧洲留下的另一座城市)居住了近百年之后,于1453年将都城迁至君士坦丁堡。当时,整个巴尔干半岛、整个匈牙利和俄国南部的大部分地区都处在他们的统治之下。

耶路撒冷

长达 400 多年暗无天日的残暴统治使这个泱泱帝国最终覆灭,导致了今天土耳其的颓败不振。君士坦丁堡,这个最古老、最重要的商业垄断城市,在过去几千年的时间里一直是俄国南部的谷物集散地;还是这个君士坦丁堡,曾备受大自然的厚爱,使其港口获得"金角""富角"的称号,这里鱼肥虾美,足可以养活天下人,而如今却沦为一个三流省会城市。战后的君士坦丁堡已是千疮百孔,就像一个民族大杂烩,里面到处充斥着希腊人、亚美尼亚人、斯拉夫人、十字军的残渣余孽以及地中海东部地区各色人种。君士坦丁堡已不适合承担重振土耳其民族昔日雄风的重任,也无法带领本国人民建成一个现代化国家。于是,新土耳其国家领导人作出了一个明智的决定:选择君士坦丁堡以东 200 英里、安纳托利亚山中的安卡拉城作为新都。

安卡拉城历史非常悠久。公元前 400 年,这里曾居住着一个叫做高卢人的部落,就是这些高卢人,后来成了法兰西大平原的主人。同这条重要商道上的其他城市一样,安卡拉也曾历经变迁兴衰。十字军曾占领过它,鞑靼人也曾践踏过,甚至到了1832年,一支埃及军队摧毁了整个周边地区。但也正是这里,凯末尔·帕桑把安卡拉选为自己新建国家的首都。他排除万难,用居住在土耳其的希腊人和亚美尼亚人,换回了居住在对方国家的土耳其人。他还重建了军队,在士兵面前出色地树起了威望。凯末尔使土耳其得到了全世界不断的关注,但在经过长达1500年的战争蹂躏和政荒民弊之后,安纳托利亚高原能引起西方金融家的重视吗?这就很难说,因为,有价值的投资对象才是华尔街金融家不断寻求的对象。

而且,小亚细亚是欧亚两洲未来贸易往来最重要的地区。士麦那又恢复了它昔日的地位。自从古代亚马逊女战士统治这里后,这个港口城市就一直长盛不衰。亚马逊人的国家有一个奇异的制度:男孩只要一出生,就会被处死,每年只允许外面的男子踏入该国一次,唯一的目的就是为了延续这个种族。

当年,圣徒保罗在以弗所曾发现当地人供奉着亚马逊人的处女守护神狄安娜。如今,顺便提一句,以弗所已经从地球上消失了,但以弗所的周边地区很可能成为世界上收益最好的无花果种植园。

从以弗所向北,经过帕嘉马废墟(古代的文学艺术中心,羊皮书资料即出于此地),铁路线绕过特洛伊平原上,与马尔马拉海岸边的班德尔马相连。从班德尔马到斯屈达尔乘船只需一天,著名的东方特快列车(伦敦—加莱—巴黎—维也纳—贝尔格莱德—索菲亚—君士坦丁堡)途经斯屈达尔,开向了安卡拉和麦地那,再由此转道去阿勒颇—大马士革—拿撒勒—卢德(可换乘汽车去耶路撒冷和迦法)—加沙—伊斯梅利亚—坎拿哈,在这里跨过苏伊士运河,再乘船沿尼罗河逆流而上,最远可达苏丹。

如果没有爆发世界大战,这条线路完全可以被西欧用来将各地的乘客和货物运送到印度、中国和日本,并从中获取巨额利润。但是,4年战争造成的巨大破坏在尚未彻底恢复之前,飞机可能会成为人们更理想的主要交通工具。

小亚细亚的东部居住着库尔德人,他们是亚美尼亚人的宿敌。他们像苏格兰人或大部分山里人一样，有着极为浓重的血统观念，各部族之间各自为政，与他们进行商业活动和发展工业一定要小心谨慎。库尔德是一个十分古老的民族。根据巴比伦的楔形文字和色诺芬作品《远征记》（一本非常无聊的书）中的记载，库尔德人与我们同属一个种族，他们只不过是皈依了伊斯兰教。正是因为这个原因，他们从不信任那些信仰基督的邻邦。第一次世界大战后建立的所有其他穆斯林国家的态度亦是如此。所有经历过这场战争的人都知道，他们这样做，并非是毫无道理的。当西方大国把"官方谎言"当做一种国家战略时，人们就有理由对此铭记于心。

当和平的曙光最终出现时，没有人为此而欢欣鼓舞，因为旧恨尚未了，新仇又添来。几个欧洲强国以"托管人"的身份，在昔日土耳其大帝国的部分领地上指手画脚。事实证明，这些托管人在对待当地人的行为上，并不比当年土耳其人的所作所为"仁慈"到哪里去。

法国人曾在叙利亚投资了一大笔钱，战后很快就控制了叙利亚。"法国高级委员会"以巨额资金和大批军队作为后盾，开始管理300万极不愿被"托管"的叙利亚人。"托管"，实际上就意味着是殖民地，只是名称好听一点而已。没过多久，叙利亚的各个派别就把彼此之间的宿怨撂到了一边，进而转向他们共同的敌人——法国。库尔德人与他们的世仇——黎巴嫩马龙教派天主教徒（老家是西亚古国腓尼基）握手言和了，基督徒不再虐待犹太人了，犹太人也不再蔑视基督徒和穆斯林了。法国人为了维持其在叙利亚的统治，不得不建起许多绞刑架。于是，社会秩序有了好转，叙利亚很快就沦落成为另一个阿尔及利亚。但这并不表明叙利亚人已经屈服于那些"托管人"的统治，只是因为他们的领袖被绞死了，其他叙利亚人还缺乏勇气继续奋战而已。

而在底格里斯河流域和幼发拉底和流域，出现了一个伊拉克王国，古巴比伦和尼尼微的废墟现在都成为伊拉克王国的一部分。但是，伊拉克王国的新任君主们并不能真正享有汉谟拉比或亚述纳西拔的自由，因为他们被迫承认英国的宗主国地位。费舍国王如果要决定比重新挖掘一些古巴比伦排水管更重要的事，就不得不等待伦敦的恩准。

巴勒斯坦（腓力斯人的土地）也属于该地区。巴勒斯坦是一个很特殊的国度,我不得不言简意赅,以免对一个小国的专题讨论会占据这本书的剩余部分。巴勒斯坦比欧洲最不起眼的小公国——石勒苏益格—荷尔施泰因——还要小一些,但它在人类历史上所起的作用要比许多大国还要重要。

犹太人的祖先,在离开他们在东美索不达米亚的荒凉村庄后,穿越了阿拉伯沙漠的北部,跨过了西奈山与地中海之间的平原,在埃及生活了几个世纪后,最后又折回到了原地。当他们到达朱迪亚山和地中海之间那一小片肥沃的狭长地后,他们终于停下了流浪的脚步。经过与当地土著人的激烈争夺,他们最终占领了大量的村庄和城市,并在那里建起了自己独立的犹太人国家。

他们在巴勒斯坦这片土地上的生活肯定不会很舒服。西侧,整个海岸地带都被腓力斯人和来自克里特岛的非闪米特人占据,把犹太人与大海完全隔开;东侧,自南向北有一条大裂谷,其最深处在海平面以下 1300 英尺,这条大裂谷把他们同亚洲其他地区隔绝开来。施洗约翰曾选择这里作为自己的永久居住地,这条大裂谷北起黎巴嫩和前黎巴嫩之间,沿约旦河河谷、太巴列湖(即加利利海,位于海平面以下 526 英尺)、死海(低于海平面 1292 英尺。加利福尼亚的死谷也不过在海平面以下 276 英尺,是美洲大陆的最低点)向南延伸,再从死海(约旦河流入死海,由于持续的蒸发,含盐量达 25%)穿过古伊多姆古国(莫阿布人曾生活于此)的遗址,最后到达红海的亚喀巴湾。

这条大裂谷的南部是世界上最炎热、最荒凉的地区之一,遍地都是沥青、硫磺、磷矿石和其他有腐蚀性的混合物质。现代化学工业能从这些物质中提取有价值的东西(第一次世界大战前,德国人曾在这里成立过一家实力雄厚的死海沥青公司),并从中获得巨额利润,但古人却对这个地方望而生畏。他们把古城多玛和俄摩拉的毁灭归因于对罪恶之神的报应,而不是一次普通的地震。

当第一批来自东方的移民翻越过与大裂谷平行走向的朱迪亚山时,看到那儿呈现出与南部全然不同的另一种气候和景象,这时他们必定会欢呼雀跃,因为他们找到了一块"流淌着牛奶与蜂蜜"的宝地。如今去巴勒斯坦的游客很难看到牛奶或蜂蜜,因为这里几乎没有鲜花,蜜蜂早就灭绝了。但这并非是由于我们经常听到的气候变化的结果，因为今天的气候同当年耶稣的信徒四方布道时的气候相差无几。当年耶稣的门徒从北部的达恩走到南部的贝尔谢巴，一路上他们不用担心吃喝，因为到处都有椰枣和佳酿，足以满足旅行者随时随地的需求。整个巴勒斯坦面貌的改变应归罪于土耳其人和十字军骑士。十字军破坏了犹太人王国时期和罗马统治时代留存下来的大量水利灌溉设施，土耳其人又摧毁了残存的部分。结果，这片靠充足的水源来获得丰收的土地就彻底荒芜了，十之八九的人要么被饿死，要么离乡背井。耶路撒冷沦落成了游牧民族贝都因人的小村庄。生活在这里的基督教徒与穆斯林之间争斗不休。因为对穆斯林来说，耶路撒冷也是他们自己的圣城。阿拉伯人认为自己是那个可怜的以实玛利的后代。当年，亚伯拉罕听从了其悍妻萨拉的要求，将以实玛利和他的生母夏甲赶进了沙漠。

但以实玛利和夏甲并未在沙漠中饥渴而死，这让萨拉的计谋落空。以实玛利还娶了一个埃及女人，成了整个阿拉伯民族的始祖。以实玛利和他的母亲至今安葬在卡巴神殿的外面，这里就成了麦加最神圣的地方。无论路途多么艰险，距离多么遥远，所有穆斯林在有生之年至少要来圣地朝觐一次。

阿拉伯人一占领耶路撒冷，就在那块圣石上建起了一座清真寺。据说阿拉伯人的远亲所罗门，亚伯拉罕的另一支嫡系后裔，也曾在此处建造了一个著名的寺庙，只有天才晓得那是什么年月的事情了。然而，为了争夺这块黑石头以及周围所建的那道有名的"哭墙"，两个民族之间争斗不休，这也为阿拉伯人和正统犹太教徒之间埋下了仇恨的种子。但今天这两个民族却被迫组建了巴勒斯坦托管国。

对这个国家的未来，我们还能指望什么呢？英国人占领耶路撒冷后，他们发现这个城市的居民中有80%是穆斯林（叙利亚人和阿拉伯人），而犹太人和非犹太基督徒只占了20%。作为当今世界上最大的穆斯林帝国的统治者，英国人不能得罪忠实于他们的臣民，也不敢把巴勒斯坦的50万穆斯林交给不到10万犹太人的手中，任由他们摆布。

结果就出现了凡尔赛和约之后那个永远不会让所有人都满意的妥协方案。巴勒斯坦现在是英国的一个托管国，由英国军队负责调解不同派别之间的争端,总督也是从英国最知名的犹太人中选举而生。尽管如此,巴勒斯坦依然是一个不折不扣的殖民地,也享受不到阿瑟·贝尔福所描述的完全的政治独立。在巴勒斯坦运动开始时,贝尔福爵士曾滔滔不绝却含糊其辞地说过,巴勒斯坦将成为犹太民族未来的家园。

如果犹太人自己清楚要在故国做些什么,问题可能就简单多了。东欧的正统犹太教徒,特别是俄罗斯的犹太人,希望巴勒斯坦仍然保持原样,并在这儿建成一所大神学院,在神学院里面再建一个小型的希伯来博物馆。年轻一代则牢记先知的一句著名格言——让死去的人埋葬死去的人吧。他们认为,如果过于留恋往昔的荣耀与辉煌,就会严重阻碍明日的辉煌与荣耀的建设。他们希望把巴勒斯坦建设成为一个像瑞士或丹麦一样的现代化国家。这里的男男女女应该忘记早年生活在贫民区的痛苦回忆,应该把精力放在筑路和修渠之上,而不是为了几块年代久远的石头与他们的阿拉伯邻人争吵不休。这几块石头也许是丽柏嘉当年汲水用的井石,现在却变成了巴勒斯坦发展的绊脚石。

巴勒斯坦的大部分地区是由东向西呈斜坡形的,因此把那些荒芜的土地开垦出来用于农业生产是非常合适的。每天从海上吹过大部分地区的和风,给整个大地带来了滋润的甘露,非常适合无花果树的种植。杰里科,这个死海地区唯一的重要城市,也许会再次变成椰枣贸易的中心。

因为巴勒斯坦地下既没有煤矿也没有石油,外国的开发商也不会把它当成自己的猎物。只要耶和华和占人口多数的穆斯林允许,他们就能安心地解决自己的问题。

第三十四章 阿拉伯

——何时是亚洲的一部分？何时又不是？

在普通地图或地理手册上，阿拉伯是亚洲的一部分。但是，对一个不了解地球历史的火星来客来说，有可能会得出一个不同的结论，以为著名的阿拉伯沙漠——内夫得沙漠，只不过是撒哈拉沙漠的延伸而已，它只不过被那条微不足道的印度洋浅湾分隔开来了而已。

红海的长度大约是其宽度的 6 倍，里面布满了暗礁，它的平均深度约为 300 英寻，但是，它与印度洋上的亚丁湾相接之处只有 2 至 16 英寻深。所以，这个到处都是火山岛的红海，在波斯湾形成之前很有可能还是一个内陆湖，就如同英吉利海峡出现之后北海才配称之为海一样。

阿拉伯人对他们自己是属于亚洲还是非洲一点兴趣也没有，因为他们把自己的国家称为"阿拉伯岛"。阿拉伯的面积比德国大 6 倍，但是它的人口却与面积丝毫不成比例。阿拉伯的总人口还不及英国的大伦敦区。但这 700 万现代阿拉伯人的祖先，必然拥有非凡的体质和顽强的精神，因为他们曾给全世界留下了不可磨灭的印象，而且古阿拉伯人的霸业也未曾得益于大自然母亲的任何恩赐。

首先，阿拉伯人所居住地区的气候条件根本不适合人类生存。阿拉伯半岛同撒哈拉沙漠一样，没有一条河流，而且还是地球上最酷热的地区之一。除了最南端和最东端沿海地区，这一带雨水很充盈，但由于过于潮湿，欧洲人还是适应不了。半岛的中部和西南部山区的海拔都超过了 6000 英尺，昼夜气温变化也很大，只要太阳一下山，过不了半个小时，气温会从 80 华氏度骤然下降至 20 华氏度，人和动物都无法适应如此巨大的温差。

如果整个内陆地区没有地下水，就会变成无人居住区。至于沿海地区，也只有英国聚居地亚丁湾以北的土地还较为富庶。

然而，从商业地位看，整个阿拉伯半岛还敌不过曼哈顿的一块低地，但在对世界文化发展的巨大影响上，远远超过了曼哈顿。

令人感到好奇的是，阿拉伯半岛从未出现过一个像法国或瑞典一样的完整的国家。第一次世界大战期间，由于协约国急需外人援助，便不负责任地到处乱许愿。因此，战争一结束，从波斯湾至亚喀巴湾，突然间冒出了一大堆所谓的独立国家。甚至北部的约旦河两岸也诞生了一个独立之国。这个国家坐落在巴勒斯坦和叙利亚沙漠之间，统治者是一位埃米尔，接受耶路撒冷的领导。然而，这些独立国家中大多数只是徒有虚名，比如波斯湾沿岸的哈萨和阿曼，南部的哈德拉毛，红海岸边的也门和阿西尔以及南边还比较重要的汉志，因为汉志不仅拥有自己的铁路（巴格达铁路线的终点已到麦地那，计划会延伸到麦加），还拥有伊斯兰世界的两座圣城——穆罕默德的诞生地麦加和他的安息地麦地那。

七世纪早期，这两个沙漠绿洲城市还不为人所知，是穆罕默德使它们闻名于天下。穆罕默德约出生于公元567年或569年，他的父亲在他出生前几个月就去世了，出生后不久，他的母亲也去世了，他是被贫穷的爷爷抚养长大的。穆罕默德很小就开始给别人赶骆驼，跟随雇佣他的商队走遍了整个阿拉伯半岛。他甚至还有可能渡过红海到达一些非洲地区，也有可能去过阿比西尼亚，当时，阿比西尼亚正企图把阿拉伯半岛变成非洲的殖民地（这并非难事，因为当时沙漠中一些向来不和的部落正打得难解难分，根本不可能联合一致对外）。

我不打算对穆罕默德的宗教教义做详细叙述了。假如你对此感兴趣，可以去买一本《古兰经》读读。完全可以这样说，正是由于穆罕默德的努力，一直在阿拉伯沙漠中尔虞我诈的闪米特部落突然间团结起来，去完成一个大使命。在不到100年的时间里，他们就征服了整个小亚细亚、叙利亚、巴勒斯坦以及非洲北部沿海地区和西班牙。到十八世纪末，他们对欧洲的安全构成了长久的威胁。

一个民族能在这么短的时间内就取得了如此大的成就，它一定拥有非凡的智慧和超凡的体魄。同穆斯林打过交道的人（包括拿破仑，虽然他对女人毫无品位，但对优秀的战士却独具慧眼）都认为，阿拉伯人是非常可怕的对手。他们中世纪的大学就足以证明，阿拉伯人拥有超凡的智慧，对科学有着浓厚的兴趣。但他们为什么最终还是走向了衰败呢？我无从知晓。若在此高谈阔论地理环境对民族性格的影响，然后证明沙漠部落永远是伟大的世界征服者，是一件非常容易的事。然而，事实并非如此。许多沙漠民族始终默默无闻，许多山地民族也能干出惊天动地的大事业来，但还有许多山地民族从未洗脱过醉鬼的臭名，他们一生无所事事，虚度光阴。请原谅，我实在无法从一个民族的成功与失败中总结出一条基本规律。

但历史往往会出重演。十八世纪中叶的宗教改革运动使穆斯林摆脱了一切形式的盲目崇拜，像瓦哈比所提倡的生活方式那样，他们的生活变得节俭、简单，但这也许又会使阿拉伯人重新踏上征战之途。如果欧洲继续在内战上耗费自身的精力，这些阿拉伯人就会像 1200 年前一样，也许会对欧洲造成巨大的威胁。阿拉伯这个可怕的半岛是"硬汉"最大的出产地，这些人从来不苟言笑，从来不娱乐，总是板着脸，露出一副严肃认真的表情，他们在财富面前丝毫不为所动，因为阿拉伯人的生活需求非常简单，从不觉得自己缺少什么。

这样的民族永远是不可忽视的，尤其是当他们有正当理由认为自己受到伤害时。在阿拉伯，就像在亚洲、非洲、美洲和澳大利亚这些地方一样，白人的良心并不像我们希望的那样问心无愧。

第三十五章　印度

——自然资源充足，人口数量迅速增长

公元前300年，亚历山大大帝发现了印度。虽然亚历山大大帝横穿了锡克族的故乡——旁遮普平原，跨过了印度河，但他并没有深入到印度腹地，印度人当时的居住地和现在一样，在北部喜马拉雅山与南部德干高原之间的那片恒河流域。直到十六世纪，葡萄牙航海家达·迦马航行到了马拉巴尔海岸的果阿，在这之前，欧洲人对这个奇异王国的了解主要是根据马可·波罗提供的第一手资料。

从欧洲到印度这个香料、大象和黄金寺庙之国的海上通道一经打开，地理学的新知识就源源不断地涌来，阿姆斯特丹的地图生产商不得不加班加点地玩命工作。从那以后，这块富饶半岛上的每一个角落几乎被欧洲人翻了个底朝天。下面简单介绍一下印度的地貌。

在西北部，吉尔特尔山和苏莱曼山从阿拉伯海一路纵贯到兴都库什山，把印度同外界隔开了。北部是喜马拉雅山形成的一个从兴都库什山直至孟加拉湾的半环形的屏障，这个屏障把印度包围了起来。

别忘了，地图上的印度与欧洲相比，它的比例被缩小了，这看起来让人觉得滑稽可笑。而实际上，如果欧洲的面积不把俄国算进去，印度的面积几乎可以与之相匹敌。如果喜马拉雅山在欧洲大陆，它就会从法国的加莱一直延伸至黑海。喜马拉雅山脉至少有40座山峰的海拔比欧洲的最高峰还要高，它的冰川长度是阿尔卑斯山冰川平均长度的5倍。

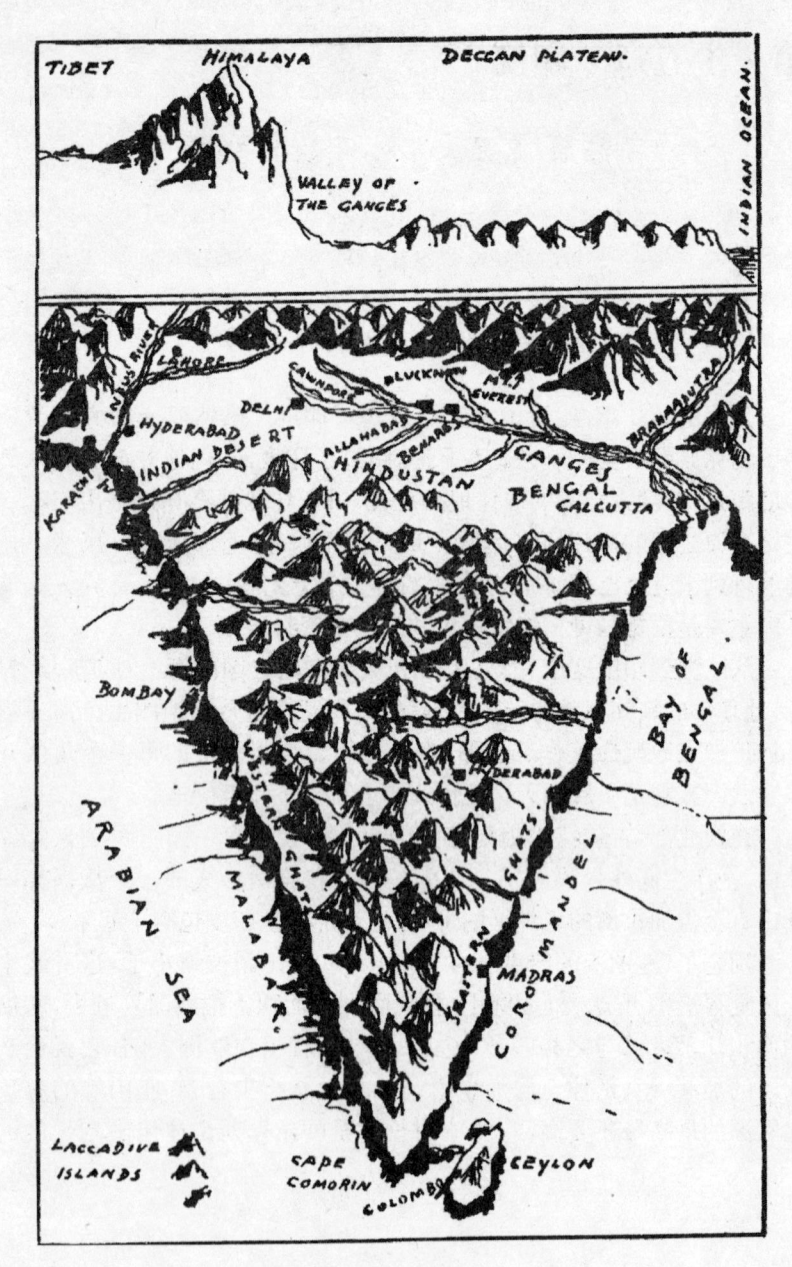

印度

印度是地球上最炎热的地区之一，与此同时，它有好几个地方还保持着年均降雨量的全球最高纪录(年均降水 1270 厘米)。印度人口为 3.5 亿，有 150 种不同的语言和方言。印度有 90% 的人仍然靠天吃饭，如果年降雨量不足，每年会有 200 万人口死于饥荒(这是 1890～1900 年的平均数)。现在，英国人已经控制住了蔓延的瘟疫，平息了种族之间的混战，建起了许多水利灌溉设施，掌握了一些基本的卫生常识(当然这些都是印度人自掏腰包)，但印度的人口出生率也上升了。如果照此下去，用不了多久，他们势必又会回复到过去的贫困状况。一旦饥荒和瘟疫再次来临，儿童的死亡率又会回升，又会有大量尸体会成天被运到贝拿勒撒山。

印度的主要河流都与山脉的走向平行。西部的印度河先是穿过旁遮普全境，然后冲过北部山区，为亚洲北部的征服者深入印度腹地提供了一条便利的通道。印度人的圣河——恒河，几乎是一直朝东流去，在流入孟加拉湾前，它与发源于喜马拉雅山群峰之中的布拉马普特拉河汇合。布拉马普特拉河上游也几乎是一路自西向东流来，直到被卡西丘陵阻挡后，才改为向西流，并很快汇入恒河。

恒河与布拉马普特拉河流域是印度人口最密集的地区，只有在中国才有那么几个地方和这里一样，几千万人拥挤在一块狭小的土地上，为少得可怜的生存资料而相互争夺不休。这两条大河交汇处的西岸是一片潮湿泥泞的三角洲，印度最重要的加工业中心——加尔各答，就矗立在这里。

恒河流域，也就是人们所熟知的印度斯坦，物产十分丰富，如果不是人口长期严重过剩，这里应该是一块民殷财足的沃土。首先，恒河流域盛产大米。印度、日本、爪哇的人民种植水稻，这是由于水稻产量高，而不是因为他们喜欢吃大米。在这块土地上，每平方英里(每平方英尺和每平方英寸亦是如此)出产的大米比在同一块土地上种植其他作物收获的要更多。

种植水稻是一项又苦又脏的工作。说"脏"这个字有点难听，但是，用它来描述水稻种植的确是最恰当不过的一个字了。无数男男女女的大部分时间都是在泥水和粪肥中蹚来蹚去的。先是在泥土中培养出秧苗来,当秧苗长到9英寸高时,用手拔出来,再移栽到水田里,一直长到收获季节。待稻谷收割完后,稻田里恶臭的泥浆通过一种非常复杂的排水系统排入恒河。而恒河又为那些聚集在贝拿勒撒的虔诚信徒们提供饮用水和洗澡水。贝拿勒撒是印度的罗马,也是世界上最古老的城市。流入了恒河的水田泥浆被认为是非常神圣的,比任何形式的洗礼都更能清洗人类的罪恶。

水稻

恒河流域的另一种农作物是黄麻。这种植物纤维最早是在150年前进入欧洲市场的,被用作棉花和亚麻的替代品。黄麻是植物内茎的皮,它的生长同水稻一样,也需要耗费大量的水。黄麻收割后,先要在水中浸泡数周,然后再把纤维抽出来,运到加尔各答的工厂加工成麻绳、黄麻口袋或者供印度人穿的比较粗糙的衣服。

植物靛蓝也出产于恒河流域,我们可以从中提取蓝色染料。直到最近人们才发现,还能从煤焦油中提取出蓝色染料,而且比从植物中提取更经济。

最后一种作物就是鸦片。它原本是用于减轻风湿病患者的痛苦的一种药物。在印度,大部分人为了种植供养他们所需的水稻,不得不整天在没膝深的烂泥里耕作,患风湿病也就在所难免。

恒河流域平原外侧的山上,原来覆盖着古老的森林,现在变成了茶叶种植园。生长这种经济价值很可观的小树叶的灌木需要湿热的气候,因此,山坡最适宜于茶树生长,因为在这里,植物柔软的根茎不会为流水所伤及。

三角形的德干高原位于恒河平原的南部,高原上出产三种不同的产品。德干高原的西部和北部山区主要出产印度柚木。这种树木木质坚硬,不弯曲,不变形,不会腐蚀铁。在铁制蒸汽船发明之前,柚木还被广泛地应用于造船业,现在还广泛应用于其他行业。德干高原中部降雨量极少,经常会出现饥荒,主要种植棉花,也种植一些小麦。

在德干高原的沿海地区,西边的马拉巴尔海岸和东边的科罗曼德尔海岸,雨量充沛,盛产大米和小米(欧洲人进口小米用作鸡的饲料,但当地的印度人不吃面包,而是以小米为生),完全能养活这里的大量人口。

德干高原是印度唯一发现了煤、铁和金矿的地区,但这些矿藏并未得到很好的开发,因为这里的河流急流多,不易航行。而当地的老百姓又负担不起建设铁路的庞大费用,他们根本就没有什么有价值的东西用来交易,所以从不离开他们的村庄。

科摩林角东面的锡兰岛也是印度半岛的一部分。保克海峡将锡兰岛与德干高原隔开,这里暗礁密布,必须不停地疏浚才能确保船只安全航行。在锡兰岛和大陆之间,暗礁与浅滩形成了一座天然桥梁,被人称为"亚当桥"。传说亚当和夏娃违反了上帝的旨意,上帝勃然大怒,于是,他们通过这座桥逃出了伊甸园。根据印度人的说法,锡兰岛就是昔日的天堂,对现在的印度人来说,锡兰岛仍然是一座人间天堂。锡兰岛不仅气候温和,土地肥沃,风调雨顺,物产丰富(绝不是过剩),而且还避开了印度的恶魔。印度人认为,佛教这种神圣的精神力量是常人所不能企及的,所以舍弃了佛教,而锡兰岛上的居民却依然忠实于佛教,并淡化了森严的种姓制度,但时至今日,这个制度在印度宗教中仍然占据着非常重要的地位。

地理与宗教的关系比我们通常想象的要密切得多。在印度,千百年来,宗教在人们的思想观念中一直居于绝对的主导地位。宗教已影响到印度人生活的方方面面,可以说是无处不在,无时不有。它指导人们应该说什么,想什么,做什么,吃什么,喝什么;它禁止人们不应当说什么,做什么,吃什么或喝什么。

在其他国家,宗教也常常干预人类的正常发展。中国人为了表示对逝去的先人的崇敬,常常把他们埋葬在南山坡上,而把寒冷多风的北山坡用做他们自己养家糊口的土地。如此一来,人们的确对逝去的先人尽了子孙之孝,而他们的孩子却有可能饿死和被卖身为奴。的确,几乎每个民族(也包括我们)都会为一些奇怪的清规戒律和祖上传下来的家法族规所禁锢,并对整个民族的进步产生消极的影响。

为了了解宗教是如何影响印度的,我们不得不回到史前时期,至少得回到3000年前希腊人首次到达爱琴海的那个时代。

印度是个人口大国

那时,印度半岛上居住着一个深色皮肤的种族——达罗毗荼人,他们或许也是德干高原上最早的居民。雅利安人(与我们的祖先同宗同源)为了寻找更适宜的居住地,便分成了两股,纷纷离开他们在亚洲中部的故园。其中一支向西迁移,后来在欧洲定居了下来,后来还漂洋过海去了北美洲;另一支则一路南行,穿过了兴都库什山脉和喜马拉雅山之间的山口,定居在印度河、恒河和布拉马普特拉河流域,并继续南下,到达德干高原,再沿着西高止山与阿拉伯海之间的海岸线,最终来到了印度半岛的最南端和锡兰岛。

这些新来者的武器要比土著人的更精良一些,他们对待土著人就如同所有强大种族对待弱小种族一样。雅利安人嘲笑达罗毗荼人是一群黑鬼,强占他们的稻田,当他们带来的女人不够时就掠走达罗毗荼人的女人(穿过开伯尔山口的路途太艰难,他们不可能从中亚带足够的女人)。土著的达罗毗荼人稍有一点反抗的迹象,就会被杀死,达罗毗荼人的幸存者被赶到半岛上最荒凉的地方,任其自生自灭。但是,土著的达罗毗荼人在数量上要比雅利安人多很多,结果出现文明程度低的民族对文明程度高的民族产生了更大的影响力的现象。防止此类事情继续发展的唯一办法就是把这些黑人们严格地限制在他们原来的居住地。

当时的雅利安人,也像我们现在的西方人一样,经常倾向于把社会划分为几个等级森严、界限分明的不同阶级。"等级"观念盛行于世界各个地方,甚至连当今所谓的文明程度较高的美国也不可避免。等级观念在社会默许的偏见的纵容下,犹太人也深受其害;在美国南部的一些州,甚至有正式的法律条文规定黑人必须乘坐种族隔离的汽车。众所周知,纽约是一个开明的城市,但我拼了老命也找不到一个能和深肤色的朋友(黑人、印度人或爪哇人)共进晚餐的地方。美国的火车为白人提供卧铺车或坐式卧铺车,这种做法也让我们对等级观念充满了优越感。我对哈莱姆黑人的"等级观念"了解并不多,但当我看到德国籍犹太人的女儿嫁给了波兰籍犹太人的儿子,这个德国籍犹太人的家庭感到耻辱时,我就认识到"鹤立鸡群、出人头地"的思想在我们之中是多么普遍。

但在美国,"等级观念"还没有彻底主宰社会与经济生活。从一个阶层通向另一个阶层的大门被非常小心地锁住了,但我们都明白,只要用劲使命去推,或拥有一把小小的金钥匙,或干脆用力从外面砸开窗户,迟早有一天会被接纳进去。而印度的统治阶级雅利安人却用巨石把从一个等级通往另一个等级的大门封死了。从那时起,各个阶级都被禁锢在他们自己的小圈子里,永无出头之日。

这种等级制度的形成绝非偶然。人们既不是为了自娱自乐,也不是为了讨他人开心一时心血来潮才建立这种制度。在印度,等级制度是恐惧的产物。牧师、士兵、农夫、手工业者——这些最早的雅利安人征服者绝望地意识到,虽然他们曾经征服过达罗毗荼人,但达罗毗荼人在数量上还是远远多于他们,所以,他们必须铤而走险地采取措施,强迫达罗毗荼黑人"待在他们应该待的地方"。他们不仅这样做了,而且步伐迈得太远了点,世界上还没有其他民族敢迈出这一步。他们建立了一种森严的"种姓制度",并给这种等级制度披上了一层宗教的外衣,宣布婆罗门教只为三个上层阶级所独享,把那些地位低下的人都排斥在神圣的宗教大门之外。为了保持本阶级的纯正血统,以免被下层阶级玷污,每个上层阶级都用一整套繁冗的宗教仪式和宗教风俗来保护自己。最后,只有本地人才能应付得了这一整套毫无意义而冗赘的禁忌。

如果你想知道这种制度在日常生活中发挥了什么样的作用,不妨设想一下:如果在西方社会过去3000年里,一个人的职业范围不能超出他的父亲、祖父或者曾祖父的职业范围,那何来个人的独创精神呢?

种种迹象表明,印度正处在社会和精神复苏的黎明前夕。但是,直至最近,婆罗门世袭僧侣们,这个印度各个阶层的最高阶级,仍在刻意阻挠这种变革的发生。那个被认为是理所当然的领导者的正统宗教有一个含糊不清的名字——婆罗门教。他们尊崇的神就是梵天,他也是万物之始,众生之母,万物之终,就像希腊的宙斯和朱庇特一样。但是,梵天只是一种抽象化的精神,对寻常百姓来说,它过于含混不清,太不真实了。

印度虽然有几个大城市,但实际上还是一个农业国,因为至今还有

70%的人生活在农村,其余的人住在大家都能叫出名字的那几个城市里。加尔各答位于恒河和布拉马普特拉河的河口。加尔各答最初是一个无足轻重的小渔村,但到了十八世纪,它就发展成为克莱武反法运动的中心,最终成为印度最重要的港口。苏伊士运河开通以后,加尔各答的地位就不再像以前那样重要了,因为,如果要将一批货物运到印度或旁遮普省时,可以通过汽船直接运达孟买或卡拉奇。位于小岛上的孟买也是东印度公司的杰作,起初主要是用作东印度公司的海军基地和德干高原的棉花出口港。这个港口的地理位置非常好,吸引了全亚洲的人来孟买定居,它也成了波斯最后一批拜火教教徒的定居点。这些波斯人是当地最富有、最有知识的一个阶层。波斯人崇拜火,把火看做是神圣的、不可玷污的东西,所以他们从不用火焚化死者。在孟买,波斯人死后实行天葬,也就是说尸体会被扔给秃鹫啄食,这似乎是最好的安葬办法,孟买因此变成了一个神奇怪异的地方。

马德拉斯位于德干高原的东部,是科罗曼德尔海岸最主要的港口城市。稍南一点是一个充满法国情调的城市——本地治里。这个城市使人想起当年法国是英国最主要的对手,迪普莱克斯与克莱武为争夺印度半岛的控制权而激烈交锋,在这场决战中发生了悲惨的加尔各答黑洞事件。

当然,印度最重要的城市位于恒河流域。首先是西部的德里,它是莫卧儿王朝的旧都。莫卧儿王朝选择德里作为自己的首都,是因为它是从中亚出入恒河流域的大门,谁控制住德里,谁就当上了全印度的主人。沿河再下一点就到了安拉阿巴德,从名字就可以判断出它是穆斯林的一座圣城。勒克瑙和坎普尔也在它的附近,这两个地方因1857年的兵变而出名。再往南就是亚格拉,曾有四位莫卧儿王朝的国王在这里定居,那个为自己深爱的女人修建泰姬陵的国王(指莫卧儿王朝的沙杰汗)就是其中之一。

沿河南下就到了贝拿勒撒,它是全印度人的罗马和麦加。印度人不仅到贝拿勒撒的恒河圣水中沐浴,而且就是死了也希望被埋在恒河两岸的山上,并把骨灰洒进神圣的恒河之中。

我最好就此停笔。不论何时,只要涉及到印度,无论你是一个历史学家、化学家、地理学家、工程师,抑或是普通的游客,都会感到自己置身于深奥的道德与精神问题的旋涡中。陌生人在踏进这片神秘莫测的土地时更要加倍小心谨慎。

第三十六章 缅甸、泰国、越南以及马六甲

——南亚半岛上的国家

南部半岛包括四个古老王国,其中有独立的,也有半独立的,还有彻头彻尾是别国的属国,其总面积是巴尔干半岛的4倍。从西往东数,南部半岛的最西边是缅甸。1885年之前,缅甸一直是一个独立王国,后来,英国人在取得缅甸人和全世界的普遍认可之后,将缅甸末代国王放逐,并将其并入了大英帝国的版图。除缅甸末代国王本人外,再没有人对此事提出异议。这位末代国王就是那种无须找借口就能把他放逐的人,除非他像电影《东方君主》中的那个发疯的国王。而且,他不是土生土长的缅甸人,而是北方的舶来品。整个南部半岛都受够了这种人的气。缅甸的山脉要为此负主要责任。一座自东向西的高山伸展在缅甸北部边境,形成了一道天然的屏障,把印度挡在了门外。但缅甸境内的五座独立的大山都是南北走向,为那些生活在中亚大平原上的民族提供了一条理想的通道,他们能畅通无阻地前往孟加拉湾、泰国湾以及中国南海等富裕的沿海地区。我们随处都可以遇见中亚人的子孙后裔,而他们所到之处都是被焚毁的城市和被抢掠的田地。

对缅甸末代国王的不幸,丝毫不值得我们的同情。他为了庆祝自己登上王位,竟然杀死了他所有的亲戚,重新上演了古老亚洲的悲剧。土耳其帝国的苏丹也曾经常这样做,但他们只是为了以防万一,就像如果哪天你当选为南美洲哪个共和国的总统时,一定要采取措施以防意外死亡一样。但是,在十八九世纪八十年代发生这种把上百个兄弟、子侄斩杀殆尽的残忍事件,实在让人忍无可忍了。于是,一位英国总督赶走了这个末代暴君,并取而代之。从此以后,缅甸这个拥有只有3%印

度教徒、90％佛教徒的国家迅速繁荣起来。伊洛瓦底江从仰光一路通航至曼德勒，很快就成了贸易运输的大动脉，无数运载着大米、石油等物资的船只在江上来来往往，盛况空前。

亚洲的山口

缅甸的正东方就是泰国。多纳山脉和他念他翁山脉将缅泰两国分开。泰国之所以能够继续保持独立应归功于其地理位置，因为泰国的西侧是英国占领地，东侧是法国殖民地，英法两国相互妒羡，又互相提防，这当然是最主要的原因之一。另外，泰国得以保全的另一重要因素是泰国国王。在位40多年的老国王朱拉隆功，是十八世纪后期把泰国从缅甸独立出来的那个中国人的后裔。他小心巧妙地利用西边和东边邻居之间的敌对关系，还适时作出一些让步。另外，他的顾问不是英国人或法国人，而是从威胁不大的小国挑选。这位开明的国王把泰国的文盲率由原来的90％降至20％，开办了大学，修建了铁路，疏浚了湄南河，使其通航里程达400多英里，建起了一套出色的邮政和电报系统。他的军队也训练有素，使泰国不仅成为一个很可靠的同盟，而且还发展成为一个潜在的威胁对手。

湄南河三角洲上的曼谷已有近百万人口，但大部分仍然居住在湄南河的小船上，让人觉得曼谷像是东方的威尼斯。由于泰国不限制外国移民迁入，勤劳的中国人能自由自在地在曼谷定居。中国人现在已占泰国总人口的九分之一，对泰国迅速发展成为最重要的大米出口国作出了巨大贡献。泰国内地为经济价值很可观的茂密森林所覆盖，柚木是泰国重要的出口商品。马六甲半岛蕴藏着世界上最丰富的锡矿，值得庆幸的是，泰国至少拥有这个半岛的一部分。

然而，从总体上来说，泰国政府反对国家工业化。所有热带地区的居民如果要生存的话，就必须把主要精力放在农业和其他一些简单的手工业上。泰国似乎是少有的几个亚洲国家之一，能领悟这类政策的可取之处。只要亚洲能保留住自己的村庄和农田，让欧洲成为工厂和贫民窟的天下吧。西方人可能不喜欢这类村庄，但它们符合东方人的喜好，但工厂就不符合了。

另外，泰国的农产品与多数农业发达国家不太一样。除了中国人饲养的100万头猪以外，泰国还有至少600万头驯化的水牛和6822头大象。这些大象不但能帮主人在农田里干活，还可以当做起重机和重型大卡车出租。

法国人占领的那部分半岛就是法属印度支那，可划分为五个部分。

从南向北，首先是柬埔寨，坐落在湄公河大平原的三角洲上，盛产棉花和胡椒。它名义上是一个独立王国，但却处在法国人的监管之下。在柬埔寨的腹地，也就是在洞里萨湖北边茂密的森林之中，有一个引人入胜的历史遗迹——吴哥窟。吴哥窟是由一个神秘的民族高棉族建造出来的，我们对这个民族知之甚少。九世纪，高棉人在柬埔寨北部建立首都吴哥。吴哥城是一个十分浩大的工程，城墙的四面最少都有 2 英里长，30 英尺高。在印度传教士的影响下，高棉人最初信奉婆罗门教，但到了十世纪，高棉人又把佛教定为国教。由信奉婆罗门教转为信佛教引起了高棉人精神世界的变化，这种变化在随处可见的日常生活中有所体现。柬埔寨的所有寺庙殿堂都是在公元十二世纪到十五世纪之间建造的。在首都吴哥被摧毁后，给后人留下了惊人的古建筑废墟。如果将这里与我们那些举世闻名的玛雅遗产相比，玛雅文明只不过是头脑简单的初学者的作品。

另有一种说法认为，吴哥原本是建在海面上的，早在湄公河三角洲形成之前就已经存在了。如果真是这样的话，那就意味着大海后退了 300 英里。那可真是个世界奇迹！据历史记载，纳拉文的海后退了大约 5 英里，比萨的海后退了近 7 英里。吴哥的来龙去脉或许将永远是个谜。但柬埔寨的确有这么一个城市，它在当时的地位比今天的纽约还重要，但吴哥已经不存在了，变成了明信片上的一个图案，参观者在巴黎殖民地展览会上花一个便士就能买到。尽管如此，当吴哥是当时世界文明的中心时，巴黎还是一个小渔村，到处是散发着难闻气味的简陋房子。

今天的湄公河三角洲是法属印度支那殖民地的一部分。1867 年，法国在远征墨西哥时遭遇了重挫，为了挽回帝国一点颜面，就占领了湄公河三角洲。湄公河三角洲有一个天然良港西贡。数千名法国官员在这里管理着 400 万印度支那人，他们都盼着能早日结束这份苦差事，希望能衣锦还乡，平静地颐养余年。

印度支那的东面是越南。自 1886 年以来，越南就在法国的"保护"之下，但它仍然是一个独立王国。越南腹地盛产木材，但山多无路，所以仍然处于未开发的状态。

越南的北部地区很重要,不仅有一条重要的河流红河,而且还盛产煤和水泥。越南实际上和中国一样,生产并出口棉花、丝绸和糖。越南的首都是河内,自 1902 年以来,它是法国统治整个印度支那的政府所在地。法属印度支那除了包括上面提到的四个国家外,还包括地形狭长的老挝。法国人于 1893 年吞并了老挝。半岛的最南端被分成两部分,一部分是那个所谓的"马来联邦",包括四个在英国管辖下的半独立状态的小公国。半岛的另一部分是英国皇家殖民地,官方称做"海峡殖民地"。对英国人来说,控制马来半岛很重要,因为这片海拔有时高达 8000 英尺的山区,蕴藏着丰富的锡矿。这里的气候适合种植各种各样的热带作物,而且几乎无需投入。位于马六甲海峡岸边的槟城大量出口橡胶、咖啡、胡椒、木薯淀粉、槟榔膏等产品。坐落在一个小岛上的新加坡,人口已超过 50 万。新加坡扼守着所有从南至北、自东向西的海上通道。

　　新加坡,又名狮城,建城历史同芝加哥差不多。最早是由著名的荷兰殖民地官员斯坦福德·莱佛士所建,他早就预见到新加坡战略位置的重要性。当时,新加坡是荷兰的殖民地,而荷兰本土却已被拿破仑帝国所吞并。1819 年,新加坡还是一个灌木丛生之地,而今天,新加坡人口总数已经超过 50 万。在这里可以看到东方的各种人种、语言和风俗。新加坡就像直布罗陀一样,是一座坚固的堡垒。一条可直通泰国曼谷的铁路从这里开始,但目前还没有修到缅甸的仰光。当东西方之间不可避免地发生冲突时,新加坡将会发挥其重要的作用。因为预见到了这个前景,新加坡出现了一大批酒吧,其豪华程度闻名于整个东方世界。而新加坡在一年一度的跑马会上所耗费的巨资也几乎与都柏林不相上下了。

第三十七章　中国

——大东亚半岛上的国家

中国是一个泱泱大国,边境线比地球直径还要长,领土面积比整个欧洲大陆还要大。

中国人口约是世界总人口的五分之一。当我们欧洲人的祖先把脸上涂得五颜六色,用石斧砍杀野猪时,中国人就已经学会了怎样使用火药、懂得怎样书写了。要在很短的篇幅内把中国这样一个大国清楚地讲述出来,是绝对不可能的,所以,我只能界定出一个大致的框架,提供一个轮廓。至于更为详细的内容,如果你有兴趣,你可以慢慢地去了解。与中国有关的文字资料,足可以装满两三个图书馆。

和印度一样,中国也是一个半岛,只不过是个呈半圆形的半岛,而不是呈三角形的。中国与印度还有一个重要的不同点,它周围没有那么多的高山将之与外界隔绝。相反,中国的山脉都是自西向东一路延伸过来,就像叉开的手指,这使中国那个直达黄海沿岸的富饶大平原,在面对着中亚强悍的入侵者时,几乎是没有任何遮拦的。

为了克服这个不利条件,中国的一位皇帝在公元前三世纪(当时罗马人和迦太基人正在争夺地中海的控制权)时修建了一道巨大的城墙。这道城墙长 1500 英里,宽 20 英尺,高 30 英尺,从东边的辽东一直蜿蜒至西边的嘉峪关,即甘肃以西戈壁沙漠的边缘。这就是万里长城。

这道由花岗岩建造的屏障忠实地履行着自己的职责,直至十七世纪,满洲人攻取中原时,它才崩溃。这座人造壁垒傲然挺立了近 2000 年之久,可不能小瞧它。我们今天修建的一些堡垒可能在 10 年后就无法使用了,还要耗资去维修。

在这个巨大的圆圈中,南部的长江和北部的黄河几乎把中国平均划分为三部分。北京所在的华北地区,冬季非常寒冷,夏季较为炎热,这种气候使当地人喜欢吃小米而不是大米。中部地区,由于祁连山脉挡住了从北方刮来的寒风,所以气候温和,人口也更为稠密。当地人爱吃大米,却不知黍米为何物。华南地区冬季气候温和,夏季湿热,适合种植所有热带地区的作物。

华北地区又可分为两部分,即西部山区和东部平原。西部山区是著名的黄土地,这种土壤非常肥沃,看上去黄里带灰,土质极为疏松,雨水一落到地立即就渗透进去。河流与小溪将地面冲蚀出无数道深深的沟壑,使交通运输极不便利,就像西班牙一样。

东部平原位于直隶湾边上,这是由黄河携带的大量泥沙快速冲积而成的平原。黄河没有良港,船只在黄河里也几乎无法航行。黄河的北边还有一条很小的河流,也同样不能通航,这就是大运河。它的功用就如北京的护城河一样,专门用于北京城的污水排泄。当今中国的局势瞬息万变,所以,我只能说北京是具有900年历史的天朝帝都,或者说,自从征服者威廉登陆英国时开始,北京就一直是中国的首都。但是,我不能确定,当这本书出版时,北京是否还是中国的首都,或仅仅是中国的一个城市。

北京的历史非常悠久,也见证了无数的兴衰荣辱。鞑靼人在公元986年攻占了北京,并将它更名为南京,也就是"南方的都城"。十二世纪,汉族人收复了北京,但并没有将它定为首都,只把它视为一个二流省会城市,称之为"燕京府"。半个世纪后,另一支鞑靼人又攻下了北京,改名为"中都",即"中部的都城"。再经过了一个世纪,成吉思汗率大军攻占了北京城,但是,他本人却情愿住蒙古沙漠中的帐篷,也不愿入住京城。他的继承者,著名的忽必烈大汗,却与他截然相反。他修复了北京这片废墟,再次把北京更名为燕京,又称"大都"。不过,北京城当时的蒙古名字"甘巴努克"名气更大,意为"大汗之都"。

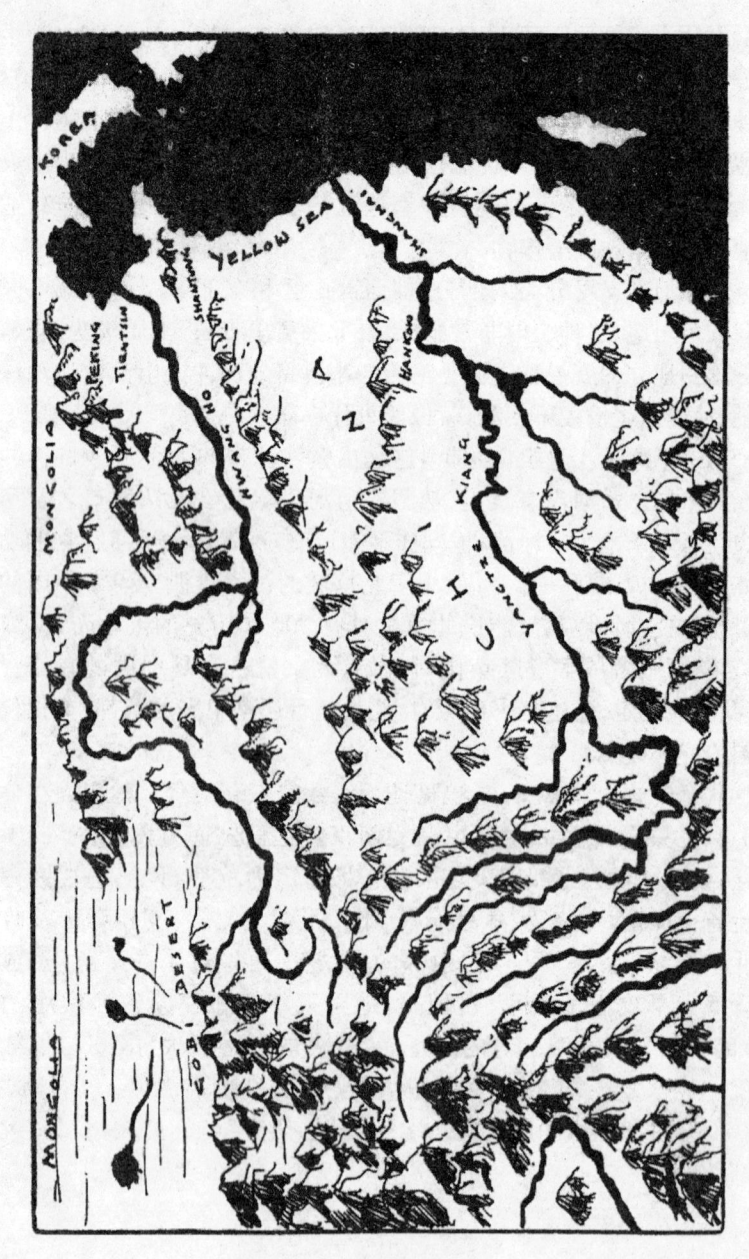

中国的大河

后来,汉族人又把这些鞑靼人驱逐出了中原,自己做了皇帝,这就是明朝。燕京又更名为北京,即"北方的朝廷"。从那时起,北京就成了中国的统治中心,但它与外界的联系很少。直到1860年,这种局面才得以改变。当年,一位欧洲大使以官方身份被允许进入北京朝见皇帝。这个大使的父亲就是把古希腊大理石雕刻送给大英博物馆收藏的额尔金。

北京城在鼎盛时期肯定是固若金汤。北京城的城墙厚达60英尺,高约50英尺,城墙上还有用作防御的方塔和通道,这些方塔和通道本身就是要塞。北京城内的建造结构就如同一座迷宫,有许多内城,一个套着一个,有皇城、满洲人城、汉族人城,十九世纪中期以后,又加了一座外国人城。

中国的长城是唯一一座宇航员在月球上能够看到的人造建筑

北京有许多宫殿庙宇,但我们应该清楚,中国人与印度人这两个民族的性格完全不同,这在某种程度上解释了为什么中国和印度除了人口都在过度膨胀之外,再没有任何其他共同之处。

印度人是虔诚的佛教徒,他们所建造的寺院庙宇必定是最宏伟、最华丽、耗资最大的建筑,它们几乎耗尽了贫苦的农民辛辛苦苦赚来的血汗钱。婆罗门僧侣们的口号是"不花一厘于黎民,愿掷百万造神庙"。而中国人看上去也信佛,但不分贫富贵贱,每个人都受到精明的孔圣人的影响。孔子是一位东方哲理大师,这位生活在公元前六世纪后半叶中国的东方先哲,提出了一条普遍真理:不要把时间耗费在关于来世的那些模糊的辩论之中。中国人完全遵循孔子的这个信条,他们只去做那些"看得见的事"。所以,中国的统治者把大部分财赋税收用于改善公共设施,比如挖运河、修水渠、建长城、修河道等,至于庙宇和神殿,只要不怠慢神灵就足够了。

古代中国人是个拥有杰出的艺术才能的民族。与恒河流域的民族相比,中国人付出的代价要小得多,但取得的成就却大得多。去中国的游客不管在什么地方都很难看到像印度那样巨大的神庙建筑群。几只大型的动物雕刻守护着北京以北 60 英里处的明代皇陵,还有为数不多的几尊大佛像。就这么多。其他中国神像都大小适中,比例恰当。但让人感到好奇的是,中国人的艺术品要比印度人的艺术品更受西方人的青睐。中国人的绘画、雕塑、瓷器和真漆适合进入欧美的家庭,可是,印度人的艺术品很不和谐,即使被陈列在博物馆中也让人产生一种不舒服的感觉。

中国在当代世界商业中的地位也不容忽视。中国的煤炭储量位居世界第一,铁矿储量位居世界第二,如果哪天英、德、美三国的煤矿枯竭了,西方人仍然可以去山西省求助。

山东省位于直隶省的东南方,它所在的山东半岛将直隶湾与黄海分割开来。山东省除了位于直隶湾附近的黄河平原外,其余多是山区。黄河原本是向南流入黄海的,但在 1852 年却突然改道,黄河的这次改道才让人们真正见识到什么是洪灾。如果想要弄清楚黄河改道究竟是怎么一回事,我们不妨作个假设,莱茵河突然决定改道流进波罗的海,而塞纳河决定不流入比斯开湾,而注入北海。十七世纪末以来,黄河已经改道10次了,目前我们还不能确信黄河是否还会改变河道。在世界其他地区,堤坝可以很容易控制住河水,但对黄河和长江这样的大河,堤坝就显得无可奈何了。1852年黄河堤坝高达50英尺,但洪水冲毁它们时就像撕开一张纸片那样容易。

此外,还有其他事情使这些河流背上了恶名。你一定听说过中国人被称为黄种人;你也一定在报纸上读到过有关"黄祸"之类的文章,如此等等。我们常常把中国人面孔的颜色与黄色和中国之类的概念联系到了一起。但是,中国的统治者在很久之前就自称为"皇帝"(与"黄帝"的发音相同),其意并非黄肤色子民的"皇帝",而是他们所居住的黄色土地上的"皇帝",即"黄土地之帝"。黄河携带的大量的黄泥将整个华北地区染成了黄色——河水、海水、道路、房屋、土地,乃至男女老少的衣服。这个民族正是因这黄色的泥土而得名,而实际上,他们的肤色并不比西方人更黄。

为了让臣民平安地从北部去中部和南部,不再让他们在大海上作长途漂泊的冒险,十三世纪时,中国的一位皇帝下令开凿出了一条大运河,连通了黄河和长江。这条运河长达1000多英里,自开通以来,一直忠实地履行着它的职责,直至1852年黄河从黄海改道直隶湾,运河连同黄河故道一起被摧毁了。但是,这条世界上最长的大运河向全世界表明,这片黄土地的古代统治者都是很有远见的。

现在让我们重新回到山东半岛。半岛海岸线上坚硬的花岗岩,形成了几个很重要的港口,威海卫港就是其中之一,在直隶府正东。直至不久以前,威海卫还被英国人控制着。俄国人占领了直隶湾对岸的旅顺,把它作为俄国人的军港和西伯利亚铁路的起点,之后,英国人从中国"租借"了威海卫。"租借合同"上规定,只要俄国人撤离了辽东半岛,英国人就会归还威海卫。但是,当日本人在1905年打败俄国人占领了旅顺港时,英国人却没有撤离威海卫。德国人也不甘落后,很快占领了半岛南部的胶州湾和青岛,这两个地方也是山东半岛的一部分。这也说明第一次世界大战在远东引起了连锁反应。为了某些并不属于自己的东西,德国人和英国人之间你争我夺,而日本人这个第三者则坐收渔翁之利了。

为了重新博取中国人的好感,战后威海卫和胶州湾都归还给了中国人。但是,如果日本人占领了满洲,原来的那场游戏可能又会重演。

华中地区的东部是一片广阔肥沃的平原,与华北平原连在一起,但中部都是山区。长江蜿蜒流经于这些大山之中,最后流入东海。位于长江上游的四川省,面积几乎与法国旗鼓相当,它的红土地非常肥沃,养活的中国人远远多于法国的总人口。几条南北走向的高山几乎将四川与外部世界彻底隔绝。结果,到过四川的白种人寥寥无几,显然,四川保留的民族传统要比中国其他地方多。

长江从四川盆地继续往东流,就进入了湖北省。著名的汉口市就在湖北。汉口是1911年把清朝末代皇帝赶下台的那场革命的发源地,这场革命使世界上最古老的王国变成了一个共和国。排水量不超过1000吨的海轮可以直接抵达汉口。长江自汉口以下的河段是中国中部的主要商业运输大动脉,直接与中国的外贸中心和中国的第一大港口上海相连。1840—1842年英国与中国进行的所谓"鸦片战争"结束之后,上海才被迫对外国商人开放。

杭州位于长江三角洲的南面,马可·波罗称它为"金山"。长江三角洲的东面是苏州,以盛产茶叶而闻名于世。长江中下游平原地势平缓,物产丰富,因此,位于长江三角洲最西端的南京不仅长期以来是华中地区最重要的城市,而且还是帝王之都。

当我在写这部作品时(1932年1月2日零时7分),南京被选做中国新政府的驻地,而且它还是中国中央政府的官邸,原因有三:部分是出于历史原因,部分是出于战略地位——处于广州到北京的中转站位置,部分是出于南京不会受到海上外国军舰大炮的直接威胁。

华南地区山地众多。虽然这里也出产茶叶、丝绸和棉花,但相对来说还是一片贫穷之地。华南地区曾经为茂密的森林所覆盖,但后来森林被砍伐殆尽,水土流失严重,只剩下光秃秃的石山,因此,华南地区出现了大规模的移民潮,但许多国家还未出台限制中国移民涌入的法律。

广州是华南地区最重要的城市。上海是中国向欧洲出口产品的中心,广州则是中国从欧洲进口产品的中心。在广州的河口处(广州市距海岸还有几英里远)有两个外国占领区。右边是澳门,这是葡萄牙在中国占有的众多殖民地中仅剩的一块;左边是香港,自从鸦片战争爆发后就一直为英国人所占领。

华南沿海有两个岛屿,海南岛还仍然属于中国,而台湾岛,原是荷兰的殖民地,自 1894—1895 年的甲午中日战争之后就被日本人占领了。

90％的中国人是农民,他们都靠天吃饭,年成不好就会闹饥荒。但是,中国有 48 个港口城市对外商开放,主要出口茶叶、棉花和丝绸。但中国不出口鸦片。中国皇帝一直在努力使臣民远离吸食这种让人上瘾的毒药,那些原来种植罂粟的田地就渐渐地变成了棉花种植地。

同任何民族相比,中国人更不容易接受铁路,因为中国人非常尊崇他们的列祖列宗。当火车在铁路线上呼啸而过时,他们生怕惊动了安息在地下的祖先。1875 年,正在修建中的上海至吴淞口之间的一条几英里长的铁路,遭到了强烈反对,最后不得不立即停建。直到今天,中国在修建铁路时,仍要远远地绕过所有的坟地。目前,中国建成投入使用的铁路线已超过 10000 英里,泰山附近横跨黄河的铁路大桥是当今世界上最大的铁路桥。

中国对外贸易的 60％仍被英国及其殖民地控制着,这也许能说明为什么英国人一直要求取消从前那种残忍地虐待中国人的政策。如果聪明的天朝臣民起来抵制英国的产品,英国每天就要损失数百万美元。中国人代表了世界五分之一人口的利益,与这样的顾客保持友好关系才是上策。

当中国人最早的祖先出现于朦朦胧胧的远古时代时,他们就已经生活在黄河沿岸的黄土地上了。对一个农业民族来说,拥有一片肥沃的土地是最称心如意的了,而且,这片黄土地还为他们解决了住房问题。人们可以在山的侧面挖出一个舒服的小窑洞来,他们根本不用担心墙壁透风或屋顶漏雨的问题。

据熟悉这片黄土地的旅游者说,这一地区本来人口十分稠密,但晚上竟丝毫看不到人类居住的迹象。但到了第二天,当第一缕阳光从东方射来时,突然从窑洞里一下子冒出来无数男女老少,就像无数只兔子

中国的京杭大运河

从洞里蹿出来晒太阳一样。为了填饱肚子,他们一天到晚辛勤劳作,直到暮色降临,他们又一下子从地面上消失,钻到窑洞之中。

中国人占据了西部的山区后,又开始慢慢向东扩展。汹涌的黄河水挟裹着数百万吨黄泥顺流而下,沉积在下游的平原上,使那里的土地更加肥沃,足以养活不断增长的人口。中国人随着黄河的变迁而迁移,公元前2000年(罗马建立前1500年),他们就已经到达了长江流域,这个帝国的中心也从黄河流域转移到了东部大平原。

公元前五世纪或四世纪,中国出现了三位伟大的精神领袖——孔子、老子和孟子。在这三位导师出现之前,中国有什么样的宗教思想呢？我们对此一无所知。当然，大自然作为一种造物力量一直受到膜拜，对于那些完全靠天吃饭的人来说更是如此，决不敢产生丝毫的不敬。与耶稣、释迦牟尼以及穆罕默德完全不同的是，孔子、老子和孟子并非宗教创始人。

他们的道德教义的根基是"人非圣贤，孰能无过"，认为人只不是一群凡夫俗子，并非天生是大智大勇之人，但是，只要能勤奋好学，认真聆听长者或智者的教诲，一定会有所成就。从西方基督教的观点来看，这三位圣人所宣扬的教义过于世俗化和物质化。他们都没有宣扬驯服屈从或逆来顺受之类的观点，因为他们知道，凡夫俗子不可能达到这样高的精神境界。而且，他们自己也对宣扬那样的行为准则是否会对社会发展有利持怀疑态度。因此，他们主张恶有恶报，善有善报，独善其身，忠信仁义，尊崇先人。

这三位中国哲学大师的道德思想并不多，而且每一位自身都有不足之处。我并没有谈论孔子、老子和孟子的哲学体系与西方人的哲学体系孰好孰坏，但它的确有某些非常鲜明的优点。它使一个说着数十种方言（中国北方人与南方人交流就像瑞士人与意大利人交流一样困难）、生活在完全不同的环境之中的 4 亿中国人的民族具备了一个共性——对人世浮沉的乐观态度和对穷通得失的实用哲学观。正是由于有了这种哲学观的支撑，无数地位低下、境遇悲惨的中国人才能忍受住各种困苦和磨难，顽强地生存下去，而对于一个欧洲人或美国人来说，在面对同样的苦难时，他肯定会彻底垮掉或者干脆一死了之。

孔子、老子和孟子的哲学思想非常朴素，几乎每个人都能理解。你可以从中国人 4000 年的同化奇迹中找出证据来。公元十世纪，中国成为有史以来最大的帝国的一部分，这个帝国从波罗的海一直延伸到太平洋。但所有的蒙古帝王同忽必烈一样，最后都被同化成汉人。蒙古王朝之后就到了明朝（1368—1644），这是中国的最后一个汉人王朝。后来，从满洲来的一个鞑靼国王推翻了明朝，建起了大清帝国。虽然汉族人当时被满洲统治者征服了，而且被强迫留起了长长的辫子，剃光了前额上的头发，但这些满洲人最终被同化得比汉族人还更像汉族人。

满洲人入主中原以后，中国完全成了一个独立的国家。大清王朝只须守住自己的海港以防西方人的侵略,于是,中华文明等到了一个喘息的时机。但是,文明一旦停滞不前,中国就变得比任何一个国家都更僵化呆板。中国的政治体制比十月革命之前的俄国政治体制还死板。文学被冻结了,甚至于中国无可比拟的艺术,也同古老的拜占庭镶嵌画一样,变得形式化。科学也停滞了,如果谁发明了什么新东西,他立即就会遭到他人的耻笑,落下个被人嫌弃的下场。由于当时的中国完全与世隔绝了,对外面的世界漠不关心,这很容易让他们夜郎自大,盲目地认为自己的方法是最好的,认为自己的军队是不可战胜的,认为自己的艺术是人类一切艺术中最高雅的,还认为自己的风俗习惯也优于别国,外国根本就不能与中国相提并论。所有试图采取排外政策的国家,最终的结局总是灾难性的。

自十六世纪初期以来,中国就允许少数几个"洋鬼子"进入太平洋沿岸的几个港口城市。这些"洋鬼子"主要来自葡萄牙、英国和荷兰,靠中国和欧洲各国之间的贸易为生。在中国,他们的社会地位低下,就像刚好与弗吉尼亚州首批殖民者的子孙搭乘同一条船的黑人医生。

1816年,英国派遣阿默斯特勋爵(杰弗里的侄儿,在1817年去圣赫勒拿岛拜访过拿破仑)到中国,请求中国皇帝改善英国商人在广州的苦难处境。阿默斯特勋爵被告知,如果他想上朝觐见皇帝,就得在龙椅前下跪磕头。所谓"磕头",文雅地讲就是一个人"在皇宫大殿上,跪下来以头颅触地三次"。从前有一位荷兰船长这样做过,他知道,只要他在皇帝面前下跪磕头,就可以带回去大量的茶叶和香料,生活就能过得衣食无忧了。但阿默斯特心想自己是英国国王的代表,于是就断然拒绝了,结果,他连北京的城门都没能进得去。

与此同时,为了开发我们这个小小的地球,詹姆士·瓦特发明的蒸汽机在欧洲得到了广泛的应用,欧洲人迫切想去征服新的世界,中国理所当然地名列榜首。以突发事件为借口挑起战争对高傲的白种人来说未免有失体面,尤其是在1807年之后,马礼逊作为第一个欧洲传教士来到了广州,开始不断地对中国人宣扬基督教的好处。即使是那些迂腐狭隘、目光短浅的满洲官员也能积极地用孔子之道来阻挠这滚滚而来的鸦片狂潮,但是,英国东印度公司却不断地把鸦片卖给黄河流域和长江流域的中国人，从中获取数百万磅的暴利。英国东印度公司坚持把鸦片输入中国，中国政府坚决反对鸦片上岸。于是，鸦片和受伤害的感情引发了1840年的鸦片战争。这场战争让中国人瞠目结舌，他们发现自己根本不是这些被他们瞧不起的外国人的对手，几百年的闭关自守已经使中国远远落后于世界了。

这种担忧最终变成了现实。自从鸦片战争之后，中国人只能听任外国人的摆布。就连那些向来一味埋首于田园、不问世事的中国人，通过偶尔目睹的事实，也开始意识到自己的国家出现了问题。中国人把在这片土地上发生的一切灾难都归咎于满清政府的统治，于是开始起来造反。第一次大起义大约发生在80年前。

当清政府正与英法两国开战时，华南地区爆发了"太平天国"运动。这些人剪掉了辫子，也拒绝剃头。但是，满清王朝的大军对那些因贫穷而造反的老百姓来说，实在太强大了。这支清朝大军曾由两个外国将领指挥，第一任指挥官是美国工程师华尔，而另一个则是英国人戈登，他是一位虔诚的基督徒、深邃的神秘主义者。这支起义军推举的为了取代满洲人的汉人皇帝在南京自己的宫殿中引火自焚，还把所有的妻妾都活活烧死了。在这次起义中，数十万人被杀。戈登返回英国后，专心从事慈善和宗教事业，过着悠闲的退伍生活，也为他的悲惨结局作准备。有关戈登的故事，你将会在"非洲"那一章里了解到。

1875年，清政府与德国之间发生了矛盾，德国以帮助清除中国沿海的海盗为由，向中国派出了一个中队的海军。1884—1885年，发生了中法战争，中国南部的安南和东京湾被法国割占。1894年，中国同已欧洲化的日本又打了一仗，结果把台湾岛给丢掉了。

此后，欧洲人开始争夺中国的军事战略要地。俄国人抢占了东北的旅顺港，英国人租借了威海卫，德国人占领了胶州湾，法国人瓜分了湄公河左岸的金兰湾，而美国人的外交政策经常是感情复杂的（或者说多愁善感），所以就含含糊糊地表明了"门户开放"的立场。欧洲各国把瓜分到的土地变成了坚不可摧的堡垒，无论何时，只要山姆大叔（美国人）望过去，他们就立刻关上大门。

天生就吃苦耐劳的中国人民开始认识到，他们不仅受到清政府的压迫,还遭外国人的欺凌。他们再次把所遭受的苦难和屈辱归罪于外族统治者——满清政府。1901年,爆发了义和团运动。他们先刺杀了德国大使(因为他是第一个攻击中国人的外国人),然后围攻在北京的外国使团。于是,俄、日、英、法、奥、德、意、美八国组成的联军开进了北京,去解救被围困的外交使团,把那些绝望中的大使及其家属解救了出来。为了报复,八国联军在北京城到处抢劫,这座富裕的城市遭受了前所未有的破坏。一切都不曾幸免于难,就连对中国人神圣不可侵犯的紫禁城也遭到侵犯。德军司令带着他的20000名士兵(虽然停止了射击,但仍在大肆抢劫),按德国皇帝下达的命令"就像匈奴人那样干吧"四处抢掠。这是老威廉皇帝在他统治期间发出的最糟糕的命令,这一句不幸的命令让他在十几年后得到了报应。

中国老百姓再也忍受不了欧洲各国得寸进尺地索要巨额的战争赔款,也无法容忍清政府的卑躬屈膝,于是在1911年再次发动了革命。这一次他们成功了,推翻了满清政府,成立了共和国。

但这一回,中国人吸取了深刻的教训,明白了西方人并不是只对孔子的道德文章感兴趣,更重要的是垂涎中国的煤炭、铁矿和石油等珍贵矿产资源。中国人要么努力地保护好自己的这些财富,要么把它们沉到太平洋洋底。他们很快开始认识到应该效仿日本人,在短时间内实现"西方化"。他们从世界各地聘请老师,主要是从日本,因为日本是中国的近邻,交流更方便。

同时,按照马克思主义来进行管理的俄国,开始了它宏伟的蓝图:把占地球六分之一面积的国家转变成一个工业化大国。由于中俄两国比邻而居,俄国人就可以悄悄地把一些新思想传到生来就遭受苦难的中国人耳里。不论是谁在统治中国,不论是英国人、法国人还是日本人,中国人都受尽了磨难。

所有这些相互冲突的思想、计划和情感,从世界大战结束以来,在中国造成了从未有过的大混乱。在这场战争中,中国人被迫加入协约国。战争一结束,中国人像从前一样,不仅什么也没得到,反而失去的更多。

我不是预言家,无法预测中国在未来的10—15年中会出现什么样的局面。到那时,中国的现状可能不会有太多的改变,因为贫困的中国起步太晚了,不可能很快就追上世界的前进步伐。但是,如果中国有朝一日赶上了我们,我们就请求上帝怜悯吧。

第三十八章　朝鲜和蒙古

让我们简短地学习一下实用经济学的基础章节。

如同意大利人，日本人也被束缚在一个小岛上，人口急速增长，因此需要更多的土地。世界上所有漂亮的词语、所有的条约、所有善良的女人和男人的甜言蜜语都无法改变这样一条亘古不变的自然法则——我很强壮，但饥肠辘辘，我发现自己漂泊在大海中间的一个小木筏上，还有一个人与我为伴，相比之下，他几乎若不禁风，但口袋里装满了火腿三明治。于是，我要么从他口袋里抢来一份火腿三明治，要么活活地被饿死。作为一个体面人，受过多年敬畏神灵的父母的悉心教育，我努力抵制诱惑，过了一天、两天、三天……但我最终还是忍不住爆发了："快给我一份三明治，否则，我就把你扔进海里去——快点！"

我过去接受过的教育让我对这个三明治的主人或多或少心存一点仁慈，允许他为自己留一份三明治，但如果不杀死他，我还得继续忍受挨饿的痛苦。把日本人放在这个人的位置，你可能就会对日本人所面临的问题有个形象的理解了。

日本人生活在一个面积比加利福尼亚州还小（加利福尼亚州的面积是155652平方英里，而日本为148756平方英里）国家，其农用耕地只有1600万平方英亩，还不及美国可耕地总面积的2%。如果想找一块距我们比较近的地方作比较，就拿纽约州这块经过改造的土地把。即使从世界上任何地方请来最好的农业专家，只要让他到日本看一看，就会对日本这个贫穷的岛国所面临的实际问题一目了然。当然，由于日本人临海而居，因此以打鱼为生。尽管他们今天已达到了在稻田的泥水里养鱼的水平，但要解决温饱问题，日本还有一段很长的路要走，因为日本每年的新增人口超过了65万。

因此,日本不得不寻找更多的土地。自然而然,他们把目光首先投向了中国海对面那片管理不善、完全被忽视的土地。美国最合日本人的胃口了,但美国太远了,而且也太强大了。澳大利亚也很远,而且那块大陆90％的土地都是荒芜一片,根本就毫无用处。相形之下,满洲近在咫尺,朝鲜半岛也正好是一座桥梁,而日本大陆与朝鲜半岛之间只有一条狭窄的朝鲜海峡,只有102英里宽,日本人的对马岛又恰好在朝鲜海峡的正中央。1905年,日本舰队就在对马岛附近一举摧毁了俄国的海军舰队,消灭了远东的一个潜在敌手。

朝鲜半岛所处的纬度同意大利的西西里岛差不多,但是却比西西里岛寒冷一些,因为这里没有起保护作用的天然屏障。朝鲜半岛在古代也称为高丽,之所以叫朝鲜,他们的解释就是"静谧的向阳之地"。朝鲜人是在公元前十二世纪占领这块土地的中国人的后裔。这批中国移民来到朝鲜半岛,并轻而易举地打败了住在中部石穴中的原始部落。这些新来的中国移民建起了自己的王国,但是从未从其宗主国中国获取真正的独立自主权,而且还常常遭到日本海盗的骚扰。

1592年,日本人首次企图侵占朝鲜。日本人在没有完成充分的准备之前,是绝不会贸然动手的。日本人从葡萄牙人手中购买了几百支大口径火枪。仗着武器的优势,日本派出30万大军横渡朝鲜海峡。这场战争打了5年,日本后来被前来援助的人数上占优势的中国军队所打败。

在这次侵略战争中,朝鲜首都汉城被摧毁了。日本人还犯下了许多令人发指的暴行,这就是朝鲜人对日本人恨之入骨的原因。朝鲜弱小,而日本强大,因此,在十九世纪的最后25年,朝鲜的政治和经济等各个方面都悉数落在了俄国人手中,这正好给了日本人一个重新发动战争的借口。

引发战争的直接原因往往平淡无奇,而战争的真实原因常常隐藏在幕后的。日本人侵略朝鲜半岛最直接、最深刻的原因是,日本政府需要更多的粮食来养活国内快速增长的人口,1592年的那次侵略也是这个原因。

日本击败了俄国，并把俄国军队赶出了中朝边界的鸭绿江，朝鲜随即沦落为日本的保护国。1910年，同台湾岛及库页岛一样，朝鲜半岛被并入了日本帝国的版图。台湾岛是日本人在1895年从中国抢来的；库页岛是1905年日俄战争后日本从俄国得到的战争赔偿。现在，已经有50万日本人移民到朝鲜半岛上与2000万朝鲜人生活在一起，而且还有更多的日本人会不断地移民到朝鲜。

蒙古是一个面积非常大的国家，但总人口还不到200万。蒙古的南部人烟稀少，是一片戈壁沙漠，而其他地方是广袤无垠的大草原，这里牛羊成群。蒙古人精熟于骑射术，这是蒙古昔日辉煌的主要决定因素。但如今对蒙古人来说，他们再也不可能骑在战马背上从太平洋一路征战到大西洋了。

许多人好像对日本人的野蛮侵略行径义愤填膺，痛斥"日本人的狼子野心"，而我更愿称之为"日本人的生存需要"。日本必须寻找出一条出路，解决国内过剩的人口，所以自然会在北亚采取行动了。北亚人口稀少，当地老百姓对任何残暴的统治都已经习以为常了，他们现在的日子不一定比过去糟糕。

如果北亚这个安全阀不复存在，菲律宾、荷属东印度、澳大利亚、新西兰和美国西海岸将永远暴露在日本侵略者的面前，我们将不得不在波利尼西亚群岛的每一个岛屿前部署一艘战舰，以防某晚被日本巡洋舰"拖走"。

从全局来看，当前这种格局似乎更为妥当。如果有人因为我这番冷酷无情、自私自利的话而伤心落泪，那就请趴在我们印第安人的肩膀上哭泣吧。

第三十九章 日本

日本在侵略邻国、征服世界之前，是一个由 500 多个岛屿组成的半圆形岛国，北起堪察加半岛，南至中国广东省沿岸，其距离相当于从欧洲的北角到非洲的撒哈拉沙漠中部。

这些岛屿的总面积大致相当于英格兰、苏格兰和曼哈顿面积之和，6000 万人居住在其中的 518 个岛屿上。根据最新统计，日本总人口已逾 9000 万，但包括了 2000 万朝鲜人和世界大战后成为了日本人属地的波利尼西亚岛上的居民。

但是，我们只需记住本州、北海道、四国和九州这几个岛屿就可以了。本州是日本中部的主要岛屿。北海道是日本北部仅次于本州的第二大岛。与本州南部紧邻的是四国和九州这两大岛屿。日本的首都是东京，人口超过 200 万，位于本州中部肥沃的平原上。横滨是东京的港口。

大阪是日本的第二大城市，位于本州岛的南部，也是日本重要的纺织工业中心。大阪的北部是京都，是日本帝国的旧都。你偶尔在报纸上能够看到其他一些城市的名字，如大阪的港口神户，还有最方便欧洲各式船只出入的港口长崎（位于南部的九州岛上）。

至于江户这个名称，你可能经常会在历史书上见到，它是幕府时代东京府的旧称。1866 年，幕府大权失落，天皇从京都移居江户，并把它改称为东京。东京从此进入了一个快速发展期，最终发展成为当今世界上最大的城市之一。

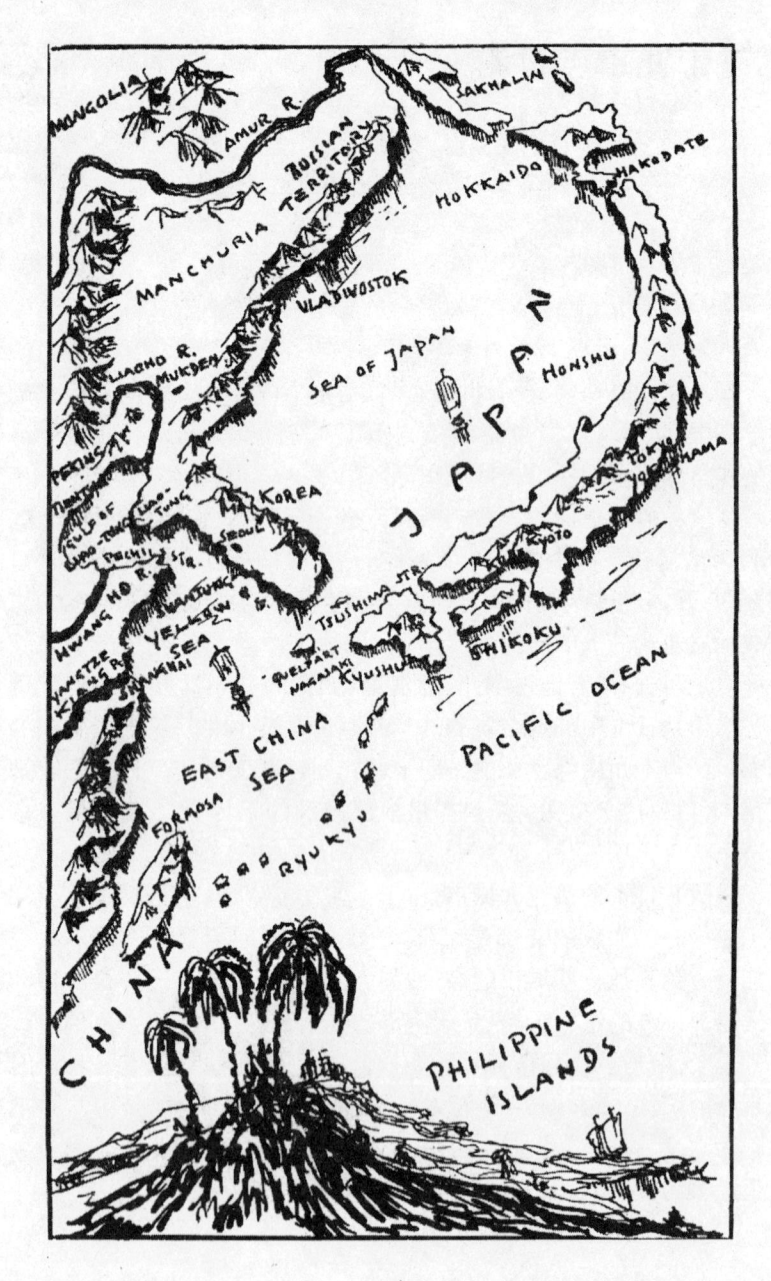

日本

然而，所有这些城市都面临着随时被彻底摧毁的危险，这是因为处在大亚洲山脉边缘的日本列岛（日本海、东海和黄海形成的时间都很短，就像把英国变成一个岛屿的北海），恰恰是从萨哈林岛至荷属东印度群岛的爪哇岛的那条火山带的一部分，而且，这条火山带几乎一直处在活动当中。地震仪观察数据表明，日本在 1885 年至 1903 年间共发生地震 27485 次，平均每年地震 1447 次，每天 4 次。当然，这些地震多数都不太严重，只是茶杯轻微地晃动，椅子碰到墙上发出了响声，仅此而已。但是，如果你了解到，日本的古都京都在过去的 1000 年中曾发生了 1318 次地震，你就会明白这个岛国所面临的险境了。在这 1318 次地震中，194 次是"强烈地震"，34 次是"毁灭性"的地震。1923 年 9 月的那次大地震，东京几乎被夷为平地，15 万多人遇难，有几个小岛，只有几英尺露出水面，其余部分都沉入海底。由于地震发生的时间并不久远，人们至今还记忆犹新。

人们经常把地震同火山联系在一起。的确，有些地震是由火山爆发引起的，但大多数地震产生是因为人类居住的表土层下面的岩石层突然坍塌。如果这些岩石层只移动二三英尺的话，其后果不过是弄倒几棵树或几丛灌木而已，但如果正好发生在人口密集地，那就会是场大灾难，像 1775 年里斯本发生的地震，有 6 万人遇难，或像 1920 年在中国广东发生的地震，其死亡人数可能高达 20 万。据一位最权威的地震专家保守地估计，在过去的 4000 年里，即人们所说的"有史记录"的时代，至少有 1300 万人死于地震。虽然是最保守的估计，但这个数字相当可观。

当然，地震在任何地方都可能发生。一年前，北海海底就发生了强烈地震，波及到莱茵河和斯海尔特河河口岛上的泥滩，引起了地面上挖泥工的一阵恐慌，但北海海面却仍然风平浪静。日本地震频发的另一个原因是日本列岛处在山脊的顶部，这个山脊的东部向下延伸，一直到了科学家目前所能测定出的最深海沟。著名的塔斯卡罗拉海沟深达 28000 英尺，菲律宾和马里亚纳之间的海沟——目前最深的海沟——只比它深 6000 英尺。日本超过半数的灾难性地震都发生在海岸垂直落差约六英里的东部沿海地区，这绝非偶然。

然而，日本人同生活在地震带的大多数人一样，并没有因为这个永久的安全威胁而夜不能寐。他们照常耕耘播种，照常和孩子玩耍，一日三餐照吃不误,看到查理·卓别林的表演照样哈哈大笑。他们还从多年的实践中总结出一条经验:用薄板块建房子。这种房子到了冬天可能有点透风,但当房子倒塌时,可以把居住者的危险减少到最低。当然,他们也仿效西方,比如在东京建造起了高楼大厦,但如果发生地震,损失将无法估量。但总体上来看,日本在克服这一不可避免的地理缺陷方面比其他任何国家都做得好,正如他们把生活安排得比大多数西方国家更协调也更具冒险性一样。我这里所说的并非是那些漂亮的明信片,美丽的艺妓在樱花树下悠闲地品茶,也不是蝴蝶夫人那些美丽的玩具花园,我只是在重复那些去过日本的游客告诉我们的一切。当时的日本人还承袭着祖宗传下来的风俗习惯和生活方式(他们的生活方式非常高雅),还未曾想把这个岛国变成芝加哥和威尔克斯—巴里的郊区。日本从古到今所发生的令人难以置信的转变对美国的安全和幸福产生了巨大的影响,而且这种影响会愈加深远。因此,我们美国人至少应对日本人有所了解,不管我们喜欢与否,只要太平洋不干涸,日本就是我们的近邻。

与中国的历史相比,日本的历史要短得多。中国的编年史可以追溯至公元前2637年(大约是埃及法老奇阿普斯建他的大金字塔的时代),而日本最早的编年史仅仅开始于公元400年。现在所说的日本大和民族在那个时候就已经存在了。但严格来说,并没有"大和民族",日本人和英国人一样也是一个混合民族。阿伊努人是日本岛最早的居民,后来逐渐被来自中国南部和马来半岛、中国中部、满洲和朝鲜的三次连续入侵驱赶到了比较偏远的北部岛屿。所以,日本最初的文明其实是中华文明的延续,日本人的一切都是从中国人那里学来的。

当日本效仿中国,允许佛教传播时,两国的关系就更加紧密了。但当一种新教义取代旧教义时,至少可以从某种程度上说,就不可避免地要受到旧教义的影响。所有传教士,不论他传播的是基督教,伊斯兰教还是佛教,都应该懂得这一点。

公元六世纪,第一位佛教高僧到达日本。他发现日本已经有一种本土宗教体系,也可以说是一种很适合他们的需要的宗教体系。这种宗教体系叫"神道教",来源于神道一词,相当于我们美国人所说的"神圣的道路"。与亚洲盛行的鬼神崇拜相比,神道教是一种高雅的宗教。神道教认为世界是一种不可摧毁的力量,教导人们应该对这个世界所作的一切负责,因为不管其结果多么微不足道,它都是永恒的。日本现代宗教是佛教与神道教的混合物,它极力强调个人对整个社会的责任。与英国人一样,日本人也是岛上居民(不一定非是孤僻的人)。他们都有一种非常真挚又根深蒂固的信念:对祖国负有非常明确的责任。神道教还强调对祖先尊敬与崇拜,但日本人的这种尊敬并未发展到了像中国那样荒唐的地步。偌大的一个中国简直变成了一座巨大的坟墓——死人统治着活人,坟地占据了大量本来是用于种植庄稼养活活人的土地。

然而,中国文明同日本文明之间一直没有出现过巨大的分歧,直到十六世纪晚期,日本国内诸侯对天皇的重视还不如神圣罗马帝国的骑士对皇帝的尊重,各派势力在经过长期无休止的争吵和战争之后,政府终于落入一个铁腕人物之手。

800年前,在遥远的欧洲,古法兰克国王的总管把自己的主子推进了寺院,将国家的统治大权牢牢地握在了自己的手中。因为这些总管比他们的主子更精于统治之道,没有人出来反抗。日本人民已经受够了将近4个世纪的内战,他们并不关心谁来统治这个国家,只要能让他们获得安宁。所以,当帝国的最高官员、富有且颇具影响力的德川家族的首领成为了国家的独裁者时,日本人并不反对,也没人站出来捍卫正统的天皇。这位日本大总管声称天皇是人间的神灵,所有日本人的精神之父,但又是那么神秘完美,那么遥不可及,臣民永远都看不到他的真面目。

这种统治格局差不多维持了2个世纪。东京的幕府将军们统治着国家(就是对众所周知的那些统治者们的称呼,相当于美国人的"总司令或最高总司令"),而天皇则在京都寂静的深宫殿的豪华屏风后面无所事事地消磨光阴。正是在幕府统治时代,日本建立了严格的封建制度,这一制度对日本民族产生了非常深远的影响。甚至直至今日,已经经历了近80年的工业化的日本,日本人民本质上仍然是封建主义者。他们在考虑问题的角度上,与他们的欧美竞争者截然不同。这一新制度的完善花费了很长时间,但1600年以后,日本社会被明确地划分为三个社会集团。最高层是"大名",由封建贵族和大地主组成;第二阶层是武士,是世袭的斗士,相当于欧洲中世纪时的骑士;其余的人都属于第三阶层,也就是平民。

日本的形成

这一制度并不理想,但历史明确地告诉我们,广大老百姓对政府的任何理论丝毫不感兴趣,他们最关心的问题是:这个政府行吗?能保证我的安宁与和平吗?能确保我的劳动果实是属于我的,而不会被他人合法地夺走吗?

这一制度在过去的200多年时间里一直运行良好。幕府将军是国家的政治领袖,而日本天皇被视为国家的精神领袖并加以崇拜。大名和武士不得不坚守一条非常严厉的信条"身居高位,不负众望"。他们必须得按这个信条行事,否则就得在最庄严的仪式中剖腹自杀。

那时的日本就开始变得有点过分拥挤,日本人民只能勉强维持生活,他们对生活的要求不会奢望过多,而是相当节制,相当俭朴。大自然似乎也是一个忠诚的朋友,发源于荷属东印度北赤道地区的黑潮(即日本暖流,与墨西哥湾暖流同源),流经菲律宾群岛后又横渡太平洋,赐福美国西海岸,给日本带来了温和适中的气候。一条正好流经日本东海岸附近的狭窄的冷水带使日本的气候不像加利福尼亚那样温暖潮湿。不过即使如此,日本的气候还是比中国大陆好得多。

所有这些都似乎有利于日本快速正常的发展,但后来葡萄牙航海家门登斯·平托因为迷失了方向登上了日本群岛。这位航海家的到来使日本原来的历史进程发生了改变。因为葡萄牙人不仅仅拜访遥远的国家,与他们进行贸易,还把自己的宗教信仰带到了这些国家。

我们假设所有的编年史都同意这一说法。当时,葡萄牙基督教传教士的总部设在印度的果阿和中国的澳门。他们初到日本时得到了很好的礼遇,日本政府给他们提供了一切便利,让他们宣扬基督教教义比长期处于至高无上地位的日本宗教的优越之处。葡萄牙传教士四处传道,许多日本人皈依了基督教。后来,一些从属于西班牙的菲律宾群岛的传教团也来到了日本,他们同样也受到了欢迎。但后来,幕府将军发现陪伴这些圣人前来的人并不太神圣,他们身着铁甲,手持奇形怪状的铁棍,铁棍射出的沉重的铅弹能同时穿透三名日本普通士兵,于是,他们对这些传教士的存在感到不安了。

此后的日本发生了许多令人痛心的事件,但直到最近半个世纪,我们才开始理解日本人对当时发生的事件的观点。这些事件使日本人背上了一个冷酷无情的名声,但这和我们从其他资料中所获得的情况完全不同。幕府将军决定禁止基督教传教士来日本进行进一步的宗教活动，并不是因为他们突然开始厌恶西方人，而是因为害怕。他们害怕整个国家被宗教冲突弄得四分五裂，担心那些船长兼商人的人夺走日本人的财富。他们把传递和平与祝福的使者运送到日本海岸，然后又满载着货物离开，却分文不付。

耶稣的影响力最大的地方是九州，那儿离葡萄牙在中国的殖民地最近。教父们起初还谦卑地宣扬耶稣基督，可一旦他们占了上风，就开始拆毁日本人原来的庙宇，破坏日本人的偶像，在他们枪口的威逼之下，成千上万的农民和贵族接受了十字架。

当时的铁腕人物丰臣秀吉了解了这些情况后，便意识到这样发展下去将会出现不可避免的后果。于是，他声明："这些牧师们来我国弘扬德行，但事实上，他们的德行却是一个工具，用来掩盖他们对我们日本帝国存在的险恶用心。"

1587年7月25日，也就是第一位日本使节觐见了教皇以及西班牙和葡萄牙国王之后的第五年，所有基督教传教士都被驱逐出了日本领土。商人们仍然可以在日本经商，但必须在日本政府的监督之下。葡萄牙传教士一离开，来自菲律宾附近的西班牙方济各会修士和多明我会的修女们很快就填补了他们的空缺。他们假扮成来日本觐见丰臣秀吉的特使，但他们的诡计被识破了。尽管如此，他们并未遭到非难，只是命令他们不得布道。但他们并未遵守禁令，反而在江户建起了一座教堂，开始为从四面八方过来的人施洗，然后他们又在大阪建起了一座教堂，接下来又在长崎强占了一座耶稣会教堂。之后，他们公开反对耶稣会这个竞争对手，并指责耶稣会，说他们在给日本人民传播福音时使用的方法太温和。简而言之，他们作出了完全错误的判断，专门用于隐藏那些职业传教者的仓库也被发现了。丰臣秀吉最终命令把他们全部驱逐出境，但他们走得快回来得也快。经过数年徒然无劳的警告后，对那些不受欢迎的西班牙人表现出极大的耐心和容忍的日本人最终得出结论：除非采取极端手段，否则别无他法了。

在过去的400年中，内战给日本带来了极大的灾难，为了不再重蹈覆辙，日本人自发地一致对外，抗击一切外国侵略者，那些无视禁令的基督教传教士被处以死刑。

旧日本

新日本

人类的家园

在此后的将近一个半世纪里，日本心甘情愿地与世隔绝，可以说是几乎而非彻底地与世隔绝，因为还有一小扇窗户对外开放着。通过这扇小窗口，大量的日本黄金流到了西方，但与此同时，西方的一些先进科学技术也悄悄潜入了这个奇怪的国家。荷属东印度公司曾是葡萄牙人的在日商业竞争对手，但荷兰人是纯粹的商人，并不关心他国人的灵魂。英国人也是如此。在很长一段时期内，还不能确信英荷两国谁会独霸日本市场。最后，由于英国人经营不善，丧失了日本市场。

葡萄牙派往日本的最后一名外交使节被处死后——这是证据确凿的官方谋杀，荷兰人此前享受的许多特权也被剥夺了。但只要荷兰企业每年能在日本获得近80%的利润，就决不会放弃日本市场。他们被迫居住在一个叫出岛的小石头岛上。该岛位于长崎港口，长300码、宽80码，小得几乎连遛狗的地方都没有，而且不许他们带妻子，更不允许他们踏上陆地半步。

荷兰人一定修炼出了天使般的忍耐心（不一定是民族性格），因为只要他们稍加违背日本当局制定的数百条法规中的任何一条，就会立刻遭到报复。有一天，东印度公司决定新建一座货仓，按照当时的风俗，建筑日期刻在了货仓的正面，并按习惯在日期前面加上了"A. D."，即"公元"。由于这个符号直接牵涉到了基督徒的上帝，幕府将军下令去掉这两个令人不快的字母，而且要拆毁整个货仓，将它夷为平地。为了让荷兰人记住葡萄牙人被驱逐出境的下场，日本人还这样说：

"只要太阳还照耀大地，就决不让基督徒如此大胆地踏上日本领土，我们要让所有人都知道，无论谁违反了这条法令，哪怕是菲利普国王乃至基督徒的上帝，也得用他的头颅来偿还。"

荷属东印度公司的官员们似乎对此怀恨在心，因为出岛被荷兰人占据了长达217年之久。在这217年里，日本人的黄金白银源源不断地外流，因为荷兰人坚持用现金交易，不管日本人从国外定购什么，都必须货到付款。

欧洲人也是通过这个渠道从这些太平洋的隐士们口中零散地了解有关日本的消息的。所有这些消息都表明，日本帝国的情况无法让人满意。日本很快就成为"没有哪个国家能期望完全自给自足"这一说法的反面实例。日本年轻人也变得越来越难管束了。他们隐约听说了西欧有一些了不起的科学知识,并开始借助出岛接触科学和医学方面的书。他们认真琢磨那些奇形怪状的荷兰文字,并了解到整个世界都在大步前进,而只有日本仍停滞不前。

1847年,荷兰国王把满满一箱科学书籍作为礼物送到了江户的皇宫,并附上了一张世界地图,警告日本不要再愚蠢地固步自封。从旧金山开往中国广东的货船有时不慎在日本沿海失事,由于船员们没有领事或外交保护,处境十分艰难。1849年,美国一位军舰舰长威胁说要炮轰长崎,除非日本立即释放18位美国水手。荷兰国王再次警告日本说,如果日本继续推行这种孤立政策,日本将会面临一场灾难。来自海牙的这些信函只不过表明了全世界人皆知的事实。日本早晚有一天会将大门朝西方商界打开的,如果拒绝和平开放,那么等待她的就只有被武力强行打开了。

俄国一直沿着阿拉斯加海岸步步推进,也正在有计划地慢慢强化对西太平洋的控制。美国是唯一不会被怀疑有领土野心采取行动的国家。1853年,4艘美国军舰和560名船员在海军准将佩里的统领下,开进了浦贺湾。美国海军的首次来访引起了日本国内上下前所未有的恐慌,日本天皇甚至还公开祈求上天保佑。佩里一走(他在日本只停留了10天,把美国总统的一封信递交给了日本天皇),日本人就请求荷兰人提供了一艘军舰,在各要塞配置好兵力,架好了以前的葡萄牙火枪,严阵以待,以防大洋对岸那些蒸汽机推动的怪物(军舰)再次造访。

日本人分裂成了两派。大多数人同意不惜一切代价继续闭关自守,另一些人则主张对外开放。幕府将军主张对外开放,处于失势的境况,还被痛斥为"媚外"。然而,最终从佩里海军准将那次著名的访问中获益最多的人是天皇本人。

作为封建政府无可争辩的政府领袖,幕府将军曾发挥过巨大的作用,但他很早就开始走向衰落了。大名和武士的处境也差不多。他们仍然佩带刀剑,把镇压内战作为自己的光荣使命,似乎仍生活在1653年,而不是1853年。全面改革的时代来临了。

当时,天皇是名义上的国家首脑,但他恰好也是一位知识渊博、智慧超群的青年。他说服幕府将军主动辞职,自己重新掌握了国家大权。天皇接受了劝谏,承认再继续这样自我封闭下去等于自杀,因此他欢迎外国人到日本来,就像当初驱逐他们时那样坚决。这就是明治时代,或者说是明治天皇开创的文明时代,明治维新把日本从十六世纪的一个封建小国变成了一个现代化的工业强国。

如果问,如此大规模的、彻底的感情改变是否是一件让人高兴的好事呢？这样问实属多余。工厂、强大的陆军和海军、煤矿和钢铁铸造也许能给人们带来幸福,也许不能。我对此一无所知。有些人的答案是肯定的,而有些人的答案是否定的,这在很大程度上取决于个人的看法。10年前,俄国人维护他们的灵魂,热爱他们的圣徒。可如今,他们在厨房的壁炉里焚烧他们的圣徒,而他们的灵魂则满意得待在发动机的排气管里。

我个人认为,这样的事情是完全不可避免的。就其本身来看,谈不上绝对的好,也非绝对的坏,而是必要的,它能把我们从对饥饿和经济变幻无常的忧虑和恐惧中解脱出来。机器在这场变革中扮演了父亲和母亲的双重角色,它同样也毁掉了许多美好的事物,这是无可否认的。北斋和歌麿笔下的日本远比到处都是汽油厂和煤气厂的日本有趣得多,这是毫无疑义的。但北斋和歌麿早已不在人世,东京的家庭主妇更愿意用煤气烧饭,而不是用炭火慢腾腾地做饭,这就是答案。

历史悠悠、白雪皑皑的富士山,从1707年以来,始终一言不发。以前它是孩子们向路边的寺庙敬献鲜花的地方,如今却到处是香烟广告。寺庙里的神鹿的腿也被游客们随手乱扔的罐头盒砸坏了。

但是,富士山知道——有一天,一切都会结束。

第四十章 菲律宾

——原墨西哥的属地

亚欧大陆向东伸进太平洋,其前缘部分从海平面上露了出来,形成了一个从堪察加半岛一直到爪哇岛的半圆弧形岛屿群,菲律宾群岛就是其中的一部分。海水淹没了这个半弧形岛屿群和大陆之间的低地,于是就形成了日本海、东海和南海。

菲律宾群岛由7000多个大大小小的岛屿组成,但只有462个岛屿的面积超过1平方英里。其余的岛屿,有些是大的悬崖,有些则是小块的沼泽地,因为分量太轻,能叫得出名字的只有四分之一的岛屿。菲律宾群岛的面积约等于苏格兰和英格兰的面积之和,人口约有1100万,其中中国人和日本人占很大的分量,白人约有10万。虽然目前在菲律宾群岛发现的火山只有25座,而且除两三座是活火山外,其余的似乎早就不活动了,但这一地区在历史上肯定是火山频发地带。

对此,人们应该万分庆幸。从地理学的角度看,菲律宾群岛所处的位置是非常危险的。人类到目前发现的地球上最深的海沟位于菲律宾以东。它到底有多深呢?如果喜马拉雅山位于这个海沟之中,那么,地球上最高的山峰——埃佛勒斯峰峰顶仍在海平面3000英尺之下。如果有什么东西滑向这个地球之渊,那么,将有可能没有什么遗迹可以留存下来。

菲律宾群岛中最为重要的岛屿是吕宋岛,它形状似蝌蚪,中部高高隆起,最高点达7000英尺。菲律宾最重要的城市——首都马尼拉,坐落在吕宋岛的东岸。1571年,西班牙人在一处古老的伊斯兰教村落的废墟上建起了这座城市。由于菲律宾群岛盛产一种叫马尼拉的烟草,于是便以这种烟草的名字命名。1590年,西班牙人又筑起了城墙。历史证明,这些城墙的生命力比它们的建造者的统治更长久。

即使在西班牙人糟糕的管理之下,马尼拉还是很快发展成为整个远东地区最重要的商贸中心。马尼拉港口内泊满了从中国、日本、印度,甚至于遥远的阿拉伯世界开来的商船。在马尼拉,他们用满载来的货物与西班牙人从中美洲墨西哥殖民地转运过来的欧洲货物进行交换。如果西班牙人冒险取道经由好望角穿越印度洋的这条航线,可能会遭到英国人和荷兰人的袭击,所以西班牙人不得不选择另一条航线,即从马尼拉直航至特万特佩克湾,然后装上货物穿越美洲地峡,经陆路转运,然后再将货物装船,经古巴及波多黎各返航至西班牙。

吕宋岛的南面还分布着十几个较大的岛屿,其中萨马岛、班乃岛(岛上有菲律宾第二大城市——名城伊洛伊洛)、内格罗斯岛和宿务岛最为著名。再往南是棉兰老岛,只比吕宋岛小一点点。岛上信奉伊斯兰教的土著摩洛人为了维护独立,曾与西班牙人和美国人作过殊死抗争,因而声名远播。棉兰老岛上最大的城市是面临苏禄海的三宝颜市。一般而言,菲律宾人一直以来对太平洋不感兴趣,菲律宾人真正关注的对象是西方,他们同西方人开展贸易,而且他们的宗教以及他们关于文明的最初概念都来自于西方。东方人发现菲律宾纯属偶然。

1521年,麦哲伦在菲律宾群岛登陆。他选择这条非同寻常的航线的初衷是平息他的雇主西班牙国王和教皇之间的纷争。为了永远了结伊比利亚半岛上他的心爱的孩子们之间发生的争端,教皇于1494年在亚速尔群岛和佛得角群岛以西(大体上相当于西经50度左右的位置)自北向南划了一道线,把世界平分为两半,东侧是葡萄牙人的势力范围,西侧是西班牙人的势力范围,这就是著名的《托尔德西拉斯条约》。根据条约,西班牙人有权惩罚敢于"越过此线"进入他们的势力范围的任何人,这使英国人和荷兰人初期远征美洲大陆的探险变成了很危险的活动。不论是谁,胆敢跨越雷池半步,就会被视为普通海盗,马上处以绞刑。

然而,使麦哲伦这次冒险航行得以实现的教皇,即臭名昭著的亚历山大六世,他本人是西班牙人,因此,葡萄牙人声称《托尔德西拉斯条约》不公平，有损他们的利益。于是，利益的归属问题引发了长达100年之久的争吵和战争。麦哲伦也卷进了这场争端之中。尽管他是葡萄牙人，却受雇于西班牙国王。麦哲伦向东航行，朝印度洋进发，以弄清富庶的摩鹿加群岛到底在教皇赐给葡萄牙的势力范围内还是西班牙的势力范围内，最后证明葡萄牙人是正确的。于是葡萄牙人得到了摩鹿加，但没过多久就落入了荷兰人之手。然而，西班牙人在这次航行中却意外地发现了菲律宾，并将其划入了西班牙的势力范围，由西班牙在墨西哥的机构对其进行管辖。之后，大批的天主教会修士离开了中美洲（当时中美洲的人口锐减）的新卡斯提尔，来到发展前景更光明的菲律宾。

不能不承认，修士们在菲律宾做了大量的全面的工作。事实上，假如他们的努力并不那么成功的话，美国在菲律宾的工作就会容易得多。1898年，当我们获得西班牙以前在菲律宾留下的所有领地时，我们是第一次同几乎全部是天主教徒的菲律宾人打交道。

从政府的立场来说，美国可能不属于基督教民族，但美国人的通常人生哲学绝对属于基督教，而非天主教。也许我们会因为自己对菲律宾人的厚待而自豪：无数质量好的公路、数千所中小学、三所大学、无数的医院、医生和护士、育婴箱、肉类和鱼类防疫、卫生保键方法，以及西班牙人闻所未闻的无数进步科学所带来的好处。但是，菲律宾人对我们所有这些慷慨的美好举措并不表示感激。菲律宾人自幼所接受的教育是，尽管这些尘世的进步和舒适非常好，但是，与能够获救进入天国相比，卫生防疫、医院、优质公路以及学校，能算得了什么呢！

第四十一章　荷属东印度

——小人物掌大权

前面已谈到，日本列岛、台湾岛以及菲律宾群岛都只是古老的亚洲大陆的边缘高山，经过了几百万年太平洋的惊涛骇浪的冲击后，最终与大陆分离，形成了一系列的岛屿。

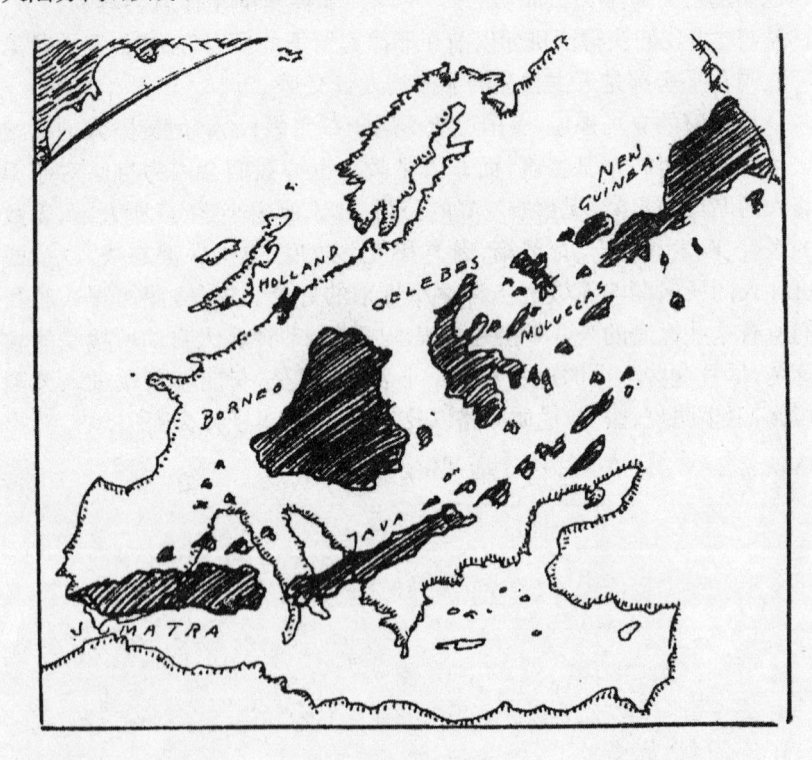

荷属东印度

马来群岛(还有许多不同的称呼:马来西亚群岛、印度群岛、荷属东印度群岛等)不仅是亚洲大陆边缘部分的延伸,而且是一个面积和中国差不多的巨大半岛的残余,从缅甸、泰国和印度支那南部一直向东延伸至澳大利亚。在地质史初期,这个半岛可能直接同亚洲大陆(当然远比现在大)连在一起。后来,这个半岛与澳大利亚被一条狭窄的水带隔开,这条水带与位于昆士兰和新几内亚岛之间的托雷斯海峡的宽度差不多。

地质巨变把一块巨大的大陆变成一群千奇百怪的岛屿,一路从婆罗洲(大小相当于斯堪的纳维亚半岛)延伸到成千上万个大大小小的礁石,这些礁石对航海造成了极大的不便。这些地质巨变的原因是不难发现的,因为这个地区是地球上火山活动最为活跃的地带,直至今日,爪哇岛上至今还保留着纪念火山活动的蓝色绶带。不过,从总体上说,在过去的300年中,爪哇岛的120多座火山还比较稳定,稍微靠西一点的苏门答腊岛上的火山表现也算不错。

爪哇人普遍信奉古老的印度婆罗门教。僧侣们为了祭祀躺在地下的神灵,常常把活人投进火山口沸腾的岩浆之中。这种祭祀似乎还真的有效,因为几百年来,尽管这里的火山不断地喷出浓烟,发出怒吼,偶尔会暴怒不已,但是,从未出现过毁灭性的大灾难。

然而,喀拉喀托火山遗址却提醒人们,它随时都有可能再度喷发。1883年8月26日清晨,位于苏门答腊岛与爪哇之间的巽他海峡上的喀拉喀托火山又爆发了。就像史前时代发生的那次火山爆发一样,这次爆发把火山顶夷为了平地,整座岛屿化为无数碎片。两天之后,该岛的北部彻底消失了。曾经高达1500英尺的山峰,如今一下子变成了一个深洞,沉入了印度洋1000多英尺深的洋底。喀拉喀托火山喷发时发出的巨大轰鸣声,远在3000英里之外都听得见,火山灰冲向了17英里的高空,飘散到了非洲、欧洲、亚洲、美洲,甚至飘到了斯堪的纳维亚半岛的北角。天空被火山灰染成了怪异的色彩,好像是附近的森林发生大火一样,一直持续了6个星期。

不过,由于喀拉喀托岛上无人居住,这次火山喷发并未给岛上带来多大的灾难,却给海洋带来了毁灭性的灾难。火山喷发掀起了高达50英尺的巨浪,吞噬了36000条人命,港口和村庄在顷刻之间被淹没,巨轮如同引火柴般立刻粉身碎骨。巨浪甚至波及到锡兰和毛里求斯,远在 8000 英里以外的合恩角附近也能清晰可见。就连距巽他海峡 11000 英里之外的英吉利海峡也能隐约地感受到这骇人的巨浪。

去年,喀拉喀托火山的残骸出现了再度活跃的迹象,但没有人能够预测出这地底之火会何时何地再度喷发。就像所有生活在这类环境中的其他民族一样,爪哇人对身边隐藏的危险也是泰然处之。爪哇人对身旁火山的关注程度,还不如那些美国少年在最拥挤的意大利人聚居区打棒球时对来往车辆的关心。

爪哇人这种听天由命的态度可能来源于伊斯兰教的信仰,也可能来源于他们安于现状的生活观念。他们认为,火山喷发就像外国人的统治、洪水或火灾一样,不是什么大不了的事。他们在祖辈耕耘过的这片土地上继续劳动着,他们的子孙后代们也会在这片土地上劳作、收获,因此,他们从没有考虑过要求改变这一切。

我在这里好像把爪哇岛描写成了一个人间仙境。当然,事实并非如此,但大自然的确对爪哇岛极为厚爱。爪哇 20% 的土地是火山土,但只要耕种适时得当,农作物可以一年三熟。

爪哇

岛上的气候比较炎热，但并非酷热，适合所有的热带植物生长，爪哇山区的气候同纽约或华盛顿的夏天相比还更凉爽宜人。爪哇和马来群岛的其他岛屿地处赤道附近，昼夜几乎一样长，但由于它们四周为大海所环绕，因此空气湿度较大，其气温最高不超过96华氏度，最低不低于66华氏度，年均气温为79华氏度。季节更替很有规律，雨季是从11月至次年3月，这期间每日都在同一个时间内降雨。雨季过后就是旱季，旱季一滴雨都不下。雨季与旱季之间有个短暂过渡期，这就是"斜季"。

由于有如此得天独厚的气候条件，尽管爪哇岛只有622英里长，121英里宽，但却养活了4200多万的人口，而苏门答腊岛和婆罗洲的面积比爪哇岛大得多，但人口却只及爪哇的10%。由于爪哇岛物产富饶，从一开始就吸引了白人的注意力。

最先在爪哇岛上出现的是葡萄牙人，英国人和荷兰人紧随其后，但英国人把主要精力集中在抢夺印度上，就把爪哇岛和马来群岛交给了荷兰人。在同土著爪哇人打交道的前3个世纪里，荷兰人在如何管理殖民地方面犯了所有欧洲人都可能犯的错误，最后，他们终于学会了一些初级经验。荷兰人明白，总有一日，土著人会争取独立的，因此，他们尽力避免同土著爪哇人发生冲突，并逐步吸收土著人参与管理他们国家自己的事务。在全岛的3万军队中，白人只占五分之一的比例。假如土著人真下决心要把殖民者赶出去的话，那么，荷兰人是绝对统治不了一块比荷兰国土大50倍的殖民地的。因此，以前的"强制劳动力"和"政府农场"就被永远地取消了，学校、铁路和医院逐步取代了惩罚性的远征。如果荷兰人最终不得不放弃对爪哇岛至高无上的统治的话，他们希望自己在爪哇经济结构中所占据的这种举足轻重的地位能够继续存在下去。老一辈的土著爪哇人深信"只要安于现状，就不会有麻烦"，但老一辈已逐渐屈服于年轻一代，他们相信事实胜于口号，相信人类世界处在不断变化和发展的过程之中。

在其他荷属殖民地岛屿中，没有一个岛屿的文明程度能与爪哇岛相媲美。形状奇特、细长如蜘蛛腿一般的西里伯斯岛位于摩鹿加群岛（原来叫香料岛，英国、葡萄牙、西班牙和荷兰为占有这个岛，在十七世纪展开了长达一个世纪的激烈争夺)的西面,正被荷兰人逐渐改造成爪哇岛第二。望加锡盛产油料,在维多利亚时代,大爷们爱用望加锡油来修锁,老奶奶们则用它来织她们无穷无尽的罩布。现在,望加锡是爪哇海域内最重要的城市之一,与爪哇北部沿海的主要港口城市苏腊卡尔塔和三宝垄展开正常的商贸往来,而且还与首都雅加达的港口丹戎不碌联系频繁。

摩鹿加群岛已不如昔日那般富庶了,但该岛的居民安汶人却是太平洋上出了名的水手。400年前,安汶人还被认为是太平洋上最贪婪的食人族,令人不寒而栗。如今他们个个都是模范的基督徒。但令人好奇的是,他们为荷属东印度提供了最英勇善战的兵团。

婆罗洲是亚洲半岛伸入太平洋而形成的岛屿中最大的一个。婆罗洲岛上有一个奇异的风俗,即用人头来祭奉神灵,致使岛上人烟稀少。荷兰人曾采取最严厉的惩罚性措施,试图禁止这种流传很久的暴行,但是,时至今日,婆罗洲上的年轻人仍旧必须至少获取一个人头才能结婚。这种长期的互相戕害(婆罗洲人在展示这令人毛骨悚然的战利品时,就像一名高尔夫球高手展示他的奖杯一样满脸骄傲和漫不经心)使岛上人口不断减少。但现如今,岛上的河流最终得到了开发,石油、煤炭和钻石公司正在修筑道路,未开化的土著人也渐渐被说服去从事农业生产。如果这样继续发展下去,婆罗洲能养活的人口将是目前的20倍。

婆罗洲的北部地区处在英国的统治之下。西北角是一个独立的地区,叫沙捞越,统治者是一位著名的英国人——雷查·布鲁克斯,也即詹姆斯·布鲁克斯爵士——的后裔。当年,他来到婆罗洲镇压了一次叛乱,于是就在这里居留下来,建立了一个独立王国。

荷属东印度另一个极其重要的岛屿是东部的苏门答腊岛,它与马来半岛平行,岛上火山活动频繁,但土地肥沃,物产丰富。遗憾的是,一座高大的山脉将苏门答腊岛切成了两块,这严重阻碍了苏门答腊岛的发展,直至修通了铁路,情况才有所改善。在发展与西方的贸易方面,飞机和汽车对苏门答腊岛比其他任何机械都更重要。

在苏门答腊岛和婆罗洲之间是邦加岛和勿里洞岛,这两个岛与马来半岛相连。邦加岛和勿里洞岛盛产锡。爪哇岛的东边是著名的巴厘岛，是史前人类生活遗迹保存最为完好的地方。再往东是澳大利亚北面的佛罗勒斯岛和帝汶岛，最东边是新几内亚岛，是原来澳洲大陆的一部分，该岛只有西半岛属于荷兰。新几内亚岛的面积有大半个中欧那么大，有从巴黎至敖德萨那么远，但几乎无人涉足。新几内亚岛上没有河流，人口稀少。食人族的陋俗和土著人的落后，都是导致人口稀少的原因。当地人长期受到疾病侵袭和猎取人头的陋俗的威胁。直至今天，岛上还到处遍布着一些小部落的遗址，这说明人类在很久之前就开始在岛上居住了。

有一种观点认为，人类就是在这里最先告别了猿人时代。在爪哇岛上发现了最早的猿人化石，即爪哇直立猿人。而在婆罗洲和苏门答腊岛上也发现了硕大的类人猩猩。这些发现至少证明了一点：这块岛屿非常古老。

这个人类世界的确是令人费解。人类家族中的一部分已进化到有能力建造热带动物园了，而另一部分却生活在建成的动物园里了。

第四十二章 澳大利亚

——大自然的非亲生儿

当谈到造物主开天辟地时的粗心大意和漫无目标时,据说,已故的著名德国科学家、生理光学专家赫尔曼·路德维希·德·亥姆霍兹曾说过:如果有哪个仪器制造者敢发明一个和人眼构造一样拙劣的新发明,那他将宣判这个人是一个根本不能胜任这一行工作的笨蛋。

很庆辛亥姆霍兹并没有把这一研究理论扩展到生理学和电学之外的领域,否则,我将不得不重复他说过的造物主对世界地理分布的安排了。

以格陵兰岛为例。格陵兰岛为数千英尺厚的冰雪所覆盖。如果把这块面积达 47000 平方英里的土地移至大洋的中央,它或许可以养活几百万人口。但现在那里生物稀少,仅能让几千只北极熊和少数食不果腹的爱斯基摩人勉强度日。不过,澳大利亚的情况就更糟了。尽管澳大利亚名义上是一个大洲,但它无疑是造物主造得最拙劣的洲。

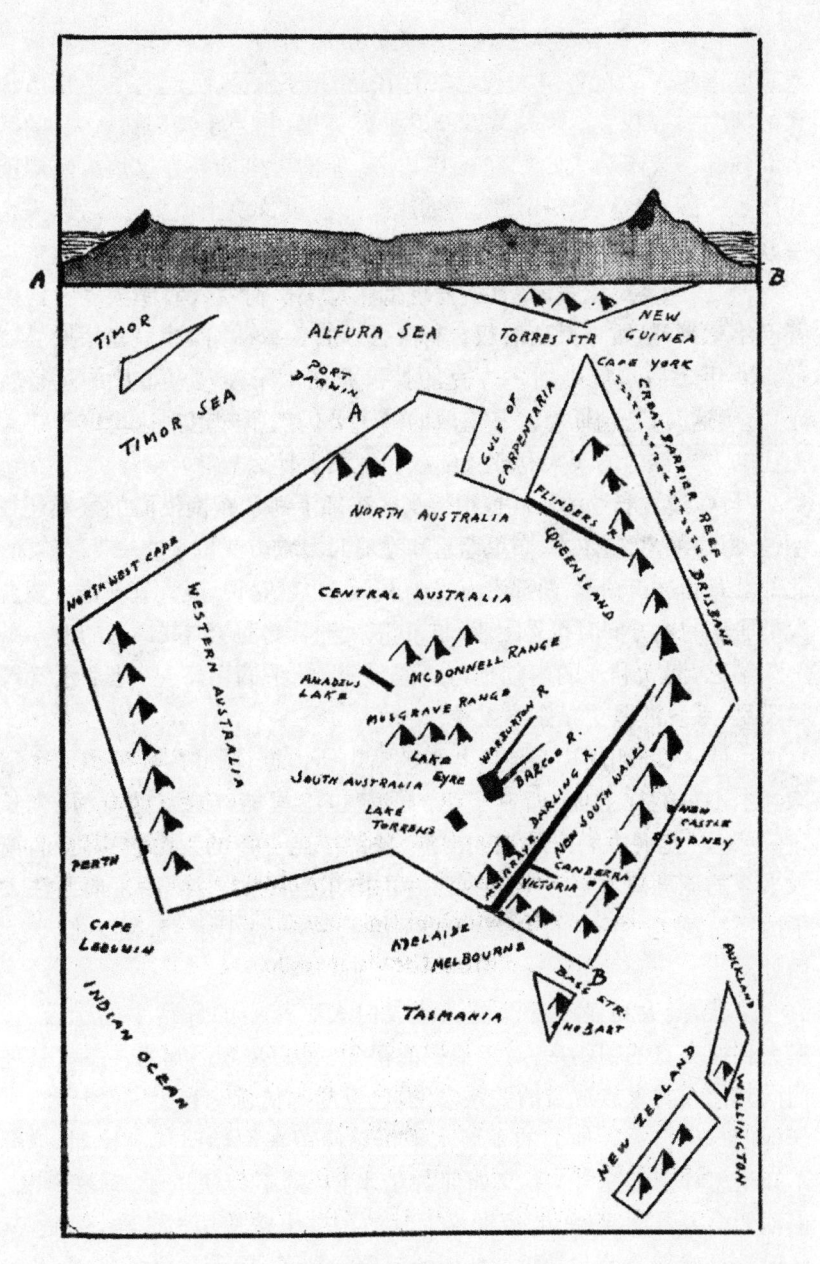

澳大利亚

首先,澳大利亚的地理位置很差。虽然葡萄牙人、西班牙人和荷兰人100多年来一直对澳大利亚的存在持怀疑态度,但他们尽了自己最大的努力去寻找它。但这块300万平方英里(相当于美国那么大)的巨大大陆却一直不为人知。直至1642年,亚伯·塔斯曼在这块大陆周围环航了一圈,将荷属东印度公司的旗帜插在了这块土地上,然后以尼德兰联邦的名义占领了该洲。

但是,从实际上来看,这次发现毫无意义。荷兰人对澳大利亚这块荒漠不感兴趣,听任其所有权自行失去效力。1769年(也就是塔斯曼航行125年之后),詹姆斯·库克船长被派往太平洋观察金星的运行轨迹,直到这时,阿姆斯特丹和伦敦的绘图员仍然不知道把这块位于浩瀚无边的太平洋中的澳大利亚大陆放在地图上什么位置。

其次,澳大利亚的气候也很恶劣。东部沿海和东南沿海的气候还很不错,阿德莱德、墨尔本、布里斯班和悉尼四大城市就位于这一带。然而,北部沿海则过于潮湿,西部沿海过于干燥。也就是说,澳大利亚最不适合人类居住的地方同时也是距亚、非、欧三大洲重要商船航线最远的地方。

第三,澳大利亚的内陆地区全是沙漠,几乎滴雨不见,地下水又严重不足,系统灌溉更是困难重重。

第四,大陆四周边缘地区几乎被高山所占据,因此内地就像一个空碗。水不可能往上流,所以真正的河流也不可能存在。达令河(全长1160英里)是澳大利亚最大的河流,发源于昆士兰的崇山峻岭之间,离太平洋的珊瑚海不远。但达令河并不向东流入太平洋,而是向西注入了因康特湾,一年中的大部分时间都只是一串小水塘,对人们毫无用处。

第五,澳大利亚没有能被训练成白人工作中的好帮手的土著人。澳大利亚人真的很不幸,对于他们的祖先,我们至今仍知之甚少。就他们同其他人类家族成员的关系来说,这里的人仿佛来自另一个星球,听任他们自生自灭。他们的发展水平仍然停留在原始时代。比如,他们不知道怎样建造房子,不知如何种植水稻,更不会使用矛、箭和斧头。但他们会耍弄回飞镖,就像世界上其他民族也曾使用过一样,然而,其他民族早就把这种非常笨拙的原始武器扔掉了,取而代之的是剑、矛和弓。澳大利亚土著人仍然停滞在人类祖先刚摆脱手臂而用后腿走路之后不久的那个阶段。我们只能最善意地把他们归入石器时代初期的"狩猎者"。即使如此,我们还是冒犯了石器时代的那些古人,因为即使是真正的石器时代的古人,往往也是比任何一个澳大利亚土著人都优秀得多的艺术家。

最后,早在地球为植物和灌木(它们为人类的舒适和幸福做出了巨大的贡献)所覆盖之前,这块贫瘠的大陆就不得不独善其身了。干燥的气候使澳大利亚形成了特殊的植物群,这些植物群无疑会引起植物学家的极大兴趣,但对一心只是想收获点什么(任何东西都可以,只要付出能有回报)的白人殖民者来说,它们则意味着非常暗淡的前景。袋鼠草和滨藜是羊的美食,但遍地都是带刺的三齿稃,连长有硬腭的骆驼都无福享受。另外,虽然一些桉树能长到400英尺高,只有加利福尼亚的红杉才能与之相媲美,但种植桉树也不能很快让人致富。

1868年,澳大利亚不再是流放地,于是许多农民蜂拥到这块乐土,但他们很快发现面对的却是大量根本拒绝驯服的活化石。所有这些珍稀的史前生物,很早以前就在世界其他地方绝迹了,而与外界隔绝的澳大利亚又让它们得以继续繁衍生息。尽管澳大利亚根本没有像亚洲、非洲和欧洲那些体形高大、智商更高的哺乳动物,但这并没有促进澳大利亚四足动物的智力发展,也没有迫使它们灭绝。由于完全没有竞争,它们就一直保持着它们的原始状态。

我们都很熟悉袋鼠这种奇特的动物。袋鼠属于有袋目动物,它们的腰部长有育儿袋,未长大的袋鼠宝宝在这里发育成熟。第三纪时代,有袋目动物遍布全球。现在,美洲只剩下负鼠一种有袋目动物,而澳大利亚却还有很多种。

还有一种史前遗物,即单孔目动物,是哺乳动物中最低级的一种,全身只有一个排泄口。单孔目动物中最有名的是奇形怪状的鸭嘴兽。这种动物的身体是棕褐色的,长约20英寸,毛短,嘴像鸭嘴(幼兽还长有牙齿),长长的指甲长在蹼足上,雄兽的脚后跟还长有一条带毒的角状刺——鸭嘴兽简直是一座活的博物馆,造物主把数百万年发展过程中所创造和遗弃的一切都珍藏其中了。

大西洋

太平洋

澳大利亚的动物简直可以组成一座珍稀动物博物馆，无奇不有：羽毛像人发的鸟、只会走不会飞的鸟、笑声如豺狼的鸟、长得像雉鸡的布谷鸟、如小鸡般大的鸽子、长着蹼足的老鼠、用尾巴爬树的老鼠、两条腿走路的蜥蜴、同时长着腮和肺的鱼——其实是鱼和两栖动物的混合体，早在鱼龙时代就出现了、长得既像豺又像狼的狗——可能是野狗的后代，这些野狗跟随从亚洲大陆过来的早期移民进入澳大利亚。还有许多其他奇形怪状的动物。

但是，还远不止这些！澳大利亚还有各种各样奇特的昆虫，它们远比老虎和蛇更让人感到可怕。澳大利亚是跳跃动物的天堂。不论是哺乳动物，还是鸟类和昆虫，它们都更喜欢跳跃，而不是飞翔或奔跑。这里有各种跳蚤。有一种蚂蚁居住在自己建造的"摩天大楼"里；还有一种蚂蚁，除了铸铁门之外，可以吃掉任何东西，因为这种蚂蚁能把一种特殊的酸性物质涂在普通的锡和铅盒子的表面上，使金属氧化，并在盒子上打出洞来，藉此畅行无阻，大肆毁坏里面的东西。

澳大利亚有把卵产在牛羊毛皮里苍蝇；有能使人类根本无法在澳大利亚南部的沼泽地区居住的蚊子；有能使人们数年的辛劳毁于一旦的蝗虫；还有寄生在畜群身上的扁虱，专以吸血为生；也有看上去美丽温柔的大冠鹦鹉，但一旦它们集体行动，则能造成极大的损失，它们在世界各地的作风都是一贯如此。

然而，在所有这些形形色色的当地自然灾害中，为害最大的并不是澳大利亚土生土长的动物，而是从欧洲进口过来的野兔。兔子在一般的地方是绝对不构成多大危害的，但在澳大利亚这块沙质荒地上，生物却可以随意繁殖，最后终于泛滥成灾。为了狩猎消遣，在1862年从英格兰引进了第一批兔子。殖民者感到生活实在沉闷无聊，心想狩猎野兔能打破在此地丛林中单调乏味的生活，那将会是一项愉快的娱乐。最后有几只兔子逃走了，然后就以众所周知的兔子的生活方式在这片土地上生存繁衍开来。习惯于与大数字打交道的天文学家们曾试图算出目前澳大利亚在逃兔子的总数，他们得出的答案是：澳大利亚的兔子将近有40亿只。如果40只兔子所吃的草等于1只羊吃的，那么，兔子吃掉的草相当于1亿只羊吃掉的草。整个澳大利亚几乎被这种啮齿动物破坏殆尽,澳大利亚西部遭受的破坏尤为严重。为了阻止野兔的进一步破坏,人们搭起了一条巨大的中国式的网式拦兔栅栏。这种栅栏地上高3英尺,地下深3英尺,以阻止这些可怕的动物从地底下打洞。然而,这些兔子很快学会了爬铁丝网,兔患仍没有消除。人们后来又尝试了毒药,但依然无济于事。澳大利亚没有能制约野兔繁殖的天敌,从世界其他地方进口来的动物又不能适应这块陌生的大陆,没过多久就死了。尽管人们绞尽了脑汁,兔子还是像麻雀一样快活地繁衍着,速度快得如同仙人掌。仙人掌一遇到贫瘠干旱的沙质土壤,就像海豹钻进水里一样,可以迅速适应。另外,从欧洲引进的麻雀,如今也是所有澳大利亚园艺家们的心腹大患。

然而,尽管有这么多骇人的不利条件,移民们已成功地将澳大利亚变成了世界上最重要的羊毛出产地。澳大利亚如今有将近8000万只绵羊,其羊毛产量占世界羊毛总产量的四分之一,羊毛出口占全国总出口额的五分之一。

澳大利亚大陆比欧洲大陆要古老得多,矿产资源当然十分丰富。五十年代早期出现的淘金热,将人们的注意力吸引到了澳大利亚的采金地。此后,铅矿、铜矿、锡矿、铁矿和煤矿也被发现,但仍未发现石油。这里还发现了钻石,但极为稀有。不过,次贵重宝石的储量相当可观,比如蛋白石和蓝宝石。由于资金匮乏和交通不便,阻碍了对澳大利亚宝藏的全面开发,但是,澳大利亚最终会从多年的财政管理不善中恢复过来,再次成为有清还债务能力的国家,这种局面就会有所改观。

同时,澳大利亚还被认为是仅次于非洲的最难开发的大陆。到了十九世纪初,澳大利亚的三个主要组成部分都基本上弄清楚了。西部是高原,平均海拔为2000英尺,个别地方高达3000英尺,金矿区就在这一地区,但这里没有海港,只有拍斯这座城市比较重要。东部是非常古老的山脉,由于长期受风雨侵蚀,最高峰科修斯科山的海拔也不过7000英尺。这里有澳大利亚大陆的优良港口,因此吸引了首批移民。

位于高原和高地之间的是一块广阔的平原,最高处的海拔不超过600英尺,而且,艾尔湖地区实际上也低于海平面。两座高山把这片平原分成了两部分,西面是弗林德斯岭,东面是北接昆士兰山脉的格雷岭。

澳大利亚的政治发展还比较平稳,但算不上很成功。第一批移民都是根据十八世纪后期的英国法律定为"罪犯"的人,但他们中的大多数人所犯的罪只不过是因为贫穷偷了一片面包或几个苹果而已。这批人被流放到植物学湾,这个名字是发现它的库克船长起的,当时这里正值鲜花盛开。殖民地本身叫新南威尔士,首府是悉尼。塔斯马尼亚岛当时是新南威尔士的一部分,从1803年开始起成了一个劳役所,犯人们集中在距此不远的霍巴特市。1825年,昆士兰州首府布里斯班建立。三十年代,位于海湾前沿的殖民地菲利普港湾以墨尔本勋爵的名字命名,成为了维多利亚州首府。这一时期建立的还有南澳大利亚州的首府阿德莱德。西澳大利亚州首府泊斯,直至五十年代早期淘金热掀起时还仍然是一个不起眼的小村子。北部地区为英国所管辖,就像美国的领土过去由华盛顿管辖一样。尽管北部地区的面积达50万平方英里,但人口只有5000,其中将近两千人住在帝汶海的达尔文市。达尔文市是世界上最优良的天然港之一,但连一点商业气氛也没有。

1901年,这6个州组成了澳大利亚联邦,总人口600万,其中四分之三住在东部。7年后,他们决定建立新首都,定名为堪培拉,位置在悉尼西南150英里处,离澳大利亚最高的科修斯科山不远。

1927年,澳大利亚政府移驻新总部。但要使澳大利亚摆脱目前的困境,新联邦的议会还得花一些心思。首先,工党政府从世界大战以来就一直执掌着国家政权,但由于这个政府的大肆挥霍,联邦无法从欧洲债权国中获取任何贷款。如果不作出非常重大的让步,最近取代工党的新政府能否克服财政上的困难实在值得怀疑。其次,澳大利亚人口严重不足。塔斯马尼亚和新南威尔士每平方英里仅有8人,维多利亚每平方英里20人,昆士兰和南澳大利亚每平方英里1人,而西澳大利亚每平方英里只有0.5人。即使只有这么点人口,他们还沉浸在工会的积弊之中,他们是世界上最无能、最缺乏积极性的工人,如果没有那些让他们去运动和赛马公共假期,他们简直就过不下去了。

那么,谁来工作以维持澳大利亚的发展呢?

虽然意大利人非常愿意来此地,可他们并不受欢迎。但是在联邦的政治生活中最具有影响力的英国中产阶级分子宣称:"澳大利亚人治理澳大利亚。"这也就是说,一切非白人和英国中产阶级出身的人都被排斥在外。勤劳的意大利人也除外,也就没有了穿越托雷斯海峡的勇气了。中国人和日本人是黄皮肤,所以也被排除在外。波利尼西亚人、马来西亚人和爪哇人是巧克力色皮肤,也遭人嫌恶。我再重复一遍——谁来工作呢?我只能说:我不知道。但是,这个300万平方英里的土地上几乎无人居住,而世界其他地方的人口又严重过剩。那该采取什么样的措施呢?这似乎已不言而喻了。

第四十三章　新西兰

如果加上新近拥有的萨摩亚群岛，新西兰的面积就是英格兰和苏格兰的面积之和的 1.25 倍。新西兰有 150 万人口，其中 14.3 万人住在位于北岛的首都惠灵顿。

1642 年，塔斯曼第一个发现了新西兰，并以自己的祖国荷兰南部的一个岛屿为其命名。关于荷兰，本书前面已经述及。在塔斯曼之前 300 年，划着独木舟的波利尼西亚人——太平洋上神奇的水手，就曾到过新西兰。这些波利尼西亚人使用一种形状怪异，但十分有用的草制地图，他们凭借这种草制地图可以航行数千英里，而不用担心找不到返航的路线。

这些波利尼西亚远征者就是后来英勇善战的毛利人的祖先。到 1906 年时，毛利人已达 5 万人，而且这个数字还在增长。毛利人是世界上为数不多的几个土著民族之一，他们既能反抗白人维护自己种族的独立生存，又能在不迷失自我的前提下汲取西方文明的精华。他们摈弃了许多自己古老的陋习，如吃掉敌人、纹脸等。他们还派代表参加新西兰的议会，建造了教堂。毛利人修建的教堂就像他们的白人主子们的教堂一样无论从哪个方面来看，都缺乏吸引力，但对防止日后的种族摩擦还是会有益处的。

在十九世纪的前 25 年里，法国人和英国人都曾试图用各自的传教士来控制新西兰的岛屿。但在 1833 年，毛利人主动投进了英国人的怀抱。1839 年，英国人正式占领了新西兰。

假如法国船队早到 3 天的话，新西兰现在或许就像新喀里多尼亚、马克萨斯群岛以及太平洋上的许多岛屿一样，成为法国的殖民地。

1840年，新西兰群岛成为澳大利亚的殖民地——新南威尔士州的托管地。1847年，又成为英国的直辖殖民地。1901年，新西兰本来有机会加入澳大利亚联邦，但是，新西兰为自己从不是罪犯流放地而深感自豪，拒绝与澳大利亚联盟。1907年以后，新西兰一直是英联邦成员，由英国任免总督，但拥有自己的独立主权和代议制政府。

就新西兰南北二岛的地质状况来说，它们可能与澳大利亚没有联系。位于南北二岛与澳洲大陆之间的塔斯曼海沟深达15000多英尺，宽约1200英里。新西兰南北二岛可能是曾形成太平洋西海岸的一座高大山脉的残余部分。但是，经过千百万年沧海桑田的变化，很难弄清楚如今的岛屿究竟是怎样形成的。另外，南北二岛的相似之处又太少，其原因更是不得而知。北岛是一块巨大的火山区（类似于太平洋上的黄石公园），南岛是瑞士的复制品，外加少许免费奉送的挪威峡湾。南北二岛之间隔着库克海峡，宽仅90英里。

新西兰看上去与挪威很像

新西兰远离赤道，不属于热带，气候与意大利相似，这就意味着它比澳大利亚更有可能成为永久的欧洲殖民地。各种欧洲水果，如桃、杏、苹果、葡萄、橘子等，都能在这里种植。山坡上是最优良的牧场。在古老潮湿的泽兰生长的亚麻也极适合在这里种植。从奥克兰出口的北岛慢生树是优良的建材。

1901年，新西兰吞并了太平洋上的许多岛屿，包括库克群岛和拉罗汤加岛。根据毛利人的说法，新西兰的第一批波利尼西亚移民就是来自拉罗汤加岛。库克群岛是一个火山带，但我们暂且把它搁在一旁，先来看看珊瑚群岛。

珊瑚岛

珊瑚岛是由一种海洋微生物珊瑚虫（也称花虫）死后的尸体堆积在一起而形成的。这些珊瑚岛形成的暗礁和小岛布满了整个南太平洋。珊瑚虫对其生存环境非常挑剔，它们只能在某一特定温度下的新鲜海水中存活，稍遇微寒就会死亡，而且在海里120英尺以下的空间就不能存活了。所以，如果我们在120英尺以下的海水中发现了珊瑚沉积，那么就说明此处曾发生过沉降。但珊瑚堆积成岛需要经过数百万年的时间，即使是最优秀的泥瓦匠，也绝难胜任珊瑚岛这样的杰作。珊瑚虫必须在流动的海水中才能生活，因此，生活在珊瑚体中心的珊瑚虫最先死亡，而边缘部分的虫体继续生长，最后就形成了我们所说的环礁。环礁的外沿由质地坚硬的物质组成，比较狭窄，中间有一个环形礁湖。礁湖通常只有一个出口，而且往往背对盛行风，因此，海浪为珊瑚虫提供了充足的养分，使其能够更迅速地生长。

新西兰有很多这样的环状珊瑚岛，上面长满了椰子树，所以新西兰盛产干椰肉。一战前，萨摩亚群岛本属德国管辖，因新西兰军队在世界大战期间表现出色，战后，萨摩亚群岛被新西兰接管。至于萨摩亚群岛的前途，那就不得而知了。

第四十四章 太平洋群岛

——不需耕织，照样生活

大西洋上岛屿稀少，太平洋上却岛屿极多。加罗林群岛、马绍尔群岛和夏威夷群岛都坐落在赤道以北，其余的岛屿都分布在赤道以南。太平洋上所有的岛屿都是群岛，而复活节岛却是个例外，人们在这个岛上发现了许多神秘的巨大石像。复活节岛孤零零地伫立在那儿，但它距南美洲比澳洲近许多。

太平洋群岛可清楚地划分为三大类。一类是史前地质时代辽阔的澳洲大陆的残余部分，比如法国的罪犯流放地——新喀里多尼亚群岛。一类是火山喷发形成的岛屿，比如斐济、萨摩亚群岛、夏威夷群岛和马克萨斯群岛。还有一类是珊瑚群岛，比如新赫布里底群岛。

在数千个岛屿中（珊瑚岛多数只露出水面几英尺），最重要的是夏威夷群岛。1779年，著名的库克船长在返航途中就是在夏威夷群岛被土著人杀死的。1810年，夏威夷群岛成为了南洋大帝国的中心。直至1893年，美国将其吞并。该岛不但物产丰富，而且还位于美洲和亚洲的交通要道上，战略地位极为重要。

夏威夷群岛一直处在缓慢的运动当中。岛上高达4400英尺的基拉韦亚火山仍然非常活跃。夏威夷群岛上还有一个毛伊岛，毛伊岛上的火山是世界上最大的火山口。这些火山是岛上居民的老朋友，但一点也不值得信任，人们偶尔会惊恐地望望从火山口喷发出来的火山灰，但该岛宜人的气候就轻易地补偿了这个担忧。瓦胡岛上的火奴鲁鲁是夏威夷群岛的首府。

苏瓦是斐济群岛上最重要的城市，也是从美国到澳大利亚和新西兰的所有船只的中途停靠站。

萨摩亚群岛的首府是阿皮亚。

另一个你可能听说过的岛屿是阿加尼亚的关岛，它处在日本和新几内亚中间，是美国重要的电报站。

社会群岛上的塔希提岛是法国的领地，据说很多有关南太平洋的影片都是在塔希提岛上拍摄的。

还有许多其他属于美拉尼西亚群岛、密克罗尼西亚群岛和波利尼西亚群岛的岛屿。这三大群岛自西北向东南平行排列，这就使它们成为人们在太平洋上自由航行的主要障碍。而在大西洋上航行则完全不同，罗德岛是爱尔兰至美洲的航线上唯一的危险地段。

有些人认为现代工业文明过于复杂，他们更喜欢简朴的生活方式。有些人喜欢和平、平静、友善的伙伴，但憎恶嘈杂、匆忙、嫉妒的竞争对手，对这些人来说，这些岛屿无疑就是世外桃源，是他们理想的居住地。我认为，这些岛屿比百老汇和第 42 大街的某些地方更让人神清气爽，只是它们太遥远了！难道这些岛上真的生长了一种忘忧草，能使这些凡夫俗子超凡脱俗吗？

第四十五章　非洲

——矛盾和对比丛生的大陆

　　非洲与澳大利亚大陆一样，也是一块非常古老的大陆的残余。不知在几百万年前，这块古老大陆的绝大部分就已永远消失在海底了。直至现在，非洲和欧洲这两块大陆仍还是相连的。从地理学的角度看，阿拉伯半岛是撒哈拉的延续，而马达加斯加岛上拥有非洲、亚洲和澳洲三大洲的所有动物群和植物群，这表明，早在地球生命初现时，非洲、亚洲和澳洲这三块大陆就是连在一起的。

　　情况确实很复杂，我们必须在获取了足够的证据之后才能这样说："是这样的，而不是那样的。"同时，提出这些理论也是一个不错的主意。它们告诉我们：地球的表面是处在不断的变化当中的——从过去到现在，并不存在完全相同的事物，再过100万年，我们的子孙将会以一种难以掩饰的诧异的目光审视今天的地图，就如同我们今天注视着经过推测得出的第三纪或志留纪时代的地图，惊讶地问："地球以前真的就是这样子吗？"

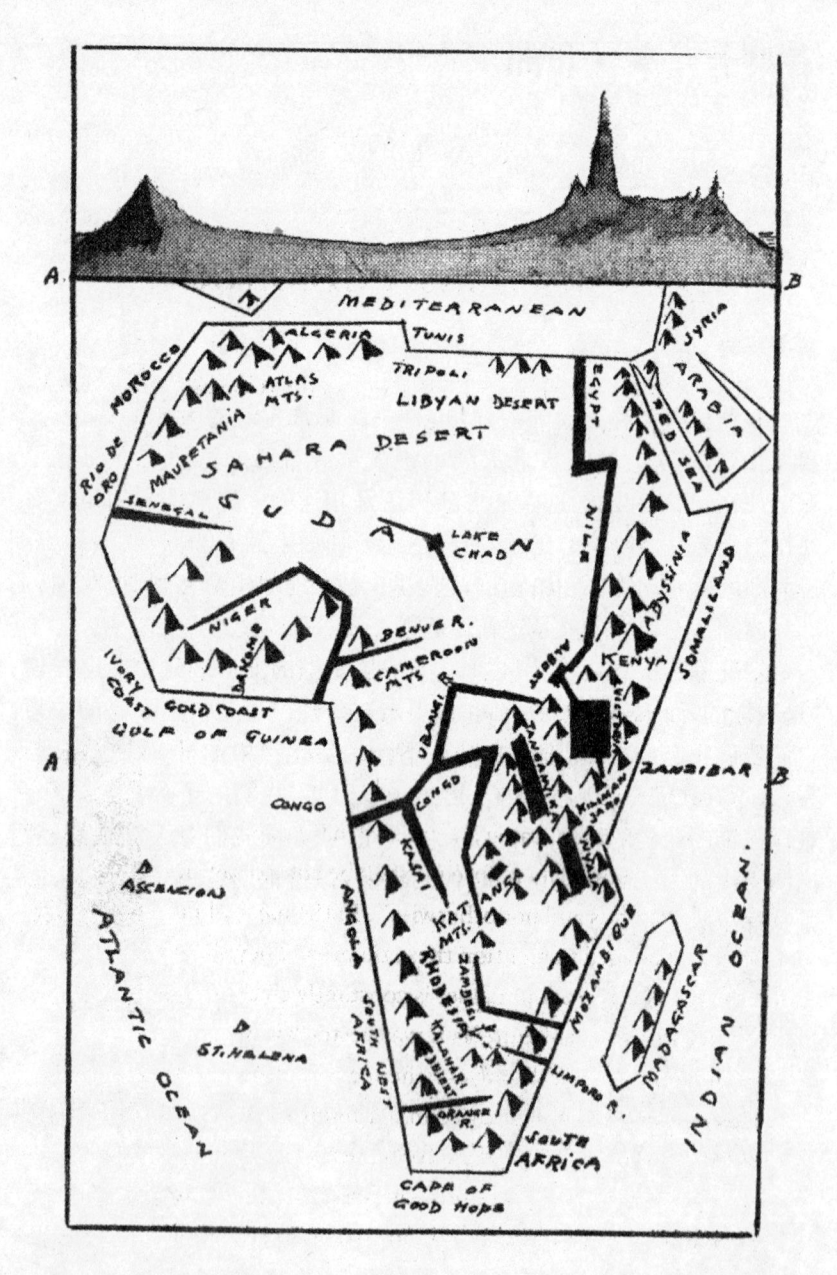

非洲

有史以来从未发生任何变迁而最终得以保全的陆地有两个部分，即赤道以北广阔的方形土地和赤道以南较小的三角形土地。然而，这两片土地都有同样的地理缺陷：其外围边缘部分高于内地，因此，内地就像一个巨大的茶碟。正如我们在谈澳大利亚时分析的一样，这样的地理状况对整个国家来说是非常不利的。茶碟高高的边缘部分阻挡了海风吹入内地，所以内地很容易沙漠化，而且，内地也失去了通往大海的天然通道。非洲的河流不得不穿过许多崇山峻岭，在内陆高山之中蜿蜒穿行，最终才能奔流入海。这意味着非洲的瀑布和险滩毫无利用价值，也意味着船只无法经由这些河流进入内陆，还意味着只有在人工港口修成之后、可以绕过这些瀑布的铁路铺成之后，非洲的贸易才会得以发展。总而言之，这意味着与世隔绝。

在大多数人眼里，非洲只是一块"黑色大陆"，我们往往会将非洲与热带森林和黑人联系起来。实际上，非洲大陆面积为1130万平方英里（是欧洲面积的三倍），但三分之一的面积是毫无用处的沙漠。非洲有1.4亿人口，可分为三类人种：黑人，即黑种人；闪米特人和含米特人，肤色从深棕色一直到象牙般的白色都有。

但毫无疑问，与非洲其他浅皮肤的邻居相比，黑人给我们留下的印象更为深刻一些。这不仅是由于我们首次看到黑人时，他们奇特的肤色更引人注目，因而记忆深刻，而且是由于我们的祖先抱有一种错误的经济观，他们把黑人视为廉价劳动力，随意驱使他们，并把他们卖到世界各地。每当回忆起我们祖先的这段不光彩的历史，我们就感到羞愧难安。黑奴制度不仅是黑种人最大的不幸，也是白种人最大的耻辱。稍后我们还会回到黑奴制度上来，让我们先看一下黑奴制度形成之前的非洲。

希腊人是非常熟悉埃及以及居住在尼罗河谷的含米特人的。含米特人很久之前就占据了北非，把那些肤色更黑的土著人赶往南方（大概是朝苏丹的方向驱赶），把地中海北部沿岸据为己有。"含米特人"一词概念很模糊，不像瑞典人或中国人那样有着鲜明的民族特征。含米特人是雅利安人、有少量黑种人血统的闪米特人以及在这些侵入者开始入侵时便已存在的许多古老种族的混血人种。

在进入非洲时，含米特人很可能仍处于游牧阶段，后来又分散到整个尼罗河流域，足迹向南一直深入到了阿比西尼亚，向西远至大西洋沿岸。阿特拉斯山脉的柏柏尔人是纯粹的含米特人，撒哈拉沙漠有许多游牧部族都带有含米特人血统。现在的阿比西尼亚人已完全和闪米特人融合在一起，以至于失去了含米特民族的许多特征。尼罗河流域的身材矮小的农民也有含米特人血统，但由于几千年来与其他种族的通婚，已经看不出含米特人的民族特征了。

通常，我们根据语言来区分不同的种族。然而，语言在北非起不了什么作用。在这里，有只说含米特语的闪米特人部落，也有只说阿拉伯语的含米特人部落，而只有古埃及的基督徒——科普特人才保留了古代含米特语。显然，希腊人和罗马人同我们一样对此也是大惑不解。希腊人和罗马人解决这个困惑的办法是，把所有生活在那片狭窄的森林地带的人统统称为"埃塞俄比亚人"或"黑脸人"。希腊人和罗马人惊叹于含米特人建造的金字塔和司芬克斯像黑人一般的厚厚的嘴唇（含米特人的嘴唇就是这样吗？去问问教授吧）；含米特农民在面对长期的苦难时所表现出来的忍耐力，也让他们赞叹不已；含米特数学家的智慧和物理学家的博学，更让他们佩服得五体投地。但是，希腊人和罗马人似乎从不曾费心去打听含米特人来自何方，只将生活在这片土地上的人统统称为"埃塞俄比亚人"。

如果你要去北非，请谨记这一忠告：千万不要因为北非人肤色深就一律称其为"黑人"。北非人对"黑人"这一称呼是十分愤慨的。其中一些北非人可能是世界上最勇猛无比的斗士。他们身上流淌着曾征服了整个西亚的古埃及军人的血，甚至可能是那些有闪米特人血统的迦太基人的后代，迦太基人曾经差点夺走了罗马在地中海的统治权；他们也可能是不久前占领了整个南欧的阿拉伯征服者的子孙；或许他们的祖辈是那些阿尔及利亚族长，当法国企图侵占阿尔及利亚时，当意大利企图染指突尼斯时，这些阿尔及利亚人曾作过生死斗争。虽然北非人的头发有点弯曲，但别忘了1896年那个可怕的日子，正是在那一天，白皮肤的意大利人曾被这些长着细绒头发的埃塞俄比亚人扔进了红海。

含米特人是欧洲人成功跨过地中海之后遇到的第一批北非人，这里就不再多说了。至于闪米特人,要补充的也不多。当年,汉尼拔将军赶着驯化的大象闯进了波河平原,欧洲人就与他们开始了非常痛苦的接触。不过,迦太基人被消灭后,通往非洲的路就畅通无阻了。但令人感到奇怪的是,几乎没有一个欧洲人想趁机找出被罗马人命名为努米底亚那片浩瀚的沙漠后面究竟有些什么。

尼禄是所有帝王中第一个真正对探索非洲感兴趣的。他派出的尼罗河远征队最远到达了法绍达,30 年前,这个村庄差一点就成为法英战争的导火索。但是,即使在遥远的当年,尼禄的探险队似乎还不是在非洲走得最远的白人。现在看起来,迦太基人可能早在几个世纪前就已穿过了撒哈拉大沙漠到达几内亚湾。但迦太基灭亡后,与中非有关的所有资料都无处找寻了,因为即使是最勇敢的探险者也会对撒哈拉大沙漠望而却步了。当然,他们本可以顺着海岸线去探险,但这些地区没有港口,所以淡水补给就成了一个几乎无法克服的困难。非洲只有 16000 英里的海岸线,而欧洲的面积是非洲的三分之一,却拥有 20000 英里的海岸线。因此,航海者如果想在非洲登陆,就不得不在离陆地数英里之外抛锚,然后乘敞篷的小船穿越惊涛骇浪,最后抵达海岸。这是个十分危险、十分艰辛的旅程,几乎没有人敢去尝试。

因此直至十九世纪初,我们才对非洲的地理情况有了初步的了解。即使在当时,获得这些信息也是极其偶然的。葡萄牙人(非洲西海岸的第一批探险者)正在远征印度,中途必须环航非洲南部才能到达印度和中国,但是,他们对非洲这块到处是赤身露体的黑人的土地毫无兴趣。葡萄牙人沿着非洲海岸线小心翼翼地前进,就像瞎子摸索着走出黑屋子一样。无意之中他们"撞"上了亚速尔群岛、加那利群岛、佛得角群岛等一些岛屿。1471 年,葡萄牙人最终到达赤道附近。1488 年,巴塞洛缪·迪亚士又发现了好望角。1498 年,达·伽马绕过好望角,确定了从欧洲去印度的最短航线。

此后,非洲再度遭到了冷落,因为它是航海的障碍,其气候不是酷热干燥就是炎热潮湿,而且,非洲大陆上的居民都是野蛮人。对十六七世纪远征东方的船长们来说,非洲是一块糟糕透顶的土地,对非洲敬而远之,但是,途中一旦流行坏血病,水手大批死亡,他们就不得不去购买一些新鲜蔬菜，只好被迫停靠在亚速尔群岛、阿森松岛和圣赫勒拿岛。如果没有那位新世界牧师的慈悲，这些非洲大陆上可怜的异教徒们，或许还能继续在这块大陆上平静地生活下去。

拉斯卡萨斯被任命为墨西哥恰帕斯州的主教，他的父亲曾跟随哥伦布首航美洲。作为对他努力传教的补偿，他得到了一块土地，并一并得到了生活在这片土地上的印第安居民。换句话说，他变成了一个奴隶主。当时每一个生活在新世界的西班牙人都拥有一定数量为其效劳的奴隶。这是一项极坏的制度，但和许多其他坏透了的制度一样，得到了社会的认同，因为大家都是如此，就不必感到惭愧。但拉斯卡萨斯有一天突然清醒地意识到这个制度有多可恶，对这块土地上原来的所有者太不公平了。这些土地原来的所有者被迫去开矿，去干各种卑贱的活儿，而当他们是自由人时，他们根本不会去碰一下这些活。

于是，拉斯卡萨斯返回西班牙，试图改变这一现状。伊丽莎白女王的忏悔神父、大权在握的吉麦内兹主教，认为拉斯卡萨斯的想法有道理，把他任命为"印第安人的保护者"，并派他返回美洲写调查报告。拉斯卡萨斯回到墨西哥后发现上司们对此漠不关心。基督徒们就像对待田野里的牲口、天空中的小鸟和大海里的鱼儿一样任意驱使印第安人。何必生出新的问题呢？这样会做会打乱新世界的整个经济结构，而且，会严重影响西班牙人的利益。

后来，谨行上帝宗旨的拉斯卡萨斯想出了一个妙招。印第安人宁死也不愿受统治，海地就是一个明证：海地的印第安人在不到十五年的时间里，就从100万锐减至6万，但非洲的黑人似乎并不在乎被人统治。1516年（新世界历史上一个可怕的日子），拉斯卡萨斯提出了著名的彻底解放印第安人的人道主义方案：每个居住在新西班牙的西班牙人可进口12个非洲黑人为奴，允许印第安人回到白人移民挑剩的那些农场里。

可怜的拉斯卡萨斯后来终于真正地认识到自己都做了些什么。他为自己感到羞愧万分（他是一个诚实的人），于是便隐居在海地的一个修道院里。后来，他又重新回到社会，想为不幸的黑人争取权利，但没人理会他。1556年，拉斯卡萨斯去世，当时，新计划已在实行，印第安人更被牢牢地束缚在土地上，而非洲的奴隶贸易也正进行得如火如荼。

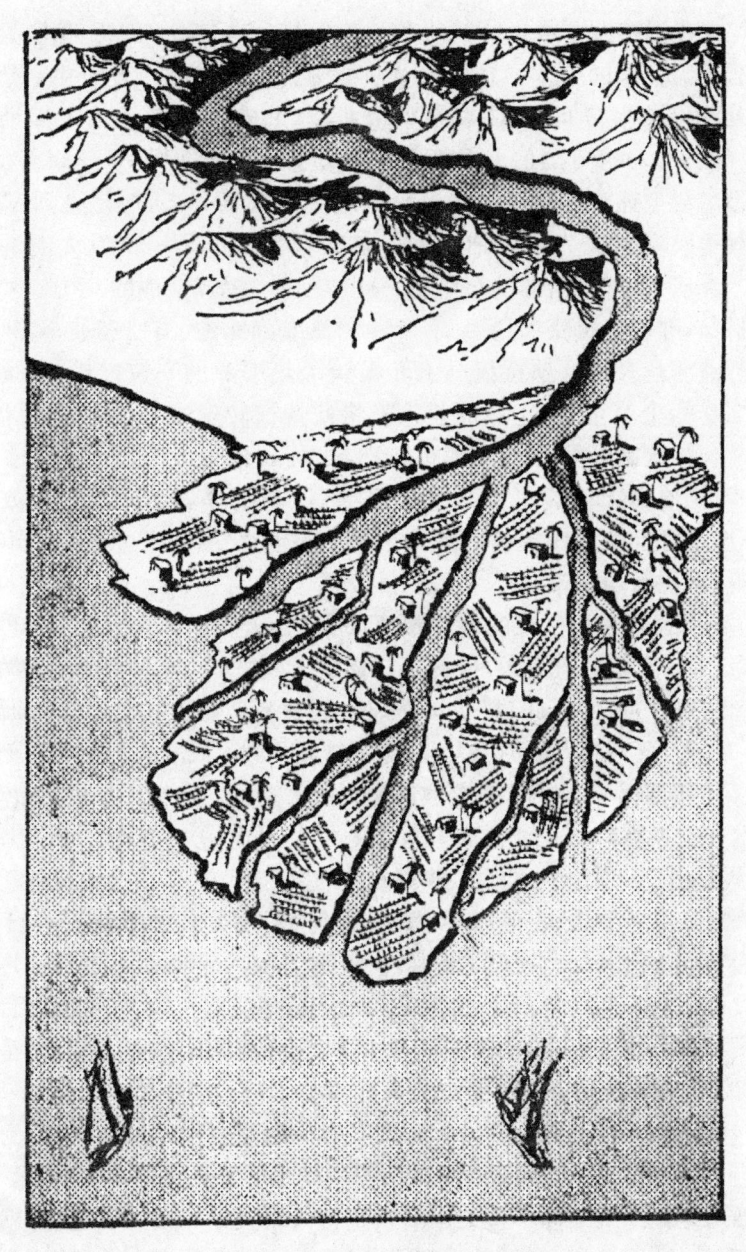

尼罗河三角洲

在非洲持续了将近 300 年的奴隶贸易意味着什么呢？我们只能根据流传下来的少量可靠数据做一猜测。真正捕获黑人的并不是白种人，而是阿拉伯人。能够在整个北非（北非人逐渐皈依了伊斯兰教）自由出入的阿拉伯人垄断了这桩罪恶的生意。早在 1434 年，他们偶尔会把抓获到的非洲黑人整船地卖给葡萄牙人，但是直到 1517 年贩卖奴隶才成为阿拉伯人的一桩大买卖。这是一桩发大财的买卖。查理五世（著名的哈布斯堡王朝统治者）授权给他的一个佛兰芒人朋友，准许他每年输送 4000 个非洲黑奴到海地、古巴和波多黎各。这个佛兰芒人把这项特权马上转卖给了热那亚的一位投机商，价钱是 25000 个金币，那个热那亚人又将此特权转卖给了一个葡萄牙组织，然后，这些葡萄牙人就前往非洲，与阿拉伯商人取得了联系。于是，阿拉伯商人偷袭了苏丹的许多部落，直到掳够了 10000 个奴隶（一定要算上航途中损失的奴隶数目），这些奴隶被塞进令人作呕的船舱，运往大洋彼岸。

这条新的发财途径的种种传言不胫而走。教皇正式命令将世界一分为二，一半归西班牙人，另一半归葡萄牙人，这使西班牙人无法插手非洲的奴隶贸易，因此，买卖运送奴隶的贸易实际上被葡萄牙人所独占。后来，葡萄牙人被英国人和荷兰人打败，贩卖奴隶的买卖就立刻被英、荷两国独吞。这两个基督教国家源源不断地向全世界提供"黑色象牙"（布里斯托尔和伦敦的商人对黑人奴隶的戏称）。直至 1811 年，议会才通过了一项法令：贩运奴隶属重罪，违犯者将处以罚金或放逐。但是，从 1517 年到 1811 年，是何其漫长的一段岁月啊！尽管从 1811 年之后英国军舰开始监视奴隶走私，但奴隶走私还是延续了 30 年。直到十九世纪六十年代早期，欧美国家相继彻底地废除了奴隶制度之后，奴隶贸易才算真正结束。（阿根廷于 1813 年废除了奴隶制，墨西哥是在 1829 年，美国是 1863 年，巴西是 1888 年。）

奴隶贸易在欧洲的统治者和政客眼里的重要性，可以从他们为了让自己国家独占贩运奴隶这桩大买卖所作出的种种努力得到证实。由于西班牙拒绝继续同一些英国商人签订奴隶贸易合同，两国差点就兵戎相见了。著名的《乌得勒支和平条约》中有一条明确规定，英国人接手荷兰对西印度群岛奴隶贸易的垄断权。为了不落后于他人,荷兰人早在1620年就把第一批非洲奴隶运到了弗吉尼亚。在威廉和玛丽统治期间,他们促成了一项法案的出台,允许荷兰殖民地同世界各国进行奴隶贸易。实际上,荷属西印度公司由于其可耻的疏忽大意,使荷兰失去了新阿姆斯特丹,若不是从奴隶贸易中牟取了暴利,荷属西印度公司肯定摆脱不了破产的悲惨命运。

有关奴隶贸易的统计数据实在太少,因为奴隶贸易者通常对他们的生意并没有科研兴趣,但仅我们手头掌握的那点数据就够骇人听闻的。法国红衣主教拉维日里对非洲事务非常熟悉,他是迦太基地区的大主教,也是著名的白神父会(一个传教士团体,在北非地区做了大量的善事)的创始人。根据拉维日里的估计,非洲每年因奴隶贸易损失的人口至少有200万,包括在掳获过程中被杀的人、因年龄太小没有什么价值被扔去喂野兽的孩子以及那些被运往世界各地的奴隶。

另一位非常公正的法官利文斯顿博士估计,每年被贩卖的奴隶达35万人(不包括在转运途中死亡的奴隶),其中只有7万人才能到达大洋彼岸。

从1700年到1786年,至少有60万奴隶被活着带到牙买加,同期,两个很小的英国奴隶贸易公司从非洲贩运到西印度群岛的奴隶有200多万。到十八世纪末,在利物浦、伦敦和布里斯托尔,定期往返于几内亚湾和新大陆之间的航船达200多艘,共计能容纳47000名黑人奴隶。1791年,贵格会教徒和反蓄奴主义者发起了反对奴隶制的运动,当时沿着贝宁湾对奴隶贸易据点进行了一次调查,结果表明:英国人14个,荷兰人15个,葡萄牙人4个,丹麦人4个,法国人3个。但由于英国人装备精良,控制了一半的黑人奴隶贸易市场,另一半则由其他四个国家分享。

我们以前对这些发生在非洲大陆上骇人听闻的罪恶勾当知之甚少,直到后来英国政府决心彻底消除这种暴行,并派人去非洲详细调查此事,此时人们才发现,当地的酋长也是参与这个勾当的主要头目。他们随意卖掉自己的族人,这和十八世纪时德国统治者为了镇压弗吉尼亚和马萨诸塞的小叛乱将自己招募的士兵卖给英国人一样。但让人很费解的是,却是阿拉伯人一直掌握着这桩勾当的组织权。《古兰经》是极力反对这种暴行的,而且,穆斯林教义在对待奴隶的态度上通常要比基督教法令宽容得多。根据白人的法律规定,一个奴隶同她的主人所生的孩子仍然是奴隶,而《古兰经》上说,这种孩子应该随其父成为自由人。

罪大恶极的比利时国王利奥波德开发刚果时,需要大量的廉价劳动力,使一度消沉下来的葡萄牙殖民地安哥拉和刚果盆地之间的奴隶贸易又暂时复苏了。但幸运的是,当那个可恶的老家伙(一个现代民主国家的王位上竟坐着一个中世纪的无赖,这简直是历史上一个不可思议的对照)咽气时,刚果自由邦已被比利时政府接管了,于是,这种靠贩买人口获利的罪恶贸易终于结束了。

白人和黑人的关系从一开始就非常不幸,后来也是同样糟糕,对其原因,让我略述一二。

在亚洲,白人遇到的民族有些和他们一样文明开化,有些民族的文明程度比他们更高。也就是说,那些亚洲民族完全有能力回击白人,所以白人必须小心谨慎,否则会自讨苦吃。

十九世纪五十年代的印度兵变、20年前几乎使荷兰丧失爪哇的蒂博·尼哥罗战争、日本大规模驱逐外国人运动、几年前发生的中国义和团运动、目前处于动荡中的印度以及日本公然蔑视欧洲和美国关于满洲的照会等等,都使白人不敢掉以轻心。

在澳大利亚,白人与野蛮、贫穷的旧石器时代早期的残存者打交道,他们可以随意对澳洲土著人展开杀戮,就像杀死那些偷吃了他们绵羊的澳洲野狗一样,毫无内疚可言。

当白人到达美洲时,美洲大部分地区还是杳无人烟。生活环境良好的中美洲高原地区和安第斯山脉的西北部(墨西哥和秘鲁)人口密集,而其他地方几乎是荒无人烟。为数不多的游牧民族很容易就被白人消灭了,剩余的人则死于疾病和衰败。

但在非洲,情况就完全不一样了。尽管遭受着奴隶制、疾病、阴谋、非人的待遇等种种煎熬,这里的黑人仍然顽强地生存了下来。白人在早上毁掉的一切,一夜之间又会恢复原样。白人拼命地搜刮黑人的财富,制造出前所未有的血腥屠杀。这种较量仍未结束,这是一场白人的枪弹和黑人的旺盛生殖力之间的较量。

让我们看看地图,简略谈一下非洲的现状。

笼统地说,非洲可分为七部分。让我们先从左上角谈起。西北部是臭名昭著的巴巴利海岸,我们的祖先每次从北欧到意大利和地中海东部地区的各港口时,都必须经过此地,这里总是让他们心怀恐惧,因为这里是可怕的巴巴利海盗经常出没的地方,一旦落入这些海盗手中,就要为奴数年,直到亲人们筹足了钱把他赎回去。

西北部到处是高山峻岭,这可以解释为什么这里的国家仍然在照老样子发展,至今仍未被白人彻底征服。西北部高山地区沟壑纵横,地势险要,易守难攻,抢劫团伙袭击完目标后,便能神不知鬼不觉地逃离此地。

相对来说,飞机和远程大炮在此几乎是无用武之地。就在几年前,西班牙人还多次大败于里弗人之手。美国人的祖先则明智得多,对那些不允许白人插足的港口,他们宁可每年给当地的苏丹们进贡,也不愿拿自己的海军和名誉去冒险远征。他们在阿尔及尔和突尼斯设立了特别领事,其目的就是安排那些被俘属下的赎金问题,他们还对一些宗教组织给予资助,唯一的目的就是设法营救那些不幸落入摩尔人手中的水手。

从政治上看,非洲大陆的西北角现在被分为四个独立的部分,但它们都听命于巴黎。从1830年起,法国人就开始侵入并占领这些地区。战争爆发的直接导火索是一只最普通不过的苍蝇拍,而西北地中海地区长期以来公开的海盗丑闻才是真正的原因。

在维也纳会议上,欧洲列强曾一致决定"必须采取措施"来镇压地中海地区的海盗。但是,应该由哪个国家来担此重任就不好决断了。因为不管谁出面都会得到一些额外的好处,这样对其他国家就不公平了——这在所有外交会议是常有的事。

这时有两个阿尔及利亚犹太人(数个世纪以来,北非的一切事务都控制在犹太人手中)向法国政府索赔,理由是他们在拿破仑时代之前为法国政府提供了粮食。这类陈旧索赔案在旧世界和新世界的档案馆中司空见惯,这个案例只是其中一例而已,这也是近2个世纪以来引起许多误会的主要原因。如果国家也能像个人那样付清自己的账单,那老百姓就会幸福安宁得多了。

关于这桩粮食索赔案的谈判正在进行,阿尔及尔总督有一天突然勃然大怒,用手中的苍蝇拍狠拍法国领事。于是,法国封锁了阿尔及尔,并向阿尔及尔开火(或许是意外,但在军舰包围的地方这种意外时有发生)。法国远征队驶过地中海,1830年7月5日,法国军队攻入阿尔及尔,阿尔及尔总督被俘、流放,战事正式开始。

阿尔及尔山民拥立一个叫阿卜杜卡迪尔的虔诚穆斯林为领袖,此人不但聪慧过人,而且非常勇敢。阿卜杜卡迪尔带领阿尔及尔人民同法国侵略者展开了长达15年坚定不移的斗争,直至1847年被迫投降。法国之前承诺阿卜杜卡迪尔可以留在祖国,但法国侵略者食言了,把他押去了法国。不过,拿破仑三世放了他,前提是他永远不再干涉阿尔及利亚的和平。后来,阿卜杜卡迪尔隐居大马士革,安度余生。他在那里从事哲学研究,做了许多好事,于1883年在大马士革去世。

在阿卜杜卡迪尔去世之前,阿尔及利亚人的最后一次大起义就被镇压了。现在,阿尔及利亚只是法国的一个省,阿尔及利亚人有权选举自己的代表,在巴黎议会上保护本国人民的利益。阿尔及利亚年轻人能光荣地在法国军队服役,但他们并非完全自己决定去或不去。但从经济层面上讲,法国人还是做了许多有益的工作,改善了这些法国新臣民的生活条件。

特尔平原位于阿特拉斯山脉与大海之间,盛产粮食。闪特高原是一个牧业区,因有许多小盐湖而得名,越来越多的山坡地带被用来种植酿酒用的葡萄。大型灌溉工程正在兴修,这可以使本地种植热带水果以供出口欧洲市场。在闪特高原还发现了铜、铁矿藏,而且铁路干线将地中海的三个主要港口阿尔及尔、奥兰和比塞大连结起来。

尼罗河

突尼斯位于阿尔及利亚的东部，名义上是一个独立国家，有自己的国王，但从1881年以来，它实际上已经成为法国的保护领地。但由于法国人口不多，突尼斯移民中意大利人口占了多数。而意大利人与好几百年前就来到突尼斯的犹太人在竞争中吃了不少苦头。犹太人迁居突尼斯时，这里还是土耳其的属地。犹太人在突尼斯的生活比在基督徒统治的国家好得多。

斯法克斯市也是突尼斯最为重要的城市，仅次于首都突尼斯。2000多年前，突尼斯的地位比今天要显赫得多，因为它当时是迦太基的一部分。那里的港口当时可以容纳220艘船只，直到现在仍然依稀可辨，但其他遗物所留并不多，这是因为当罗马人下决心要做某件事时，总是做得干净彻底，而且罗马人极其仇恨迦太基人（当然这种仇恨来自于恐惧和嫉妒），所以，当他们在公元前146年终于拿下了迦太基城之后，就将其付之一炬，真的做到了片甲不留。可谁又曾想到，如今埋在地下16英尺深的被化为灰烬的废墟，昔日是一个拥有百万人口的大城市！

处在非洲西北角的是由苏丹统治的摩洛哥公国，如今仍处在苏丹的统治之下，但自1912年以来，苏丹就只是法国操控的傀儡。而阿特拉斯山的山民卡拜尔人只求自保，懒得去管他们的苏丹国王。国王为了自己的安全，也只是在南边的首都摩洛哥和北部城市非斯之间来回走走。附近的山区给山区居民带来了极大的威胁，他们连地都不敢种，更何况他们的果实也会被别人偷去。

在反对法国在非洲这些地区的统治，你能列举出许多条理由来，但若谈到公路的安全问题，法国人创造出了很多奇迹。他们把政府中心迁到了大西洋沿岸的城市拉巴特，以便在情况急需时得到法国海军的援助。位于拉巴特以南几百英里处的阿加迪尔，是大西洋沿岸的另一个港口。但在世界大战爆发前4年，阿加迪尔出人意料地成了引人注目的地方。当时，德国人派出了一艘军舰进驻阿加迪尔，以提醒法国人不要把摩洛哥变成第二个阿尔及尔。这一事件很大程度上促成了1914年那场灾难性战争的爆发。

正对着直布罗陀的摩洛哥那个小角落是西班牙的殖民地，它是法国人占领了摩洛哥后送给西班牙的一件和平礼物。休达和梅利利亚这两座城市最近频频见诸报端，据报道，士气低落的西班牙军队多次被当地的卡拜尔人打败。

里弗山脉以西的丹吉尔是一座国际城市,这里是十八九世纪驻摩洛哥的欧洲各国大使们的驻地,因为苏丹不愿意他们离自己的宫廷住的太近,因此就选丹吉尔作为他们的驻地。

这片多山的三角地带的前途不再是一片谜团了。再过50年,整个三角地带将属于法国,包括我们接下来要讨论的非洲第二个自然区——那片广阔的棕色沙漠,即阿拉伯的埃兹—撒哈拉,我们近代地图上的撒哈拉大沙漠。

撒哈拉位于大西洋和红海之间,其面积同欧洲大陆差不多,它的延伸部分越过红海一直到阿拉伯半岛。在撒哈拉北部,除了与摩洛哥、阿尔及尔和突尼斯相接外,还与地中海相接,南部则与苏丹相连。撒哈拉属于较低的高原地貌,大部分地区海拔仅1200英尺。这里到处可以看见被风沙侵蚀过的山脉的残余部分。撒哈拉大沙漠里也有许多绿洲,阿拉伯人靠这些绿洲的地下水勉强度日。撒哈拉的人口密度为每平方英里0.04人,这意味着撒哈拉几乎无人居住。撒哈拉沙漠部落中最著名的是柏柏尔人,他们都是优秀的战士。另外,居住在撒哈拉大沙漠的是闪米特人(或阿拉伯人)、含米特人(或埃及人)和苏丹黑人的混血民族。

法军的外籍兵团负责来撒哈拉大沙漠旅游的游客的安全,做得非常出色。这些法国外籍兵团的军人(顺便说一句,他们从未获准待在法国)或许有时稍显粗鲁,但他们遇到的问题确实极为棘手。只靠少数几个人维护一块同欧洲一样大的地区的安全,是根本不可能办到的事。因此,极少有人愿意参军去肩负这一重任。带牵引机和轮子的汽车取代了气味难闻的骆驼,昔日的骆驼商队逐渐失去了其原有的重要性。对长途运输来说,汽车运输既安全又经济实惠。为了给撒哈拉西部运送食盐,成千上万匹骆驼聚在廷巴克图,如今这样的日子已经一去不复返了。

1911年之前,撒哈拉大沙漠濒临地中海一带一直由当地的帕夏统治,但最高统治者还是土耳其的苏丹。1911年,法国人试图占领摩洛哥,只要德国人不干涉,他们就会得手。意大利人知道后,马上想到了利比亚(的黎波里的拉丁名字)曾经是罗马一个很繁荣的殖民地,于是,他们横跨地中海,在非洲这片40万平方英里的土地上插上了意大利国旗,然后才彬彬有礼地问全世界该如何处理这个烂摊子。由于当时并没有国家对利比亚（这片既没有铁也没有石油的沙漠）特别感兴趣，这些恺撒的后人就理所当然地占有了这片新殖民地。他们现在又忙着修筑铁路，打算在这里种植棉花，为伦巴第的纺织工厂提供生产原料。

意大利这块殖民试验田的东邻是埃及，其地理位置造就了它的繁荣。事实上，埃及非常像一个岛屿，它的西部是利比亚沙漠，南部是努比亚沙漠，形成了埃及的天然屏障，而红海和地中海则是它的北部和东部的另外两条自然边界。所谓真正的历史上的埃及，即法老的古老领地，是古代艺术、知识及科学的巨大宝库，它实际上只是一块非常狭长的地带，位于与我们的密西西比河一样长的大河的两岸。如果除去沙漠地带，真正的埃及比荷兰的领土还要小。但荷兰只能够养活 700 万人口，而肥沃的尼罗河流域却能养活两倍于荷兰的人口。如果英国人修建的大型水利灌溉工程能够完工的话，这里将能容纳更多的人口。但是，埃及的农民（几乎清一色都是穆斯林）只能靠种田为生，因为埃及缺乏煤炭和水电资源，要发展工业实在很不容易。

自公元八世纪伟大的穆罕默德西征以来，埃及一直都由土耳其管辖，由土耳其驻埃及总督和埃及国王共同管理。1882 年，英国人以埃及财政情况糟糕和强大的欧洲国家有权干涉为借口，出兵占领了埃及。但在世界大战之后，"埃及是埃及人的埃及"的呼声越来越高，于是，英国人被迫放弃他们在埃及的权力，埃及再次取得独立。除了签署商业条约前要征得英国的批准外，埃及有权和其他国家缔结任何条约。英国军队从除塞得港以外的所有埃及城市撤离出去。自从尼罗河三角洲上的达米埃塔和罗塞塔丧失了其重要地位后，亚历山大就成为地中海上的重要商业港口，英国的海军基地也在这里保留了下来。

这是一个既慷慨又非常安全的协定，因为当时英国已经占领了苏丹东部，尼罗河正好是从苏丹流出来的。而尼罗河是 1200 万身材矮小、棕色皮肤的埃及人赖以生存的河流，英国人坚信，只要控制了这条河流，就可以对遥远的开罗提出任何要求。

不论是谁，只要是了解了近东的政治局势，就不会对英国人想牢牢控制这一地区的企图有什么异议了。苏伊士运河是通往印度的捷径，它完全经过埃及境内，如果这条商业大动脉为别的国家所控制，对英国人来说，这无异等同于自杀。

苏伊士运河

当然，苏伊士运河并非是英国人开凿的，相反，英国政府还曾极力阻止德·雷赛布开凿运河。英国政府反对开凿苏伊士运河计划的原因有两个：第一，拿破仑三世曾反复声明，由法国人出资、法国工程师负责开挖苏伊士运河纯粹是商业行为，但英国人对此根本不相信。维多利亚女王也许很喜爱住在杜伊勒里宫的这位兄弟，因为当她心爱的臣民为面包而濒于骚乱时，他曾出任过伦敦特警，但普通英国人非常不想听到拿破仑这个名字，这个名字会让人他们回忆起50多年前的一场噩梦。第二，英国担心一旦开通这条通往印度、中国和日本捷径，就会严重地影响英属好望角城的繁荣。

但苏伊士运河最终还是开通了。威尔第写了著名的歌剧《阿依达》来纪念这一伟大时刻。埃及国王倾其所有招待外国游客，为他们提供免费的食宿，并赠送《阿依达》门票。所有从塞得港去苏伊士（该运河在红海的终点）野餐的人，挤满了至少69艘船只。

于是，英国改变了策略。当时的英国首相本杰明·迪斯雷利是一个极具商业头脑的人，他设法控制了埃及国王所持的大部分苏伊士运河的股票。而且，拿破仑三世已经失势，苏伊士运河又成了亚欧贸易的黄金通道，每年的收入约4000万美元（1930年，苏伊士运河的吞吐量就高达2800万吨），因此，英国政府也就再无怨言了。

顺便提一下，埃及古迹遍地皆是。金字塔就位于开罗附近，开罗曾是古埃及城市孟菲斯的所在地，而埃及的古都底比斯位于距孟菲斯几百英里的尼罗河上游。不幸的是，阿斯旺大型水利灌溉工程把菲莱岛变成了许多小岛，如今，这些小岛为浑浊的河水所环绕，注定了它们被淹没、毁掉的命运。死于公元前十四世纪的古埃及法老图坦卡蒙的陵墓就是在这里发现的，这里还发现了许多其他法老的陵墓。他们以前的家居用品和本人的木乃伊都被收藏在开罗博物馆里，这里正在迅速变成一座陵墓，但同时也正发展成为世界上最有趣的古物收藏地。

非洲的第三部分是苏丹，其地理环境与非洲的其他地方截然不同。苏丹几乎与撒哈拉平行，但并没有向东延伸得太远，因为埃塞俄比亚高原挡住了它的去路，将它与红海隔开。

今天，在一场盛大的国际桥牌比赛中，各国都把非洲当成了赌注，只要有人亮出了"三张黑挑",马上就会有人用"四张方块"来回击对方。十九世纪初,英国从荷兰人手中抢走了好望角,于是,好望角原先的居民(他们是非常固执的荷兰人)收拾好自己的家当,将它们一股脑儿地装进了大篷车,套上牲口,开始向北方进发。英国人照搬了俄国人十六世纪时征服西伯利亚时玩的老把戏,对此你可能不会陌生。一旦有足够的流浪者在西伯利亚的某个新地区安顿下来,沙皇的军队就会接踵而至,并会告知这些新居民,说:既然他们本来就是沙皇的臣民,那他们刚刚落脚的土地就是沙皇的财产,莫斯科政府也会通知他们收税官员什么时候会来征税。

英国人一直跟着布尔人向北行进,试图兼并布尔人的土地,结果引发了许多不愉快的争端。这些布尔人在户外活动的时间居多,因此他们的射击技术远远优于那些伦敦士兵。1881年的马杰巴战役(在这件事上,格莱斯顿非常公正,并以忍耐为题发表了一场演讲,任何政治家都可能会摘录这句话:"正因为昨夜我们被人打败了,使我们的骄傲受到了伤害,但这不应是我们再坚持流血的理由。")之后,布尔人获得了暂时的独立,有了喘息的机会。

但是,整个世界都知道发生在大英帝国和一小撮农民之间的这场战争将会如何收场。英国的地产公司从土著首领手里买了大片土地,并藉此逐渐向北逼近。与此同时,英军为了控制埃及的局面,也正沿着尼罗河河岸缓慢而稳步地向南推进。一支著名的英国探险队也正在开发非洲中部,而且取得了非常辉煌的成果。显然,英国人想挖通一条穿透非洲心脏地带的隧道。他们已动手在开罗和好望角同时建立地面指挥所了,这条隧道的两端迟早会在尼罗河和刚果河发源地的这个大湖区相遇。届时,英国的火车就能从亚历山大出发一直开到桌湾(因桌山而得其名,这座形状奇特的平顶山也构成了开普敦的天然背景),而无需中途换车。

显然,英国人想沿南北线有所作为,而法国人则想沿东西线大展手脚。东西线是从大西洋至红海,也就是从塞内加尔的达喀尔至法属索马里的吉布提。吉布提是阿比西尼亚的出海口,已经有铁路线与阿比西尼亚首都亚的斯亚贝巴相通。

这么巨大的工程需要很长的一段时间，但并非我们所想象的那么长的时间。看着地图，我们就会发觉工程中可能会出现许多难以想象的需要克服的难题。尼日利亚北部是工程中最艰难的部分，从北部乍得湖向东的工程非常棘手。这是由于东边的苏丹同撒哈拉大沙漠地区一样不适于人类居住。

然而，当资本落入一个活力充沛的现代强国手中，特别是当她发现了资本增值的机会时，她会果断而轻松地炸毁前进道路上的一切障碍，而且一般会像军用坦克轧过一群鹅一样残忍。法兰西第三帝国精力充沛，一直希望重获第二帝国丧失的特权，而法国的畜牧业和储藏了很长时间的雪茄又为其提供了必需的资本。东西通道和南北通道之间正式展开了激烈的竞争。从十七世纪初开始，法国就为争夺塞内加尔河和冈比亚河之间的土地，同英国、荷兰展开了无休无止的斗争。如今，法国把这些土地作为政治资本，进而吞并一望无际的苏丹。

为了把苏丹西部的大部分地区并入其非洲殖民地版图，法国人施展出各种各样的小手段，包括外交、商业手段以及欺骗和谎言等等，其详情我就不一一赘述了。直到今天他们仍然继续在撒谎，说自己不过是临时管理许多保护国和托管地罢了，不过人们都逐渐知道了这是怎么一回事。黑社会完全垄断了纽约的牛奶生意，但他们还可能把这些杀手奉承为"牛奶商保护协会"呢。欧洲各国很快从我们美国那些卑贱的强盗身上学到了不少伎俩。

从地理位置上来讲，法国人做出了明智的选择。苏丹的大部分土地非常肥沃，当然，这也说明了苏丹土著人是非洲所有的黑人部族中最聪明、最勤劳的一支。苏丹的部分土地也像中国北部那样，到处遍布着黄土。塞内加尔与海洋之间没有山脉阻挡，因此内陆降雨充沛，人们能够种植谷物，饲养牲畜。顺便提一下，非洲黑人不吃大米，但吃玉米。非洲的玉米与美国的谷麦有点相似，只不过制作没有那么精细。非洲人同时也是优秀的艺术家，他们的雕刻和陶器非常精美，把它们放在美国博物馆展出时，观者无不为之赞叹，因为他们眼中的世界十分接近于我们美国未来主义画派最近的杰作。

乞力马扎罗

然而,在白人眼里,苏丹人有一个最大的不足:他们都是穆罕默德忠实的信徒,并把整个北非变成了一个伊斯兰世界。尤其是苏丹的富拉族人(西非黑人和柏柏尔人的混血种族),遍布于塞内加尔河以南和以东每个角落,他们都是地方统治阶级,长期以来一直是法国当局的心腹大患。不过,铁路、公路、飞机、坦克和拖拉机终究比所有的《古兰经》强大得多。富拉人也慢慢学会了开廉价的小汽车,而汽车加油站也迅速取代了浪漫情怀。

在法国人、英国人和德国人迁居苏丹之前,这里的大部分领土被苏丹本地酋长之类的人物统治,这些酋长靠互相偷抢对方的庶民并将他们卖做奴隶来发财致富。其中一些人臭名远扬，被视为旧时代恶霸中最凶残的一群。达荷美国王和他那些敏捷的亚马逊军团让许多美国人仍然记忆犹新，他们在孩提时代曾亲眼目睹了他的最后一支军队在美国博览会上的所作所为，这也许是欧洲军舰到来时，非洲土著人几乎不做任何反抗的一个原因吧。不管新的白人统治者多么贪婪，总比那些刚被废黜的黑人暴君强。

苏丹南部的大部分地区都被几内亚湾海岸山脉将之同大西洋隔开了，因此，像尼日尔河这类河流对内地的发展根本发挥不了什么作用。就像刚果河一样，尼日尔河必须绕过那些山峦，千回百转，才能汇入大海，之前它还必须穿过那些岩石才能开辟出一条路来，结果，在它们最不受欢迎的地方（即海洋附近）形成了许多急流和瀑布，而适于航行的上游，却没有人居住。

实际上，与其说尼日尔河是一条河流，倒不如说它是一系列长长的湖泊和小水潭，仍然和 1805 年帕克（为了找到他在孩提时代就一直梦想的河流而献出了自己的生命）发现时一样。苏丹没有一条水上通道，但苏丹人却在陆地上成功地辟出了一条贸易路线，而且，位于尼日尔河上游左岸的廷巴克图发展成为非常重要的商业贸易中心，成了非洲在这一地区东西南北的商人们的云集之地。

廷巴克图的繁荣在很大程度上得益于其奇怪的名字，这个名字听起来很像是非洲巫医的神秘咒语。早在 1353 年，被誉为阿拉伯世界的马可·波罗的伊本拔图塔就曾到过廷巴克图。20 年后，廷巴克图首次出现在了西班牙的地图上，被认为是黄金和盐交易的大市场（中世纪时代的黄金和盐几乎等值）。1826 年，英军少校戈登·莱思从的黎波里出发，穿过撒哈拉抵达了该地区，但当时的廷巴克图由于屡遭图阿雷格人和富拉人的抢劫和破坏，只剩下一片废墟。莱思少校在去海岸的途中，被塞内加尔的富拉人杀死，但从此以后，廷巴克图不再是神秘的麦加或希瓦或西藏第二，它成了法国军队在西部苏丹军事行动的一个普通"目标"。

1893 年，廷巴克图被法军占领。所谓的"法军"，事实上只是一个海军小分队，由 1 名海军少尉和 6 个白人外加 12 个塞内加尔随从组成。

当时沙漠中各部族的力量还相当强大,不久他们就干掉了大部分白人侵略者,而且,一支 200 人的救援军也差点被全部消灭,这支救援军本来是给海军小分队的那次失败报仇的。

然而,西部苏丹迟早会成为法国人的囊中之物。苏丹中部乍得湖地区的命运也差不多,而且进入该地区更为容易,因为尼日尔河的支流贝努埃河是自东向西流,其航运条件远比尼日尔河好得多。

乍得湖海拔高达 700 英尺,但湖水不深,几乎不到 20 英尺。与大多数内陆海不同,乍得湖的湖水是新鲜的淡水。但乍得湖正在逐渐变小,再过 100 年湖区恐怕会成为一片沼泽。有一条叫沙里河的内陆河流入乍得湖,其发源地与大海相隔千里,河口也与大海相距甚遥,但长度却同莱茵河一样长,这正好是证明非洲中部面积大小的最好例证。

乍得河的东边是多山的瓦代地区,它是尼罗河、刚果河和乍得湖区的大分水岭。从政治上来讲,瓦代地区从属于法国,是法属刚果的一个辖区,它也是法国势力范围的东部终点,因为它的东面就是东部苏丹,也就是今天的英属埃及苏丹,在古代称做白尼罗国。

当英国人开始勘测从好望角至开罗的公路时,就认为必须把这个极具战略价值的地区据为己有,以防其落入他人之手。当时的东部苏丹是一片沙漠,平坦单调,让人梦想无限。尼罗河根本不适合航行,沿岸也没有公路。当地人的生活非常贫困,恶劣的生存条件让人难以置信。从地理上来讲,东部苏丹真是毫无价值,但这里却有着巨大的政治潜力。1876 年,英国诱使埃及总督把这片上万平方英里"名义上的埃及领土"委托给戈登将军。这个戈登曾在讲"中国"那章时提及过,他曾帮助清朝政府镇压了太平天国起义。戈登在苏丹居留了两年,在一个绝顶聪明的助手、意大利人盖西的辅佐下,戈登做了一件最需要做的事:把最后一个奴隶制枷锁打碎了,将苏丹的奴隶主枪毙了,把自由归还给了 10001 名男奴女奴,让他们重归故园。

但是,戈登一离开苏丹,政府管理不善和统治压迫的陈腐体制又死灰复燃了,导致了一场要求彻底独立的运动的爆发,"苏丹是苏丹人的苏丹,我们需要奴隶买卖",这就是苏丹人喊出的口号。这场独立运动的首领叫穆罕默德·艾哈迈德,他自称是马赫迪,是忠实引导穆斯林信仰的领袖人物。马赫迪最终成功了。1883年,穆罕默德·艾哈迈德占领了科尔多凡的乌拜德(该地如今已经有铁路与开罗相通),不久之后,他又消灭了一支由英国殖民地军官希克斯·巴夏指挥的10000多人的埃及部队,而埃及早在1882年就沦落为英国的保护国,所以他现在不得不面对一个更危险的敌人了。

然而,英国对殖民统治非常有经验,而且非常了解眼前的困难,因此他们很理智,不去做任何冒险,还劝说埃及政府将自己的军队撤离出苏丹。戈登将军又一次被派往喀土穆,去部署滞留在苏丹的埃及军队的撤退事宜。但戈登一到喀土穆,马赫迪就率领大军向北扫荡,将戈登及其部下困在了喀土穆,因此他不得不发急电请求支援。戈登是一个清教徒,而当时出任英国首相的格莱斯顿则是一个主教派教会成员。一个在泰晤士河畔的伦教,而另一个在尼罗河岸的喀土穆,这两个人彼此都不喜欢对方,因此,也就不可能通力合作。

格莱斯顿派出了援军,但为时已晚。当援军距喀土穆还有几日行程时,穆罕默德·艾哈迈德的大军就已经攻下了喀土穆,戈登被杀,这是发生在1885年2月的事了。同年6月,穆罕默德·艾哈迈德去世,他的继任者继续统治苏丹,直到1898年,基钦纳指挥的英属埃及军队将他及其部下赶出了沙漠,英国才重新控制了苏丹全境,最南至赤道附近的乌干达。

为了改善苏丹土著人的生活条件,英国人做了大量的好事:修筑公路,修建铁路,消灭各种传染病以确保当地人的生活安全。白人为黑人做这些平常事,如果是很愚蠢的白人,他们就会希望得到黑人的感激,但黑人只要逮住机会,就朝白人的后背开枪。有几百年殖民经验的白人对此事一定是一清二楚。

从亚历山大和开罗向南延伸的铁路,横穿了埃及,并穿越了努比亚沙漠,向西延伸到了乌拜德,向东延伸到了红海的苏丹港。如果将来有人突然摧毁了苏伊士运河,英国军队仍可以通过这条铁路自动向西运送军队。

不过,现在让我们回溯到几年前,看看马赫迪发动的那场起义对非洲的发展有着怎样深远的影响,这和马赫迪本人以及他想成为其祖先留下的那片土地上的独立统治者的雄心壮志没有一点关系。

苏丹独立运动爆发时，埃及最南部的埃及部队被迫退入到非洲中部避难，而当时那个避难所所处的地区还不为人所知。尽管斯皮克曾于1858年路过此地，而且还发现了尼罗河的母亲湖——维多利亚湖，但在阿尔伯特湖和维多利亚湖之间的广大地区仍然是没有探明的地区。这支避难的埃及军队的指挥官是德国医生爱德华·施尼策尔（他的土耳其头衔艾敏巴夏更为有名）。喀土穆失守后，施尼策尔就失踪了，他到底去了哪里呢？整个世界都感到很好奇。

一位名叫斯坦利的美国记者被委托去寻找德国医生施尼策尔。斯坦利原名是罗兰兹，早年非常贫穷，便从英国的感化院逃了出来。初到美国，他就被新奥尔良一位名叫斯坦利的商人收留，这位商人待他很好，对他关怀备至。1871年，他因寻找利文斯顿博士的航行而声名大振，成了著名的非洲探险家。从那时起，英国开始认识到染指非洲的重要价值。伦敦的《每日镜报》与纽约的《先驱报》联手对斯坦利1871年的探险提供了资金。这次探险从东到西共历时3年，证实了卢阿拉巴河实际上是刚果河的源头，而利文斯顿之前怀疑卢阿拉巴河是刚果河的一部分。这次探险还探明了刚果河蜿蜒入海途中所流经的广阔区域，同时他还带回了许多刚果土著人的故事，人们以前从未听说过这些土著人的存在。

斯坦利在刚果河的再度探险使人们的注意力聚焦到了刚果的商业潜力，也为比利时的利奥波德在刚果建立自由邦的设想提供了一种可能。

当艾敏巴夏的命运最终成了全世界关注的话题时，斯坦利自然而然就成为了探访其下落的最佳人选。1887年，斯坦利开始察访。1888年他在阿尔伯特湖北面的瓦达伊找到了艾敏。这个德国人似乎对当地人有很大的影响力，斯坦利试图劝他效忠于比利时国王，这可能意味着非洲的大湖区也会划入刚果殖民地的版图，但艾敏似乎有自己的打算。一抵达桑给巴尔（其实，他根本就不急于"获救"），他就与德国当局取得了联系。最后，德国政府决定给他提供充足的人力和财力，让他回去在维多利亚湖、阿尔伯特湖和坦噶尼喀湖三大湖之间的那块高原上建起一个德属保护区。早在1885年,德属东非公司就从桑给巴尔沿岸攫取了暴利,如果再加上这片大湖区,德国就能打破英国想把从好望角到开罗的那块宽阔地划分为两半的计划。但在1892年,阿拉伯的奴隶贩子在刚果河上的斯坦利瀑布附近杀死了艾敏。他们的这次谋杀是为那些艾敏在年轻时曾绞死的阿拉伯奴隶贩子同行们报仇,但实际上,他们是死有余辜。于是,艾敏想把坦噶尼喀湖区建成一个新德国梦想,随着他的被谋杀也随风而逝了。然而,由于艾敏的失踪,中非大部分地区得以探明,并标上了地图,这也就把我们带进了非洲的第五个自然区划——东部高山区。

非洲的东部高山区北起阿比西尼亚,南至南非的北界赞比西河。高山区北部的大多数居民是含米特人,尽管阿比西尼亚人和索马里人的头发卷曲,但他们却不是黑人。高山区南部则住着黑人和许多欧洲人。

阿比西尼亚人是很古老的基督教徒,早在公元四世纪,他们就皈依了基督教,但中欧在大约4个世纪后,才出现了第一个基督教组织。然而,尽管他们有着古老的基督教教义的影响,但这并不能阻止他们对邻邦不断发动战争。公元525年,阿比西尼亚人甚至穿过红海征服了阿拉伯的南部地区,也就是罗马人的阿拉伯菲利克斯地区(与内地的阿拉伯沙漠地区正好相对)。这次远征使年轻的穆罕默德认识到必须建起一个强大、统一的阿拉伯国家的重要性,并激发他开创一种宗教和一个世界帝国的伟大事业。

穆罕默德的信徒们要做的第一件事就是把埃塞俄比亚人驱逐出红海地区的沿海城镇,并破坏他们与锡兰、印度和君士坦丁堡之间的商贸往来。那次被打败之后,埃塞俄比亚就变得像日本一样,对外界所有事务毫无兴趣。直至十九世纪,欧洲列强开始觊觎索马里半岛,这并不在于索马里有什么潜在价值,而是在于它位于红海上,很快就会成为苏伊士运河的延伸。最早来到索马里的是法国人,他们占领了吉布提港。英国人立即兴师问罪地去讨伐阿比西尼亚的皇帝西奥多,这位西奥多皇帝非常有骨气,不想落入敌手,就自杀了。英国人占领了亚丁湾,并控制了亚丁湾对面的索马里。意大利人在英法属地以北的海滨地区抢到了一小片土地,试图在将来侵略阿比西尼亚时把这块海滨地区作为后勤补给基地。

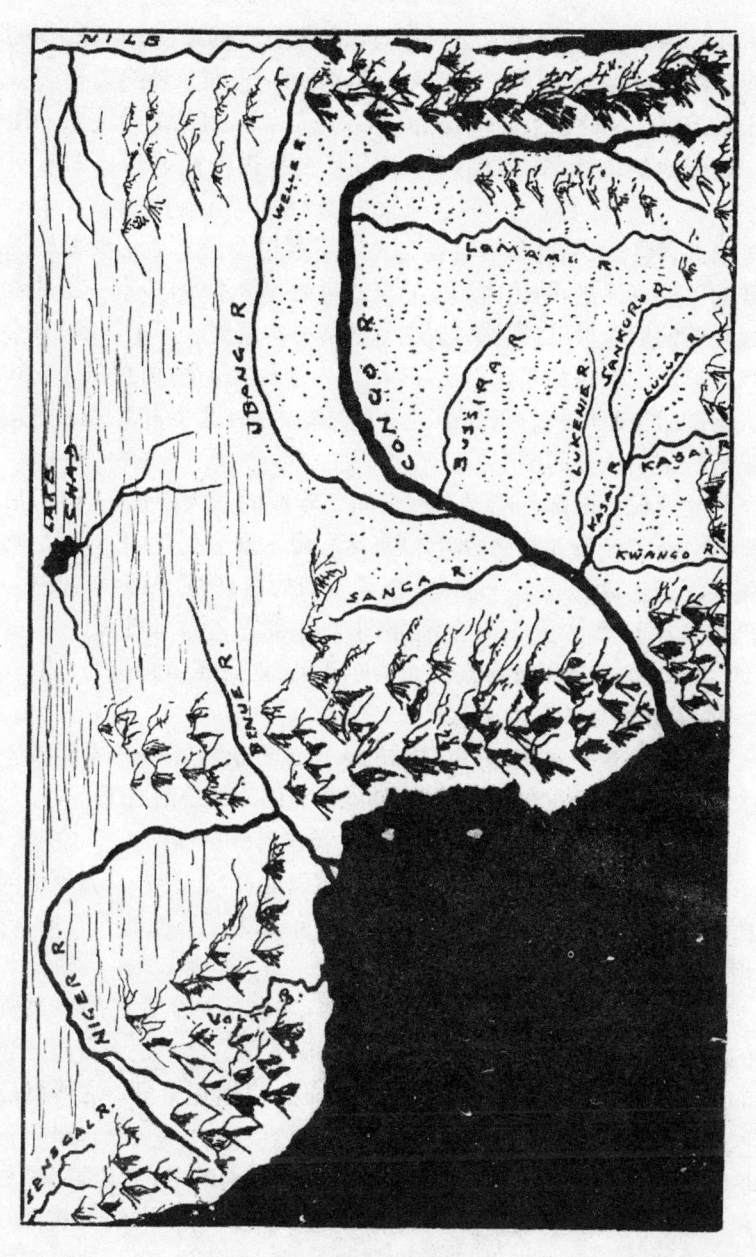

刚果和尼日尔

1896年，意大利人终于发动了这次策划良久的远征。结果，他们不仅有4500名白人士兵和2000名土著士兵战死，而且还有差不多数量的士兵被俘。从此以后，尽管意大利人也是英属殖民地南部索马里的另一片土地的统治者，但他们再也没有去打扰他们的阿比西尼亚邻居了。

当然，阿比西尼亚最后可能也免不了落得个像乌干达和桑给巴尔一样的下场。但是，阿比西尼亚的交通运输非常不便，只有一条从吉布提通往亚的斯亚贝巴的铁路，但这条铁路根本就解决不了问题；整个阿比西尼亚高原的地势起伏不平，形成了一个天然堡垒；而且白人也知道黑人会随时奋起反抗。正是因为上述这些因素，这个古老的王国迄今还没有被某个欧洲邻国吃掉。

阿比西尼亚南部与刚果东部之间是非洲的三大湖泊。其中，尼亚萨湖的一条支流流入赞比西河，刚果河发源于维多利亚湖，坦噶尼喀湖与刚果河相连，可见，这一地区无疑是非洲的最高处，50多年前这一点就已被考察证实。位于维多利亚湖东南部的乞力马扎罗山海拔为19000英尺，鲁文佐里峰海拔为16700英尺，肯尼亚山海拔为17000英尺，埃尔贡山海拔为14000英尺。

这一地区曾是火山区，但非洲的火山已经沉寂了好几百年了。整个大湖区在政治上被分为许多块，都处在英国人的统治之下。

乌干达是一个产棉国，1899年沦为英国的保护国。

英属东非公司原领地，即今肯尼亚殖民地，1920年并入大英帝国的版图；而从前的德属东非殖民地，在1918年成为了英国的托管地，现在是坦噶尼喀地区的一部分。

沿海最重要的港口城市是桑给巴尔，它也是一个古老的奴隶贸易国的首都，由苏丹统治，1890年沦为英国保护国。这里是来自印度洋各国的阿拉伯商人的活动中心。桑给巴尔的方言斯瓦希里语之所以能在这些地区广泛传播，恐怕得归功于那些阿拉伯商人。整个非洲东海岸地区现在都说斯瓦希里语，就像荷属东印度群岛的"官方语言"都是马来语一样。现在，任何人想在印度洋3000英里的海岸沿线及数百万平方英里的沿海内地做生意，即使懂一点点斯瓦希里语，也是他最有用的资本。如果他不怕麻烦，再学一点南非黑人的语言班图语，外加几句葡萄牙语和几句蹩脚的阿拉伯语以及一两句阿非利堪斯语，他就能从非洲这边走到那边而不用担心挨饿。

非洲北部的情况大体如是，只剩下那块处于大西洋、苏丹山区和喀麦隆山区之间的狭窄的沿海地区没有提及了。这块狭长地在最近的400年里一直被称为上几内亚和下几内亚。我在谈到奴隶贸易时就提到过这个几内亚，所有的"黑色象牙"正是汇集于此，然后再运往世界各地。现在，这片海岸地区已被许多国家瓜分了，除了一些集邮爱好者之外，没人再对这里感兴趣了。

和西边的利比里亚一样，塞拉利昂是英国的老殖民地，是最早的黑奴来源国。没有人再愿意提及塞拉利昂、利比里亚以及利比里亚的首都蒙罗维亚（据说是为了纪念我们美国的门罗总统才改名），除了许多善男信女们有点失落感外，因为他们曾慷慨解囊，希望帮助那些获得了自由的黑奴重返其曾祖的家园。

象牙海岸属于法国，阿克拉早晚也会成为法属苏丹国的一个港口。尼日利亚隶属于英国，首都是拉各斯。达荷美一直是土著人的一个独立国家，1893年被法国吞并。

世界大战之前，喀麦隆隶属于德国，现在是法国的保护国。多哥一直是法国的保护国，此外刚果也是法国的殖民地。法国人想在这些地方建立一个法属赤道大帝国。至于那些属于他国的少数土地，法国迟早会用现金或用那些国家在世界其他地区想需要的东西作交换。

为了缩短巴塔维亚与阿姆斯特丹之间的航程，荷属东印度公司曾开辟了一条属于自己的陆上通道，这条通道取道于波斯、叙利亚和亚历山大。但是，一旦美索不达米亚的两位国王发生争执，邮件和商队就会被无限地拖延下去，所以大部分货物仍然得走好望角这条线路。

为了保证印度货物的顺畅运输和安全，荷兰人还占据了几内亚沿岸的几个港口（也可以用来贩卖黑奴），夺取了圣赫勒拿岛，并在好望角筑起了要塞。447537

所有优秀的商人都一样，他们喜欢把一切都记下来。1671年，荷兰人从霍屯督人那里买下了开普敦要塞周围的土地（想想那出滑稽剧：只用值24美元的小玩意儿就"买"来了曼哈顿)。这意味着霍屯督人的末日到了,因为他们一旦丧失了土地,就必须北迁到奥兰治河和瓦尔河地区,而那里的统治者是他们的世仇布须曼人。这似乎是上帝在惩罚他们,荷兰农民以前对待霍屯督人和布须曼人的态度非常残忍,他们后来也遭受了同样的厄运。1795年,英国人占领了开普敦,这一回又轮到布尔人北迁了。布尔人屡次使出计谋,直到1902年,布尔人最后的两个独立共和国——德兰士瓦和奥兰治,被英国人最终吞并。

即使如此,开普敦一直是非洲南部三角地带最重要的港口。但是,与富饶的内地相比,沿海地区确实算不了什么。内地是一片高原,其上点缀着许多低矮的小山,在当地被称为"孤丘"。这座高原通往大西洋的西去之路为科马斯高地所隔阻,在东部则有马托波山脉将它同印度洋隔开,南部又有德拉肯斯堡山脉挡住了通往开普敦地区的去路。

这里所有的山脉都没有冰川,因此,这里整个地区的河流补给完全靠降雨。在冬季,这里的河流湍急,但到了夏天,这里就变成了干燥空旷的道路。但是,这些河流必须得穿山越岭才能入海(纳塔尔省的河流除外,所以,南非各省中最富裕的就属纳塔尔省了),对内地的商业运输毫无用处。

为了使内地与海洋联通,人们就建起了许多条铁路。在世界大战之前,这些铁路中最为重要的铁路是比勒陀利亚与葡属东非境内德拉瓜湾的马普托港之间的那条。世界大战结束后,通往德属西南非洲(现由国联托管)境内的斯瓦科普蒙德和吕德里茨兰德的火车建成通车,人们今天可以坐火车一直向北抵达坦噶尼喀湖,然后乘小船渡湖,转乘火车前往桑给巴尔。

要从南非去北非,先得花一天时间穿越卡拉哈里沙漠,这一天的日子可不是好受的。但走出卡拉哈里沙漠后,就进入了多山的罗得西亚境内。罗得西亚得名于塞西尔·罗得斯,他是原英属南非特许公司的创建者,而且也是最早提倡建立一个在英国统治下的南非联邦政府。他的梦想已经有一部分成了现实。1910年,南非联邦政府宣告成立,以前各种各样的特许公司、前布尔共和国以及卡菲尔和祖鲁人的国家都成了联邦政府的一部分。但自从在约翰内斯堡附近找到了黄金,在金伯利发现了钻石后,那些住在乡下的布尔人的势力不断壮大,与住在城里的英国人为争夺统治权展开了一场激烈的争执。经过调解,联邦议会的所在地被定在了开普敦,而将政府驻地定在了原德兰士瓦共和国的首都比勒陀利亚。

昔日葡萄牙大帝国在南非有两大块殖民地的残留地,即西面的安哥拉和东面的莫桑比克,它们将南非同大西洋和印度洋隔了开来。但这两块管理不善的残留地早晚会被强大的邻居吞并。目前,农产品价格下跌,畜牧业也完全停滞不前,南非人也不需要开辟新的牧场和田地了。一旦这种局面恢复正常,不发一枪一弹,别国就能把这些葡萄牙殖民地据为己有。南非现在正在发展成为一个新的种族,既非荷兰人,也非英国人,而是纯粹的南非人。南非矿产丰富,铜、煤、铁样样都有,土地也非常肥沃,将来很有可能发展成一个美国式的国家,当然规模要小一些。

莫桑比克海峡的对岸是马达加斯加岛,面积约 23 万平方英里,比其宗主国法国稍大,人口约 400 万。马达加斯加岛是一个多山的岛屿,岛的东部地区处在信风带。这里盛产优质木材,经由塔马塔夫港口出口国外,塔马塔夫和首都塔那那利之间有铁路相通。

马达加斯加人与马来人长得很像,而不太像黑人。马达加斯加一定是在地质史早期就从非洲大陆分离出来了,因为很难在岛上发现任何一种常见的非洲动物。

马达加斯加东面有两个小岛——毛里求斯岛和留尼旺岛。当印度的贸易商道取道好望角时,这两个小岛的地位非常重要。毛里求斯岛是从前荷属东印度公司的淡水蔬菜补给地,现在属于英国,而留尼旺岛归属于法国。

还有其他的一些岛屿,在地理上也属于非洲,如前面提到的大西洋上的圣赫勒拿岛以及它北边的阿森松岛。阿森松岛是轮船煤炭补给中心和海底电缆中转站。位于毛里塔尼亚海岸以西几英里处的佛得角群岛原来是葡属殖民地,现在却被不太起眼的西属殖民地奥德奥罗占领。此外,还有西属加那利群岛、普属马德拉群岛和亚速尔群岛,特内里费岛以及著名的特内里费火山属于西班牙。至于圣布兰登岛,十七八世纪所有诚实的船长都相信它的存在,就像我们自己相信九九乘法表一样坚定。但没有知道它的确切位置,因为只要一有船靠近圣布兰登岛,它就沉入海底,但探访者一离开,它就再露出水面。在我看来,这对非洲来说倒是件好事,这是它们避免被外国列强占领的唯一办法。

南极的发现

大多数大陆都能被简化成几个简单的形象。比如,说到欧洲,我们就会想起圣彼得教堂的大圆顶、莱茵河畔的城堡废墟、幽静的挪威峡湾还有铃儿丁当的俄国三驾马车。说到亚洲,我们就会想到宝塔,想到那些沐浴在河水之中的黑里透红的小个子,想到神秘、高耸的各式庙宇,想到古老、宁静与祥和的富士山。提及美洲,会让人马上想到摩天大楼、工厂烟囱以及骑在小马背上随意游荡的老印第安人。即使是遥远的澳大利亚,它也有自己的标志——南十字星座,可爱的袋鼠转动着它好奇而智慧的双眼。

但是,我们应该把非洲这块充满矛盾和极端的大陆简化成什么呢?

说非洲是个燥热的地方,没有河流吗?但是,尼罗河几乎与密西西比河一样长,刚果河比亚马逊河只短一点点,尼日尔河和黄河一样长。说非洲是个大雨倾盆、潮湿难耐的地方吗?可是,非洲有世界上最干旱的撒哈拉沙漠,它比整个澳大利亚还大,卡拉哈里沙漠的面积也与不列颠群岛旗鼓相当。

说非洲人弱小无助、黑人不知怎样自卫吗?但世界上最完美的武器却是祖鲁人发明的,沙漠中的贝都因人和其他北部部落也非常有名,因为他们曾成功地击败了荷枪实弹的欧洲军队。

说非洲没有像波罗的海和美国大湖区那样便利的内陆海吗?事实确实如此,但维多利亚湖与苏必利尔湖一样大,坦噶尼喀湖与贝加尔湖一样大,尼亚萨湖比安大略湖大2倍。

说非洲没有大山吗?但乞力马扎罗山比美国最高峰惠特尼山还要高出1500英尺,赤道北部的鲁文佐里峰比勃朗峰要高。

那么,非洲大陆的问题究竟出在了哪儿呢?我不知道。非洲什么都有,但好像没有一样东西摆对了地方,对人们没有一点用处。它的一切地貌排列都似乎错了,除了尼罗河之外,所有的河流、高山、湖泊和沙漠都毫无用处。虽说尼罗河最终流进了商业价值极高的海洋,但过多的瀑布也极大地影响了航运。刚果河和尼日尔河也没有通畅的入海通道。奥兰治河是赞比西河的源头,却是赞比西河应入海之处,而奥兰治河入海之处却应是赞比西河的源头。

现代科学或许能使沙漠最终长出粮食和果树来,能使沼泽地干涸成田地;现代科学或许能找出治疗痢疾和昏睡病的良方(这两种疾病曾肆虐于苏丹和刚果的广大农村地区),就像把我们从黄热病和天花解救出来一样;现代科学或许能把中非和南非高大的高原变成法国的普罗旺斯或意大利的里维埃拉。但非洲的丛林太顽强也太坚韧,其不利因素是经过上百万年形成的。现代科学如果稍有懈怠,那么,丛林以及其暴行就会卷土重来,扑上去扼住白人的咽喉,放毒气毒死他们,然后再让野狗和蚂蚁吃个精光。

也许就是这黑暗的热带丛林将可怕的烙印烙在了整个非洲文明之

上。沙漠可能会让人害怕,而那些阴深黑暗的原始丛林却令人毛骨悚然。这里充满了生命的气息,却又是杀气腾腾。为了生存,丛林里的搏杀必须悄然地进行,否则,捕猎者就会变成猎物。日复一日,年复一年,无数生灵在丛林这无情的树荫下互相吞噬。看上去最温柔的昆虫,却可能长着最致命的毒刺;看上去最艳丽的花草,却可能暗藏着最可怕的毒汁。它们彼此针锋相对,互不妥协,锱铢必较。伴随着裂肤折骨的痛苦出现了生命的脉搏,生命与死亡往往互为因果,相伴而行,一个生命的开始常常意味着另一个生命的终结。

我曾试图同非洲人谈论这些事,可他们都嘲笑我。他们认为生活就是如此:人要么一贫如洗,要么富可敌国,没有中间之道;要么被冻死,要么被处以火刑;要么在摩加多尔和阿拉伯商人一起用金杯喝咖啡,要么肆意射杀一个霍屯督老妇。总之,非洲似乎不能给人们带来好处,它是一块充满矛盾的大陆,总是将厄运带给人们。它扭曲了人们的视野,扼杀了人们对生活中美好事物的向往。无休止的大屠杀所散发出来的一股血腥味,已经渗透进了人们的血液中。比利时村庄里闭塞的正统教育培养出来的胆小如鼠的官员,跑到非洲后变成了一个魔鬼。他会因为妇女没再多上缴一磅橡胶而把她们活活打死。某个可怜的黑人只因拖欠了象牙就被他砍去了四肢,任由虫蚁吞噬,而他却正悠闲地抽着饭后雪茄。

我尽力试图避免不公平。尽管其他各洲的居民也应对人类的残忍和狠毒负有责任,但在乡村的小路上,那足音却只是轻轻地响起,他们有耶稣的谆谆劝诫,有孔子的循循教诲,有释迦牟尼的虔诚恳求以及穆罕默德的严厉惩罚。但只有非洲连一个先知都没有出现。其他大陆的人也很贪婪、很吝啬,但有时他们能用自己的灵魂控制住肉体,他们有时还会去朝圣,将其真正的目的远远地藏在天堂的大门之外。

在非洲沙漠和丛林深处,唯一的足音来自那些目光锐利的阿拉伯人,他们在设置陷阱准备捕获亚马逊河流域的达荷美人,他们也可能正在等待时机,准备在趁人酣睡之时袭击一个村庄,偷走邻人的小孩并把他们卖到国外。自古至今,世界上其他地方的女人都一直在设法把自己打扮得非常漂亮,想去吸引男人并得到男人的宠爱。而非洲却不同,为了使那些邂逅她们的男子不敢靠近她们,女人们故意把自己弄得奇丑无比。

对于此话题,我可以无休止地讲下去,但本章已经够长了,最好还是你自己去寻找答案吧。

自从人们第一次凝望着那毫无意义的壮观的金字塔,疑惑地注视着消失在远处沙漠中的小路,人类一直为同一个问题所困扰,但直到现在依然是稀里糊涂的。

第四十六章　美洲

——最受上帝眷顾的大陆

美洲大陆是所有大陆中最为乐善好施的。当然，我这样说纯粹是从地理单位的角度出发的，而不是把她看做工业发展中的一个经济因素，也不是把她看做形形色色的新政治体制的实验中心。但从地理角度看，美洲真可谓得天独厚，应有尽有。

美洲是西半球唯一的一块大陆，因此，她不像非洲、亚洲和欧洲那样有直接的竞争对手。她位于世界上最大的两个海洋之间，早在大西洋刚成为世界文明中心时，白人就开始在美洲安居了。

美洲大陆从北极一直延伸到南极，因而拥有各种类型的气候。离赤道最近的那部分也是地势最高的地方，那里的气候很适宜于人类安居乐业。

美洲事实上没有沙漠，但却幸运地拥有广阔的平原，这些平原都处于温带气候区，因而命中注定她会成为全世界的粮仓。

美洲的海岸线既不平直无曲，也不会过于曲折，因而非常适合修建深水港。

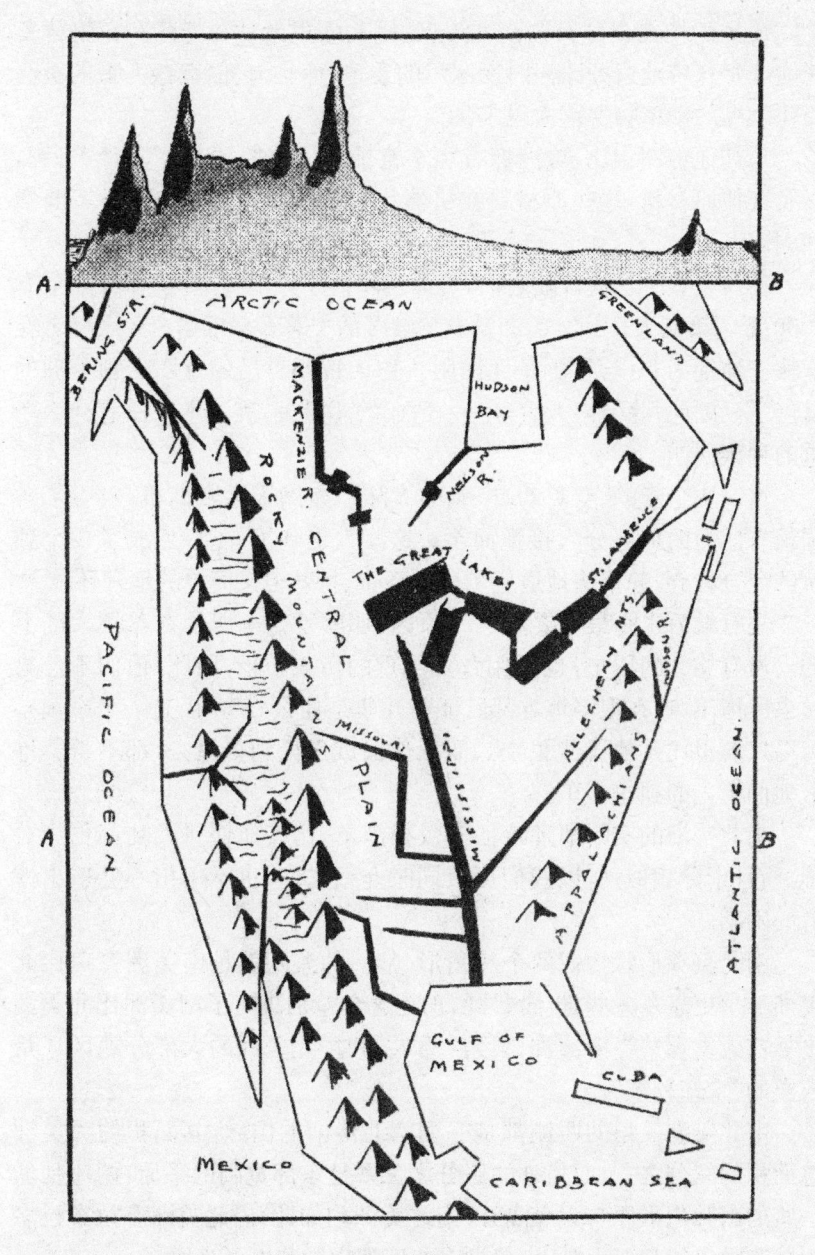

北美洲

美洲的主要山脉都为南北走向，因而那里的动物群落和植物群落能够非常从容地避开冰河时期冰川的袭击，而且，它们幸存下来的机会要比欧洲的动植物群落大得多。

与其他各洲相比，美洲拥有更丰富的煤、石油、铁、铜等自然资源，以及其他原材料，这些原材料在机器化大生产时代的需求量是不断增加的。

在白人登上这块大陆之前，美洲实际上还人烟稀少，整个大陆只有1000万印第安人，因此，美洲没有足够多的土著人来抵挡白人入侵者在这块土地上为非作歹，更是无法阻止白人按照自己的意图干预美洲的发展了。因此，除了白人后来一手造成的恶果外，美洲本来没有什么严重的种族问题。

这一块全新的、空旷的、广袤的大陆上充满了无限商机，吸引了各国最有活力的那部分人接踵而至。这些人走到了一块，形成了一个独特的混合种族，并很快地适应了美洲新奇、特殊但又简单的地理环境。

还有最后也是最重要的一个原因，那就是如今居住在美洲大陆上的人没有悠久的历史，也不用背负沉重的历史包袱，因此，他们不会为过去所拖累（这在很多地方都已证明并非是什么好事，而是一个麻烦），可以发展得比其他民族更快。而其他民族无论到哪里去，都不得不推上他们祖先的独轮小车。

南北美洲的实际地理特征不仅很简单，比其他任何大陆都更为对称，而且十分相似，所以我们可以同时介绍它们，也不用担心会造出读者的困惑。

南北美洲形状恰似两个三角形，唯一的差别就是南美洲三角比北美洲三角更靠东一些，毋庸置疑，正是这个差别决定了南美洲比北美洲更早被人发现。当南美洲已经广为人知时，北美洲的大部分地区还是人类的"未知领域"。

南北美洲三角的西侧都是一列南北走向的山脉，其面积约为美洲总面积的三分之一，而另外的三分之二则是东部宽阔的平原，两座稍低一些的山脉把平原与大海隔开（南北美洲均如此）。北美洲有拉布拉多山脉和阿巴拉契亚山脉，南美洲有圭亚那山脉和巴西高原。

南北两块大陆的河流状况也极其相似。一些不太重要的河流朝北流去,圣劳伦斯河和亚马逊河的走向几乎是平行的。巴拉那河和巴拉圭河几乎是密苏里河和密西西比河的复制品,它们都在中途交汇,然后沿着圣劳伦斯河和亚马逊河垂直的方向继续向前奔流。

中美洲是一条东西走向的狭长地带,从地理位置上讲,它实际上是北美大陆的一部分。但地形和动植物群落到了尼加拉瓜都突然发生了变化,于是,从这里往南就进入了南美洲。中美洲的其他地区都是高山,墨西哥虽然与撒哈拉大沙漠一样都非常靠近赤道,但却拥有非常宜人的气候,人口也很稠密,这就是其中一个原因。

南美洲当然比北美洲更接近于赤道,亚马逊河从安第斯山脉流出,沿着赤道线流向大西洋。但美洲在研究地理环境与人的相互影响的作用方面,为人类提供了一个极佳的例子。

造物主在美洲为自己搭起了两座几乎一模一样的大舞台:右边是一条主通道,左边是一堵高墙,中间是一大片开阔地,形成了一座储藏丰富的大粮仓。造物主把北部的大舞台赐给了一群日耳曼流浪艺人。这些流浪艺人身份卑微,过去一直在小城镇的小剧场里演出,他们已经习惯了长时间的演出,适合扮演一些平淡乏味的小角色,如屠夫、面包师和烛台制作工等等。而把南部的大舞台租给了一群有声望、资历较老的悲剧演员,他们都毕业于地中海最好的学校,只习惯于在有王公贵族出席的场合表演,每个人都能优雅潇洒地舞刀弄剑,这对他们的北方同行来说是闻所未闻的。由于长年累月铲地伐木,那些北方艺人的胳膊变得僵硬,他们的脊背也因为在这贫瘠土地上日复一日的辛勤劳作过早地佝偻了。

然后,造物主几乎同时拉开了两个大舞台的帷幕,邀请全世界的人都来观看演出。那我们就看看吧!第一场演出到一半时,两个舞台的演出就已有了差异了;当第二场开始时,双方演员所扮的那些男人、女人和小孩的差异就更为鲜明了。观众屏住呼吸,低声说道:"会有这样的事情吗?"

极地地带

赤道

古老的斯堪的纳维亚海盗船看上去特别精致,但一驶入波涛汹涌的大海之中就显得十分笨拙了。那些剽悍的北欧海盗经常会被海风吹离航线,因为他们当时既没有指南针也没有测速仪,海盗船上的装备跟那些古埃及的小帆船一样拙劣。不过,如果你在尼罗河流域的一卷纸莎草纸上看到那些 3000 年前的帆船,你仍然会赞叹不已。

现在再打开地图,看看墨西哥湾暖流(本书中已提到多次)。你会发现,墨西哥湾暖流从非洲流过来,然后穿越大西洋抵达美洲,再由西南向东北缓缓流去,再度经过大西洋北部,流经挪威海岸投进了北冰洋的怀抱,最后再经由冰岛和格陵兰返回。在冰岛和格陵兰,它改名换姓,并降低了温度,继续向南流去。它先叫格陵兰寒流,接着又改名为拉布拉多寒流(北冰洋寒流)。这股可恶的寒流携带着大量格陵兰的蔚蓝色冰山,抛洒在大西洋的整个北部地区。

我的荷兰祖先过去常说,斯堪的纳维亚人的海上航行完全是凭运气,但他们早在公元九世纪就到过了冰岛。然而,一旦冰岛和欧洲之间的接触频繁起来,那么,发现格陵兰和美洲就指日可待了。就像一条中国或日本的小船,如果在航行中偏离了航线,太平洋暖流肯定会把它带到英属哥伦比亚或加利福尼亚海岸。同样,一个从特隆赫姆到冰岛的挪威人,由于大雾而迷失了方向(即使是今天,虽然有了各种各样的仪器,但大雾仍然很危险),那么,他早晚会发现自己到了格陵兰东海岸。或者,如果他的运气正好又不太好,海上大雾数日不散,那么,他会漂到格陵兰东面的大陆沿岸。那些早期的造访者把格陵兰称做为瓦恩兰,因为这里种植的一种葡萄能酿出上等的葡萄酒。

我们应当记住这一点:还有许多重要发现是这个世界根本就未曾听说过的。大部分船长天生就害怕在同行面前出丑,例如,告诉他们一件奇异的事情,可他们中间没人相信,后来可能会被证明只是幻觉而已,或者是将低低的云团误认为高山,或者是将一缕阳光看成是平直的海岸线。早在阿贝尔·塔斯曼登上澳洲海岸,并用新鹅毛笔写信向雅加达当局汇报澳洲土著人有多么魁梧剽悍之前,许多法国和西班牙水手们就在远处清晰地看到过澳大利亚了。亚速尔群岛和加那利群岛多次被发现,又多次被遗忘,以至于我们在编教科书时花费了很大的力气

格陵兰

去弄清楚这个世界重大发现第一次被提及的准确年代。毫无疑问,法国渔民很早就发现了去纽芬兰大浅滩的航线,比哥伦布时代早了数百年,然而,他们只告诉邻人说,那里的鱼类丰富,其他却只字未提。法国渔民只对鱼儿感兴趣,他们对土地却毫不在乎。在布列塔尼,人人都有丰足的土地,何必为离家乡千里之外的事情花心思呢?

在我所有的著作中,我都坚定不移地支持这样一条原则:人性总是优先于民族性。我不会沉湎于那些惯常的尖刻讽刺的争论,比如要求庆祝哥伦布日或者利夫·埃里克森日,或是要求纪念从诺曼底的档案馆里挖出来的某个法国水手的日子。我们有足够的证据证明,早在十一世纪的前10年中,古斯堪的纳维亚人就到过美洲海岸;而在十五世纪最后的10年里,一些水手,主要是西班牙人,但是还有一些其他国籍的水手,在一位意大利船长的率领下,也曾造访过美洲海岸。当他们到达美洲时,他们发现自己绝不可能是最早发现美洲大陆的人,因为一些显然是亚洲血统的人早已在此定居了。因此,如果一定要把"第一人"的荣誉称号授予某一特定的人群时,蒙古人理所当然是出现在人类未来的纪念册上的最佳人选。

我们有一座"无名英雄"纪念碑,如果对我们的"无名发现者"竖立一座稍微更大一点的大理石纪念碑,也并无不妥之处。但现在蒙古人这个可怜的发现者的亲戚们却因美国法律的限制,无法踏上美国的土地,恐怕这个计划就无实现之日了。

美洲的三次发现

对那些来自远东的第一批勇敢的开拓者的子孙,我们已有了相当多的了解了,但有一个让我们真正感兴趣的问题,也可能是一个永远都解不开的谜,那就是亚洲人究竟是怎样来到美洲的?他们是坐船穿过了狭窄的太平洋北部,还是徒步穿越了白令海峡的冰面?或是早在美洲和亚洲之间还有一条大陆桥相连时就过来了?对此,我们毫无所知,但是,我认为这并不重要。当白人抵达遥远的美洲海岸时,他们接触到的民族(除了少数居住在偏远地区的人)几乎还没有迈出石器时代。他们没有达到用车轮来减轻自己背扛肩挑的各种负担的这种程度,也没有达到饲养家畜把自己从靠捕鱼打猎勉强谋生的辛苦劳作中解放出来的程度。即使那些紫铜色皮肤的土著人会使用弓箭,也抵不过那些有枪的白人,因为白人能用枪从远处射杀对手。

这些红皮肤的人将会继续存在几个世纪,但他们却从主人沦落为客人,然后,最终就会被敌人彻底同化,留存的仅是一段模糊不清的历史记忆。这多么可悲啊!因为不论从体魄上还是精神上,这些红皮肤的民族都有许多非常优秀的品质的。

但事实就是如此,我们对此又能做些什么呢?

现在让我们最后看看地图。

从白令海峡到巴拿马海峡,美洲西海岸有许多高大山脉,这些山脉形成了隔开太平洋的一道屏障。这道屏障并非自始至终一样宽,部分地区是由几座并列的山脉组成,但所有山脉的走向都是相同的,即从北到南。

从阿拉斯加我们可以清楚地看到,这里的山脉是东亚山脉的延续。宽广的育空河盆地把阿拉斯加山脉分成了两部分,育空河是阿拉斯加的主要河流。阿拉斯加曾属于俄罗斯帝国,直到 1867 年,美国花了 700 万美元买下了这块面积为 59 万平方英里的荒原。

北美洲

俄罗斯对这个价格非常满意,或许是由于它完全忽视了这块土地蕴藏的财富。在当时,用700万美元换来几个渔村和一片终年积雪的荒山,似乎是一笔非常合算的交易。然而,1896年,克朗代克发现了黄金,阿拉斯加于是便被标上了地图。与人类寻找财富的其他旅程一样,从温哥华到朱诺,再取道斯卡圭、奇尔库特、奇尔卡特山口,最后到达克朗代克地区中心的道森,这段1000英里长的旅程非常艰辛(人们都是自己扛着行李,因为牲口价格太昂贵,而且难以在北极圈南部海拔高达3500英尺的雪地中跋涉)。但是,一想到终点处放着的一罐罐黄金在等待着捷足先登者,每个淘金者都深信自己将是最先到达的人。

此后,人们发现阿拉斯加不仅出产黄金(整个阿拉斯加地区被厚厚的冰川覆盖着),而且还蕴藏着丰富的铜、银和煤,此外还是猎取兽皮和捕鱼的好去处。结果,在并入美国领土的最初40年里,阿拉斯加创造的总收入就已是它当时身价的20倍。

阿拉斯加南部的山系分成了两支,东部的一支为落基山脉,向内陆延伸,西部的山脉则继续与大海平行延伸。落基山脉在消失于墨西哥高原的怀抱中前,一直从未改过名字,而太平洋沿岸的海岸山脉在告别了阿拉斯加山系的最高峰和北美大陆的最高峰麦金利山(20300英尺)后,就以许多不同的名字抛头露面了。在加拿大,这些山脉叫圣伊莱亚斯山脉和海岸山脉,但过了温哥华岛后就一分为二,西半部仍然叫海岸山脉,而东半部则变成了华盛顿州和俄勒冈州的喀斯喀特山脉以及加利福尼亚州的内华达山脉。在这两条山脉之间的一片开阔地是萨克拉门托河流域和圣华金河流域,这两条河在中途合二为一后流进圣弗朗西斯科湾。圣弗朗西斯科湾是世界上最宽、最深、最好的港口,并通过著名的金门岛同太平洋相连。

当西班牙拓荒者的先锋军抵达这片峡谷地带时,那里还是一片荒蛮之地。如今,依靠灌溉,这片峡谷已变成了世界水果之乡,人们只需适当的劳动,就可换回累累硕果,诸如苹果、桃子、李子、橘子和杏等。

这片峡谷地带的确是加利福尼亚人名副其实的天赐之物。十九世纪四十年代的淘金热过去后,那些矿主和他们的矿工发现,只需换一个职业,改行种果树,照样能过上舒舒服服的日子。在阿拉斯加和澳大利亚,金矿一旦开采完了,就不可能养活那么多的人了,于是,这些人就像他们当初蜂拥而至时的速度一样,消失得无影无踪,只剩下那空空荡荡的城镇、村庄和锡罐。而加利福尼亚并未像大多数产金地那样因金矿枯竭而衰败,反而因黄金变得富足。这个实例应作为人类历史独特的一笔而载入史册。

当人们发现加利福尼亚地下蕴藏着丰富的石油资源时,这个州的前景也彻底有了保证。加利福尼亚地区确实有点不稳固,加利福尼亚湾深深的缺口可能偶尔会引起不同岩层的移动,这是十分危险的(特别是随后发生的火灾),但地震只是一时的危害,温暖的阳光和宜人的气候才是永远的福佑。作为北美洲人口分布最稠密的一个地区,加利福尼亚的发展才刚刚开始呢!

在内华达山脉和落基山脉之间,是一块宽阔的山谷,它由三部分构成。北部是哥伦比亚高原,斯内克河和哥伦比亚河就是从这里流进太平洋;平原南部毗连沃萨奇山脉和科罗拉多高原,科罗拉多河在穿越科罗拉多高原时形成了其著名的大峡谷。两座高原之间是一块凹地,被称为"大盆地",当年摩门教教徒被驱逐出美国东部后,就把盆地作为他们永久的居住地。虽然大盆地气候干燥(大盐湖水源丰富,但湖水比海水咸得多),但摩门教教徒在不到100年的时间里就把这个大盆地变成了无比富饶的地方。

整个山谷地区位于火山相当活跃的区域,而且以前肯定发生过剧烈的震动,这是有据可考的——死谷谷地在海平面以下276英尺处,但人们能够从这里看到美国最高峰惠特尼山(高14494英尺)的峰顶。

落基山脉的东面是一片广袤的平原,这片平原北临北冰洋,南接墨西哥湾,东面与拉布拉多地区的劳伦琴山脉和美国的阿巴拉契亚山脉相连。如果能精心耕种的话,这个平原地区就能养活全球人口。所谓的"大平原"(落基山脉在此渐渐形成平地)和中央平原是一个巨大的粮仓。密西西比河、密苏里河、俄亥俄河、阿肯色河和雷德河都经过这两片平原,最终流入墨西哥湾。平原北部并未受到青睐,因为马更些河、阿萨巴斯卡河、萨斯喀彻温河和奥尔巴尼河或是流入北冰洋,或是注入哈得孙湾,并且一年中大部分时间都处于结冰期,因此其重要性只局限于部分地区。密苏里河发源于蒙大拿黄石公园附近,密西西比河(加上密苏里河就是世界上最长的河流)发源于加拿大的温尼伯湖和苏必利尔湖之间的分水岭,这两条河流从源头到三角洲几乎全程可以通航,所流经地区的人口密度几百年后能同中国东部沿海地区旗鼓相当。

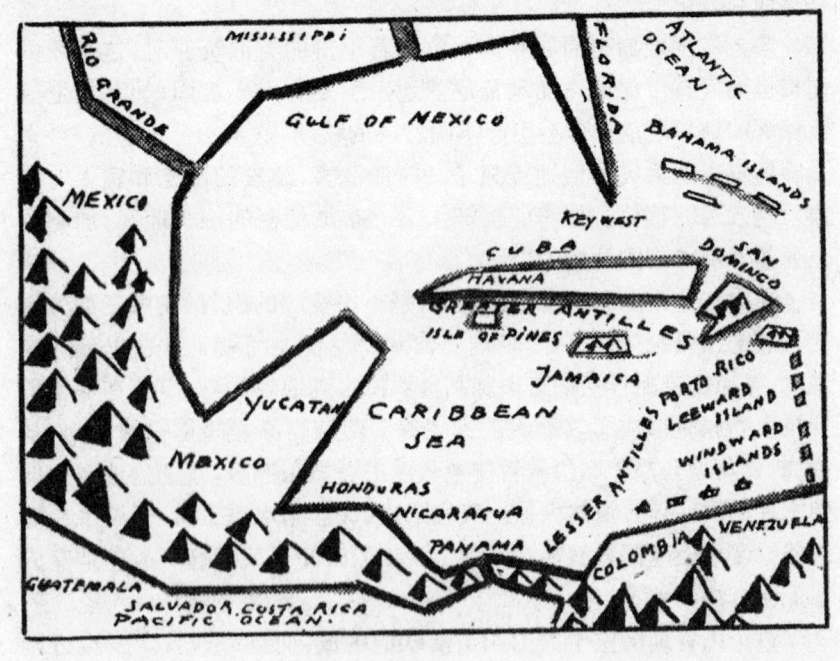

加勒比海

这个地势较高的地区位于哈得孙湾(或是北冰洋)、大西洋和墨西哥湾之间,在这个平原地区分布着密歇根湖、休伦湖、伊利湖和安大略湖。伊利湖和安大略湖由一条较短的河相连,但这条河不能通航,因为河上有一个瀑布,即尼亚加拉大瀑布(尼亚加拉大瀑布比赞比亚河上的维多利亚大瀑布稍宽一些,但高度却只有维多利亚瀑布的一半,但1000多英尺高的尤塞米提大瀑布使这两个瀑布相形见绌),因此,为了连通伊利湖和安大略湖就开挖了韦兰运河。休伦湖和苏必利尔湖也同样由一条运河连接起来,这就是苏圣玛丽运河。通过苏圣玛丽运河水闸的船舶总吨位超过了巴拿马运河、苏伊士运河和基尔运河的船舶总吨位之和。

这些湖的湖水通过圣劳伦斯河之后注入圣劳伦斯湾,然后汇入大西洋。圣劳伦斯湾与内陆海相似,西面是加拿大的崇山峻岭,东面是纽芬兰岛(1497年约翰·卡伯特发现了这个岛,1500年出现了第一位葡萄牙总督),南面是布雷顿角岛、新斯科舍岛和新不伦瑞克岛。把纽芬兰岛和布雷顿角岛分隔开的卡伯特海峡是最早到达这儿的意大利人的见证者。

加拿大北部,也即所谓的西北地区,这里气候严寒,白人根本无法适应,因此我们很少听到有关该地的描述,除了一些当地独特的警察队伍。西北地区湖泊众多,大部分土地曾归哈得孙公司所有。该公司创建于哈得孙死后59年,即1670年,它是以哈得孙湾的发现者亨利·哈得孙(他在哈得孙湾被反叛的部下杀害)的名字命名的。组建哈得孙公司的"英格兰冒险者"真是名如其人,他们不分青红皂白的一味蛮干。如果再给他们50年,森林湖泊中的所有生物都会被他们杀光(即使在动物的繁殖季节,他们也从未停止对毛皮动物的捕杀)。他们还无限制地把杜松子酒等烈酒提供给印第安人,差点彻底毁掉了印第安人民族。后来,英国女王插手此事,兼并了哈得孙公司的大部分土地,并入了她在加拿大的领地,哈得孙公司于是就成为了一个历史古董。哈得孙公司依然可以在原有的地盘上做生意(虽然规模变小,但连续经营了262年是一个相当了不起的记录),但不再像以前那样为所欲为了。

拉布拉多半岛处在哈得孙湾和圣劳伦斯河之间,但因太靠近从格陵兰冰雪海岸过来的寒流,并没有什么利用价值。加拿大自治领的美好未来才刚刚开始,而人口不足是今天的主要问题。

从政治上来说,加拿大是一个昔日帝国最有趣的残梦。人们往往容易忘记这样一些事实:乔治·华盛顿出生时,北美大陆的大部分地区为法国和西班牙所占据,而英国在大西洋沿岸的一小块殖民地仅仅是一个小孤岛,四周为敌对国家所包围。早在1608年,法国人就在圣劳伦斯河口定居了,之后又将注意力转移到内陆地区。最初他们沿着正西方向发展,直到尚普兰出现,他们到达了休伦湖。他们勘察了整个大

巴拿马运河

湖区，在这里马凯特和乔李斯特发现了密西西比河的上游。1682年，拉瑟尔顺河而下，直抵河口，占领了整个密西西比河流域，并以法国国王路易十四的名字给这个流域命名，叫做路易斯安那。截止十七世纪末，法国占领的领地最远直至落基山脉，山的另一边则属于西班牙的领地。阿勒根尼是当时的要塞，正好处于法国这片广阔的殖民地和大西洋沿岸的英属、荷属殖民地以及西班牙的另一块殖民地佛罗里达之间，将这些殖民地分割开来。

如果路易十四和路易十五略懂一些地理知识，如果这两位艺术爱好者当时能意识到一张地图远比一条新的戈柏林挂毯上的图案更重要，那么新英格兰人和弗吉尼亚人今天讲的可能就是法语，整个北美大陆都会听命于巴黎。但是，那些欧洲命运的决定者根本就没意识到新世界的重要性。由于法国人的无动于衷，加拿大人讲起了英语，魁北克和蒙特利尔也不再属于法国，又经历了几代人后，新奥尔良和整个远西也被卖给了一个新近建立的合众国，而这个合众国是由沿大西洋沿岸的几个叛乱的英国小行省建立的。甚至连伟大的拿破仑在面对成堆金子般的美元时，也认为这是一桩极好的买卖，而这片土地在若干年后成为美国最富庶的地方。

1819年，佛罗里达也被并入了这片新领地。1848年，得克萨斯、新墨西哥、亚利桑那、加利福尼亚、内华达和犹他州也从墨西哥划了过来。看起来必然将成为两个拉丁强国后院的美洲大陆北半部，在不到100年的时间里已经彻底易主，成了欧洲北部大平原的延伸。

由于北美大陆原主子的冷漠和短视，特别是由于战争，这些土地终于有机会在随后的经济发展中呈现出一片空前繁荣的景象。随着第一条铁路的开通和第一艘汽轮的建成，成千上万的移民蜂拥而至。有些人由水路来到大湖区，有些人翻越阿勒格尼山在大平原占领一席之地。他们开垦出荒地，定居了下来，并在这里种植小麦，后来芝加哥就因为小麦成了世界重要的粮食基地。

第一条铁轨

当大湖区、阿勒格尼山脉和落基山麓之间的三角地带发现蕴藏着极其丰富的煤、石油、铁和铜等资源时，这个三角地带很快变成了新合众国的大工业园区，一些城市，诸如匹兹堡、辛辛那提、圣路易斯、克利夫兰、底特律和布法罗等，吸引了来自世界各地的劳工，他们同早期移民一起开发这里的财富。由于这些城市需要港口以出口它们的石油、钢铁和汽车，大西洋沿岸的纽约、波士顿、费城、巴尔的摩等老殖民地也因此声名大振，备受瞩目。

与此同时，南方各州最终也走出了南北战争后重建时代的黑暗岁月（比内战本身还要艰难），积聚了足够的资金，开始在没有奴隶的情况下种植棉花了。加尔维斯顿、萨瓦纳和新奥尔良又重现了勃勃生机。铁路、电报和电话线把新合众国变成了一个巨大的农场和工厂。在不到50年的时间里，就有6000多万人远涉重洋来到了美洲，加入到开拓者的队伍之中，一起规划、建设、生产、销售，把新合众国建成了一个史无前例的世界工厂。造物主如此慷慨地赐给了美国无限的好机会,而没有赐给其他任何一个国家——一块无边无际、人烟稀少的平原,宜人的气候,肥沃的土地,两边高山为屏,还有几乎取之不尽、用之不竭的资源和便利的航道。除此之外,造物主还馈赠给一件更重要的礼物——一个民族、一种语言,没有历史的负累。

这些优势对一个国家而言究竟代表着什么呢?只要再往南走走,看看中美洲,答案就不言而喻了。除了古代玛雅人居住过的尤卡坦半岛外,在墨西哥境内其余到处都是高山,从里奥格兰德开始向南,地势逐渐升高,直到马得雷山脉和阿纳海克高原,达到了16000到17000英尺的最高点。大多数高山原来都是火山,比如波波卡特佩特山(17543英尺)、奥里萨巴山(18564英尺)、伊科斯塔华特山(16960英尺),但是,目前科利马山(13092英尺)是美洲现在唯一的一座活火山。

在太平洋沿岸,马得雷山在海岸边陡然耸立,而在大西洋沿岸,山坡则渐趋平缓。自从欧洲侵入者从东面进来,进入内地就很容易。十六世纪初,欧洲人的"先头兵"就抵达了美洲大陆。当时正是西班牙人最为沮丧的时候,那个该死的热那亚人的新发现被证实是彻底的失败,非常惨痛的失败,因为美洲没有黄金,也没有白银,只有赤身裸体的野蛮人,如果你想让他们干活,他们就会躺下来,然后死去,美洲还有无数的蚊子。

于是便有了传闻,说在山的那一边住着阿兹特克人,他们的皇帝住在用黄金铸造的城堡里,睡在用金子打制的床上,吃饭用的盘子也是金制的。1519年,赫尔南多·科尔特斯率领他的300名勇士登陆墨西哥。他凭着12门大炮和13支大口径短枪,就占领了可怜的孟泰苏玛的全部领土。接着,孟泰苏玛被以哈布斯堡国王的名义绞死了,因此也没有能亲眼目睹他不久之前还井然有序的王国的覆亡。

在随后的300年里,确切地说,直到1810年,墨西哥一直是西班牙人的殖民地,忍受着殖民地的残酷遭遇。为避免同宗主国不那么受欢迎的产品竞争,墨西哥本地的一些农作物被禁止种植。而农产品的大部分收入装进了少数富裕地主的口袋里,还有一部分流入宗教机构的钱罐,直至今日,这些宗教机构依然在努力保住对墨西哥公有土地的控制权。

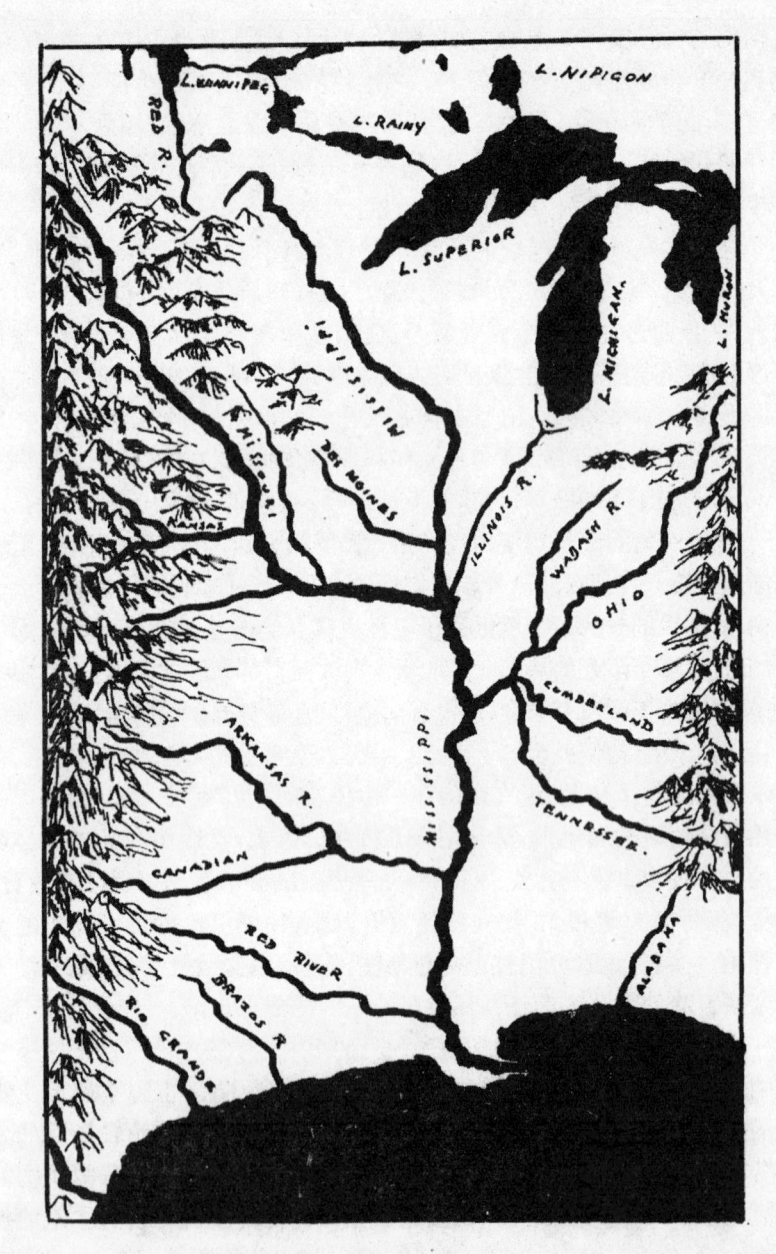

密西西比河

接着,十九世纪中期,也就是那个可怜的奥地利人马克西米利安(他想借助法国人的帮助成为孟泰苏玛的继承人)那次荒唐的冒险后不久,人们发现,墨西哥不仅是一个非常富裕的农业国,还蕴藏着铁和石油等矿产资源,其储量和美国一样大,甚至可能会超过美国。而当时墨西哥有1500万人口,其中有近40%的人口是纯粹的印第安人血统,他们的生活极度贫穷,几乎与科斯特兹初来墨西哥时一样。于是,大财团开始插手墨西哥的内部事务,开始策划革命,而墨西哥人则予以反击。就这样一直到第一次世界大战前,他们刷新了百年战争纪录(年均20场战争),整个墨西哥似乎都笼罩在血雨腥风之中。幸运的是,世界大战期间,各大财团都忙于自身的事务(战争耗费了巨额的钱财),墨西哥得以有一个喘息之机。今天,几个铁腕人物正在努力从墨西哥3个世纪以来怠惰、积弊和愚民政策所造成的创伤中恢复过来,并且取得了显著的成功。韦拉克鲁斯和坦皮科(墨西哥湾的港口)的货物出口与日俱增便是明证。短短几年,墨西哥城不仅和华盛顿建立了友好关系,而且事实上是面带微笑,以礼相待了。

连接南北两片大陆的中美洲地峡,土地非常肥沃,适宜种植咖啡、香蕉、甘蔗以及外国投资者想要的任何农产品,但白人受不了这里的气候,而黑人又不乐意给白人干活。再加上中美洲地峡火山众多,对白人黑人都很不利。

对大多数人来说,除非他们爱好集邮,否则,危地马拉、洪都拉斯、尼加拉瓜和哥斯达黎加只不过是一些浪漫的名字而已。因为有一条放之四海而皆准的规律:"一个国家的国库越空虚,它的邮票就越精美。"但我接下来要谈到的巴拿马共和国,对我们美国来说有着重大的意义。她是我们的孩子,我们必须接受她,我们是唯一能够保护她的独立国家,必须保卫这个太平洋兼大西洋的海防区。如果我们坐等哥伦比亚把巴拿马卖给我们,我们可能还坐在谈判桌上与哥伦比亚的参议员讨价还价,让他们在投降契约上签字。

中美洲地峡只是一条极其狭窄的陆地,当年,巴尔博亚站在巴拿马地峡的巴尔博亚峰顶上,同时凝视大西洋和太平洋时就知道了。早在1551年,西班牙人就有过开凿一条属于自己的运河的想法。此后,每一代西班牙人都会提出新的设想。每一个在科学界有点名望的人至少都能拿出一套图纸,并提出最好的方案来解决这个难题。但是,要凿穿厚度接近30英里的坚硬岩石来开挖巴拿马运河,简直比登天还难。最后,诺贝尔发明的炸药才终于解决了这个难题。诺贝尔研究并发明炸药的初衷是帮助农民清除田地里的树桩和巨石,但是他怎么也没有想到自己的发明更多地是被人类用来自相残杀。

随后加利福尼亚出现了淘金热,成千上万的人匆匆涌向了巴拿马,避免了绕道合恩角的长途跋涉。1855年,穿越中美地峡的铁路建成通车。15年后,苏伊士运河取得了意想不到的成功,举世皆知。后来,苏伊士运河的设计者费迪南德·雷赛布又决定尝试连通太平洋和大西洋。但是,他组建的巴拿马运河公司管理不善,工程师的计算错误百出,大批工人悲惨地死于疟疾和黄热病。在经历了与大自然8年之久的艰苦抗争,再加上巴黎交易所发生的那场不太直接但损失更为惨重的交锋,这家法国公司声名狼藉,最终破产倒闭。

此后的近10多年中,一直没有人收拾残局,在莱斯普斯遗留下来的火车头的烟囱里甚至还长出了棕榈树。直到1902年,美国政府买下了法国这家破产公司的所有权,接着,为了一块足够用于修建运河的土地的价格,华盛顿和哥伦比亚共和国开始了旷日持久的谈判。西奥多·罗斯福对这种无限期的讨价还价失去了耐心,于是,他在这块人迹罕至的地方策划了一出小小的政变,并在24小时内就承认了这个新诞生的独立的巴拿马共和国。1903年,巴拿马运河继续开挖,于1914年竣工。

巴拿马运河开通后,加勒比海从一个内陆海一跃变成了欧亚之间的商业要道,极大地提高了那些位于加勒比海和大西洋之间的岛屿的地位。英属巴哈马和古巴有点远离航道,位于纽约和佛罗里达之间的英属百慕大的境遇也是如此。而牙买加(英属)、海地和圣地亚哥(名义上是独立的,实则听命于华盛顿)的位置则较优越,能从巴拿马运河获利。另外,还有波多黎各、小安的列斯群岛及其东、南面对着大安的列斯群岛、古巴、海地、牙买加和波多黎各的小岛也从巴拿马运河获利。

在十七世纪，小安的列斯群岛比美洲大陆更受到欧洲各国的青睐。那里气候炎热，空气湿润，适于种植甘蔗，而且奴隶只要上了岸就无处逃遁了。如今，岛上仍盛产甘蔗、可可和咖啡，但是，这里是欧洲去往巴拿马运河的船只的中转站，如果大多数岛上居民能藉此赚些额外的外快，那将是求之不得的美事了。小安的列斯群岛的岛屿依次是：背风群岛、圣托马斯岛、圣克鲁斯岛、圣马丁岛、萨巴岛、圣约翰岛、圣尤斯塔塔蒂尤斯岛(一个小岩石岛，是美国独立战争中物品走私的主要集散地)、瓜达卢佩岛、多米尼加岛、马提尼克岛(和其他地方一样，火山活动频繁，差点毁于1902年培雷火山喷发)、圣卢西亚岛、圣文森特岛和巴巴多斯岛。

向风群岛包括布兰吉亚岛(属于委内瑞拉)、博奈尔岛、库拉索岛和奥鲁巴岛(属于荷兰)。这些岛屿是曾连接圭亚那山脉(属于委内瑞拉)和马德雷山脉(属于墨西哥)的山系外延的一部分。后来，这座山系消失了，一些地势较高的地方形成了岛屿。

从工业的角度来看，这些岛屿几乎都无所作为。奴隶制的废除使它们原有的富裕也一去不复返了，如今，这里是闻名全球的冬季旅游胜地，也是装煤港和石油集散地。只有与奥里诺科河三角洲相对的特立尼达岛至今还留有几分昔日的繁荣，因为火山喷发给这里留下了大量的沥青矿，印度人取代了原来的奴隶在这里开矿，他们占了这里总人口的三分之一。

在世界大战期间我们学到了更多的地理知识，而且学习所花费的时间比以前短得多。年轻人很自然地抛弃了德语(因为这种语言很快就会消亡)，而改学西班牙语，原因是"在南美洲西班牙语前程似锦"。但当战争真正展开时，这种前景并没有人们预期的特别表现，而事实上，美洲大陆与世界各国的生意往来却出现了严重的衰退。

最古老的山峰绝不是最高的

后来我们发现了其中的原因。在秘鲁、巴西、厄瓜多尔以及其他一些南美国家,人们认为德国人很熟悉所有对外贸易的技术细节,所以就把这些工作都委托给了那些耐心细致的德国小职员,但不幸的是,老板们万万没有想到,当南美洲加入协约国后(大多数国家的港口里只停泊着不多的几艘德国船只,而这些国家又急需贷款),那些可怜的日耳曼职员都被关进了集中营,南美各国的商业机构同国外的往来就突然间中断了。但是,战争一结束,和平重新来临,德国职员们马上返回自己的工作岗位,一切都恢复了正常。

我们开始逐渐明白事情的真相。尽管南美大陆拥有充盈的自然财富,但南美洲人烟稀少,在许多方面都远远落后于世界其他地区,所以,对任何一个南美洲人来说,至少得再过半个世纪局面才能有所改观。

当然，少数几个豪门显贵不在此列，他们或是在西班牙统治时代就大发横财，或是从不停更换的南美洲总统亲戚那儿以叔叔或外甥的名义掠取了家财。

如果我在本章里对南美洲的介绍不够多的话，请不要怀疑我有反拉美的情绪。相反，身为北美人，我能比南美人自己更好地去欣赏他们民族的诸多优点。但是，我在本书开篇时就强调过我要写的是与"人"有关的地理，因为我坚信，一方土地的重要性，无论是大是小，完全取决于这方土地上的人民对人类幸福所做出的一切贡献，这种贡献是不以大小来评断的，也不拘泥于形式，不论是以科学、商业、宗教，还是以某种艺术形式都可以。从这个角度看，南美洲几乎与澳大利亚和蒙古一样，迄今为止对人类几乎没有做出任何贡献。不过我已反复说过，这可能是由于人烟稀少，而人烟稀少可能是由于南美洲的大部分地区正好处在赤道地带，在其他许多地方，白人根本不可能取代土著人，或是由于不同肤色的混血儿混淆了他们的视线，使得他们根本无法发挥出他们的政治或智力潜能。

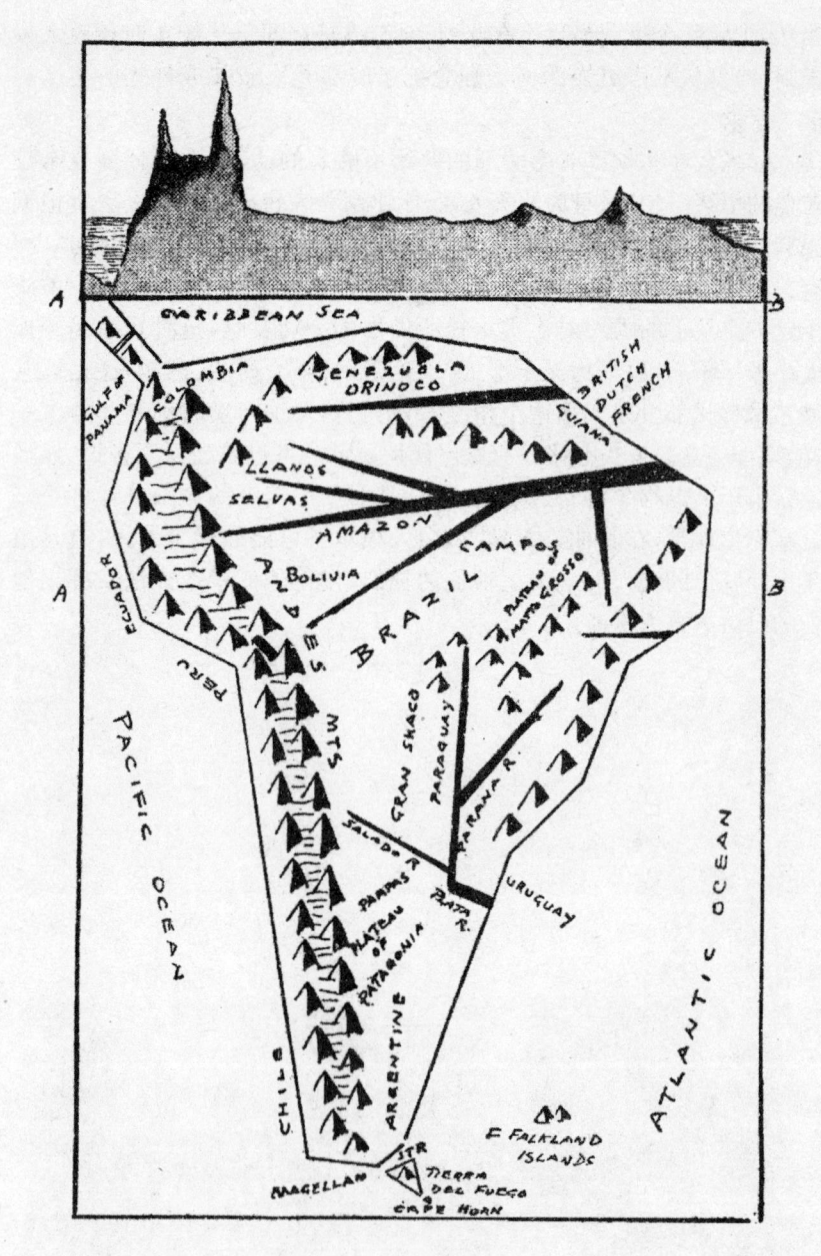

南美洲

南美洲一直以来都是各种政治体制的实验室。巴西帝国虽然存在了不到 100 年，但无疑是一个新兴的事物。巴拉圭独特的耶稣会自由邦也可能常常会在一些研究乌托邦实践的学术著作中被恭敬地提及。南美洲至少还出现了一个杰出的人物——玻利瓦尔。像我们美国的华盛顿一样，他不仅解放了自己的祖国，而且还直接或间接地推动了整个南美大陆大多数革命运动的成功。当然，在乌拉圭和玻利维亚的历史上不乏许多著名的人物，对此我毫不怀疑，但他们并未为全世界人民所熟知。我正在认真地思考，在对他们有了深入的了解后，是否有必要将他们列入世界著名人物之列。但就本书的写作目的而言，我对南美洲的山川、河流和国家做个简单介绍就足够了，我向你们真诚地保证，我会将今后 1000 年的人类活动添加进去的。

穿越安第斯山脉的铁路

南美洲的整个西海岸是安第斯山脉，它是美国落基山脉和墨西哥马德雷山脉的延伸部分。安第斯是西班牙语的叫法，西班牙殖民者把印第安在他们居住的山坡上修建的灌溉水渠称做为安第斯。西班牙人后来破坏了这些水渠和堤坝，许多土著人因此死于饥饿。既然征服者远渡重洋，历经千辛万苦来到南美洲，就是想在新大陆攫取财富，而不是在这里建立自己的永久家园，那么，掠夺土著人的财产无疑是快速致富的最佳途径。

在南极圈附近，安第斯山脉变成了许多岛屿，其中火地岛就是最著名的一个。位于智利和火地岛之间的是一条以麦哲伦的名字命名的海峡。当年白人第一次环球航行时，麦哲伦历尽了千辛万苦才通过了这个海峡，因此便以他的名字命名。火地岛的最南端是合恩角，是以发现者的家乡（荷兰的合恩镇）来命名的，而不是人们所认为的牛角。麦哲伦海峡具有重要的战略意义，保护它的是英属福克兰群岛。

安第斯山脉与从北极延伸到南极的山系的其他山脉一样，也位于火山多发区。厄瓜多尔的钦博拉索山（现已是死火山）高达 20702 英尺，最高峰是阿根廷的阿空加瓜山，高达 22834 英尺，而海拔高达 19550 英尺的科托帕希山（也位于厄瓜多尔境内）是全世界最高的活火山。

南美洲的安第斯山脉和北美洲的姊妹山脉有两个相似之处。其一，宽阔的高原为巨大的山系所环绕，形成了玻利维亚、厄瓜多尔等国的天然屏障；其二，没有便捷的通行关口，因此，唯一的一条能穿越安第斯山脉的铁路——阿根廷—智利铁路，必须翻山越岭才能进入隧道，攀越的高度比瑞士的圣伯纳山口和哥达山口高出很多。

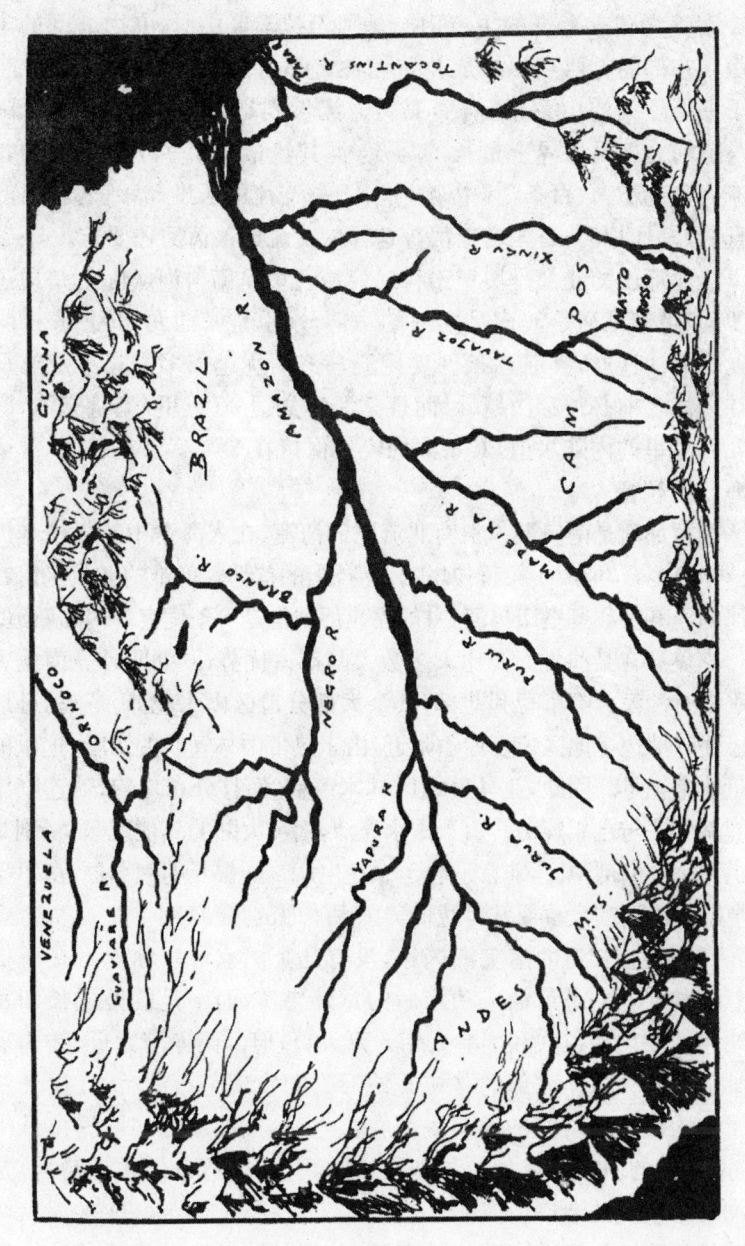

亚马逊河

南美大陆东海岸的主要山脉是阿巴拉契亚山脉，它由北部的圭亚那山和东部的巴西高原组成。它们各自都由一些独立的山脉组成，形成了一个巨大的山系余脉，而亚马逊流域则把整个山系分成两部分。亚马逊河并不是世界上最长的河流，但其流量却要多于世界上的其他河流，其支流有数百条，其中至少有15条支流的长度与莱茵河一样长，而且，像马代拉河、塔帕若斯河等这样的支流比莱茵河还要长。

圭亚那山的北部是奥里诺科河流域。奥里诺科河实际上是通过内格罗河（俄亥俄河是波多马克河的一部分，也是密西西比河的一部分）与亚马逊河连通，其航运条件要比亚马逊河优越得多。它不像亚马逊河在入海之前必须穿山越岭，而且其河口宽达20英里，流量充沛，有长达几百英里的内陆水道，其水深稳定地保持在300英尺左右，非常适合于海轮的航行。

巴拉那河是南美洲一条南北流向的河流，在入海途中与巴拉圭河和乌拉圭河汇合，形成了拉普拉塔河，乌拉圭的首都蒙得维的亚就坐落在这条河的河畔。和奥里诺科河一样，巴拉那河也是一条优良的内陆航道。

南美洲在某些方面要比大多数大陆都占优势，欧洲除外。南美大陆几乎没有沙漠。除了智利北部，其余大部分地区雨水充沛。亚马逊地区和巴西东部边境地区位于赤道附近，由于热带雨林气候的影响，这里的降水量非常充足。因此，亚马逊地区林木茂盛，而且分布均匀，就连刚果河流域都无法与之相媲美。由于雨水充沛，南美大陆的其他地区，特别是离赤道稍远的南部地区，非常适合于农业生产。阿根廷的大草原、奥里诺科大草原和巴西的大草原都是我们美国大平原的强劲对手。

我们现在知道的南美洲国家，没有几个国家可以称得上是历史的必然产物。它们是革命成功之后的意外果实，而不是缓慢成长和发展的结果。委内瑞拉共和国有321.6万人口，但因离赤道太近，委内瑞拉人缺乏活力。但在北部的马拉开波环礁湖发现了石油后，马拉开波就成了委内瑞拉最重要的港口。而在此之前，首都加拉加斯的拉瓜伊拉（一座不高的山横亘在加拉加斯与大海之间，交通条件非常糟糕）是委内瑞拉最重要的港口。

哥伦比亚位于委内瑞拉的西面，首都是波哥大。波哥大地处内陆腹地，交通极为不便，直到马格达莱纳河河口的巴兰基亚开通了通往波哥大的定期航班之后，情况才有所改善。哥伦比亚土地肥沃，自然资源丰富，而且像美国一样处在太平洋和大西洋之间。但如果要开发任何一种自然资源，必须先从北欧吸纳大量移民。

厄瓜多尔也非常贫穷落后，虽然首都基多的港口瓜亚基尔港从巴拿马运河通航以来比以前有了很大的发展，但是，瓜亚基尔港除了过去出口奎宁，现在出口最多的为可可之外，厄瓜多尔就没有什么可值得介绍的东西了。

沿太平洋海岸继续南下，就进入了秘鲁境内。西班牙人最初抵达新大陆时，秘鲁是一个很强大的印第安人国家的辖地，由贵族即太阳的子孙印加人统治。印加人选出自己的国王，然后授予国王专制的权力。也许与印加人的封建性无关，也许是由印加人的封建性所决定，秘鲁人创造了比阿兹特克文明更高级、更具人文特征的文明。

皮萨罗来到秘鲁时，印加帝国已有400多年的历史了，这对任何一个政府来说，都是一段比较长的时间了。当时，印加帝国政治党派林立，不同派别的贵族之间互相争斗。皮萨罗在各派之间挑拨离间，坐待渔翁之利。1531年，他控制了整个印加帝国。他将印加统治者投进了监狱，将印第安人变成了奴隶，把一切能掠夺来的东西都运回了西班牙。从的喀喀湖畔（面积为3300平方英里）一直到安第斯山（海拔为12875英尺），到处都是古印加帝国的废墟、废弃的城堡和道路、无数的陶器碎片以及所有其他残破不堪的艺术品……这一切都在向我们倾诉：当一个睿智能干的民族突然之间沦落为麻木可怜的土著人，或是沦落到漫无目的地徘徊在旧都库斯科的街头，或卷入到某场革命，那么，人类将会遭受多么惨痛的损失啊！

利马是一座现代化都市，它将会决定秘鲁的银、铜和石油等矿藏未来的命运，除非共和国的总统和他的外国银行家在很久之前就转移走了这些矿藏，并把它们存入了法国银行的保险库里。这类事情是有可能发生的，这也是本章如此简短的原因。

玻利维亚是个可怜的内陆国，但它并非从一开始就是内陆国。玻利维亚的首都拉巴斯曾有一个直接的出海口。智利和秘鲁两国为了争夺阿里卡地区的硝石，于1879年至1882年发生了著名的硝石之战，玻利维亚很不明智地站在了秘鲁这边，但智利最终赢得了战争，玻利维亚因此失去了沿海地区。玻利维亚是一个非常富裕的国家，它是世界第三大产锡国。但是，玻利维亚人烟稀少，总人口还不足300万，每平方英里不到5个人，而且大部分是印加帝国灭亡后遗留下来的印第安人——要使这块不幸的土地有所发展需要相当长的时间。

　　智利和阿根廷是位于南美大陆最南端的两个国家，也是南美洲最重要的的两个国家，但是，它们的繁荣完全得益于其地理位置。它们地处温带，因此印第安人（他们更适合热带气候）很少，吸引了许多高素质的移民。

　　智利的自然资源要比阿根廷丰富。阿里卡、安托法加斯塔、伊基克和瓦尔帕莱索是南美西海岸最重要的四个港口，而智利的首都圣地亚哥是整个南美最大的城市。智利南部饲养牛，牛被宰杀、冷冻后，通过麦哲伦海峡上的蓬塔阿雷纳斯运往欧洲各国。

如果麦哲伦海峡干涸

阿根廷是南美洲重要的养牛国。巴拉那河沿岸的那片平坦的土地是整个南美洲最富裕的地方，面积几乎是欧洲的三分之一。大量出口的肉、羊毛、皮革和黄油直接影响了我们美国此类货物的价格。在过去的10年中，意大利工人和农民源源不断地移民到了阿根廷，使阿根廷成为西半球最重要的粮食和亚麻产地，养羊业的发展使巴塔哥尼亚成为澳大利亚最危险的竞争对手之一。

阿根廷的首都是布宜诺斯艾利斯，也坐落在拉普拉塔河上，与乌拉圭这个小国隔河相望。乌拉圭同阿根廷有着完全一样的土壤和气候。乌拉圭现在已经没有印第安人了，尽管国家发展缓慢，但非常成功。而发展速度很快的阿根廷，却因投机过度和财政管理不善而常常危机四伏。

拉普拉塔河流域的第三个国家是巴拉圭，它在许多方面都是这三个国家中条件最好的。如果没有参加1864年至1870年那场灾难性的战争，巴拉圭现在一定会相当繁荣。当年那个当上总统的无知狂人无缘无故地向三个强大的邻国开战，战争一直持续到巴拉圭全国六分之五的男子战死疆场。战争结束后，巴拉圭国内的境况非常悲惨，为了促进国家人口的迅速增长，巴拉圭不得不恢复一夫多妻制。尽管如此，这个富裕的小国要从那场灾难中完全恢复过来，至少还得用一个世纪的时间。

还有一个国家需要介绍——巴西。作为一个殖民地，巴西备受民族歧视，先是荷兰人，而后又是葡萄牙人。葡萄牙人禁止巴西本地人和移民同其他任何人发生商业往来，少数几个里斯本授权的商人除外。于是，整个巴西的经济处于窒息的境地。这种局面一直持续到1807年。当时，为了躲避拿破仑，葡萄牙王室逃往里约热内卢。于是，形势逆转，昔日受歧视的殖民地统治了其宗主国将近十几年。1821年，葡萄牙国王重返里斯本，把他的儿子彼得罗留下做他的代表。一年后，彼得罗宣布自己为独立的巴西国皇帝。从此之后，葡萄牙语就成为连接巴西与其宗主国的唯一纽带。这个布拉干萨王朝建立的巴西政府可能是南美洲国家的政府中最好的了，但是在1889年，一场军事政变使美洲国家的末代皇帝不得不宣布退位。这位末代皇帝后来去了巴黎，并死在那里。

巴西的国土面积是328.5万平方英里，和美国一样大，占了南美大陆一半的面积，并且是赤道以南所有国家中最为富裕的。巴西由三部分构成：亚马逊低地（或叫亚马逊河流域）、大西洋沿岸地区和高原地区。小镇桑托斯就位于巴西高原地区，世界上一半的咖啡消费是由它提供的。除了咖啡外，巴西还盛产橡胶，帕拉和贝伦地区是橡胶产地，这两个地区正好位于亚马逊河河口南面，此外，位于内格罗河与亚马逊河交汇处的玛瑙斯也是橡胶出产地。位于巴西东海岸的巴伊亚种植烟草和可可，马托格罗索高地是一片牧场。巴西还出产钻石和其他珍贵的宝石，但这些宝石埋藏得很深，开采难度相当大，所以至今还没有被充分利用。铁矿和许多其他金属矿藏也面临着此类遭遇，只有建造更多的铁路，这些矿藏才可能充分利用。

南美洲还有欧洲三块小殖民地，它们是十七八世纪就殖民地的残余部分。它们是英属圭亚那（或称德梅拉拉）、荷属圭亚那（或称苏里南，它是荷兰用新尼德兰和新阿姆斯特丹换来的）以及法属圭亚那（或称卡宴）。如果不是法国把圭亚那选作囚犯流放地，如果不是美国人偶尔得知一些从那个非人之地传出的种种丑闻，并将其披露在美国报纸的头版头条上，我们可能早已忘记了圭亚那岛的存在。但这似乎都无关紧要，因为它们对人类的繁荣和幸福几乎没有作出任何贡献，只是提醒海外游客回想起整个南美洲历史和过去——一个被他人肆意掠夺的富庶的仓库。

垃圾：废弃的矿

第四十七章　一个新世界

我很想弄清楚乞力马扎罗山的确切高度。如果一本书反复修改了五六次之后，那一行行的数字就容易出错了。反复地誊抄，改了又改，到处都有改动的痕迹。它们一会儿是这样，一会儿又是那样，好像在和自己玩捉迷藏一样。如果你患过雪盲症，就能理解我的话了。

"但是，"你会说，"这并不是什么大问题啊。翻阅一下权威的地理手册，或查一下百科全书，或在地图册上找找，然后摘抄出来不就行了嘛。"

如果这些该死的地理书、百科全书和地图册在一个特定的事实上意见一致的话，事情也就简单多了。但事实上它们各有各的说法。我手头有大部分规范的地理书，从长远来看，拥有这些书还是让人高兴的事，但它们读起来却都枯燥乏味。地理学并不是一门很有趣的学科。一谈及高山与大洋，这些书就摆起了谱来。江河流域、内陆海的面积一会儿扩大，一会儿缩小；世界某一特定地区的平均气温也从来没有稳定过，不同的气象台里的水银柱也忽高忽低，就像股市动荡时的股市行情收录机；海底忽升忽降，就像一个傻子玩命地追完猫后呼呼地喘着粗气时的肚子一样时拱时凹。

这个世界在许多方面都已让人们丧失了信任，我不想再破坏人们的幻想了。但我从中得出的结论是：大量有关地理事实的重要统计数据都值得怀疑。我猜想，这些不同的数据是由不可救药的民族主义恶习造成的。为了显示其主权的独立，每个小国势必都要炮制出一些自己的统计数据。

这仅仅是些细枝末节。还有一些其他的问题，在此我举几个例子。

世界上有一半的国家是用十进制来计量重量和长度的,而另一半国家则继续沿用十二进制。把米和公里精确地换算成码和英里可不是一件容易的事情,第一次世界大战期间的枪炮制造商就吃尽了这方面的苦头。不过,如果有一个能干的数学助理(在这方面我是门外汉),还是可以完成必需的计算的。但是,一些诸如国家、山脉和河流的专有名词该做怎样的处理呢?怎样拼写它们呢? The Gulf of Chili, Gulf of Tjili, Gulf of Tscbili, Gulf of Tshili——你该选哪一个,我的朋友！Hindu-Kush, Hindoekoesch, Hindu-Kutch, Hindu-Kusj——你最喜欢哪一个？如果俄语、汉语、日语和西班牙语这几个大语系在各种名称拼写的方法上能实现统一的话,局面就不至于那么糟糕了。但问题是,把外来词语翻译成本国语言时,每种主要语言的拼写方法至少有两种,甚至三种。

任何一片弹丸之地都以拥有"祖先的神圣语言"为荣,并极力要求享有维护自己的语言的充分平等的权力,这又加剧了语言的混乱。战前的欧洲地图是相当简单的,现在却变得五颜六色,不同的语言区域用不同的颜色来表示,这使得读库克先生的古老但可靠的《大陆铁路指南》成为一件苦差事,其艰苦程度足可以与商博良当初研究古埃及象形文字相媲美了。

我这并不是为自己开脱。我所写的,我已经写的,不论我写得怎么样,请你们对其中一些有关高度和深度的数据能宽容一点。就连权威的百科全书和统计手册在三四页之中都有三四次自相矛盾的地方,对于我这个业余作者,何必去苛求呢?

我想商博良最终也会和我做同样的事。他会厌烦那些深奥难解的专业书籍,然后为自己买一本《世界年鉴》,说:"我要以这本年鉴为准了,如果有人想指责我,说我把乞力马扎罗的海拔弄成了 19710 英尺(《大英百科全书》中为 19321 英尺;安德鲁的《地理志》中为 19000 英尺;《牛津高级地图册》中为 19320 英尺;《世界年鉴》中为 19710 英尺),就让他去找世界电信公司的出版商辩个是非对错吧。"

当我着手去查找乞力马扎罗山的高度时,我想说的就是这些。当我正在大量的地图册中寻找我的《世界年鉴》时,发现了一本别人刚寄过来的小册子。它讲的是罗纳德·罗斯爵士的生平事迹。作者很委婉地暗示，罗纳德先生虽不贫困，但也与富有相差甚远。我们应该做点什么，至少能让他度过一个稍微舒适些的晚年。当然，他的要求并不高，科学家很少用金钱来衡量自己的酬劳。但是，长期的科学研究彻底摧毁了他的身体，如果有张舒适便利的轮椅，他就感到心满意足了。

放下这本小册子，我想起了我们美国的沃尔特·里德。我想不起来我们的国家为他的遗孀做了什么。如果我没记错的话，这位善良的夫人只获得了"免费邮递权"的待遇（事实上任何一个国会议员都享有这个待遇）。当然，她还得到了一笔抚恤金，但医疗机构官员的遗孀们都能享有。还有某地一家医院是以里德的名字命名的。

我一边默想，一边找一本与传染病史有关的书籍。突然，我心头一震。似乎没有人听说过里德和罗斯这两个人呢！但是，他们对人类所作的贡献，远远高于小学低年级学生所熟知的几百位探险家。他们俩发现了疟疾和黄热病的病源，而且找到了将人类从这些传染病折磨中解放出来的方法，他们所开辟的领域，即使我们再开发几百年也无法超越。夺去了上百万个人类生命的蚊子不再那么猖獗了，虐蚊也走投无路，不得不接受死亡的判决。

要想在本章中再多加几页有关"医学对世界地理的影响"这一话题的内容，并不困难。只有征服了天花、脚气病、昏睡性脑膜炎等多种疾病，地球上的大部分地区才能适应于人类永久居住。但这一切有点超出了我的"领地"。我在医学方面知之甚少。虽说如此，这两位医生的名字还是引发了我诸多思考。

人类世界中还有许多不安定的因素。摊开世界地图，你就会看到上面到处都是小红点。不满就像严重的麻疹病一样到处弥漫。为了解决这些问题，人们写出了数以万计的书。我在写这本书之前，从未深思过这些问题，但突然间，所有的问题都变得极为简单，这要归功于罗斯和里德。

看着一张地图遐想，确实是一种愉快而又有教育意义的娱乐。这里是罗得西亚，一个自成一体的世界。塞西尔·罗得斯是一个发起人，他使少数人富了起来，却又杀害了大量的土著人。他当过土匪，打了几场小仗，但都以失败告终。后来他成了政治家，打了一场大仗，取得了胜利。

无数被害妇女和儿童的墓碑上都刻着:"塞西尔·罗得斯之孽。"但有个感恩戴德的国家却无视这些小事,并用他的名字命名了一个辽阔的新省。

再往北一点就是刚果,它有斯坦利维尔和利奥波德维尔两个城市,还有大量土著人的无名墓地,他们由于没能及时交足橡胶和象牙被折磨致死。

哈得孙用自己的名字命名了一个海湾,后来一家殖民公司又以这个名字命名。这个殖民公司对当地居民的暴行令人发指,是人类殉难史上悲惨的一页。不过,暂且不要扯到遥远的国外去,我们美国人自己也从未遵守过与印第安人达成的任何协议。300年前,我们的祖先征服了遥远的香料岛,他们对那些棕色人种的所作所为,荷兰的公立学校从不向学生讲授。人们对在南美洲的普图马约地区发生的一切至今依然记忆犹新。

在沉寂的塞内冈比亚丛林中,非洲不同部落的土著首领和阿拉伯的奴隶贩子犯下了各种暴行,这使人们希望但丁在他的"地狱"中专门留出一层,用来惩罚这些恶魔。

在澳大利亚和新西兰的早期历史中,为了消灭这些地方的土著人,当时的殖民者牵着马和狗到处捕杀,但现在很少有人提及这遥远之地的历史。

还要我再说下去吗?

我只不过在复述人尽皆知的事实而已。

但是,似乎很少有人意识到,这个伟大的开拓年代已经永远地结束了,目前世界多数的不安定局面都是由于过去的受害者不再愿意出演过去的角色而导致的。

一味地批评以往的错误是毫无意义的,集中我们的聪明才智,设法避免将来重犯错误才是明智之举。里德和罗斯这类人正是我们的领路人。

多愁善感地沉浸于乌托邦式的光荣梦想只会一事无成,只是口头上说"我们已经'索取'了几百年,我们现在也必须'奉献'几百年"也根本解决不了问题。施舍同掠夺一样可恶。事实上,施舍对施惠者和受惠者都是不公平的。把印度人从英国人的残暴统治中解放出来,又让他们服从于穆斯林山民,只能是又一个错误。

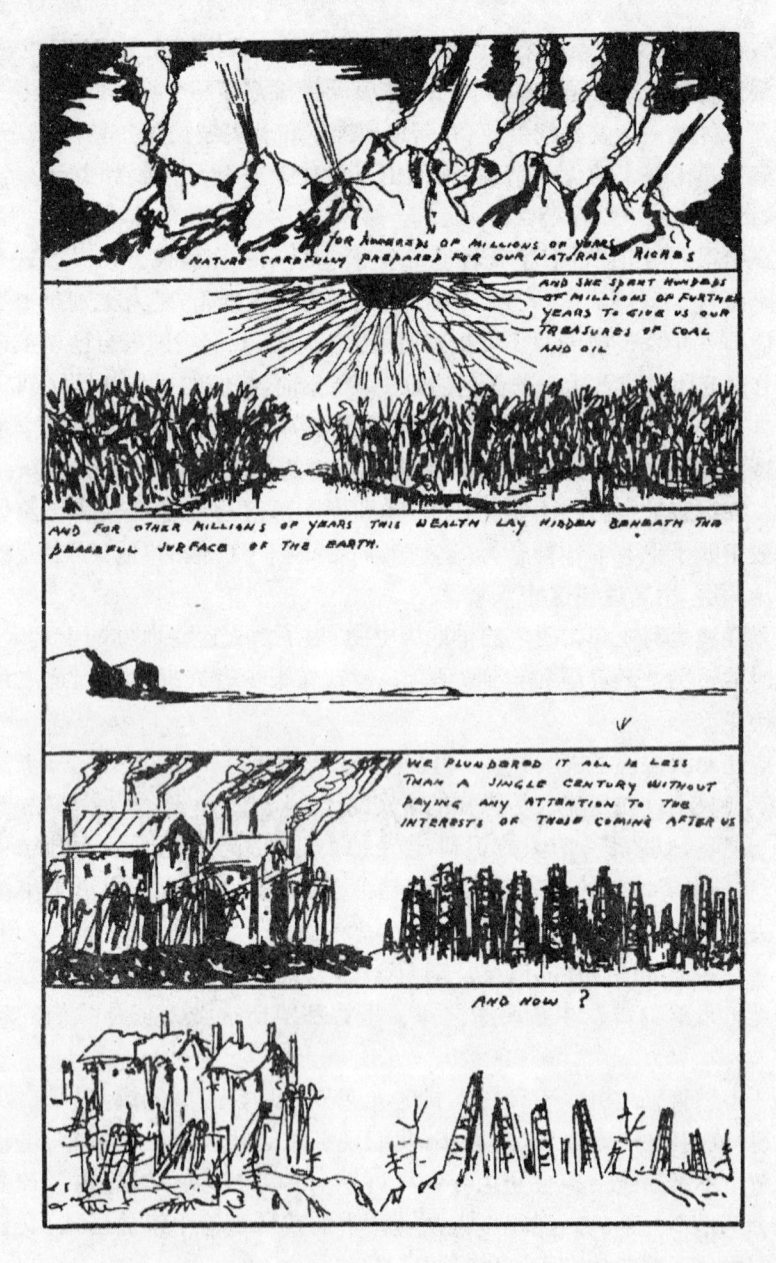

答案是什么

如果我们突然收回所有在中国、日本和缅甸的铁路、汽车和飞机，拆除所有的电话厅和加油站，让他们重返甘地腰布和小舢板时代，对那里的人民是毫无益处的。机器时代已经到来。当地人都已适应了交通和通讯的快捷便利。人们已经养成了许多好习惯：孩子患了白喉，他们会去请白人大夫，而不是去请巫婆；如果想去会友，他们宁愿花钱搭实惠的公共汽车，也不愿艰难地走10个小时了。

一个已习惯了钞票与硬币的世界，是不可能再回到一桶蜜、一匙盐等古老的物物交换的时代了。

无论如何，我们的地球已变成了一个庞大的贸易机构，时间已跨入了1932年，而不是公元932年，更不是公元前32年。

里德和罗斯付出的辛勤劳动给我们指明了未来前进的方向，他们既不是"索取"，也不是"施舍"，而是"合作"。没有成千上万人的协作，他们永远也不可能完成他们所做的一切。他们消灭了疟疾和黄热病，并不仅仅是为了黑人，或为了白人，或为了黄种人，他们摒弃了肤色与信仰的偏见，把幸福赐给了全人类。当戈特尔斯和戈加斯博士开凿巴拿马运河时（戈特尔斯绘出了蓝图，戈加斯组织人力，并将蓝图变为现实），也并非只为了太平洋，或为了大西洋，或为了美洲，而是为了全世界。马可尼发明了无线电后，也并没有规定"只有意大利人的船在遇险时才能使用无线电"。桑给巴尔的不定期货船和穿梭于大西洋上的特快海轮都从他的发明中受益。

你们或许已经知道了我的用意。

我不是在暗示建立一个新社会，那可没有必要。车到山前必有路。今天解决不了的问题，几百年之后也就不成为问题了，因为没有哪个人能活到那时去思索这些问题了。

我们不再生活在一个放任自流的世界里了。当蒸汽和电力投入使用，巴塔哥尼亚高原与拉普兰、波士顿与汉口成了邻居，人们用不了两分钟就能对话时，这一法则就消亡了。我们不再只为自己生产产品，也不再只为自己的村庄种植农作物了。日本生产的火柴，价格远远低于我们美国生产的；阿根廷种植的粮食足以使整个德国免于饥荒，而且成本非常低。

我们也不再可能用相当于白人的二十分之一的工资雇佣中国工人或南非黑人，因为莫斯科有个覆盖面很广的广播电台，播音员会用各种语言广播，他们会告诉黑人和黄种人说，本应属于他们的许多东西被骗走了。

我们美国人也不能再像我们的父辈们那样肆无忌惮地偷抢劫掠了，因为——如果你真的想知道的话——因为我们的良知不允许我们这样做了，即使我们生来就没有一种精神上的罗盘。因为人类的集体良知最终会达到一定的高度，人们会认识到，无论在国际事务中还是在私人交往中，诚实和言行一致的品德是不可或缺的。

我无意说教，也不打算用"预言"把你打发回家。不过，如果你已经读到这里了，我希望你能静坐半个小时，得出自己的结论。

长久以来，人类好像总是以一种偶然的方式生活着——就好像人类只能在地球上生存数年，或者最多数百年。我们的所作所为，就好像一列客车上贪婪食客，知道自己下车前只有10分钟来享用三道大餐。

我们逐渐认识到，人类不仅在此生活了相当长的时间，而且还将继续无限期地生活在这里。为什么要如此匆忙呢？如果你迁到一个小镇，打算在那里安度余生，那你一定会计划好未来。你的邻居们也是如此，无论他是屠夫、面包师、杂货店老板、医生还是殡仪业人员。否则，整个地方必然会混乱不堪，至少一周无法居住。

当你想到这一点，你是不是还会认为整个世界与你所住的村庄的确存在着巨大的差别呢？即使存在差别，那只是量的差别，而不是质的差别。这就是我要说的。

你会说，我这一章写得有点不着边际，从乞力马扎罗山谈到罗斯和里德医生，再谈到未来家园的规划。

爱丽丝或许会问："假如不去旅游，地理又有什么用呢？"

1931年4月，巴黎
1932年5月，新奥尔良